AF287593

Volker Kuttruff

Realisierung von Softwareproduktlinien durch Komposition von Belangimplementierungen

Realisierung von Softwareproduktlinien durch Komposition von Belangimplementierungen

von
Volker Kuttruff

Dissertation, Universität Karlsruhe (TH)
Fakultät für Informatik,
Tag der mündlichen Prüfung: 28.04.2009

Impressum

Karlsruher Institut für Technologie (KIT)
KIT Scientific Publishing
Straße am Forum 2
D-76131 Karlsruhe
www.uvka.de

KIT – Universität des Landes Baden-Württemberg und nationales
Forschungszentrum in der Helmholtz-Gemeinschaft

KIT Scientific Publishing 2010
Print on Demand

ISBN 978-3-86644-480-5

Realisierung von Softwareproduktlinien durch Komposition von Belangimplementierungen

Zur Erlangung des akademischen Grades eines

Doktors der Ingenieurwissenschaften

von der Fakultät für Informatik
der Universität Fridericiana zu Karlsruhe (TH)

genehmigte

Dissertation

von

Volker Kuttruff

aus Karlsruhe

Tag der mündlichen Prüfung: 28.04.2009
Erster Gutachter: Prof. em. Dr. Dr. h.c. Gerhard Goos
Zweiter Gutachter: Prof. Dr. Ralf Reussner

Danksagung

Mein erster und ganz besonderer Dank gilt meinem Doktorvater Herrn Prof. Dr. Gerhard Goos. Er hat sich die Dissertationen seiner Mitarbeiter in besonderem Maße zu einem persönlichen Ziel gesetzt. Dies zeigt sich unter anderem in einer intensiven Betreuung und dem Einsatz für seine Mitarbeiter. Seine Fragen und Anregungen haben der Arbeit in allen Phasen ihrer Entstehung wichtige inhaltliche Impulse gegeben und sie in die richtige Richtung gelenkt. Herrn Prof. Dr. Ralf Reussner danke ich für die Übernahme des Korreferats und für seine Hinweise und Anregungen.

Ohne ein entsprechendes Umfeld wäre diese Arbeit nicht möglich gewesen. Ich danke meinen Kollegen am FZI Forschungszentrum Informatik, Christoph Andriessens, Holger Bär, Markus Bauer, Thomas Genßler, Stefan Hellfeld, Marco Mevius, Benedikt Schulz, Thomas Schuster, Olaf Seng, Peter Szulman, Adrian Trifu, Mircea Trifu und Jan Wiesenberger für eine außergewöhnlich schöne und fruchtbare Zeit. Bedanken möchte ich mich bei den Abteilungsleitern Benedikt Schulz, Thomas Genßler, Markus Bauer, Holger Bär und Marco Mevius. Ihnen ist es gelungen, den nicht immer einfachen Spagat zwischen hervorragendem Arbeitsklima, wirtschaftlichem Erfolg, wissenschaftlicher Arbeit und dem Freiraum zum Verfassen der Dissertation zu meistern. Die Freistellung zum Verfassen der Dissertationsschrift war nur möglich durch all die Kollegen, die ihre Laufbahn am FZI nach mir begonnen haben und im Rahmen des „Generationenvertrags" so manche Mehrarbeit auf sich genommen haben. Hierfür bin ich ihnen sehr dankbar.

Bei Thomas Genßler bedanke ich mich für zahlreiche Diskussionen sowie seine kritischen und gleichermaßen konstruktiven Fragen, welche die Richtung dieser Dissertation insbesondere in der Startphase maßgeblich mitgeprägt haben. Auch für seine wertvollen Anmerkungen zur vorliegenden Arbeit in der Endphase bin ich ihm zu Dank verpflichtet. Mircea Trifu danke ich für die Diskussionen rund um das Wesen und die Repräsentation von Belangen in Software. Olaf Seng danke ich für die vielen wertvollen Tipps, Ratschläge und Ermunterungen während der heißen Phase der Promotion. Meinem langjährigen Zimmerkollegen Jan Wiesenberger danke ich für den regen Gedankenaustausch, welcher unter anderem meinen Horizont bezüglich Wirtschaft in all ihren Facetten beträchtlich erweitert hat.

Meinen Kollegen am Lehrstuhl von Professor Goos danke ich für ihre Unterstützung und Diskussionsbereitschaft während all der Jahre.

Ein großes Dankeschön haben meine Studenten Fabian Brosig, Joshy Cyriac, Tobias Gutzmann, Sebastian Mies und Christian Müller verdient, die im Rahmen ihrer HiWi-Tätigkeiten und Diplomarbeiten zum Gelingen dieser Arbeit beigetragen haben, indem sie meine theoretischen Ideen in Software umgesetzt sowie die technische Basis INJECT/J meiner Arbeit weiterentwickelt haben.

Ein ganz lieber Dank gilt Nicole für die unzähligen Korrekturlesungen, ihr Verständnis für die Sorgen eines Doktoranden und die vielen kleinen und großen Aufmunterungen, wenn die Arbeit ins Stocken zu geraten schien. Sie hat mir während der heißen Phase der Promotion den Rücken freigehalten und mehr als einmal ihre Wünsche und Ziele hinten angestellt. Hierfür bin ich ihr zutiefst dankbar, und ich hoffe, mich in ähnlicher Weise revanchieren zu können.

Der größte Dank gebührt meinen Eltern. Sie haben mich stets vorbehaltlos darin unterstützt, meine Neugier und meinen Wissensdurst zu stillen. Ohne ihren Rückhalt wäre mein Studium und somit die vorliegende Arbeit niemals möglich gewesen. Dafür danke ich ihnen von ganzem Herzen.

Karlsruhe, im Januar 2010

Volker Kuttruff

Zusammenfassung

Softwareproduktlinienentwicklung ist ein Ansatz, der auf der systematischen Wiederverwendung von Softwareartefakten beruht. Die Entwicklung dieser Softwareartefakte basiert in besonderem Maße auf dem softwaretechnischen Grundprinzip der Trennung der Belange (engl. *separation of concerns*). Heutige objektorientierte Programmiersprachen erlauben es allerdings nicht, alle unterschiedlichen, durch eine Softwareproduktlinie unterstützten Belange als voneinander abgegrenzte, lexikalisch lokale Einheiten zu spezifizieren und anschließend in der vom Kunden gewünschten Kombination zu einer maßgeschneiderten Ausprägung der Softwareproduktlinie zu komponieren.

In dieser Arbeit stellen wir ein Verfahren zur technischen Realisierung von Softwareproduktlinien vor, welches ausgehend von existierenden, voneinander abgegrenzten Implementierungen von Belangen die Erstellung korrekter, effizienter Softwaresysteme ohne detaillierte Kenntnisse dieser Implementierungen durch einen Anwendungsentwickler ermöglicht. Die Implementierung eines Belangs wird als Kollektion von Programmfragmenten betrachtet, welche mit Hilfe von Kompositionsoperatoren auf Basis invasiver Komposition mit den Programmfragmenten anderer Belange zum Gesamtsystem verschränkt werden. Ein Kompositionsoperator beschreibt, wann und wie die Programmfragmente eines Belangs mit den Programmfragmenten eines anderen Belangs verschränkt werden müssen. Zur Spezifikation der durch eine Softwareproduktlinie unterstützten Belange definieren wir ein an die Softwareproduktlinienentwicklung angepasstes hierarchisches Modell, welches erstmals einheitlich Konzepte der mehrdimensionalen Trennung von Belangen mit Konzepten der generischen Programmierung und der Generierung verbindet. Mit Hilfe dieses Modells lassen sich Belange auf Implementierungsebene einerseits als voneinander abgegrenzte Einheiten spezifizieren, andererseits ermöglicht das Modell die Parametrisierung von Belangen, wodurch Unterschiede in den einzelnen Implementierungen eines Belangs für unterschiedliche Varianten der Softwareproduktlinie herausfaktoriert werden können. Abhängigkeiten zwischen Belangen lassen sich durch ein Belang-Typsystem sowie zusätzliche Verträge spezifizieren. Das Belangmodell erlaubt es in Verbindung mit unserer Kompositionstechnik, die Beschreibung einer konkreten Variante der Softwareproduktlinie auf eine deklarative Aufzählung der benötigten Belange zu reduzieren.

Das im Rahmen der Arbeit entwickelte Werkzeug COCOSY implementiert unser Verfahren für die Zielsprache JAVA. Ausgehend von dieser Implementierung wurde das Verfahren anhand mehrerer Anwendungsbeispiele erprobt. Für die betrachteten Systeme konnte gezeigt werden, dass die einzelnen Belange als lexikalisch lokale Einheiten implementiert, ungültige Kombinationen erkannt und an die Nutzeranforderungen angepasste Programme erzeugt werden können.

Inhaltsverzeichnis

Kapitel 1

Einleitung

1.1 Hintergrund

Um die Kosten bei der Entwicklung von Softwareprodukten zu reduzieren, wird der Wiederverwendbarkeit von Softwareartefakten eine zentrale Bedeutung zugestanden. Um eine hohe Wiederverwendbarkeit zu erreichen, spielt das softwaretechnische Grundprinzip der Trennung der Belange (engl. *separation of concerns*, siehe DIJKSTRA, 1982) eine Schlüsselrolle. Ein einzelner Belang wird dabei als die Implementierung einer logisch zusammengehörenden Gruppe von Anforderungen betrachtet. Für den Kunden direkt relevante Anforderungen werden oftmals auch als Merkmale (engl. *features*) bezeichnet.

Eine gute Trennung der Belange erhöht die Wiederverwendbarkeit, da die Fokussierung auf genau einen Belang zu weniger Abhängigkeiten an den Benutzungskontext führt. Die Wiederverwendbarkeit eines Softwareartefakts wird somit nicht dadurch eingeschränkt, dass in ihm mehrere, zum Teil nicht benötigte Belange umgesetzt werden. Die Erstellung eines Programms erfolgt durch Komposition dieser voneinander abgegrenzten Belangimplementierungen.

Selbst im Falle einer guten Trennung der Belange steht einer *ad-hoc* Wiederverwendung aber oftmals das Problem gegenüber, dass die umgesetzten Anforderungen nicht genau den tatsächlich zu realisierenden Anforderungen entsprechen. Eine *systematische* Wiederverwendung von Softwareartefakten wird durch Ausrichtung der zu erstellenden Programme an gemeinsamen Anforderungen erreicht. Hiermit beschäftigt sich die Softwareproduktlinienentwicklung:

> A software product line is a set of software-intensive systems sharing a common, managed set of features that satisfy the specific needs of a particular market segment or mission and that are developed from a common set of core assets in a prescribed way. (CLEMENTS und NORTHROP, 2001, S. 5)

Charakteristisch für eine Softwareproduktlinie ist somit die Fokussierung auf eine bestimmte, abgegrenzte Anwendungsdomäne. Die Merkmale, welche die unterschiedlichen, aus einer Softwareproduktlinie ableitbaren Softwareprodukte (=Varianten) gemeinsam haben und in denen sie sich unterscheiden, sind aufgrund einer vorangegangenen Analyse bekannt und müssen in geeigneter Weise organisiert werden. Dies ist notwendig, um einerseits die Merkmale explizit zu erfassen, andererseits aber auch um die immer existierenden semantischen Abhängigkeiten zwischen Merkmalen und den sie implementierenden Belangen zu behandeln.

1.2 Problem und Ziel

Ein Kunde ist daran interessiert, ein möglichst maßgeschneidertes Programm hinsichtlich seiner Anforderungen zu erhalten. Insbesondere gilt es zu vermeiden, dass der Kunde Abstriche in den Bereichen Schnittstellenkomplexität, Laufzeiteffizienz sowie Programmgröße hinnehmen muss, welche einzig und allein daraus resultieren, dass im Programm Belange umgesetzt wurden, welche nicht benötigt werden.[1]

Die zentrale Herausforderung ist daher die Umsetzung des Grundprinzips der Trennung der Belange in Form voneinander abgegrenzter Implementierungen dieser Belange und die anschließende korrekte Komposition zum gewünschten maßgeschneiderten, effizient implementierten Programm. Dies gilt insbesondere vor dem Hintergrund, dass durch heutige Programmiersprachen bedingt für einige Belange die zugehörigen Programmfragmente über das resultierende Programm verteilt werden müssen.[2] Heutige Programmiersprachen erlauben die Komposition dieser verteilten Programmfragmente allerdings nur bedingt: Um die Verteilung umzusetzen, müssen Kompositionsoperationen der Sprache genutzt werden, wie zum Beispiel Delegation. Dies führt aber schnell zu ineffizienten Programmen mit unnatürlichen Schnittstellen.

Neben der Trennung der Belange ergeben sich noch zusätzliche Herausforderungen bei der technischen Realisierung einer Softwareproduktlinie. Eine zu betrachtende Fragestellung ist, wie die einzelnen Belangimplementierungen durch einen Entwickler so umgesetzt werden können, dass sie tatsächlich in verschiedenen Varianten wiederverwendbar sind. Aufgrund von semantischen Abhängigkeiten zwischen Belangen erfordert sowohl die Auswahl als auch die Komposition der Implementierungen dieser Belange genaue Kenntnis über die Anwendungsdomäne sowie über Implementierungsdetails der Belange. Diese Kenntnis kann zwar bei einem Entwickler, nicht aber bei einem Nutzer einer Softwareproduktlinie vorausgesetzt werden. Eine produktlinienspezifische Herausforderung ist daher die Unterstützung des Nutzers bei der Angabe einer konkreten Konfiguration, d. h. der Auswahl einer Kombination von Belangen. Die Komposition der Belangimplementierungen kann aufgrund der nicht voraussetzbaren Detailkenntnisse nicht auf den Nutzer abgewälzt werden. Er muss entweder entsprechend den zu erwartenden Kenntnissen unterstützt oder vollständig von dieser Aufgabe befreit werden. Diese Unterstützung bei der Auswahl und Komposition der Belangimplementierungen muss dabei sicherstellen, dass die Erstellung fehlerhafter Softwareprodukte verhindert wird. Die vorliegende Arbeit löst diese Probleme:

> *Ziel der Arbeit ist ein Verfahren, das ausgehend von existierenden, voneinander abgegrenzten Implementierungen von Belangen die Erstellung korrekter, effizienter Softwaresysteme ohne detaillierte Kenntnisse dieser Implementierungen ermöglicht.*

Ein solches Verfahren muss eine Reihe von Eigenschaften erfüllen. Das Verfahren muss allgemein sein, d. h. die Anwendung des Verfahrens darf nicht auf spezielle Domänen eingeschränkt sein. Das dem Verfahren zugrunde liegende Modell eines Belangs muss in der Lage

---

[1]In der Domäne der eingebetteten Systeme kann zum Beispiel bereits eine kleine Verschlechterung der Programmgröße und der Laufzeiteffizienz dazu führen, dass ein Programm aufgrund mangelnder Ressourcen nicht mehr eingesetzt werden kann.

[2]Implementierungen von Belangen mit einer solchen Eigenschaft werden oftmals auch als *Aspekte* bezeichnet.

sein, die Implementierung eines Belangs als von anderen Belangen abgegrenzte Einheit zu erfassen.[3] Aus Gründen der Wartbarkeit und der Fehlervermeidung muss es möglich sein, Redundanzen zu vermeiden, die sich aus leicht unterschiedlichen Implementierungen für verschiedene Ausprägungen eines Belangs in verschiedenen Varianten ergeben. Die Beschreibung der Komposition der einzelnen benötigten Belange zur gewünschten Variante muss deklarativ möglich sein. Die Angabe der benötigten Belange sollte ausreichen, um daraus die notwendigen Kompositionsschritte ableiten zu können. Der Nutzer darf nicht mit letzteren in Berührung kommen, da zur Beschreibung dieser Kompositionsschritte im Allgemeinen eine detaillierte Kenntnis der Implementierung notwendig ist. Da diese Kenntnis beim Nutzer nicht notwendigerweise vorhanden ist, muss die Erkennung ungültiger Konfigurationen möglich sein. Das Verfahren muss daher neben der Zusicherung syntaktischer und statisch semantischer Korrektheit des resultierenden Programms in der Lage sein, aus der Anwendungsdomäne abgeleitete Bedingungen hinsichtlich gültiger Kombinationen von Belangen zu prüfen. Die zur Komposition der Belangimplementierung eingesetzte Technik soll zu effizienten Programmen führen. Dies bedeutet, dass die Laufzeit- und Speichereffizienz mit einer manuellen Implementierung vergleichbar sein muss, es dürfen also insbesondere keine aus der Kompositionstechnik herrührenden unnötigen Indirektionen und Quellcodeartefakte im Resultat vorhanden sein. Da die zur Komposition der Belange notwendigen Schritten vor dem Nutzer verborgen werden sollen, müssen diese automatisierbar sein.

1.3 Verwandte Arbeiten

Existierende Verfahren zur Komposition von Softwaresystemen aus existierenden Implementierungen einzelner Belange lassen sich in *nichtinvasive* und *invasive* Verfahren einteilen. *Nichtinvasive* Verfahren lösen die Komposition von voneinander abgegrenzten Belangimplementierungen, welche auf den Zerlegungseinheiten der Zielsprache basieren und über klar definierte Außenschnittstellen verfügen, durch die Angabe von Kopplungskomponenten (sog. *Konnektoren*). Ein Vorteil dieser Vorgehensweise ist, dass die Implementierung hinter diesen Außenschnittstellen verborgen bleibt und sich während der Komposition nicht ändert, d. h. durch die Komposition ergeben sich im Idealfall keine unvorhergesehenen Änderungen an der Ausführungssemantik der Implementierung. Allerdings lassen sich nicht alle Belange in heutigen Programmiersprachen als Einheit erfassen. Der Versuch, zumindest einzelne Teile solcher Belange auf eine einzige Zerlegungseinheit der Programmiersprache abzubilden, führt oftmals zu unnatürlichen Systemzerlegungen, mit der Folge, dass die Schnittstellen der beteiligten Softwareartefakte unnötig aufgebläht werden. Dies kann die Speichereffizienz des resultierenden Systems negativ beeinflussen. Durch die notwendigen Indirektionen in Form der Konnektoren wird darüber hinaus die Laufzeiteffizienz unnötig verschlechtert.

Bei *invasiven* Verfahren wird je nach Kompositionstechnik das Geheimnisprinzip der zu Grunde liegenden Kompositonseinheiten partiell oder ganz aufgebrochen. Bei allgemeinen inva-

---

[3]Wir vermeiden hier bewusst den in PARNAS (1972) geprägten *Modulbegriff* mit dem damit assoziierten Geheimnisprinzip. Wie dieser Modulbegriff im Kontext der aspektorientierten Programmierung (KICZALES et al., 1997) interpretiert werden muss, ist derzeit noch Gegenstand zahlreicher kontroverser Diskussionen (CLIFTON und LEAVENS, 2002; KICZALES und MEZINI, 2005a; ALDRICH, 2005; SULLIVAN et al., 2005; STÖRZER, 2007).

siven Verfahren erfolgt die Komposition der Belange durch die Komposition der einzelnen zugehörigen Programmfragmente. Prinzipiell lassen sich mit Hilfe invasiver Techniken alle Belange komponieren, und zwar so, dass Indirektionen und somit Laufzeitineffizienzen nicht auftreten. Durch ein geeignetes Modell für einen Belang ist es darüber hinaus möglich, die Implementierung von Belangen als voneinander abgegrenzte Einheiten zu spezifizieren. Existierende Verfahren unterstützen dies allerdings oftmals nicht. Ansätze zur mehrdimensionalen Trennung von Belangen unterstützen explizit die Spezifikation von Belangen als solche Einheiten. Allerdings kranken diese Ansätze meist an einer Unterstützung produktlinienspezifischer Anforderungen. Dies betrifft insbesondere die Unterstützung einer deklarativen Spezifikation einer konkreten Konfiguration der Softwareproduktlinie sowie die Erkennung ungültiger Belangkombinationen. Eine Integration mit existierenden produktlinienspezifischen Techniken, welche dies ermöglichen, existiert nicht bzw. erfordert einen Paradigmenwechsel. Ein weiteres Problem existierender Verfahren zur mehrdimensionalen Trennung von Belangen ist der Umgang mit Redundanzen. Diese können nur in speziellen Fällen vermieden werden, da die Verfahren darauf ausgelegt sind, eine einzige Ausprägung einer Implementierung eines Belangs zur Verfügung zu stellen.

Invasive Verfahren, welche auf dem Einsatz von *Generatoren* basieren, erzeugen den Quelltext der einzelnen Belange ausgehend von höherwertigen Spezifikationen. Teilweise ist der Quelltext für bestimmte Belange bereits im Generator gekapselt. Die Komposition erfolgt innerhalb des Generators und kann typischerweise nicht oder nur sehr eingeschränkt angepasst werden. Der Einsatz von Generatoren erlaubt oftmals die deklarative Spezifikation von Belangen und Konfigurationen auf Basis domänenspezifischer Sprachen. Innerhalb eines Generators können umfangreiche Korrektheitsprüfungen durchgeführt werden, da ein Generator spezielles Domänenwissen kapselt. Diese Spezialisierung eines Generators auf eine Domäne ist allerdings gleichzeitig einer der Nachteile existierender Generatoren, da letztere nicht zur Spezifikation und Komposition allgemeiner Belange eingesetzt werden können. Darüber hinaus ist die Erstellung eines Generators mit einem hohen Entwicklungsaufwand verbunden.

1.4 Lösungsansatz

Diese Arbeit stellt ein invasives Verfahren vor, welches die Spezifikation von Belangen als voneinander abgegrenzte Einheiten auf *Implementierungsebene* und die anschließende Komposition dieser Belange auf Grundlage einer deklarativen Angabe der zu erstellenden Variante erlaubt. Die Grundidee ist hierbei, die Implementierung eines Belangs als Kollektion von Programmfragmenten zu betrachten, welche mit Hilfe von Kompositionsoperatoren auf Basis invasiver Techniken mit den Programmfragmenten anderer Belange zum Gesamtsystem verschränkt werden. Ein Kompositionsoperator beschreibt, wann und wie die Programmfragmente eines Belangs mit den Programmfragmenten eines anderen Belangs verschränkt werden müssen. Abbildung 1.1 zeigt den schematischen Ablauf des Verfahrens.

Diese Arbeit geht von einer proaktiven Entwicklung einer Produktlinie aus, d. h. zu unterstützende Belange werden vorab von Domänenexperten identifiziert und umgesetzt. Während der Erstellung einer Variante können für bestimmte Belange konkrete Umsetzungen innerhalb festgelegter, durch Verträge spezifizierter Grenzen nachgereicht werden. Eine von anderen

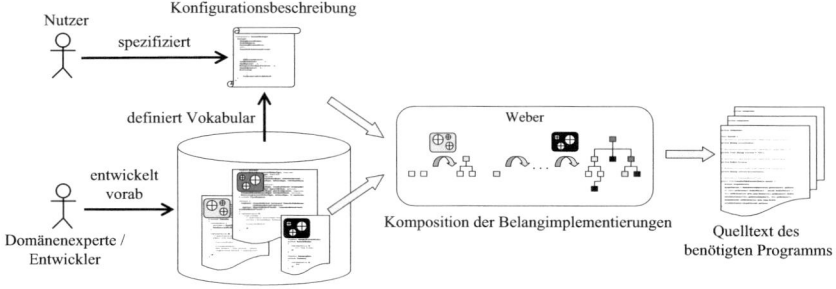

Abbildung 1.1: Schematischer Ablauf des Verfahrens

Belangen abgegrenzte Spezifikation eines Belangs wird durch die gemeinsame Kapselung der diesen Belang implementierenden Programmfragmente sowie passender Kompositionsoperatoren erreicht. Dies ist im Fall einer proaktiven Produktlinienentwicklung möglich, da sowohl die auftretenden Programmfragmente als auch die notwendigen Kompositionsoperatoren im Prinzip bereits vorab bekannt sind, ganz im Gegensatz zur Einzelproduktentwicklung. Ein Belang beschreibt einerseits, welche Programmfragmente zur Verschränkung mit anderen Belangimplementierungen zur Verfügung gestellt werden, andererseits wie die Verschränkung zu erfolgen hat. Belange können *hierarchisch* gegliedert werden. Der Kompositionsoperator eines umgebenden Belangs kann die Komposition geschachtelter Belange steuern sowie zusätzliche Programmfragmente hinzufügen. Belange können mit Belangen parametrisiert werden, welche dann als variable geschachtelte Belange behandelt werden.

Die Programmfragmente der in einer Variante zu unterstützenden Belange werden invasiv miteinander verschränkt. Struktur, Zusammenhänge, Verschränkungsoperationen sowie durchführbare Analysen der verschiedenen Programmfragmente werden durch ein Metamodell spezifiziert. In der vorliegenden Arbeit wird ein solches Metamodell für statisch typisierte, objektorientierte Sprachen entwickelt. Konkrete Ausprägungen von Programmfragmenten werden entweder explizit spezifiziert, oder aber unter Zuhilfenahme von Ergebnissen einer statischen Programmanalyse sowie vom Entwickler angegebener Metainformationen generiert. Ausgehend von einer durch den Nutzer angegebenen Konfigurationsbeschreibung, welche die Menge der zu komponierenden Belange spezifiziert, wird die Auswahl der benötigten Programmfragmente sowie die durchzuführenden Verschränkungsoperationen durch die einzelnen Kompositionsoperatoren beschrieben. Diese Kompositionsoperatoren werden von einem Weber interpretiert. Der Weber basiert auf der Technik der statischen Metaprogrammierung.

Die Erkennung semantisch ungültiger Konfigurationen sowie die statische Zusicherung weiterer Korrektheitseigenschaften des resultierenden Programms werden auf Typprüfungen sowie die Auswertung von Verträgen über globalen, statisch analysierbaren Programmeigenschaften zurückgeführt. Hierzu wird jeder Belang mit einem Typ assoziiert, welcher aus Sicht eines

Nutzers die Ausführungssemantik der enthaltenen Programmfragmente beschreibt. Die Anwendung eines Kompositionsoperators wird durch einen zusätzlichen Vertrag mit Vor- und Nachbedingungen überwacht.

1.5 Ergebnisse

In dieser Arbeit wird erstmals ein an die Softwareproduktlinienentwicklung angepasstes, einheitliches Verfahren zur Spezifikation und Komposition von Belangen auf Implementierungsebene vorgestellt, welches es erlaubt, Belange als voneinander abgegrenzte Einheiten zu erfassen. Das Verfahren kombiniert erstmals einheitlich Konzepte der mehrdimensionalen Trennung von Belangen mit Konzepten der generischen Programmierung und der Generierung. Wir zeigen, dass sich hiermit Redundanzen, die sich aus unterschiedlichen Implementierungen eines Belangs in unterschiedlichen Varianten einer Softwareproduktlinie ergeben, deutlich verringern und in vielen Fällen vermeiden lassen.

Das in dieser Arbeit entwickelte hierarchische Belangmodell ermöglicht die Parametrisierung eines Belangs. Hierdurch lässt sich die Angabe redundanter Belangimplementierungen vermeiden, da die in verschiedenen Varianten unterschiedlich geschachtelten Belange herausfaktorisiert werden können. Bedeutender ist allerdings, dass durch das hierarchische Belangmodell das Konzept eines Belangs von Belangen umgesetzt wird. Das entwickelte Belangmodell ermöglicht es, auftretende natürliche hierarchische Zerlegungen von Belangen direkt abzubilden, die sich nicht notwendigerweise auch durch die Zerlegungstechnik der Zielsprache erfassen lassen. Darüber hinaus lassen sich Abhängigkeiten zwischen Belangen modellieren. Durch den Kompositionsoperator eines umgebenden Belangs kann die Komposition geschachtelter Belange gemäß der sich aus den Abhängigkeiten ergebenden neuen Kompositionsanforderungen gesteuert und angepasst werden. Wir stellen darüber hinaus ein Verfahren vor, um nicht behandelte Generierungs- und Kompositionsabhängigkeiten zwischen Belangen zu entdecken und aufzulösen, da eine Nichtbehandlung zu unerwünschten resultierenden Programmen führen kann. Dies stellt einen Fortschritt gegenüber existierenden Verfahren zur Belangkomposition dar, da diese im Allgemeinen ein flaches Belangmodell besitzen und nur sehr eingeschränkte Möglichkeiten zur Erkennung und Auflösung von Abhängigkeiten anbieten.

Die Kapselung von Programmfragmenten und Kompositionsoperatoren ermöglicht eine deklarative Beschreibung der zu erstellenden Variante. Das notwendige Wissen bezüglich Auswahl der Programmfragmente und deren Verschränkung wird durch den Kompositionsoperator gekapselt. Wir zeigen, dass es hierdurch möglich ist, die Beschreibung einer zu erstellenden Variante auf die Angabe der zu unterstützenden Belange zu reduzieren.

Ausgehend von der Nutzung etablierter statischer Analysen aus dem Übersetzerbau erlaubt unser Verfahren eine Zusicherung von mit Hilfe dieser Analysen überprüfbaren Korrektheitseigenschaften eines erstellten Programms. Die Komposition von semantisch ungültigen Kombinationen von typisierten Belangen wird durch die Auswertung von in Form von Typschranken angegebenen Anwendungsbedingungen erkannt. Die korrekte Komposition bezüglich globaler, statisch analysierbarer Programmeigenschaften wird für jeden Belang durch einen zusätzlichen Vertrag, der Vor- und Nachbedingungen spezifiziert, zugesichert.

Das Werkzeug CoCoSy implementiert unser Verfahren für die Zielsprache Java. Hierzu wurde eine Sprache zur Spezifikation hierarchischer Belange entworfen und umgesetzt, ebenso wie eine Sprache zur deklarativen Beschreibung einer durchzuführenden Komposition dieser Belange. Mit Hilfe des Werkzeugs CoCoSy wurde die Tauglichkeit des Verfahrens anhand von Fallstudien belegt.

1.6 Aufbau der Arbeit

Der weitere Aufbau der vorliegenden Arbeit gliedert sich wie folgt. In Kapitel 2 führen wir die Grundlagen ein, auf denen diese Arbeit basiert. Wir geben einen zum Verständnis dieser Arbeit notwendigen Überblick über die Softwareproduktlinienentwicklung sowie über Grundprinzipien der Softwarekomposition. Auf Basis dieser Grundlagen sowie der identifizierten Probleme verfeinern wir die Aufgabenstellung sowie die Kriterien an ein Lösungsverfahren. Kapitel 3 beleuchtet den Stand der Technik. Wir zeigen, dass kein existierendes Verfahren zur technischen Realisierung einer Produktlinie alle unsere Kriterien zufriedenstellend erfüllt. Einen Überblick über unseren Ansatz gibt Kapitel 4. Dies umfasst auch die Erarbeitung der grundlegenden Lösungskonzepte dieser Arbeit, welche wir in den folgenden zentralen Kapiteln 5 bis 7 aufgreifen und detailliert ausarbeiten. In Kapitel 5 beschreiben wir unser Modell zur Repräsentation eines Belangs auf Implementierungsebene. Das eng mit dem Belangmodell verknüpfte Metamodell des sog. Kompositionsmodells wird ebenfalls in diesem Kapitel vorgestellt. Das Metamodell des Kompositionsmodells definiert die zur Komposition der Belange notwendigen Programmfragmenttypen sowie Kompositionsoperationen. Kapitel 6 beschäftigt sich mit der Konfiguration einer Variante sowie der anschließenden Komposition der Belange zum spezifizierten Programm. Dabei potentiell auftretende Konflikte während der Komposition werden in Kapitel 7 genauer untersucht und klassifiziert. Wir stellen ein Verfahren vor, mit dessen Hilfe potentielle Konflikte erkannt und behandelt werden können. In Kapitel 8 stellen wir die technische Umsetzung unseres Verfahrens in Form des Werkzeugs CoCoSy vor. Mit Hilfe mehrerer Anwendungsbeispiele zeigen wir in Kapitel 9 die Eignung unseres Verfahrens und unseres Werkzeugs für die technische Realisierung einer Softwareproduktlinie. In Kapitel 10 fassen wir die Ergebnisse unserer Arbeit nochmals zusammen und geben einen Ausblick auf Erweiterungsmöglichkeiten und weiterführende Fragestellungen.

Kapitel 2

Grundlagen

In diesem Kapitel untersuchen wir die Grundprobleme der Repräsentation und Komposition von Belangen in der Softwareentwicklung und wie diese durch spezifische Anforderungen der Softwareproduktlinienentwicklung weiter verschärft werden. Die hierbei vorgestellten Grundlagen und Begriffe bilden das Fundament der weiteren Arbeit.

Im folgenden Abschnitt betrachten wir zunächst die Rolle und Eigenschaften von Belangen in den verschiedenen Phasen der Softwareentwicklung. In Abschnitt 2.2 gehen wir auf die Softwareproduktlinienentwicklung ein, indem wir neben einem generellen Überblick einzelne für diese Arbeit relevante Techniken betrachten. Anschließend untersuchen wir unterschiedliche Möglichkeiten zur Repräsentation von Belangen. Ebenso betrachten wir die Frage, mit Hilfe welcher grundlegenden Kompositionstechniken Softwaresysteme aus einzelnen Bausteinen komponiert werden können. Im Anschluss identifizieren wir Probleme, die sich für die Repräsentation und Komposition von Belangen als voneinander abgegrenzte Einheiten im Kontext der Softwareproduktlinienentwicklung ergeben. In Abschnitt 2.6 präzisieren wir schließlich unsere Zielsetzung ebenso wie Kriterien an unser Lösungsverfahren.

2.1 Belange in der Softwareentwicklung

Angelehnt an das Wasserfall-Modell[1] (z. B. SOMMERVILLE, 1995) ergeben sich folgende wesentlichen Phasen während der Entwicklung eines Softwaresystems:

1. **Analysephase**: In dieser Phase werden die Anforderungen an das zu erstellende Softwaresystem erfasst und geeignet aufbereitet.

   Gruppen von Anforderungen sowie deren Zusammenspiel werden auf dieser Ebene als Belange des zu lösenden Problems erfasst. Belange werden in Form geeigneter Spezifikationen wie abstrakte Verhaltensbeschreibungen, Anweisungen zur Komposition sowie einzuhaltender Testfälle festgehalten. Diese Spezifikationen definieren in Termini der Anwendungsdomäne die einzuhaltenden Anwendungsbedingungen.

---

[1] Aufgrund des unflexiblen Umgangs mit in der Praxis meist eintretenden Anforderungsänderungen wird das Wasserfall-Modell für größere Projekte durch agilere Entwicklungsprozesse wie RUP (KRUCHTEN, 1999) oder XP (BECK, 2004) ersetzt. Im Kern sind die einzelnen Phasen des Wasserfall-Modells aber auch in diesen Prozessen wiederzufinden. Allerdings werden sie in den agilen Prozessen mehrmals iterativ durchlaufen.

2. **Entwurfsphase**: Das System wird ausgehend von den identifizierten Anforderungen in Teilsysteme strukturiert und die Schnittstellen zwischen diesen Teilsystemen werden abstrakt und implementierungsunabhängig modelliert. Hierbei kommen oft grafische Notationen wie einfache Blockschaltbilder oder formale, an das verwendete Programmierparadigma angepasste Modellierungssprachen (z. B. UML, OBJECT MANAGEMENT GROUP (OMG), 2008) zum Einsatz.

   Die einzelnen in der Analysephase identifizierten Belange werden zum Teil durch eigenständige Entwurfseinheiten adressiert, zum Teil durch sog. *Konnektoren*, welche das zur Einhaltung der Anwendungsbedingungen notwendige Zusammenspiel der Entwurfseinheiten beschreiben. Einige der eigenständigen Belange der Analysephase lassen sich bereits auf Entwurfsebene nicht mehr als Einheit betrachten und müssen mit anderen Belangen verschränkt werden.

3. **Implementierungsphase**: Jedes im Entwurf angegebene abstrakte Teilsystem wird verfeinert und auf entsprechende Implementierungen wie Klassen, Methoden und Anweisungen abgebildet. Dies erfolgt durch manuelle Implementierung, durch Nutzung existierender Implementierungen oder durch (halb)automatische Generierung einer Implementierung ausgehend von Spezifikationen der Entwurfsebene.

   Auf dieser Ebene wird ein Belang durch eine Kollektion einzelner Programmfragmente umgesetzt, welche wiederum mit Programmfragmenten verschränkt sind, welche andere Belange implementieren. Insbesondere umfasst ein Belang die Programmfragmente zur Definition sämtlicher (globaler) Werte, die von anderen Belangen nicht verändert werden dürfen.

Zweck eines jeden Softwaresystems ist dessen Ausführung. Die in der Implementierungsphase angegebenen Implementierungseinheiten stellen statische Abstraktionen von zur Laufzeit ausgeführten Verhalteneinheiten dar. Die Ausführung einer Verhaltenseinheit bewirkt einen Zustandsübergang des Systems. Verhaltensfragmente müssen daher in geeigneter Weise sequenziell oder parallel ausgeführt werden, und zwar in einer solchen Reihenfolge, dass die Zustände des Systems zu einer Einhaltung der Anwendungsbedingungen führen. Die statische Abstraktion dieser Ausführungsreihenfolge ist eine konkrete Anordnungen von Implementierungseinheiten. Abbildung 2.1 veranschaulicht die verschiedenen Ebenen der Softwarekonstruktion und -ausführung nochmals.

Das softwaretechnische Grundprinzip der Trennung der Belange (engl. *separation of concerns*, siehe DIJKSTRA, 1982) zieht sich durch alle Phasen der Softwareentwicklung. Eine Aussage dieses Prinzips ist, dass Belange auf den einzelnen Ebenen als *voneinander abgegrenzte und eindeutig identifizierbare Einheiten* modelliert werden sollten, und dass die *Komposition dieser Belange* jeweils die Beschreibung des Gesamtsystems auf der betrachteten Ebene ergeben sollte.

Betrachtet man objektorientierte Entwurfs- und Implementierungstechniken, so hat die Umsetzung der ursprünglichen Belange der Anwendungsdomäne Auswirkungen auf die Gestalt der Belange auf Entwurfs- und Implementierungsebene:

- Einige auf einer höheren Ebene noch expliziten Belange sind auf einer tieferen Ebene nur noch *implizit* vorhanden. Meist sind dies Belange, welche sog. *nichtfunktionale Anforderungen* wie z. B. Performanz, Erweiterbarkeit und Benutzbarkeit erfassen. So

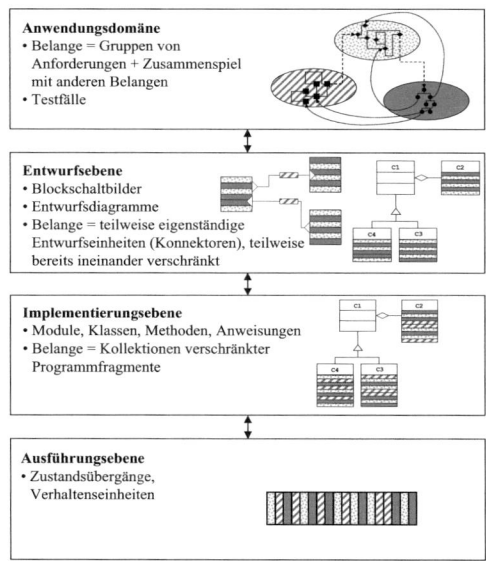

Abbildung 2.1: Ebenen der Softwarekonstruktion (aus GENSSLER, 2004)

wird z. B. der nach der Analysephase explizite Belang „Performanz" auf Entwurfs- und Implementierungsebene durch eine Auswahl zweckmäßiger Algorithmen und Datenstrukturen sowie einen geeigneten Systementwurf umgesetzt.

- Ehemals direkte Interaktionen zwischen Belangen können zunehmend *indirekt* werden. Während z. B. auf Entwurfsebene das Zusammenspiel zweier Belange noch explizit in Form eines Konnektors modelliert ist, kann dieses Zusammenspiel auf Implementierungsebene nicht immer durch Betrachtung der Implementierung nachgewiesen werden, weil z. B. Daten indirekt über eine Datenbank ausgetauscht werden oder zwei Belange mit Hilfe von Entwurfsmustern entkoppelt wurden.[2]

- Belange können beim Übergang auf eine tiefere Ebene *nicht immer als voneinander abgegrenzte Einheiten modelliert* werden. Einzelne Belange müssen in feingranularere Einheiten aufgebrochen und mit feingranularen Einheiten anderer Belange verschränkt werden. Dies führt neben der Tatsache verschränkter Belange auch dazu, dass ein Belang unter Umständen über weite Teile des Systems verteilt werden muss.[3] Der Grund für die Verschränkung und Verteilung ist die so genannte „Tyrannei der primären De-

---

[2]Durch einen Entwickler kann eine solche indirekte Interaktion natürlich entdeckt werden. Hierzu rekonstruiert er allerdings implizit ein Entwurfsmodell aus der Implementierung, d. h. er wechselt von der Implementierungsebene auf die Entwurfsebene, auf welcher die Interaktion wieder direkt ist.

[3]Innerhalb des aspektorientierten Programmierens haben sich hierfür die englischen Begriffe *tangling* und *scattering* etabliert.

komposition" (TARR et al., 1999): Eine logisch mehrdimensionale Zerlegung eines Problems muss auf eine eindimensionale, d. h. mit Hilfe von Konzepten einer Entwurfs- oder Programmiersprache formulierbaren Zerlegung abgebildet werden. Diese Dimension basiert im Allgemeinen auf rein funktionalen Gesichtspunkten. Das Grundprinzip der Trennung der Belange wird somit verwässert bzw. ist technisch nicht mehr umsetzbar.

2.2 Softwareproduktlinienentwicklung

Kunden einer bestimmten Anwendungsdomäne benötigen oftmals ähnliche, sich nur in bestimmten Merkmalen unterscheidende Softwaresysteme. Der Hersteller eines Softwaresystems ist daher daran interessiert, viele *Varianten* eines Softwaresystems zur Verfügung zu stellen, um so möglichst viele Kundenanforderungen bedienen zu können. Dies kann ein Hersteller nur durch *Wiederverwendung* von Softwareartefakten in möglichst vielen Varianten mit vertretbaren Kosten bewerkstelligen. Ein Ansatz zur *systematischen* Wiederverwendung von Softwareartefakten ist die Softwareproduktlinienentwicklung (kurz SPLE, CZARNECKI und EISENECKER, 2000; CLEMENTS und NORTHROP, 2001; GREENFIELD et al., 2004; VAN DER LINDEN et al., 2007). Mit Hilfe der SPLE lassen sich Gemeinsamkeiten und Unterschiede der verschiedenen Varianten eines Softwaresystems systematisch erfassen und organisieren.

SPLE unterscheidet sich in einigen wesentlichen Punkten von einer Einzelproduktentwicklung, wie wir sie in Abschnitt 2.1 skizziert haben. In der SPLE unterscheidet man zwischen der Domänenentwicklung, in welcher Softwareartefakte *zur* Wiederverwendung entwickelt werden, und der Anwendungsentwicklung, in welcher ein kundenspezifisches Softwaresystem *durch* Wiederverwendung der Softwareartefakte erstellt wird. Typischerweise werden beide Aktivitäten durch unterschiedliche Personengruppen umgesetzt. Die *Domänenentwickler* sind Experten der jeweiligen Anwendungsdomäne sowie der entwickelten Softwareartefakte, während die *Anwendungsentwickler* meist nur Grundkenntnisse der Domäne sowie der durch die Domänenentwickler erstellten Softwareartefakte besitzen. Abbildung 2.2 zeigt den Prozess schematisch.

In der sog. *Domänenanalyse* wird die zu unterstützende Anwendungsdomäne durch Domänenexperten genau untersucht und auf den durch die Softwareproduktlinie zu adressierenden Teil eingeschränkt (engl. *domain scoping*). Gemeinsame und unterschiedliche Anforderungen an die zu erwartenden Softwaresysteme sowie Abhängigkeiten zwischen diesen Anforderungen werden identifiziert und in Form eines Merkmalsmodells spezifiziert. Hierzu können Techniken wie FODA (siehe Abschnitt 2.2.1) eingesetzt werden, mit welchem Freiheitsgrade, d. h. optionale und alternative Merkmale, durch Merkmalsmodelle erfasst und organisiert werden können. Ausgehend von dieser Dokumentation des Problemraums wird im *Domänenentwurf* der Übergang in den Lösungsraum vollzogen. In dieser Phase wird eine Referenzarchitektur entworfen, welche durch alle Mitglieder der Softwareproduktlinie geteilt wird. Analog zur Entwurfsphase bei der Einzelproduktentwicklung werden auf dieser Ebene Belange sowie deren Zusammenspiel in einem Entwurf festgehalten. Während der Domänenanalyse ermittelte Variabilitäten werden durch diesen Entwurf aufgegriffen. In der Phase der *Domänenimplementierung* werden die Belange des Entwurfs durch eine Menge von in möglichst

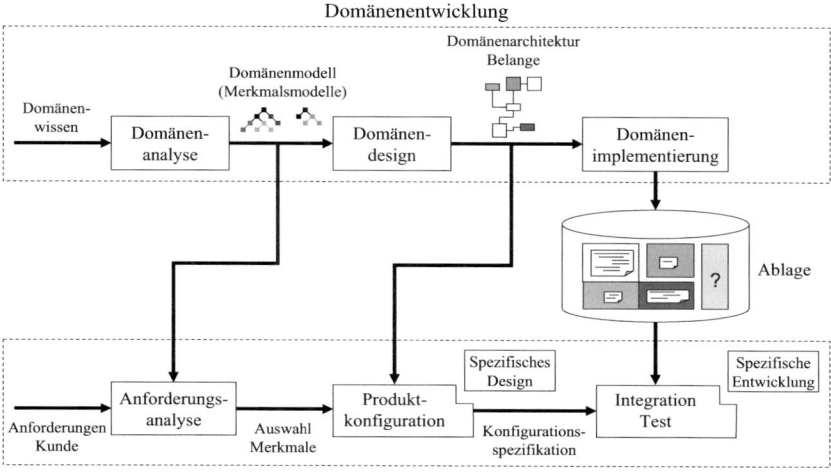

Abbildung 2.2: Softwareproduktlinienentwicklung nach CZARNECKI und EISENECKER (2000)

vielen Ausprägungen der Softwareproduktlinie wiederverwendbaren Softwareartefakten umgesetzt. Die Softwareartefakte werden anschließend in einer Ablage zur späteren Nutzung vorgehalten.

Produktlinienentwicklung unterscheidet sich von einer Auftragsentwicklung, in der ebenfalls kundenspezifische Programme erstellt werden, dahingehend, dass die umzusetzenden Anforderungen unternehmensintern durch Domänenexperten definiert werden. Dies vereinfacht die Kommunikation zwischen Domänenexperten und Entwicklern der Domänenimplementierung. Werden die Anforderungen des Problemraums im Lösungsraum als explizit identifizierbare Belange umgesetzt, so vereinfacht dies den Kommunikationsaspekt weiter, da sowohl Entwickler als auch Domänenexperten über die gleichen Konzepte sprechen.

Die Erstellung konkreter, kundenspezifischer Softwaresysteme erfolgt im Rahmen der Anwendungsentwicklung. Die Entwicklungsphasen unterscheiden sich in ihrer Ausgestaltung von einer reinen Individualentwicklung. In der *Anforderungsanalyse* werden die Anforderungen des Kunden analysiert, wobei hierzu auf die Ergebnisse der Domänenanalyse zurückgegriffen wird. In der Anforderungsanalyse entscheidet sich, ob ein Softwaresystem durch die Softwareproduktlinie umgesetzt werden kann oder nicht. Ist dies der Fall, so werden in einem nächsten Schritt die Freiheitsgrade der Domänenimplementierung durch Auswahl und abstrakte Verschaltung der umzusetzenden Belange gebunden, d. h. das zu erstellende Produkt wird *konfiguriert*. Eine so entstandene Konfigurationsspezifikation dient schließlich als Eingabe für die *Integrationsphase*, in der die wiederverwendbaren Softwareartefakte der Domänenimplementierung gemäß der Konfigurationsbeschreibung zum gewünschten Softwaresystem zusammengefügt werden. *Produktspezifische Anpassungen* des zu erstellenden Softwaresystems können in zwei Klassen eingeteilt werden. Entweder wird eine Anpassung durch die Architektur und die Implementierung bereits vorgesehen, oder aber eine Anpassung hat allgemeinen Charakter. Letzteres kann als Softwareadaptionsaufgabe aufgefasst und durch geeignete Techniken (z. B. LUDWIG, 2002; HEUZEROTH, 2004; GENSSLER, 2004) umgesetzt werden.

Einordnung der Arbeit in die Softwareproduktlinienentwicklung

Allgemein kommen in der SPLE zahlreiche Methoden und Techniken der Softwaretechnik sowie Methoden zum Management der beteiligten Softwareartefakte zum Einsatz. Diese Softwareartefakte können sehr unterschiedlich sein, d. h. neben Quelltext muss in der Praxis auch die Organisation und Erstellung anwendungsspezifischer Dokumentation, Entwurfsmodelle etc. betrachtet werden. Wir beschränken uns in dieser Arbeit auf die Implementierungsartefakte einer Softwareproduktlinie und daher im Speziellen auf die Schritte Domänenimplementierung und Integration. Einzelheiten des Prozessschritts der Produktkonfiguration werden nicht weiter betrachtet. Es wird nur vom Ergebnis der Produktkonfiguration in Form einer Konfigurationsbeschreibung ausgegangen, wobei in dieser Arbeit dem Anwendungsentwickler eine Sprache zur Spezifikation dieser Konfigurationsbeschreibung zur Verfügung gestellt wird. Der Fokus dieser Arbeit im Kontext der SPLE liegt auf der Unterstützung des Domänenentwicklers bei der Spezifikation einer Domänenimplementierung und einer anschließenden automatischen Komposition des benötigten Softwaresystems.

2.2.1 Merkmalsorientierte Domänenanalyse

Die in der Domänenanalyse ermittelten gemeinsamen und unterschiedlichen Anforderungen müssen zur weiteren Nutzung innerhalb der Domänen- und Anwendungsentwicklung geeignet dokumentiert und strukturiert werden. Hierzu haben sich Merkmalsmodelle etabliert, wie sie in der merkmalsorientierten Domänenanalyse (engl. *feature-oriented domain analysis*, FODA, KANG et al., 1990) und verwandten Ansätzen eingesetzt werden. Ein Merkmal kann als eine für den Endkunden relevante Eigenschaft eines Systems, oder allgemeiner als eine ein Konzept (d. h. auch ein Softwaresystem) kennzeichnende Eigenschaft aufgefasst werden. Erstere Definition fokussiert auf den Problemraum, während die zweite auch technische Merkmale des Lösungsraums (d. h. Belange) umfasst.

Ein Merkmalsmodell in FODA besteht aus folgenden vier Elementen (KANG et al., 1990; CZARNECKI und EISENECKER, 2000):

1. *Merkmalsdiagramm*: Dieses beschreibt eine hierarchische Zerlegung von Merkmalen zusammen mit der Angabe, ob ein Merkmal verbindlich (engl. *mandatory*) oder optional ist, und ob ein Merkmal zu einer Gruppe alternativer Merkmale oder zu einer Gruppe oder-verknüpfter Merkmale gehört. Abbildung 2.3 zeigt die grafische Notation dieser Relationen. Für die in Abbildung 2.3 (c) angegebenen verbindlich-alternativen Merkmale darf genau eines der Merkmale f_2 oder f_3 ausgewählt werden. Für die in Abbildung 2.3 (d) gezeigten verbindlich-oder-verknüpften Merkmale darf jede nichtleere Menge ausgewählt werden, d. h. $\{f_2\}, \{f_3\}, \{f_2, f_3\}$.

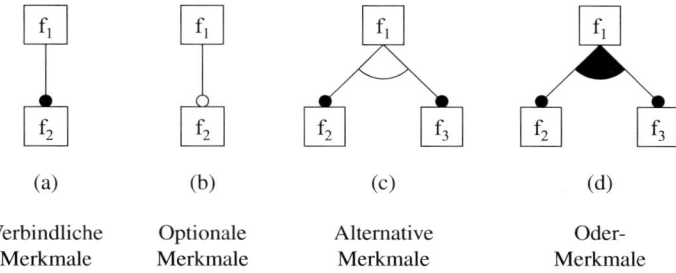

(a)   (b)   (c)   (d)

Verbindliche   Optionale   Alternative   Oder-
Merkmale   Merkmale   Merkmale   Merkmale

Abbildung 2.3: Grundlegende Relationen eines Merkmalsdiagramms

2. *Merkmalsdefinitionen*: Eine (textuelle) Beschreibung aller Merkmale zusammen mit den Bindungszeitpunkten (z. B. vor/während der Übersetzung, während des Ladens, zur Laufzeit).

3. *Kompositionsregeln*: Diese definieren zusätzliche Abhängigkeiten zwischen Merkmalen, welche nicht bereits durch die Relationen des Merkmalsdiagramms angegeben wurden. Kompositionsregeln werden genutzt, falls Abhängigkeiten zwischen Merkmalen bestehen, welche nicht gemeinsame Untermerkmale eines Obermerkmals sind. Typische Kompositionsregeln sind *benötigt*-Regeln (d. h. die Auswahl eines Merkmals impliziert die Auswahl eines anderen Merkmals) oder *Ausschluss*-Regeln (d. h. zwei Merkmale schließen sich gegenseitig aus). Kompositionsregeln spezifizieren somit zusammen mit den Relationen des Merkmalsdiagramms gültige Merkmalskombinationen.

4. *Auswahlgründe*: Hierdurch wird angegeben, wieso ein Merkmal in einem bestimmten Kontext ausgewählt werden sollte oder nicht.

Abbildung 2.4 zeigt ein Beispiel für ein Merkmalsdiagramm. Ein Merkmal bzw. ein Softwaresystem f_1 wird durch das optionale Merkmal f_2 und das verbindliche Merkmal f_3 charakterisiert. Wird f_2 ausgewählt, so muss noch ein Merkmal der oder-verknüpften Gruppe $\{f_4, f_5, f_6\}$ ausgewählt werden. Neben dem verbindlichen Merkmal f_3 muss noch genau eins der alternativen Merkmale f_7, f_8 und f_9 ausgewählt werden. Semantische Abhängigkeiten zwischen f_7 und f_2 bzw. zwischen f_9 und f_6 werden durch zusätzliche Kompositionsregeln angegeben.

CZARNECKI und EISENECKER (2000) beschreiben, wie Merkmalsdiagramme *normalisiert* werden können. So ist eine Gruppe alternativer Merkmale, von denen mindestens ein Merkmal optional und andere verbindlich sind, äquivalent zu einer Gruppe alternativer Merkmale, welche alle optional sind. Analog ist eine Gruppe oder-verknüpfter Merkmale, von denen mindestens ein Merkmal optional ist, äquivalent zu einer Menge optionaler Merkmale, welche nicht weiter miteinander verknüpft sind. In Abbildung 2.4 kann zum Beispiel die Oder-Verknüpfung der Merkmale f_4, f_5, und f_6 durch drei optionale Merkmale ersetzt werden.

Merkmalsmodelle können sowohl im Problemraum als auch im Lösungsraum angegeben werden. Letztere beschreiben bereits technische Merkmale des Systems und entsprechen den umzusetzenden Belangen. Erweiterungen von FODA, wie der *Design-Spaces*-Ansatz (GEYER,

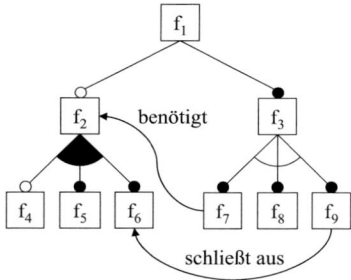

Abbildung 2.4: Beispiel eines Merkmalsdiagramms

2003), unterstützen die Abbildung einer Auswahl von Merkmalen des Problemraums auf eine Auswahl von Merkmalen des Lösungsraums.

Während der Domänenanalyse und der anschließenden Domänenimplementierung kann eine Klasse von Merkmalen auftreten, welche wir *offene Merkmale* nennen: Hierbei handelt es sich um Merkmale, welche während der Domänenanalyse zwar erfasst wurden, für die allerdings noch nicht alle Untermerkmale und damit insbesondere auch Implementierungen angegeben werden können. Dies ist erst im Rahmen der Anwendungsentwicklung möglich. Ein einfaches Beispiel eines solchen offenen Merkmals sind die tatsächlichen Elementtypen für einen Datencontainer.

Beispiel 2.1: *Produktlinie „Steuerung Fertigungslinie"*

Für die Steuerung einer Fertigungslinie soll eine Produktlinie erstellt werden. Hierbei sind folgende Anforderungen und Randbedingungen zu beachten:

- Eine Fertigungslinie besteht aus genau einer Verarbeitungsmaschine und einem oder mehreren Roboterarmen, welche die zu verarbeitenden Werkstücke an- und abtransportieren.

- Unterschiedliche Ausbaustufen der Verarbeitungsmaschine haben unterschiedliche Durchsätze und können gegebenenfalls mehrere Werkstücke gleichzeitig bearbeiten. Ein optionales Fließband innerhalb der Verarbeitungsmaschine kann hierbei eine gleichmäßige Auslastung der Verarbeitungseinheiten einer Verarbeitungsmaschine ermöglichen.

- Eine Verarbeitungsmaschine ist optional mit erhöhter Verarbeitungsgenauigkeit lieferbar. Diese kann allerdings nur garantiert werden, falls nach einer bestimmten Anzahl akzeptierter Werkstücke eine Rekalibrierung durchgeführt wird.

- In einer einfachen Ausbaustufe der Verarbeitungsmaschine und der Roboterarme müssen diese von einer zentralen Steuerung kontrolliert werden. Höherwertige Modelle verfügen über eigene, autonome Steuereinheiten.

Hieraus ergeben sich die in Abbildung 2.5 dargestellten, für den Kunden relevanten Merkmale.

Während des Domänenentwurfs werden die folgenden zu implementierenden Belange ermittelt, aus welchen sich die einzelnen Varianten zusammensetzen. Diese Belange sind die softwaretechnische Modellierung der realen Objekte

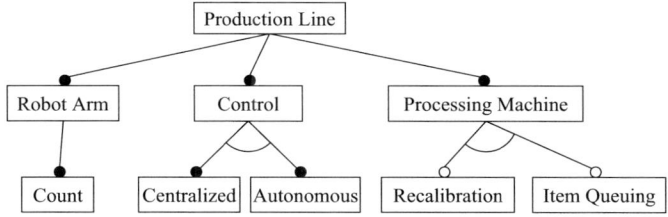

Abbildung 2.5: Merkmale der Fertigungslinie

- Verarbeitungsmaschine,

- internes Fließband und

- Roboterarm

sowie die Umsetzung der

- Rekalibrierung und der

- Steuerung in den Ausprägungen zentrale Steuerung und autonome Steuerung.

Diese Belange sind *Problem*-Belange, da sie aus der Aufgabe herrühren. In diesem einfachen Beispiel entsprechen sie 1:1 den umzusetzenden Merkmalen. Da die autonome Steuerung auf technischer Ebene durch den Einsatz mehrerer Ausführungsfäden modelliert werden soll, ergibt sich noch der *Lösungs*-Belang Synchronisation, welcher die Ausführung der Programmfragmente der übrigen Belange hinsichtlich dieser Ausführungsfäden koordinieren muss. Er stellt somit einen Konnektor dar, der zur Verschaltung weiterer Belange benötigt wird. Diese Verschaltung der Belange erfolgt konzeptionell wie in Abbildung 2.6 dargestellt.

Bei der schrittweisen Verfeinerung dieses abstrakten Entwurfs zeigt sich, dass sich die beiden Belange *Processing Machine* und *Robot Arm* vollständig auf Klassen, d. h. auf Elemente der objektorientierten Kapselungsmechanismen abbilden lassen. Dies war auch zu erwarten, da diese beiden Belange für reale Objekte stehen. Die Belange *Queuing* und *Control* lassen sich dagegen nur teilweise in Form einer oder mehrerer Klasse(n) bzw. Methode(n) modellieren. Wie wir später noch sehen werden, erfordert die Implementierung dieser Belange noch zusätzliche, nicht auf diese einzelnen Programmfragmente eingrenzbare Implementierungsmaßnahmen. Konzeptionell werden diese Maßnahmen durch die entsprechenden Konnektoren im obigen Schaubild erfasst. Der Belang *Recalibration* wird durch eine Menge von Klassenmerkmalen umgesetzt. Der Belang *Synchronization* hingegen kann nicht mehr als explizite Einheit innerhalb einer objektorientierten Dekomposition dargestellt werden.

Abbildung 2.7 zeigt die gemeinsame Softwarearchitektur der einzelnen Programmvarianten, wobei die durch einzelne alternative bzw. optionale Belange resultierenden Änderungen an der sichtbaren Programmstruktur hervorgehoben sind. Im weiteren Verlauf dieser Arbeit wird dieses Beispiel dazu dienen, einzelne Aspekte des vorgestellten Ansatzes zu erläutern.

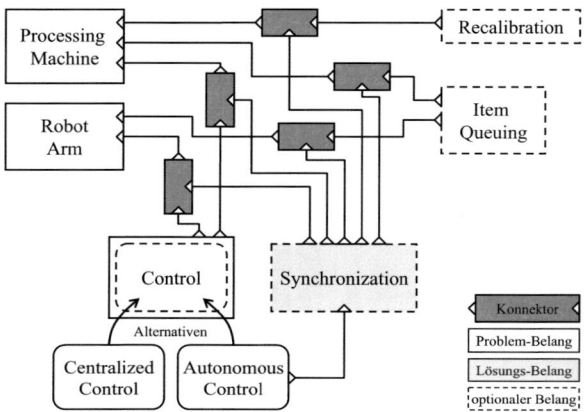

Abbildung 2.6: Verschaltung der Belange der Fertigungslinie

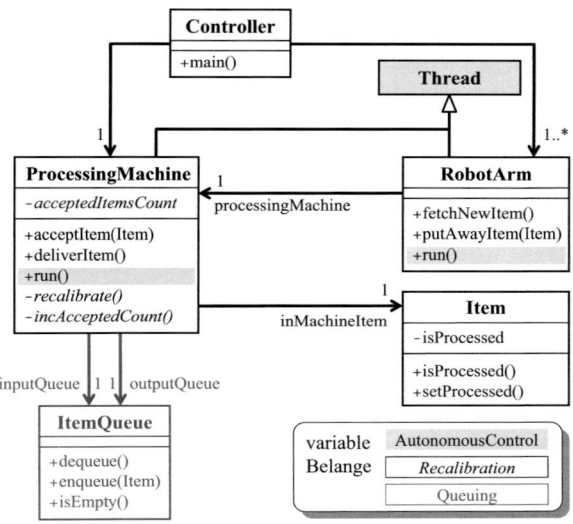

Abbildung 2.7: Softwarearchitektur der Fertigungslinie

2.2.2 Generische Programmierung

Generische Programmierung stellt eine wichtige Implementierungstechnik für die Domänen-implementierung einer Produktlinie dar. Ziel ist es, einzelne Softwareartefakte möglichst orthogonal, wiederverwendbar und nicht redundant zu implementieren. CZARNECKI und EISE-NECKER (2000) unterscheiden vier ähnliche Bedeutungen des Begriffs *generische Programmierung*:

1. Programmieren mit generischen Parametern (parametrische Polymorphie, siehe Abschnitt 2.4.2.2)

2. Programmieren durch Abstraktion von konkreten Typen

3. Programmieren mit parametrisierbaren Komponenten

4. Programmiermethode, welche die Erstellung einer größtmöglichen Abstraktion eines effizienten Algorithmus zum Ziel hat

Ein Schlüsselelement generischer Programmierung ist die *Parametrisierung*, welche statisch und dynamisch erfolgen kann. Durch parametrische Polymorphie können bestimmte Arten unnötiger Codeduplikation in statisch typisierten Sprachen vermieden werden. Hierzu werden die Typen der zu verarbeitenden Werte statisch parametrisiert. Durch Nutzung von Inklusions-polymorphie kann ein Algorithmus über Abstraktionen konkreter Parametertypen definiert werden. Neben der Parametrisierung einzelner Komponenten durch Werte können Komponenten auch mit Verhaltenseinheiten parametrisiert werden. Der eigentliche Algorithmus wird über Abstraktionen dieser Verhaltenseinheiten definiert. Dynamisch kann dies mit Hilfe von Funktionszeigern oder äquivalenter Konzepte erfolgen. Eine statische Parametrisierung durch Verhaltenseinheiten basiert auf parametrischer Polymorphie, indem die Verhaltenseinheiten als Operationen der parametrisierenden Typen zur Verfügung gestellt werden.

Häufig eingesetzt wird generische Programmierung im Kontext von Datenstrukturen und darauf aufbauender Algorithmen. Bekannte Beispiele sind für C++ die STANDARD TEMPLATE LIBRARY (STL, MUSSER und SAINI, 1996) oder die BOOST C++ LIBRARIES[4], für JAVA das JAVA COLLECTION FRAMEWORK[5].

2.2.2.1 Grenzen und Probleme

Generische Programmierung ist eine Technik zur *Organisation des Lösungsraums*. Es werden daher typischerweise keine Aussagen darüber gemacht, wie ein oder mehrere generische Softwareartefakte geeignet und konsistent parametrisiert werden müssen, damit bestimmte Anforderungen umgesetzt werden. Konsistenzbedingungen werden im Allgemeinen durch das Typsystem ausgedrückt, d. h. es werden Typschranken angegeben, welche durch Parameter im Fall der Inklusionspolymorphie und der parametrischen Polymorphie eingehalten werden müssen. Die statische oder dynamische Komposition erfolgt für objektorientierte Sprachen mit Hilfe der in Abschnitt 2.4.2 vorgestellten Kompositionsverfahren, mit den dort diskutierten Vor- und Nachteilen.

---

[4]http://www.boost.org
[5]http://java.sun.com/javase/6/docs/technotes/guides/collections/index.html

2.2.3 Generative Programmierung

Generative Programmierung (GP, CZARNECKI und EISENECKER, 2000) ist eine Software-entwicklungsmethode, um Programmcode ausgehend von Spezifikationen automatisch zu erzeugen. Dies wird durch folgende aus CZARNECKI und EISENECKER (2000) entnommene Definition verdeutlicht:

> *Generative Programming is a software engineering paradigm based on modeling software system families such that, given a particular requirement specification, a highly customized and optimized intermediate or end-product can be automatically manufactured on demand from elementary, reusable implementation components by means of configuration knowledge.*

Im Unterschied zu generischem Programmieren liegt der Fokus bei generativer Programmierung nicht nur auf der Repräsentation der Implementierung im Lösungsraum, wozu generative Programmierung oftmals auf generischer Programmierung aufsetzt, sondern zusätzlich auf der Abbildung des Problemraums auf den Lösungsraum. Diese Abbildung erfasst *Konfigurationswissen*, welches die in der Domänenanalyse ermittelten Freiheitsgrade und Kompositionsregeln umfasst. Ziel des generativen Programmierens ist es, im Problemraum Beschreibungsverfahren zur Verfügung zu stellen, welche in Termini der Anwendungsdomäne das zu erstellende Programm spezifizieren, und darauf aufbauend unter Nutzung von Konfigurationswissen und generischen Implementierungen hochspezialisierte Programme zu erzeugen.

Zentrales Element des generativen Programmierens im Problemraum ist die Verwendung domänenspezifischer Sprachen. Mit Hilfe domänenspezifischer Sprachen lassen sich domänenspezifische Konzepte des Problemraums direkt zur Spezifikation des benötigten Programms nutzen. Die Abbildung der Spezifikationen des Problemraums auf Programme des Lösungsraums erfolgt mit Hilfe von Metaprogrammen, welche üblicherweise durch statische Mechanismen wie Generizität, Makros, bedingter Übersetzung oder speziellen Generatoren umgesetzt werden. Diese Metaprogramme codieren Konfigurationswissen über gültige Spezifikationen, gültige Kompositionen von Softwarebausteinen, Optimierungsmöglichkeiten bis hin zur *algorithmischen Berechnung* der benötigten Softwarebausteine.

Domänenspezifische Sprachen können entweder als eigenständige Sprache umgesetzt werden, oder aber in mit Metaprogrammierfunktionalität ausgestattete Programmiersprachen eingebettet sein. Eigenständige Sprachen können die Problemdomäne zwar am besten abdecken, benötigen allerdings spezielle Generatoren zur Verarbeitung. Wir werden in Abschnitt 3.5.1 genauer darauf eingehen.

Ein bekanntes Verfahren zur Erstellung und Verarbeitung eingebetteter domänenspezifischer Sprachen speziell für C++ ist die so genannte *Template Metaprogrammierung* (CZARNECKI und EISENECKER, 2000). Sie basiert auf funktionaler Programmierung mit Templaterekursion als Rekursionskonstrukt und Templatespezialisierung als Abbruchbedingung einer Rekursion. Hiermit steht im Prinzip eine Turing-vollständige Sprache zur Verfügung, d. h. jeder Berechnungsalgorithmus kann umgesetzt werden[6]. Mit Hilfe der primitiven Konstrukte

---

[6]Die praktische Umsetzbarkeit eines Algorithmus ist allerdings durch die nicht fest definierte maximale Rekursionstiefe (der ANSI-Standard empfiehlt mindestens 17, praktisch werden durch die einzelnen Übersetzer meist mehr unterstützt) sowie den nicht unerheblichen Ressourcenverbrauch des C++-Übersetzers bei der Templateinstantiierung beschränkt.

Templaterekursion und Templatespezialisierung lassen sich anschließend höherwertige Kontrollstrukturen wie IF<>, SWITCH<>, WHILE<>, DO<> und FOR<> definieren. Templates bilden hierbei die Funktionen, während Typen die Werte darstellen.

Beispiel 2.2: *Statische Berechnung der Fakultät*

Mit Hilfe des folgenden Template-Metaprogramms aus CZARNECKI und EISENECKER (2000) kann die Fakultät eines Werts zur Übersetzungszeit berechnet werden:

```
template<int n> struct Factorial {
  enum { RET = Factorial<n-1>::RET * n };
};

template<> struct Factorial<0> {
  enum { RET = 1 };
};

...

cout << "factorial(7)= " << Factorial<7>::RET << endl;
```

2.2.3.1 Grenzen und Probleme

Generatives Programmieren ist zunächst nur eine allgemeine Vorgehensweise zur Umsetzung von Produktlinien. Ein zentrales Thema ist die Bereitstellung von Mechanismen zur Unterstützung des Anwendungsentwicklers durch den Domänenentwickler in Form einer domänenspezifischen Sprache. Hierbei wird auch ein durch den Domänenentwickler zu erbringender Mehraufwand in Kauf genommen. Das in dieser Arbeit vorgestellte Verfahren ist eine konkrete Ausprägung des generativen Programmierens.

Trotz der unbestreitbaren Erfolge im Bereich der Konstruktion hochperformanter Bibliotheken ist die historisch eng mit generativer Programmierung verbundene Template Metaprogrammierung nicht frei von Problemen. Letztlich basiert sie auf dem „Missbrauch" einiger Eigenschaften des C++-Standards, was zu einer kryptischen Syntax der Metaprogramme sowie der Fehlermeldungen führt. Eine Folge davon ist, dass eine systematische Implementierung der Metaprogramme sehr schwierig und eine Wartung für einen durchschnittlichen Programmierer kaum durchführbar ist. Template Metaprogrammierung erlaubt nur einen sehr eingeschränkten Zugriff auf Informationen über das Zielprogramm. Beispiele zugreifbarer Informationen sind explizit von einem Entwickler angegebene Metainformationen in Form so genannter *Trait-Klassen*, Konstanten oder Templateparameter, welche in C++ allerdings nicht durch Typschranken beschränkt werden. Es sind insbesondere keine weitergehenden Analysen des Zielprogramms möglich. Belange können durch Template Metaprogrammierung nur auf sehr feingranularer Ebene als lexikalisch lokale, voneinander abgegrenzte Einheiten implementiert werden.

2.3 Elemente der Softwarekomposition

Softwaresysteme lassen sich auf Implementierungsebene aufgrund ihrer Größe und Komplexität schon seit langer Zeit nicht mehr „am Stück" konstruieren. Vielmehr wird das zu lösende Problem rekursiv in Teilprobleme zerlegt, welche dann nach und nach gelöst werden. Die Teillösungen in Form einzelner *Programmbausteine* müssen anschließend zum Gesamtsystem komponiert werden. Dies gilt natürlich in besonderem Maße für die Erstellung einer Variante auf Basis einer vorhandenen Domänenimplementierung. Im Folgenden untersuchen wir typische Programmbausteine sowie die Komposition eines Programms aus diesen Bausteinen.

2.3.1 Belange

Die natürlichste Form der Systemgliederung ist es, die einzelnen Belange auch auf Implementierungsebene als eigenständige Programmbausteine zu betrachten. In diesem Fall ist ein Programm P die Komposition

$$P = B_1 \oplus \ldots \oplus B_n$$

der einzelnen Belange B_x. Die in dieser Arbeit betrachtete statische Komposition erfolgt in der Praxis *schrittweise*. Die einzelnen Zwischenergebnisse $B^{(i)}$, welche die Komposition mehrerer Belange repräsentieren, sind jeweils wieder Belange, da sie die Vereinigung der ursprünglichen Anforderungen umsetzen. Eine schrittweise Komposition erfolgt nach folgendem Schema:

$$B^{(0)} = \varnothing \oplus B_1, \; B^{(1)} = B^{(0)} \oplus B_2, \; \ldots, \; P = B^{(n)} = B^{(n-1)} \oplus B_n$$

Die zur Komposition von Belangen notwendigen Verschränkungsoperationen werden durch Kompositionsoperatoren $\oplus$ beschrieben.

Definition 2.1 (Gerichteter Kompositionsoperator)
Ein gerichteter Kompositionsoperator $\oplus_{B_x \to B_y}$ gibt an, wie ein Belang B_x mit einem anderen Belang B_y verschränkt werden muss, damit die durch B_x adressierten und von der Interaktion zwischen B_x und B_y abhängigen Anforderungen erfüllt werden.

Die Verschränkungen von B_y mit B_x, die zur Erfüllung der durch den Belang B_y adressierten Anforderungen notwendig sind, werden durch einen gerichteten Kompositionsoperator $\oplus_{B_x \to B_y}$ nicht weiter betrachtet. Dies erfolgt durch den sog. dualen Kompositionsoperator:

Definition 2.2 (Dualer Kompositionsoperator)
Der zu einem gerichteten Kompositionsoperator $\oplus_{B_x \to B_y}$ duale gerichtete Kompositionsoperator ist $\oplus_{B_x \leftarrow B_y}$ bzw. $\oplus_{B_y \to B_x}$.

Beispiel 2.3: *Gerichtete und duale Kompositionsoperatoren*

Seien DiskEA und *NutzerEA* zwei Belange, welche einerseits den Zugriff auf eine Datei, andererseits die Interaktion mit einem Nutzer umsetzen. Die durch *DiskEA* adressierte Anforderung ist das

Einlesen einer Datei, wohingegen die primär durch *NutzerEA* adressierte Anforderung die Ausgabe des Dateiinhalts ist. Folgender JAVA-Quelltext zeigt die bereits miteinander verschränkten Belange:

```
1  String fileName = null;
2  Scanner in = new Scanner(System.in);
3  fileName = in.nextLine();
4  FileReader reader = new FileReader(fileName);
5  String line = null;
6  while (line = reader.readLine() != null) {
7    System.out.println(line);
8  }
9  reader.close()
```

Der gerichtete Kompositionsoperator $\oplus_{NutzerEA \to DiskEA}$ sorgt dafür, dass Zeile 3 lexikalisch nach der durch *DiskEA* bereitgestellten Deklaration von `fileName` steht. Weiterhin stellt $\oplus_{NutzerEA \to DiskEA}$ sicher, dass die für den Nutzer relevanten Ausgaben an den richtigen Stelle während des Einlesens der Datei erfolgen. Die Verschränkungsbedingung, dass die Variable `line` in Zeile 7 bereits bekannt sein muss, schließt die aus Sicht des Belangs *NutzerEA* notwendigen Verschränkungen mit *DiskEA* hinsichtlich der primär adressierten Anforderung ab.

Damit die durch *DiskEA* umgesetzte Anforderung erfüllt werden kann, muss der Name der einzulesenden Datei bekannt sein. Hierzu ist eine Interaktion mit *NutzerEA* notwendig. Der zu $\oplus_{NutzerEA \to DiskEA}$ duale Kompositionsoperator $\oplus_{DiskEA \to NutzerEA}$ gewährleistet, dass Zeile 4 erst nach dem Einlesen des Dateinamens (Zeile 3) ausgeführt wird.

Kompositionsoperatoren dürfen sich bezüglich der beschriebenen Verschränkungsoperationen überlappen, wobei diese sich überlappenden Teile nicht zu einer gegenseitigen Invalidierung der korrekten Umsetzung der durch einen Belang adressierten Anforderungen führen darf.[7] Bei einer schrittweisen Komposition werden die einzelnen Kompositionsoperatoren wie folgt angewandt:

Definition 2.3 (Komposition von Belangen)
Seien $B_1, \dots, B_j$ die Belange, die bis zum Schritt i bereits komponiert wurden, d. h. $B^{(i)} = B_1 \oplus \dots \oplus B_j$. Dann ist die Komposition $B^{(i)} \oplus B_k$ definiert als:

$$\forall B_x \in \{B_1, \dots, B_j\}: \quad B_k \oplus_{B_k \to B_x} B_x$$
$$B_x \oplus_{B_x \to B_k} B_k$$

Ein Belang B_k wird somit mit jedem anderen bisher komponierten Belang mit Hilfe der dualen Kompositionsoperatoren $\oplus_{B_k \to B_x}$ und $\oplus_{B_x \to B_k}$ zum resultierenden Belang $B^{(i+1)} = B^{(i)} \oplus B_k$ verschränkt (vgl. Abbildung 2.8).

Im Folgenden bezeichnet $\oplus_{B_x} = \{\oplus_{B_x \to B_y} \mid B_y \text{ ist Belang des Programms}, B_x \neq B_y\}$ die Menge der Kompositionsoperatoren eines Belangs B_x und $\oplus_{B_x \leftrightarrows B_y}$ das Paar der dualen Kompositionsoperatoren zur Komposition eines Belangs B_x mit einem Belang B_y.

---

[7]Beispiel 3.2 auf Seite 77 zeigt, wie sich überlappende Kompositionsoperatoren die korrekten Umsetzungen der jeweiligen Belange invalidieren können.

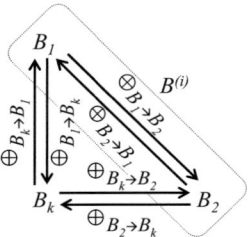

Abbildung 2.8: Belange und duale Kompositionsoperatoren

2.3.1.1 Klassifikation von Belangen

Im weiteren Verlauf dieser Arbeit werden wir Belange anhand von drei Dimensionen unterscheiden: Die Rolle eines Belangs bezüglich der Lösung des Anwendungsproblems, die Repräsentation eines Belangs im Zielprogramm sowie die Relation eines Belangs zu anderen Belangen hinsichtlich der Ausführungsreihenfolge einzelner Verhaltenseinheiten.

Problem- und Lösungsbelang

Ein Belang kann als *Problembelang* oder als *Lösungsbelang* klassifiziert werden. Ein Problembelang ist ein Belang, dessen Existenz aus der Problemstellung herrührt. Er tritt somit bereits im Problemraum auf. Ein Lösungsbelang hingegen resultiert aus der verwendeten Lösungstechnik und tritt somit erstmals im Lösungsraum, d. h. während des Entwurfs oder während der Implementierung auf. Lösungsbelange sind für einen Anwender typischerweise nicht von Interesse; sie werden allerdings für die Umsetzung der Problembelange benötigt.

Repräsentation

Belange werden durch Programmfragmente implementiert. Daher müssen sie mit Hilfe der Kapselungsmechanismen der verwendeten Programmiersprache erfasst werden. Wie wir bereits im Abschnitt 2.1 gesehen haben, führt die Abbildung einer mehrdimensionalen Problemzerlegung auf eine eindimensionale Zerlegung in Form von Programmfragmenten dazu, dass Belange nicht in jedem Fall als voneinander abgegrenzte Einheiten im Zielprogramm identifizierbar sind. Wir unterscheiden daher zwischen *kapselbaren* und *querliegenden* Belangen:

- Ein *kapselbarer* Belang kann durch ein einziges, lexikalisch zusammenhängendes Programmfragment umgesetzt werden, welches an einer Stelle im Zielprogramm zu finden ist.

- Ein *querliegender* Belang besteht aus mehreren lexikalisch zusammenhängenden Programmfragmenten, welche an unterschiedlichen Stellen im Zielprogramm zu finden sind. Ein querliegender Belang lässt sich wie folgt weiter untergliedern:

  - Bei *homogenen* querliegenden Belangen ist an allen Stellen ein gleiches Programmfragment zu finden.

– Bei *heterogenen* querliegenden Belangen dagegen müssen unterschiedliche Programmfragmente an den einzelnen Stellen im Zielprogramm angegeben werden.

Ausführungsreihenfolge

Hinsichtlich der beobachtbaren Ausgaben eines zu komponierenden Programms müssen für unterschiedliche Ausführungsreihenfolgen von abstrakten Belang-Verhaltenseinheiten zweier Belange B_i und B_j drei Fälle unterschieden werden. Die Belange sind

1. *kommutativ*: Das entstehende Programm produziert bei unterschiedlichen Ausführungsreihenfolgen identische beobachtbare Ausgaben, welche jeweils die Anwendungsbedingungen erfüllen.

2. *nicht kommutativ*: Das entstehende Programm produziert bei unterschiedlichen Ausführungsreihenfolgen unterschiedliche beobachtbare Ausgaben, wovon allerdings nur eine Ausgabe die Anwendungsbedingungen erfüllt.

3. *nicht kommutativ*, aber die unterschiedlichen beobachtbaren Ausgaben sind hinsichtlich der Einhaltung der Anwendungsbedingungen irrelevant. Bezüglich der Anwendungsbedingungen sind sie somit kommutativ.

Belang-Verhaltenseinheiten können auf den verschiedenen Ebenen der Softwarekonstruktion betrachtet werden. Bereits auf der Anwendungsebene lassen sich logische Ausführungsreihenfolgen angeben, welche direkt aus der Anwendungssemantik herrühren. So muss z. B. die Prüfsumme für ein Paket, welches über ein Netzwerk verschickt werden soll, vor dem Versenden berechnet werden. Diese logische Ausführungsreihenfolge muss auch auf Implementierungsebene in geeigneter Weise eingehalten werden. Typischerweise erfolgt dies in Form einer konkreten Anordnung von Verhalten beschreibenden Programmfragmenten der einzelnen Belange.

2.3.1.2 Komposition von Belangen auf Implementierungsebene

Technisch werden Belange auf Implementierungsebene durch eine Menge logisch zusammengehörender Programmfragmente repräsentiert. Im Folgenden bezeichnen wir diese Menge der Programmfragmente eines Belangs B mit PF_B.

Die Komposition von Belangen lässt sich auf Implementierungsebene auf die Verschränkung von Programmfragmenten zurückführen. In diesem Fall beschreibt ein gerichteter Kompositionsoperator $\oplus_{B_x \to B_y}$, wie Programmfragmente aus B_x mit Programmfragmenten aus B_y technisch verschränkt werden müssen, damit die durch die Interaktion adressierten Anforderungen umgesetzt werden.

Ein Sonderfall interagierender Belange sind sog. *orthogonale Belange*. Zwei Belange B_x und B_y sind bezüglich eines Belangs B_z orthogonal, falls gilt:

$$\oplus_{B_x \leftrightarrows B_z} \neq \varnothing \ \wedge \ \oplus_{B_y \leftrightarrows B_z} \neq \varnothing \ \wedge \ \oplus_{B_x \leftrightarrows B_y} = \varnothing$$

In einem solchen Fall ist es ausreichend, das paarweise Zusammenspiel der Belange zu betrachten. Bezogen auf Abbildung 2.9 bedeutet dies, dass zum Beispiel die Belange B_x und B_y

orthogonal sind und nur jeweils mit dem Belang B_z interagieren. Diese Interaktion wird durch $\oplus_{B_x \leftrightarrows B_z}$ bzw. $\oplus_{B_y \leftrightarrows B_z}$ umgesetzt. Im Falle orthogonaler Belange B_x und B_y existieren keine Kompositionsoperatoren $\oplus_{B_x \leftrightarrows B_y}$.

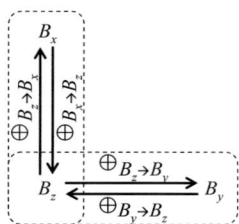

Abbildung 2.9: Orthogonale Belange

2.3.1.3 Verfeinerungseigenschaft von Belangen

Aus der Anforderungsanalyse ist bekannt, dass Anforderungen sowohl im Problemraum als auch nach dem Übergang in den Lösungsraum immer weiter verfeinert werden können. Da Belange Gruppen von Anforderungen umsetzen, gilt diese Verfeinerungseigenschaft auch für diese. Aus der Verfeinerungseigenschaft folgt, dass Belange in natürlicher Weise hierarchisch strukturiert und z. B. in Form eines Baumes dargestellt werden können. Belange bilden daher eine Enthaltenseinshierarchie (TRIFU und KUTTRUFF, 2005). Dies ermöglicht es einem Entwickler, auf der für ihn jeweils geeignetsten Hierarchieebene die auf dieser Ebene notwendigen Implementierungsschritte zu planen und durchzuführen. Hierdurch wird die Komplexität der Implementierung eines einzelnen Belangs im Vergleich zum umgebenden Belang reduziert, allerdings auf Kosten einer erhöhten Komplexität bei der Komposition aller Belange zum umgebenden Belang. Die funktionale ebenso wie die objektorientierte Dekomposition eines zu lösenden Problems sind Möglichkeiten zur Strukturierung von Programmen, welche die Verfeinerungseigenschaft von Belangen ausnutzen. Die in objektorientierten Sprachen vorherrschende Dekomposition hat einen großen Einfluss darauf, ob ein Belang durch Elemente der Programmiersprache kapselbar oder querliegend ist.

Eine Belang-Hierarchieebene lässt sich bezüglich der Implementierung dieses Belangs immer auf eine Abstraktionsebene der verwendeten Programmiersprache zuzüglich einiger impliziter Hierarchieebenen wie Teilsystem und Gesamtsystem abbilden. Die Abstraktionsebene beschreibt einerseits, welche Kenntnis ein Entwickler über das Programm haben muss, um den Belang umsetzen zu können, andererseits aber auch, welche Abstraktionsebene sowie die darunter liegenden Ebenen von der Implementierung des Belangs adressiert werden müssen. Mit Hilfe des objektorientierten Paradigmas kapselbare Belange lassen sich zum Beispiel durch einzelne Klassen, Methoden oder zusammenhängenden Anweisungen erfassen. Die Implementierung querliegender Belange erfordert dagegen die Betrachtung ganzer Teilsysteme oder gar des Gesamtsystems. In diesem Fall wird ein solcher Belang soweit verfeinert, bis die einzelnen verfeinerten Belange auf Elemente der Programmiersprache abgebildet werden können. Das Zusammenspiel dieser Verfeinerungen im Hinblick auf die zu erfüllenden

Ausgangsanforderungen wird durch den jeweils umgebenden Belang beschrieben. Ein solcher umgebender Belang B_z ist daher ein Belang von Belangen. Er kann als eine Komposition seiner Verfeinerungen $B_x, \ldots, B_y$ betrachtet werden,

---

Beispiel 2.4: *Verfeinerung des Belangs „Persistenz"*

Für eine komplexe Datenstruktur soll ein Belang *Persistenz* umgesetzt werden. Ein Entwickler kann diesen Belang wie folgt verfeinern, wobei er sich nach und nach den auf den jeweiligen Verfeinerungsstufen durchzuführenden Implementierungsschritten widmet:

- *Persistenz der gesamten Datenstruktur*: Auf dieser Stufe fügt der Entwickler neue Infrastrukturklassen hinzu, z.B. Containerklassen, welche serialisierte Daten aufnehmen und diese im Dateisystem oder in einer Datenbank ablegen. Darüber hinaus trifft er die Entscheidung, welche Objekttypen persistent abgelegt werden müssen, um diese später wiederherstellen zu können. Auf dieser Ebene wird eine geeignete Objekttraversierung sowie die Zusammenführung der persistenten Daten aller Objekte umgesetzt.

- *Persistenz einer Klasse* X: Der Entwickler passt die Vererbungsbeziehung der Klasse X an und fügt notwendige Infrastrukturmethoden in die Klasse ein. Zusätzlich bestimmt er, welche Attribute der Klasse persistent gespeichert werden müssen, um zu einem späteren Zeitpunkt ein Objekt wiederherstellen zu können.

- *Persistenz eines Attributs a innerhalb einer Klasse* X: Die zum Speichern und Wiederherstellen des Werts des Attributs a notwendigen Anweisungen werden durch den Entwickler an den richtigen Stellen eingefügt.

Die Umsetzung der einzelnen Verfeinerungsstufen des Belangs *Persistenz* erfolgt somit durch Betrachtung der folgenden objektorientierten Abstraktionsebenen sowie die Erweiterung der Implementierung auf diesen Ebenen:

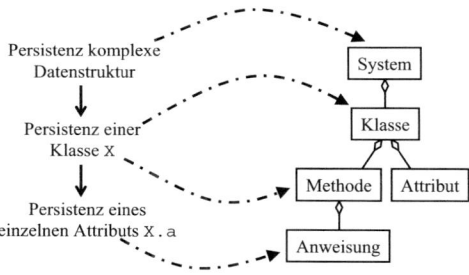

2.3.2 Module und Funktionen

Die klassische Umsetzung des in PARNAS (1972) eingeführten Geheimnisprinzips stellen *Module* dar. Ein Modul ist die Realisierung einer Teillösung des zu lösenden Anwendungsproblems. Ein Modul kann als „schwarzer Kasten" mit einer ausgezeichneten *Schnittstelle* betrachtet werden.[8] Hinter dieser Schnittstelle werden die zur Implementierung der Teillösung notwendigen Datenstrukturen und Algorithmen innerhalb des Moduls verborgen. Zur Laufzeit eines Programms kann nur eine Ausprägung eines Moduls existieren.

Die Schnittstelle eines Moduls wird mit Hilfe von Funktions- und Prozedursignaturen beschrieben. Das Verhalten wird durch einen Vertrag spezifiziert. Dieser gibt an, unter welchen Vorbedingungen eine Funktion oder eine Prozedur (= Funktion ohne Rückgabewert) die angegebenen Nachbedingungen garantiert (MEYER, 1992). Die Vor- und Nachbedingungen eines Vertrags sind allgemeine Prädikate über dem Zustand der durch das Modul gekapselten Datenstrukturen. Diese können statisch nicht oder nur für Spezialfälle automatisch geprüft werden. Eine konkrete Prüfung kann erst zur Laufzeit erfolgen, mit dem Ergebnis, dass es zu Programmabbrüchen aufgrund nicht eingehaltener Vor- und Nachbedingungen kommen kann. Der Vertrag einer Funktion wird typischerweise durch eine *Signatur* angegeben. Eine Signatur hat die Form:

$$N : T_1 \times \ldots \times T_n \to T_{result}$$

Eine Signatur legt den Definitionsbereich der Eingabe durch die Typen $T_1 \ldots T_n$, den Wertebereich des Rückgabetyps durch T_{result}. Zusammen mit dem Namen N ist eine Funktion dadurch eindeutig bestimmt. Neben der maschinenverarbeitbaren Identifikation hat der Name N in der Praxis noch einen weiteren wichtigen Zweck: Er kodiert für einen Entwickler die Ausführungssemantik der Funktion. Je nach verwendeter Programmiersprache werden explizit deklarierte Ausnahmen $E_1 \ldots E_2$ als zusätzlicher Teil der Signatur angesehen.

Die Schnittstelle eines Moduls kann in eine *Exportschnittstelle* (engl. *provided interface*) und eine *Importschnittstelle* (engl. *required interface*) aufgeteilt werden. Die Exportschnittstelle gibt an, welche Funktionen zur Verwendung angeboten werden, während die Importschnittstelle die Funktionen anderer Module aufzählt, welche das Modul zur Erbringung der von ihm erwarteten Funktionalität benötigt.

2.3.3 Klassen und Objekte

In der objektorientierten Programmierung werden Programme statisch mit Hilfe von *Klassen* beschrieben. Klassen sind Module mit der zusätzlichen Eigenschaft, dass zur Laufzeit des Programms mehrere Ausprägungen existieren können. Diese Ausprägungen werden als *Objekte* bezeichnet. Klassen stellen die statischen Baupläne für Objekte dar. Sie definieren Struktur und Verhalten für alle aus ihnen erzeugbaren Objekte in Form einer Schnittstelle. Analog zu Modulen wird das Verhalten durch Funktionen, welche hier *Methoden* genannt werden, beschrieben. Das Verhalten einer Methode wird durch ihre Signatur sowie durch einen Vertrag bestehend aus Vor- und Nachbedingungen definiert. Die durch ein Objekt gekapselten Daten werden in Form sog. *Attribute* spezifiziert. Das Kreuzprodukt der Attribute zusammen mit den möglichen Wertebereichen definiert den Zustandsraum eines Objekts. Methoden und Attribute werden oftmals auch als *Merkmale* einer Klasse bzw. eines Objekts bezeichnet. In

---

[8]Da dies auch der abstrakten Definition der Struktur einer Komponente aus SZYPERSKI (2002) entspricht, werden wir im Folgenden nicht explizit zwischen den Begriffen Modul und Komponente unterscheiden.

den meisten objektorientierten Sprachen lassen sich Merkmale mit bestimmten Annotationen versehen, welche zum Beispiel die Sichtbarkeit einschränken.

Ein Objekt, d. h. eine Ausprägung einer Klasse zur Laufzeit, besitzt eine eindeutige Identität. Ein Objekt ist für sich allein in den seltensten Fällen nützlich, sondern es muss mit anderen Objekten interagieren. Interagieren mehrere Objekte zusammen, um eine bestimmte Aufgabe zu erledigen, so spricht man oftmals von einer sog. *Kollaboration*. Objekte kommunizieren durch den Austausch von Nachrichten. Der Empfang einer Nachricht durch ein Objekt führt zur Ausführung einer passenden Methode, welche den Zustand des Objekts verändern kann. Der konkrete Zustand eines Objekts wird zu einem bestimmten Zeitpunkt durch die Belegung der durch das Objekt gekapselten Attribute repräsentiert. Ob eine Nachricht zulässig ist, d. h. von einem Objekt verarbeitet werden kann, wird abhängig von der Programmiersprache entweder statisch oder dynamisch geprüft. Eine statische Prüfung in Sprachen wie JAVA, C# oder C++ erfolgt anhand des statisch deklarierten Typs eines referenzierten Objekts zusammen mit den Methodensignaturen. In dynamisch typisierten Sprachen wie SMALLTALK erfolgt diese Prüfung durch das Laufzeitsystem direkt beim Erhalt der Nachricht. Kann keine passende Methode gefunden werden, so wird ein Fehler ausgelöst, der u. U. zum Programmabbruch führt.

In den meisten objektorientierten Sprachen wird zwischen Klassen unterschieden, welche eine Schnittstelle definieren (Schnittstellenklassen, abstrakte Klassen) und Klassen, von denen konkrete Objekte erzeugt werden können (konkrete Klassen). Mit Hilfe von Schnittstellen lassen sich die Rollen von Objekten innerhalb von Kollaborationen spezifizieren. Ein Objekt als Ausprägung einer konkreten Klasse nimmt oftmals an mehreren Kollaborationen mit unterschiedlichen Rollen teil, weshalb marktübliche Sprachen die Implementierung mehrerer Schnittstellenklassen durch eine konkrete Klasse erlauben.

2.3.4 Programmfragmente

Objektorientierte Sprachen betrachten die Komposition eines Programms als Komposition der Objekte auf Basis ihrer durch Methoden und Attribute definierten Schnittstellen. Die Komposition eines Programms kann allerdings auch auf der feingranularen Ebene der einzelnen Programmfragmente betrachtet werden. So wird ein Methodenrumpf durch einen Entwickler zum Beispiel aus einzelnen Anweisungen zusammengesetzt, welche wiederum aus einzelnen Ausdrücken komponiert werden. Aber auch Klassen, Methodenvereinbarungen oder Attributdeklarationen sind Programmfragmente, welche aus jeweils feingranulareren Programmfragmenten zusammengesetzt werden.

Das Verhalten einzelner Programmfragmente ist wohldefiniert und kann durch einen Vertrag beschrieben werden. Für grobgranulare Programmfragmente wie Klassen um Methoden haben wir dies bereits in den vorangegangenen Abschnitten kennengelernt. Aber auch das Verhalten allgemeiner, feingranularer Programmfragmente kann mit Hilfe eines Vertrages bestehend aus Vor- und Nachbedingungen spezifiziert werden. Während bei der Formulierung eines Vertrags für grobgranulare Programmfragmente eine bestimmte Umgebung (z. B. Laufzeitumgebung, Aufrufstapel) meist implizit vorausgesetzt wird, so müssen die Annahmen über die Umgebung allgemeiner Programmfragmente wesentlich expliziter formuliert werden. Diese Annahmen über die Umgebungen in Form von Bedingungen des Vertrags lassen sich wie folgt klassifizieren:

- *Vorbedingungen* spezifizieren Eigenschaften, welche die Umgebung des Programmfragments bereitstellen muss.

- *Restriktionen* sind spezielle Vorbedingungen, welche dafür sorgen, dass die Vorbedingungen von Programmfragmenten der Umgebung durch das Einfügen des Programmfragments nicht invalidiert werden.

- *Nachbedingungen* sind Eigenschaften, welche durch das Programmfragment der Umgebung bereitgestellt werden.

Die Bedingungen sind von der Programmiersprache abhängig und sind explizit oder implizit durch die Sprachspezifikation gegeben, für JAVA z. B. durch GOSLING et al. (2005).

Beispiel 2.5: *Statischer Vertrag eines Programmfragments bezüglich der Umgebung*

Gegeben sei folgendes Programmfragment:

```
double x = userInput();
if (x < 0.0) {
    throw new IllegalArgumentException();
}
```

Dieses stellt mindestens die folgenden Vorbedingungen an die Umgebung:

- Der Kontrollfluss erreicht das Programmfragment.
- Der Zugriff auf `userInput()` kann aufgelöst werden.

Eine Restriktion an die Umgebung ist, dass keine lokale Variable mit Namen x im momentanen Namensraum existiert. Folgende Nachbedingung gelten:

- Es existiert eine lokale Variable mit Namen x und statischem Typ `double`.
- Der Kontrollfluss kann das Ende der Anweisungsliste erreichen.

Allgemeine Programmfragmente lassen sich mit Hilfe von Operatoren komponieren, wie zum Beispiel Anweisungen mit Hilfe des Sequenzoperators ';'. Aussagen über die semantische Korrektheit dieser lokalen Komposition sind im Allgemeinen nicht möglich. So können für die Komposition des Programmfragments **double** y = sqrt(x); mit dem Programmfragment aus obigem Beispiel 2.5 zum resultierenden Programmfragment

```
double x = userInput();
if (x < 0.0) {
    throw new IllegalArgumentException();
}
double y = sqrt(x);
```

nach wie vor keine Aussagen gemacht werden, ob die Anforderungen des resultierenden Programmfragments an die Umgebung erfüllt sein werden. Für lokale Programmfragmentkompositionen kann daher zum Kompositionszeitpunkt nur die syntaktische Korrektheit nachgewiesen werden. Der Nachweis der globalen Korrektheit bezüglich der Syntax und statischen

Semantik der Programmiersprache ist erst zu einem späteren Zeitpunkt möglich. Hierfür ist es notwendig, alle durch die Verträge einzelner lokaler Programmfragmentkompositionen beschriebenen Kontextinformationen zu betrachten. Der Nachweis erfolgt somit auf der Ebene der in Abschnitt 2.3.1 betrachteten Belange, auf der die logisch zusammengehörenden Programmfragmente sowie die Interaktion zwischen den Belangen betrachtet werden. Bezogen auf das obige Beispiel bedeutet dies, dass die Komposition des Belangs, welcher das Programmfragment definiert, mit Belangen, welche die Methoden `userInput()` und `sqrt()` sowie ggf. weitere relevante Eigenschaften der Umgebung definieren, betrachtet werden muss.

2.4 Prinzipien der Softwarekomposition

Wir unterscheiden im Folgenden zwei Verfahren zur Komposition eines Programms: *nichtinvasive* Komposition und *invasive* Komposition. Bei nichtinvasiver Komposition erfolgt die Kopplung von Programmbausteinen allein auf Basis ihrer funktionalen Schnittstellen. Es existiert somit insbesondere kein Zugriff auf die durch den Programmbaustein gekapselten internen Implementierungsstrukturen. Invasive Komposition basiert auf der Schachtelung und Verschränkung allgemeiner Programmfragmente. Hierzu wird das bei nichtinvasiver Kompositionen zentrale Geheimnisprinzip partiell, aber wohldefiniert aufgebrochen. Die Komposition objektorientierter Programme stellt ein hybrides Verfahren dar. Während die Verknüpfung von Klassen prinzipiell nichtinvasiv erfolgt, so erlauben einige objektorientierte Techniken eine invasive Komposition bestimmter Typen von Programmbausteinen. Da wir in dieser Arbeit objektorientierte Sprachen zugrunde legen, betrachten wir die objektorientierte Komposition daher nochmals gesondert.

2.4.1 Nichtinvasive Softwarekomposition

Bei nichtinvasiver Komposition erfolgt die Kopplung von Programmbausteinen durch Verbinden der Elemente der funktionalen Außenschnittstellen. Hierzu werden Elemente der Exportschnittstelle eines Programmbausteins mit Elementen der Importschnittstelle eines anderen Programmbausteins verknüpft. Typische zu verknüpfende Elemente sind die Prozeduren eines Moduls oder Methoden einer Klasse bzw. einer aus mehreren Klassen aufgebauten Softwarekomponente.

Ob zwei Programmbausteine miteinander komponiert werden können, wird bei nichtinvasiver Komposition mit Hilfe der Verträge der Schnittstellenelemente geprüft. Typischerweise werden hierzu die Signaturen der einzelnen Schnittstellenelemente und hierbei insbesondere die damit verknüpften Typen geprüft. Jede typisierte Programmiersprache definiert zu diesem Zweck entsprechende Typkompatibilitätsregeln, die entweder statisch vom Übersetzer oder dynamisch vom Laufzeitsystem überprüft werden. Die Einhaltung allgemeiner Verträge, wie sie in Abschnitt 2.3.2 beschrieben wurden, kann durch den Übersetzer statisch meist nicht überprüft werden, da zur Formulierung der Verträge Prädikate über Laufzeitzuständen genutzt werden. Die Einhaltung allgemeiner Verträge erfordert daher Laufzeitprüfungen und ggf. Tests zur Validierung.

Die Verknüpfung der Schnittstellenelemente wird allgemein durch implizite oder explizite *Konnektoren* beschrieben. Implizite Konnektoren sind zum Beispiel die durch den Übersetzer oder das Laufzeitsystem umgesetzten Interaktionsmechanismen Methodenaufruf bzw. Fernaufruf. Explizite Konnektoren stellen eigenständige Module dar, welche entsprechende Kopplungsfunktionalitäten zur Verfügung stellen. Ein Beispiel für einen expliziten Konnektor ist ein Puffer, der eingehende Nachrichten puffert und an mehrere Empfänger verteilt.

2.4.1.1 Grenzen und Probleme

Nichtinvasive Komposition ist beschränkt auf die Elemente der funktionalen Schnittstelle eines Moduls bzw. einer Klasse. Der Fokus nichtinvasiver Komposition liegt auf der Komposition funktionaler Gesichtspunkte eines Programms. Allerdings lassen sich nur kapselbare Belange auf Module sowie Elemente der funktionalen Schnittstelle abbilden. Die Bereitstellung der Implementierung sehr feingranularer Belange in Form von Prozeduren, welche zum Beispiel einzelne Anweisungen kapseln, kann dazu führen, dass die funktionale Schnittstelle auf nicht mehr handhabbare Größen anwächst. Auch die Komposition solch feingranularer Prozeduren ist alles andere als trivial, da während der Komposition Verträge, wie zum Beispiel sehr feingranulare Aufrufprotokolle, eingehalten werden müssen, welche aus Signaturen nicht abgeleitet werden können. Daher sind zusätzlich zu der schwer handhabbaren Menge von Prozeduren auch noch explizite weitere Verträge notwendig, welche durch heutige Programmiersprachen insbesondere für eine statische Prüfung nicht unterstützt werden, und daher in der Praxis meist auch nicht explizit formuliert sind. Der Versuch einer nichtinvasiven Komposition querliegender Belange verschärft dieses Problem weiter: Neben der Bereitstellung aller allgemeinen Programmfragmente eines querliegenden Belangs in Form von Prozeduren an der Exportschnittstelle müssen auch die Prozeduren, in deren Kontrollfluss die Programmfragmente querliegender Belange ausgeführt werden müssen, aufgebrochen und explizite Anknüpfungspunkte an der Importschnittstelle bereitgestellt werden. Durch die zahlreichen notwendigen Konnektoren und die damit verbundenen Indirektionen wird die Performanz des Systems zum Teil erheblich in Mitleidenschaft gezogen.

2.4.2 Objektorientierte Softwarekomposition

In objektorientierten Ansätzen werden Belange durch Klassen bzw. Objekte und ihre Merkmale implementiert. Die Komposition von Belangen muss somit durch Klassen- bzw. Objektkomposition erfolgen. Klassenkomposition basiert auf den objektorientierten Basistechniken *Vererbung* und *Polymorphie*, während Objekte mit Hilfe von *Aggregation* und *Delegation* komponiert werden. Wir werden diese Basistechniken in den folgenden Abschnitten genauer untersuchen.

2.4.2.1 Vererbung

In objektorientierten Sprachen definieren Klassen einen neuen Typ. Durch eine Vererbungsrelation zwischen zwei Klassen wird eine Untertyprelation etabliert. Die Untertyprelation ist eine Halbordnung über Typen. Für eine Untertyprelation zwischen einem Untertyp U und einem Obertyp O schreiben wir kurz $U < O$. Ein Typ U ist ein Untertyp eines Obertyps O, falls ein Objekt mit Typ U in jedem Kontext verwendet werden kann, in dem ein Objekt vom Typ O erwartet wird. Diese auf der Ersetzbarkeit eines Typs basierende Definition wird auch als *Liskov'sches Ersetzungsprinzip* (LISKOV, 1987) oder *konforme* Vererbung bezeichnet. Bei konformer Vererbung werden die Vorbedingungen eines Vertrags im Untertyp aufgeweicht, wohingegen die Nachbedingungen verschärft werden. Neben konformer Vererbung existieren noch weitere Spielarten wie z. B. die *kovariante* Vererbung (GOOS, 2001), bei welcher sowohl die Vor- als auch die Nachbedingungen des Vertrags im Untertyp verschärft werden. Da in vielen objektorientierten Sprachen keine über Signaturen hinausgehende Verträge statisch geprüft werden, können auch nicht mit nichtkonformer Vererbung einhergehende Probleme identifiziert werden.

Merkmale einer Klasse können als vererbbar markiert und an Unterklassen weitergegeben werden. Ein Spezialfall der Vererbung ist die sog. *Implementierungsvererbung*. Hierbei steht die Wiederverwendung einer Implementierung und weniger die Untertypbeziehung im Vordergrund. Die sog. *Mixin*-Komposition basiert in der Praxis häufig auf Implementierungsvererbung und wird daher oftmals auch als Mixin-Vererbung bezeichnet. Ein Mixin kann, ebenso wie darauf aufbauende Techniken wie z. B. *Traits* (SCHÄRLI et al., 2003), als Funktion *Klasse→Klasse* aufgefasst werden, welche einer Klasse neue Merkmale, insbesondere also auch Methodenimplementierungen, hinzufügt. Durch eine Mixin-Klasse kann somit ein Belang implementiert werden, welcher durch Mixin-Komposition mit einem anderen Belang komponiert werden kann. Idealerweise etabliert eine Mixin-Komposition keine Typrelation zwischen der Mixin-Klasse und der resultierenden Klasse. In Sprachen mit Mehrfachvererbung wie C++ wird Mixin-Komposition meist durch Mixin-Vererbung umgesetzt, d. h. die verschiedenen benötigten Mixins einer Klasse sind gemeinsame Oberklassen. Sprachen wie JAVA oder C#, welche nur Einfachvererbung von Implementierungsklassen erlauben, benötigen zur Umsetzung der Mixin-Komposition spezielle Spracherweiterungen und Werkzeuge.

Für eine Klasse soll oftmals angezeigt werden, ob ein Belang unterstützt wird oder nicht. Dies erfolgt typischerweise durch die Angabe unterstützter Schnittstellen samt tatsächlich ausführbarer Methoden, wobei die Liste der implementierten Schnittstellen fest vorgegeben werden muss.[9] Bei nicht parametrisierbarer Liste der unterstützten Schnittstellen kann aufgrund der kombinatorischen Vielfalt die Menge der Schnittstellen und insbesondere die der Implementierungsklassen explodieren. Neben dem notwendigen Implementierungsaufwand schränkt dies nicht zuletzt auch die Nutzbarkeit oftmals stark ein, da eine manuelle Auswahl der passenden Klasse schwierig wird.

Beispiel 2.6: *Anzeige unterstützter Belange im Java Collection Framework*

In SUN MICROSYSTEMS INC. (1999) wird beschrieben, dass Versuche scheiterten, den Belang „Unveränderlich" (engl. *immutable*) in Form entsprechender Schnittstellen im Java Collection Framework festzuschreiben. Das Problem war hierbei, dass die Anzahl der benötigten Schnittstellen unverhältnismäßig stark angestiegen wäre, da für jede der Basisschnittstellen `Collection`, `List`, `Set` und

---

[9]Einige Sprachen ermöglichen mit Hilfe eingebauter Konstrukte bestimmte Techniken der Metaprogrammierung, wie z. B. *Template Metaprogrammierung* in C++ (CZARNECKI und EISENECKER, 2000), mit deren Hilfe die Liste der implementierten Schnittstellen parametrisiert werden kann.

Map entsprechende Untertypen benötigt werden, welche anzeigen, ob der Belang unterstützt wird oder nicht. Zusammen mit den notwendigen Anpassungen der zugehörigen Iterator-Schnittstellen und der notwendigen Vervielfältigung der Implementierungsklassen ergäben sich statt der ursprünglichen elf Klassen auf einmal mehrere Dutzend Klassen. Wären weitere Belange berücksichtigt worden (wie z.b. ob der Zugriff synchronisiert wird), so würde sich diese Situation sogar noch drastisch verschärfen. Aus Gründen der Übersichtlichkeit und einfachen Erlernbarkeit wurde daher darauf verzichtet.

2.4.2.2 Polymorphie

Polymorphie (griechisch, „Vielgestaltigkeit") ist die Eigenschaft eines Bezeichners, in unterschiedlichen Kontexten einen unterschiedlichen Datentyp anzunehmen. In CARDELLI und WEGNER (1985) werden vier Arten von Polymorphie unterschieden, welche wir im Folgenden kurz betrachten: Typanpassung, Überladung, parametrische Polymorphie und Inklusionspolymorphie.

Automatische Typanpassung

Automatische Typanpassung (engl. *type coercion*) basiert auf einer Halbordnung von Typen, entlang derer Typen automatisch umgewandelt werden. Eine automatische Typanpassung erfolgt in vielen Sprachen für numerische Werte, indem sie bei Bedarf automatisch in Typen mit größerem Wertebereich umgewandelt werden. Durch automatische Typanpassung wird die Komposition existierender und neu definierter Datentypen unterstützt.

Überladung

Mit Hilfe von Überladung lassen sich mehrere Methoden mit unterschiedlicher Signatur unter dem gleichen Namen ansprechen. Die Auswahl einer konkreten Methode für einen Aufruf erfolgt automatisch, meist durch den Übersetzer anhand der konkreten statisch ermittelten Typen der Aufrufparameter. Überladung ist eine Notationshilfe; durch eine explizite Umbenennung der Methoden kann Überladung aufgelöst werden. Durch Überladung wird die Komposition von Methoden unterstützt, da für gegebene Aufrufe jeweils die speziellste Methode ausgewählt wird.

Parametrische Polymorphie

Bei parametrischer Polymorphie, welche auch unter dem Begriff *(Typ-)Generizität* bekannt ist, können Klassen und Methoden mit Platzhaltern versehen werden, welche zu einem späteren Zeitpunkt an konkrete Argumente gebunden werden. Man spricht auch von generischen Klassen bzw. generischen Methoden. An Platzhalter können in üblichen objektorientierten Sprachen Typreferenzen oder Konstanten gebunden werden. In einigen Sprachen ist die sog. *beschränkte Generizität* umgesetzt. In diesem Fall können mit Hilfe von Typschranken Konsistenzbedingungen angegeben werden. Eine konkrete Parametrisierung muss diese Typschranke erfüllen, womit sichergestellt ist, dass der parametrisierende Typ bestimmte Operationen unterstützt.

Parametrische Polymorphie unterstützt die Komposition von Klassen, Typen und Konstanten. Es handelt sich um ein invasives Verfahren, da die konkrete Komposition von Typreferenzen mit der generischen Klasse nicht auf Schnittstellenelemente beschränkt ist, sondern auch die Implementierungsinterna einzelner Methoden beeinflusst. Parametrische Polymorphie kommt häufig im Kontext von Datenstrukturen und darauf anwendbaren Algorithmen zum Einsatz, wodurch von konkreten unterstützten Typen abstrahiert werden kann.

Inklusionspolymorphie

Die typischerweise mit objektorientierten Sprachen assoziierte Polymorphie ist die Inklusionspolymorphie. Hier wird eine durch die Untertypbeziehung $<$ halbgeordnete Typmenge als gleichwertig angesehen. Das konkrete Aufrufziel für polymorphe Methoden dieser Typmenge wird im Gegensatz zur statischen Überladung erst zur Laufzeit anhand des Typs mindestens eines der Aufrufparameter ermittelt. Meist handelt es sich hierbei um den „nullten" Parameter eines Aufrufs, welcher in den meisten objektorientierten Sprachen gesondert angegeben wird, und zwar in Form des Objekts, an welches eine Nachricht gesendet werden soll: $o.f(x)$ statt $f(o,x)$. Die tatsächlich ausgeführte Methode hängt somit vom konkreten Laufzeittyp ab. Die verschiedenen polymorphen Methoden haben dabei typischerweise unterschiedliche Implementierungen, je nachdem, welche Belange durch den konkreten Typ umgesetzt werden.

Es existieren noch spezielle Spielarten der Inklusionspolymorphie, wie Multimethoden oder Prädikatenklassen. Bei Multimethoden, wie sie zum Beispiel in CLOS (BOBROW et al., 1988) unterstützt werden, erfolgt die Auswahl anhand des Laufzeittyps mehrerer markierter Parameter. Bei Prädikatenklassen wird die auszuführende Methode nicht nur anhand des Laufzeittyps ausgewählt, sondern zusätzlich anhand des Objektzustands, welcher durch die Belegung spezieller Prädikate gekennzeichnet ist. Prädikatenklassen werden zum Beispiel in der Sprache CECIL (ERNST et al., 1998) unterstützt.

Durch Inklusionspolymorphie wird die Komposition von Ober- und Unterklassen und damit auch der durch sie umgesetzten Belange unterstützt.

2.4.2.3 Aggregation und Delegation

Die Komposition von Objekten erfolgt durch Aggregation und Delegation. Unter Aggregation verstehen wir das Hinzufügen eines oder mehrerer Objekte in ein Behälterobjekt. Aggregierte Objekte werden oftmals in Attributen des Behälterobjekts gespeichert. Der Typ eines Attributs definiert hierbei eine Typschranke, welche durch den Typ des aggregierten Objekts eingehalten werden muss.

Aggregierte Objekte können Teilfunktionalitäten, d. h. bestimmte Belange einer zu erbringenden Gesamtfunktionalität, für das Behälterobjekt bereitstellen. Auf diese Teilfunktionalität kann mit Hilfe von Delegation zugegriffen werden. Hierzu werden an das Behälterobjekt gerichtete Nachrichten an ein passendes aggregiertes Objekt weitergeleitet, oder aber während der Ausführung einer Methode des Behälterobjekts werden entsprechende Nachrichten für ein aggregiertes Objekt erzeugt, welches dann die benötigte Teilfunktionalität zur Verfügung stellt.

2.4.2.4 Grenzen und Probleme

Für die nichtinvasiven objektorientierten Kompositionstechniken Aggregation und Delegation gelten die in Abschnitt 2.4.1.1 identifizierten Grenzen und Probleme uneingeschränkt.

Das generelle Problem hinsichtlich einer anwendungsspezifischen Komposition existierender Belangimplementierungen wird auch durch die übrigen betrachteten objektorientierten Kompositionstechniken nicht gelöst: Nicht jede Umsetzung eines Belangs kann als objektorientierte Implementierungseinheit dargestellt werden. Dies hat zur Folge, dass Belange aufgebrochen und auf der Ebene einzelner Klassen und Methoden *konsistent* durch Vererbung und Polymorphie mit anderen Belangen komponiert werden müssen. Mit Hilfe heutiger objektorientierter Sprachen ist es allerdings nicht möglich, entsprechende Konsistenzbedingungen so zu formulieren, dass diese statisch geprüft werden können. So kann zum Beispiel nicht kontrolliert werden, ob für eine Menge von Klassen tatsächlich Unterklassen angegeben wurden, welche gemeinsam einen Belang implementieren. Darüber hinaus können Abhängigkeiten zwischen Belangen, die bei der Komposition zu beachten sind, nur schwer durch übliche Typsysteme erfasst werden (vgl. Beispiel 2.6).

Mit Hilfe von Vererbung und Inklusionspolymorphie können Belange auf Methodenebene komponiert werden. Hierzu ist es allerdings notwendig, dass im resultierenden Programm die Objekte auch den Laufzeittyp der entsprechenden Unterklasse besitzen, d. h. der Objektkonstruktionsprozess muss je nach zu unterstützenden Belangen angepasst werden. Dies kann zum Beispiel entweder durch den Einsatz geeigneter Erzeugermuster (z. B. Fabrikmethode, siehe GAMMA et al., 2004) oder durch manuelle Änderung erfolgen. Eine polymorphe Methode einer Unterklasse kann die Implementierung der Methode einer Oberklasse aufrufen. Die Komposition von Belangen auf Methodenebene beschränkt sich somit auf das Umwickeln der existierenden Implementierung eines anderen Belangs. Eine feingranularere Verschränkung ist nicht möglich bzw. erfordert die in Abschnitt 2.4.1.1 beschriebene explizite Bereitstellung von Anknüpfungspunkten, wobei die bereits identifizierten Probleme auftreten. Das Ergebnis einer feingranularen Verschränkung kann natürlich immer dadurch zur Verfügung gestellt werden, dass in einer Methode der Unterklasse eine vollständig neue Implementierung angegeben wird, welche die Komposition der durch die Oberklasse umgesetzten Belange mit den durch die Unterklasse zu implementierenden Belangen beschreibt. Ein solches Vorgehen verhindert aber einerseits die getrennte Wiederverwendung der Belangimplementierungen in verschiedenen Programmen, andererseits resultiert dies oftmals in redundantem Code innerhalb der Ober- und Unterklasse.

Parametrische Polymorphie unterstützt die Vermeidung redundanter Implementierungen, indem die Implementierung eines Belangs mit einem oder mehreren anderen Belangen parametrisiert werden kann. Die Komposition der Belange erfolgt durch den Übersetzer. Allerdings ist die Parametrisierung auf Belange beschränkt, die durch Typen bzw. Klassen implementiert werden können. Die eigentliche Parametrisierung erfolgt durch Einsetzen von Typreferenzen. Das Anwendungsgebiet der Spezifikation generischer, d. h. nicht an konkrete Typen gebundener Datenstrukturen und Algorithmen ist durch parametrische Polymorphie nahezu optimal abgedeckt. Neben der Vermeidung unnötiger Redundanzen kann die Konfiguration einer einzelnen generischen Klasse *deklarativ* erfolgen. Die zur Komposition notwendigen Operationen werden konzeptionell in Form von im Übersetzer gekapselter Kompositionsoperatoren spezifiziert. Ungültige Konfigurationen werden durch die Nichteinhaltung von Typschranken erkannt. Für allgemeine Belangverschränkungen, wie zum Beispiel die Verschränkung von Anweisungen, ist parametrische Polymorphie allerdings zu eingeschränkt.

Der ausschließliche Einsatz objektorientierter Kompositionstechniken zur Komposition verschiedener Belangkombinationen führt zu unnatürlichen Systemzerlegungen, insbesondere auch im aus der Komposition resultierenden Programm. Der Einsatz von Vererbung und Inklusionspolymorphie zur Komposition von Belangimplementierungen führt schnell zu sehr unübersichtlichen Vererbungshierarchien. Zahlreiche feingranulare Delegationen resultieren einerseits oftmals in unnatürlichen Schnittstellen, andererseits meist auch in Performanzeinbußen.

2.4.3 Invasive Softwarekomposition

Wir haben gesehen, dass marktübliche objektorientierte Sprachen die Kapselung sowie die nichtinvasive Komposition von Belangen nicht oder nur mit großen Einschränkungen unterstützen. Ein System wird im Allgemeinen nach funktionalen Gesichtspunkten in Teilsysteme, Klassen und Methoden zerlegt. Die Programmfragmente der Belange, welche nicht entlang dieser funktionalen Dimension zerlegt werden können, müssen auseinander gerissen, auf die einzelnen Strukturierungselemente abgebildet und mit den darin enthaltenen Programmfragmenten verschränkt werden. Diesen Vorgang bezeichnen wir als *invasive Komposition* von Programmfragmenten. Die ursprüngliche Kollektion von Programmfragmenten eines Belangs samt der Kompositionsoperatoren verschwinden als eigenständige Einheiten. Da die einzelnen Programmfragmente gewissermaßen miteinander „verwoben" werden, nennt man den Vorgang auch „Weben", das dazu eingesetzte Werkzeug einen „Weber".

Beispiel 2.7: *Verschränkte Programmfragmente verschiedener Belange*

Der folgende Programmausschnitt zeigt, wie ein funktionaler Belang, welcher die Steuerung einer Maschine als eigenen Ausführungsfaden implementiert, mit den Programmfragmenten zweier Belange verschränkt ist, welche eine Pufferung der zu verarbeitenden Einheiten sowie eine *Synchronisation* zwischen Maschine und Pufferkomponente umsetzen.

```
public void run() {
    while (true) {
        if (!inputQueue.isEmpty()) {
            inMachineItem = inputQueue.dequeue();
            processItem();
            outputQueue.enqueue(inMachineItem);
        } else {
            Thread.yield();
        }
    }
}
```

Mit Hilfe invasiver Komposition lassen sich Programmfragmente, welche bei nichtinvasiver Komposition in Konnektoren gekapselt werden müssen, aus diesen Konnektoren herauslösen und mit den Programmfragmenten der durch die Konnektoren verbundenen Belange kombinieren. Hierdurch lassen sich die durch nichtinvasive Komposition bekannten Indirektionen sowie die damit verbundenen Performanzprobleme und aufgeblähten Schnittstellen vermeiden. Invasive Komposition kann somit als eine Optimierungsoperation aufgefasst werden.

Das Weben von Programmfragmenten kann entweder dynamisch oder statisch erfolgen. Im Folgenden werden wir diese beiden Spielarten genauer betrachten.

2.4.3.1 Dynamische Sicht

Der Zweck eines jeden Programms ist die Ausführung. Das Verhalten eines sequentiellen Programms wird durch eine Sequenz von Zustandsübergängen beschrieben, das eines nebenläufigen Programms kann als azyklischer Ablaufgraph aufgefasst werden. Ein Zustandsübergang wird durch ein Verhalten beschreibendes Programmfragment bf_i umgesetzt. Ein solches Programmfragment kann als schwarzer Kasten betrachtet werden: Sind die Vorbedingungen für den durch bf_i umgesetzten Zustandsübergang erfüllt, d. h. befindet sich das Programm in einem Zustand, in dem bf_i ausgeführt werden kann, so garantiert bf_i nach Ausführung die Nachbedingungen des Zustandsübergangs. Diese Nachbedingungen werden typischerweise in Form von Änderungen einzelner den Zustand beschreibender Elemente wie zum Beispiel Speicherstellen angegeben.

Die einzelnen Verhaltensfragmente bf_i werden durch die unterschiedlichen umzusetzenden Belange B_x zur Verfügung gestellt, was wir durch $bf_{B_x,j}$ kennzeichnen. Das Verhalten eines Programms wird durch eine Sequenz (bf_i) von Zustandsübergänge beschreibenden Programmfragmenten definiert. Invasive Komposition ist im dynamischen Fall die dynamische Konstruktion dieser Sequenz, welche abstrakt mit Hilfe eines globalen Bauplans $\bigoplus_{global}$ beschrieben werden kann.

Die Umsetzung des globalen Bauplans $\bigoplus_{global}$ kann innerhalb eines dynamischen Webers durch eine Abbildungstabelle, welche wir im Folgenden als *Kompositionstabelle* bezeichnen, erfolgen:

Programmzustand	Auszuführendes bf_i
z_1	$bf_{B_x,j}$
...	...
z_n	$bf_{B_y,k}$

Befindet sich ein Programm im Zustand z_i, so wird durch einen dynamischen Weber das passende Verhaltensfragment $bf_{B_x,j}$ ausgewählt und ausgeführt, was wiederum in einem neuen Programmzustand $z_{i'}$ resultiert. Für ein nebenläufiges Programm greifen mehrere Ausführungsfäden gleichzeitig auf die Kompositionstabelle zu. Eine Synchronisation mehrerer Ausführungsfäden wird durch Blockieren der Ausführungsfäden umgesetzt, bis ein bestimmter Programmzustand erreicht wird und damit ein neues Verhaltensfragment zur Ausführung kommen kann.

Ein großer Nachteil des dynamischen Webens ist die Notwendigkeit der Weber-Infrastruktur zur Laufzeit. Diese muss letztlich in die Laufzeitumgebung der Sprache eingebettet sein, d. h. nach jeder Ausführung eines Befehls bzw. eines Programmfragments muss die Ausführung angehalten und ein entsprechendes Ereignis ausgelöst werden, welches den Weber aktiviert. Dieser muss den globalen Programmzustand analysieren und darauf aufbauend das nächste auszuführende Verhaltensfragment auswählen. Die damit verbundenen erheblichen Performanzeinbußen sind im Allgemeinen nicht tolerierbar. Dynamisches Weben dient uns daher weniger der konkreten Umsetzung, sondern vielmehr als Denkmodell und Ausgangspunkt für den statischen Fall.

2.4.3.2 Statische Sicht

Bei statischem Weben erfolgt die Verschränkung von Programmfragmenten vor oder während der Übersetzung eines Programms. Zusätzlich zu den Programmfragmenten, die das Verhalten beschreiben, wie zum Beispiel Anweisungen und Ausdrücke, existieren im statischen Fall noch Programmfragmente, welche der Strukturierung des resultierenden Programms dienen. Programmfragmente sind dabei hierarchisch angeordnet und bilden eine Baumstruktur. Diese Baumstruktur kann analog zu Ausführungssequenzen bei dynamischem Weben mit Hilfe einer Kompositionstabelle konstruiert werden, welche zusammen mit den Programmfragmenten als Eingabe für einen statischen Weber dient:

(Vaterknoten, Index in Kindliste)	Einzufügendes Programmfragment pf_i
(pf_1, i_1)	$pf_{B_x, j}$
...	...
(pf_n, i_m)	$pf_{B_y, k}$

Alternative Schreibweise für einen Eintrag: $(pf_1, i_1) \leftarrow pf_{B_x, j}$

Die Kompositionstabelle ist ein Bauplan für das zu erstellende Programm und entspricht somit dem globalen Bauplan $\bigoplus_{global}$. Die statisch invasive Komposition der Programmfragmente der einzelnen Belange B_x ist das Verschränken dieser Programmfragmente gemäß der Kompositionstabelle durch einen statischen Weber. Der resultierende Quelltext ist insofern *effizient*, als dass keine aus der Kompositionstechnik resultierenden Indirektionen auftreten.

Ein Tupel *(Vaterknoten, Index in Kindliste)* eines Eintrags der Kompositionstabelle ist ein sog. *Webepunkt*. An einem Webepunkt können nur Programmfragmente mit einem bestimmten Programmfragmenttyp eingefügt werden. Welche dies sind, wird ausgehend vom Vaterknoten sowie dem Index innerhalb der Kindliste durch die Sprachsyntax festgelegt. Wir unterscheiden *explizite* und *implizite* Webepunkte.

Definition 2.4 (Expliziter Webepunkt)
Ein expliziter Webepunkt ist ein mit einem symbolischen Namen markiertes Tupel (Vaterknoten, Index in Kindliste) der Kompositionstabelle.

Definition 2.5 (Impliziter Webepunkt)
Ein impliziter Webepunkt ist ein Tupel (Vaterknoten, Index in Kindliste) der Kompositions-tabelle, der auf Grundlage eines bereits existierenden Eintrags $(pf_j, i_k) \leftarrow pf_x$ mit Hilfe der Offsetfunktionen $\triangleleft$ (vorher) und $\triangleright$ (nachher) spezifiziert wird:

$$(pf_j, \triangleleft(i_k)) \; bzw. \; (pf_j, \triangleright(i_k))$$

Die Offsetfunktion $\triangleleft$ bewirkt, dass ein an diesem impliziten Webepunkt eingefügtes Pro-grammfragment pf_y vor dem Programmfragment pf_x eingefügt wird. Entsprechend bewirkt die Offsetfunktion $\triangleright$, dass pf_y nach pf_x eingefügt wird.

Bemerkung: Ausgangspunkt für die Angabe eines impliziten Webepunkts kann wiederum ein Eintrag mit implizitem Webepunkt sein. So spezifiziert $(pf_j, \triangleleft(\triangleleft(i_k)))$ den impliziten Webepunkt vor dem am impliziten Webepunkt $(pf_j, \triangleleft(i_k))$ eingefügten Programmfrag-ment.

Jedes Programmfragment pf_x eines Eintrags $(pf_j, i_k) \leftarrow pf_x$ der Kompositionstabelle defi-niert somit zwei implizite Webepunkte, welche durch die Offsetfunktionen $\triangleleft$ und $\triangleright$ eindeutig beschrieben sind. Webepunkte sind Anknüpfungspunkte innerhalb der Struktur und der sta-tischen Abstraktion des Kontrollflusses eines Programms. Die Bestimmung eines impliziten Webepunkts erfolgt durch einen statischen Weber auf Grundlage statisch erkennbarer Struk-turinformationen und Kontrollflusseigenschaften. Letztere sind im Allgemeinen nur konser-vative Abschätzungen des tatsächlichen Kontrollflusses zur Laufzeit. Hängt die Ausführung eines Programmfragments an einem Webepunkt von Laufzeitinformationen ab, so kann durch einen statischen Weber die dynamische Komposition vorbereitet werden, indem entsprechen-der Code zur zustandsabhängigen Ausführung eingefügt wird. Dies entspricht letztlich einer im Programm verteilten Implementierung eines dynamischen Webers samt Kompositionsta-belle.

Verwendung expliziter und impliziter Webepunkte

Webepunkte beschreiben bestimmte Punkte innerhalb der Struktur oder des Kontrollflusses ei-nes Programms. Die Nutzung eines expliziten Webepunkts erfordert eine vorab durchgeführte manuelle Markierung[10], während die Bestimmung impliziter Webepunkten eine genaue Be-schreibung der Eigenschaften dieser Webepunkte voraussetzt. Beide Vorgehensweisen haben Vor- und Nachteile. Bei querliegenden Belangen müssen explizite Webepunkte an vielen Stel-len markiert werden, auch falls sich diese einfacher über die Beschreibung der Eigenschaften eines Webepunkts identifizieren lassen. Dieses Einfügen kann aufwändig und fehleranfällig sein. Andererseits kann es teilweise einfacher sein, einen oder mehrere Webepunkte expli-zit zu markieren, anstatt sie implizit durch Eigenschaften zu beschreiben (HOFFMAN und EUGSTER, 2007). Explizite Webepunkte erlauben während der Implementierung eines Be-langs Rückschlüsse auf die Komposition mit Programmfragmenten eines anderen Belangs. Dies kann einerseits das lokale Programmverständnis erhöhen, da explizite Webepunkte be-stimmte Entwurfsentscheidungen dokumentieren; andererseits kann die explizite Kopplung

---

[10]Ein einfaches Beispiel für den Einsatz explizit markierter Webepunkte haben wir in Form parametrischer Polymorphie in Abschnitt 2.4.2.2 bereits kennengelernt.

aber auch unerwünscht sein. Die Notwendigkeit der Bereitstellung einfach zu identifizierender impliziter Webepunkte kann dazu führen, dass unnötige oder gar aus Sicht einer guten Programmstruktur unpassende Restrukturierungen durchgeführt werden müssen, welche letztlich in unnatürlichen Konstrukten resultieren.[11] Darüber hinaus kann die Identifikation von Webepunkten anhand einer Beschreibung ihrer Eigenschaften zum so genannten Problem der fragilen Schnitte[12] (engl. *fragile pointcut problem*, siehe KOPPEN und STÖRZER, 2004) führen.

Eine generelle Empfehlung, ob explizite oder implizite Webepunkte am geeignetsten sind, kann nicht gegeben werden. Im Einklang mit eigenen Erfahrungen kommt eine in HOFFMAN und EUGSTER (2008) durchgeführte Studie zu dem Schluss, dass eine Kombination beider Arten am geeignetsten erscheint: können stabile Spezifikationen für implizite Webepunkte angegeben werden, dann sind diese vorzuziehen, ansonsten führen explizite Webepunkte zu einer besseren Codequalität. Meist ist die Nutzung impliziter oder expliziter Webepunkte schon durch Beschränkungen der eingesetzten Kompositionstechnik festgelegt, da diese entweder nur explizite oder nur implizite Webepunkte unterstützten. Beispiele für Techniken, welche nur explizite Webepunkte nutzen, sind textbasierte Präprozessoren oder Template Metaprogrammierung (CZARNECKI und EISENECKER, 2000), während das Werkzeug ASPECTJ[13] ein Beispiel für die Nutzung impliziter Webepunkte ist.

2.4.3.3 Umsetzung invasiver Komposition durch Metaprogrammierung

Metaprogrammierung ist ein einheitliches und allgemeines Verfahren, auf das alle bekannten Spezifikations- und Kompositionsverfahren abgebildet werden können (LUDWIG, 2002). Insbesondere eignet sich Metaprogrammierung als Implementierungsvehikel zur Durchführung invasiver Komposition (ASSMANN, 2003; GENSSLER, 2004).

Mit Hilfe von Metaprogrammierung lassen sich Programme durch andere Programme erzeugen und modifizieren. Hierzu wird der Quelltext oder eine vergleichbare Repräsentation des zu modifizierenden Programms, welche zunächst nur eine Aneinanderreihung von Zeichen ist, mit Hilfe von aus dem Übersetzerbau bekannten Programmanalysen in eine graphhartige Datenstruktur überführt. Da die dominierende Dimension dieses Graphen die baumartige Schachtelung von Programmfragmenten ist, spricht man von einem *Strukturbaum*. Die Überführung von Quelltext in einen Strukturbaum erfolgt typischerweise in zwei Schritten. Zunächst wird eine Folge von Zeichen mit Hilfe eines endlichen Automaten, dem sog. Symbolentschlüsseler (engl. *scanner, lexer*), in eine Folge von semantiktragenden Symbolen überführt. Diese Symbolfolge wird anschließend durch einen Zerteiler (engl. *parser*) nach den

---

[11]In KÄSTNER et al. (2007) wird beschrieben, wie die Datenbank BERKLEYDB in eine Softwareproduktlinie überführt wird, deren einzelne Varianten mit Hilfe von ASPECTJ wieder erstellt werden sollen. Die Restrukturierung `Create Hook Method`, durch welche leere Methoden im Basiscode zum Zweck der Selektion von Webepunkten erstellt werden, war die vierthäufigste durchgeführte Restrukturierung. Häufiger angewendet wurden nur Restrukturierungen zur Extraktion von Methoden bzw. Attributen sowie von Anweisungsblöcken am Methodenanfang und -ende in die einzelnen Aspekte.

[12]Ein Schnitt bezeichnet im aspektorientierten Programmieren eine Menge von Webepunkten. Wir werden Schnitte bei der Betrachtung verwandter Arbeiten in Abschnitt 3.4.2.1 genauer untersuchen.

[13]http://www.eclipse.org/aspectj

Regeln der Syntax der Sprache in einen Strukturbaum überführt. Die einzelnen Knoten des Strukturbaums besitzen jeweils einen Typ, welcher durch die syntaktischen Konstrukte wie *Klasse*, *Methode* oder *Anweisung* der Programmiersprache definiert wird. Werden in einem Strukturbaum redundante, d. h. bereits durch die Struktur und Knotentypen des Baumes codierte Informationen wie Klammerung oder Schlüsselworte weggelassen, so spricht man von einem abstrakten Strukturbaum (engl. *abstract syntax tree*, AST). Ein Teilbaum des Strukturbaums entspricht einem Programmfragment.

In einer anschließenden Phase, der sog. semantischen Analyse, wird der Strukturbaum mit Hilfe statischer Programmanalysen genauer analysiert und die Analyseergebnisse in Form von Attributen der einzelnen Knoten bereitgestellt. Mit Hilfe der semantischen Analysen werden zum Beispiel Querbezüge zwischen der Nutzung und der Deklaration eines Names herge-stellt oder die Typen von Ausdrücken berechnet. Durch die zusätzlichen Verweise wird die ursprüngliche Baumstruktur zu einem allgemeinen Graphen erweitert. Ein um diese Attribu-te erweiterter Strukturbaum wird oftmals auch als *attributierter* Strukturbaum bezeichnet.[14] Der Strukturbaum bildet die Basis für weitergehende Programmanalysen wie Typinferenz oder Zeigeranalysen, welche dynamische Programmeigenschaften statisch bestimmen. Letz-tere können im Allgemeinen statisch nur konservativ berechnet werden.

Der Strukturbaum kann durch lokale, syntaktische Transformationen modifiziert werden. Dies erfolgt durch Entfernen oder Hinzufügen von Teilbäumen. LUDWIG (2002) zeigt, dass sich mit Hilfe dieser einfachen Operationen bereits beliebige Modifikationen von Programmen durchführen lassen. Lokale syntaktische Transformationen sind für reale Modifikationen von Programmen aber nicht zielorientiert und zu feingranular. Darüber hinaus kann durch loka-le syntaktische Transformationen die Neuberechenbarkeit einzelner Attribute nicht garantiert werden, wie zum Beispiel das Auflösen eines Querbezugs zwischen Nutzung und Deklaration eines Namens, falls die Deklaration durch eine lokale Transformation verändert wurde. Kann ein Attribut nicht berechnet werden, so entspricht dies einem bezüglich der Sprachsemantik inkorrektem Programm. Daher werden oft Sequenzen syntaktischer Transformationen zu sog. *Basistransformationen* zusammengefasst, um bestimmte globale Konsistenzbedingungen si-cherzustellen.

Die durchzuführenden Programmmodifikationen werden durch ein *Metaprogramm* beschrie-ben. Das Metaprogramm ist dafür verantwortlich, globale, anwendungsspezifische Anforde-rungen sicherzustellen. Hierzu fasst es alle für die Aufgabe notwendigen Analysen und Trans-formationssequenzen zusammen. Ein Metaprogramm kann technisch Kompositionsoperato-ren bzw. den globalen Bauplan $\bigoplus_{global}$ umsetzen. Wir verwenden für unseren Ansatz daher Metaprogrammierung als technische Basis.

2.4.3.4 Korrektheitsbegriff invasiver Komposition

Analog zu den drei Ebenen, auf denen Belange modelliert werden können (Abschnitt 2.1 auf Seite 9), kann die Korrektheit eines Programms auf diesen Ebenen betrachtet werden. Unser Korrektheitsbegriff eines Programms orientiert sich an dem in GENSSLER (2004) definierten Korrektheitsbegriff auf diesen drei Ebenen:

---

[14]Im weiteren Verlauf dieser Arbeit bezeichnet der Begriff *Strukturbaum* bzw. *AST* diesen um Attribute erwei-terten Baum.

Ebene 3: Anwendungsebene   Ein Programm ist korrekt, falls alle Anwendungsbedingungen eingehalten werden. Diese Anwendungsbedingungen spezifizieren das vom Anwender erwartete Verhalten des Programms. Anwendungsbedingungen beschreiben somit die einzuhaltende Semantik des Programms. Sie sind allerdings meist nur informell in natürlicher Sprache gegeben. Das am häufigsten genutzte Korrektheitskriterium auf Anwendungsebene sind erfolgreiche Tests des Programms, d. h. es erfolgt nur eine Validierung.

Ebene 2: Bauplanebene   Der globale Bauplan $\bigoplus_{global}$ gibt an, wie sämtliche Programmfragmente eines Programms miteinander komponiert werden müssen, damit die Bedingungen der Anwendungsebene eingehalten werden. Ein Programm auf Ebene 2 ist semantisch korrekt, falls folgende Eigenschaften gelten:

1. Die einzelnen Programmfragmente setzen die aus den Anwendungsbedingungen abgeleiteten Zustandsübergänge korrekt um.

2. Der globale Bauplan $\bigoplus_{global}$ stellt sicher, dass die durch die Anwendungsbedingungen geforderten Zustandsübergangssequenzen eingehalten werden.

Beides lässt sich in der Praxis meist nicht formal nachweisen, da bereits die Anwendungsbedingungen meist nicht formal spezifiziert sind. Die Beweisverpflichtung, dass die Zustandsübergänge der einzelnen Programmfragmente sowie der globale Bauplan $\bigoplus_{global}$ korrekt bezüglich Anwendungsbedingungen umgesetzt wurden, liegt daher beim Programmierer. Dieser Beweisverpflichtung kann er durch explizite Angabe von formalen, berechenbaren Bedingungen über globalen Programmeigenschaften nachkommen. Einige Programmeigenschaften sind hierbei prinzipiell nicht durch statische Programmanalysen nachweisbar, was letztlich auf das Halteproblem zurückgeführt werden kann. Wieder andere Eigenschaften können nach derzeitigem Stand der Kunst nur mit sehr großem ressourcentechnischen Aufwand überprüft werden, was insbesondere deren Einsatz bei großen Programmen erschwert. Insbesondere nichtstrukturelle Programmeigenschaften lassen sich auch zur Laufzeit des Programms prüfen, wobei hier allerdings immer nur die Korrektheit für die bis zur Prüfung durchgeführten Abläufe des Programms garantiert werden kann.

Ebene 1: Lokale Programmfragmentkompositionen   Auf dieser Ebene werden nur einzelne Programmfragmente sowie einzelne Programmfragmentkompositionen betrachtet. Die einzuhaltenden Verträge eines Programmfragments hinsichtlich Syntax und statischer Semantik der Programmiersprache sind vollständig durch die Sprachbeschreibung definiert. Ein Programmfragment pf sowie eine lokale Kompositionsoperation an einem Webepunkt w werden als korrekt betrachtet, falls pf syntaktisch an w eingefügt werden kann und alle Verträge des Programmfragments, gegeben durch lokale Bedingungen der statischen Semantik der Programmiersprache, eingehalten werden. Die Korrektheit auf der Ebene lokaler Programmfragmentkompositionen kann mit Hilfe existierender syntaktischer und semantischer Analysen aus dem Übersetzerbau vollständig automatisch überprüft werden.

2.4.3.5 Grenzen und Probleme

Invasive Komposition ist die allgemeinste Art der Softwarekomposition. ASSMANN (2003) zeigt, wie nichtinvasive und objektorientierte Komposition durch invasive Komposition umgesetzt werden kann. Hierbei werden die Probleme nichtinvasiver Ansätze, wie zum Beispiel unnatürliche Schnittstellen oder unnötige Delegationen im resultierenden Programm, vermieden. Wir nutzen daher invasive Komposition als Technik zur Komposition von Belangen.

Wie in Kapitel 3 gezeigt wird, werden durch existierende Verfahren zur invasiven Komposition zwei Problembereiche nicht oder nicht gemeinsam adressiert. Zum einen existiert nicht in allen Verfahren ein Belang als eigenständige Einheit, was die Modellierung der Interaktion sowie der Abhängigkeiten zwischen Belangen verhindert. Zum anderen wird oftmals die systematische Zerlegung des globalen Bauplans $\oplus_{global}$ und insbesondere die sich aus der erneuten Zusammensetzung ergebenden Probleme nicht oder nur unzureichend unterstützt.

Die Eignung allgemeiner invasiver Komposition zur Umsetzung von Softwareproduktlinien wird zum Beispiel in ASSMANN (2003) gezeigt. Allerdings fehlen existierenden Verfahren oftmals ausdrucksstarke Mechanismen zur Unterstützung der im Folgenden vorgestellten, produktlinienspezifischen Anforderungen hinsichtlich Bereitstellung und invasiver Komposition von Programmfragmenten.

2.5 Belange in der Softwareproduktlinienentwicklung

Die in Abschnitt 2.3.1.2 und Abschnitt 2.3.1.3 aufgeführten Eigenschaften von Belangen auf Implementierungsebene gelten auch für die Implementierung von Belangen im Rahmen einer Domänenimplementierung. Das Resultat der Erstellung einer Domänenimplementierung kann abstrakt als eine Menge von vorgefertigten Programmfragmenten und vorgefertigten Kompositionsoperatoren betrachtet werden, welche die einzelnen unterstützten benötigten und alternativen Belange umsetzen (Abbildung 2.10). Die Menge aller durch die Produktlinie unterstützten und in der Domänenimplementierung umgesetzten Belange bezeichnen wir im Folgenden mit $\mathbb{B}$ („Belang-Grundmenge").

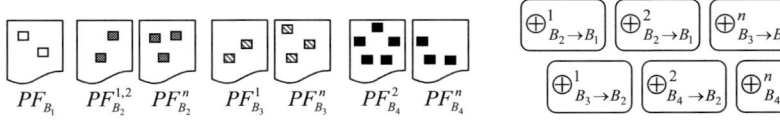

$$PF_{B_1} \quad PF_{B_2}^{1,2} \quad PF_{B_2}^{n} \quad PF_{B_3}^{1} \quad PF_{B_3}^{n} \quad PF_{B_4}^{2} \quad PF_{B_4}^{n}$$

Vorgefertigte Programmfragmente

Vorgefertigte Kompositionsoperatoren

Abbildung 2.10: Domänenimplementierung durch Bereitstellung von Programmfragmenten und Kompositionsoperatoren für jede unterstützte Variante

Mit Hilfe dieses Baukastens kann ein Anwendungsentwickler zu einem späteren Zeitpunkt konkrete Varianten der Produktlinie erstellen (Abbildung 2.11). Diese einfache Sichtweise ist natürlich für eine praktische Anwendung kaum geeignet, da die Menge der einzeln vorliegenden Programmfragmente und Kompositionsoperatoren sehr schnell nicht mehr handhabbar ist. Die in Abbildung 2.10 schematisch dargestellte Sichtweise dient uns daher vielmehr als Ausgangspunkt weiterer Betrachtungen, welche eine für die geforderte Aufgabenstellung geeignete Strukturierung der Domänenimplementierung ermöglichen sollen.

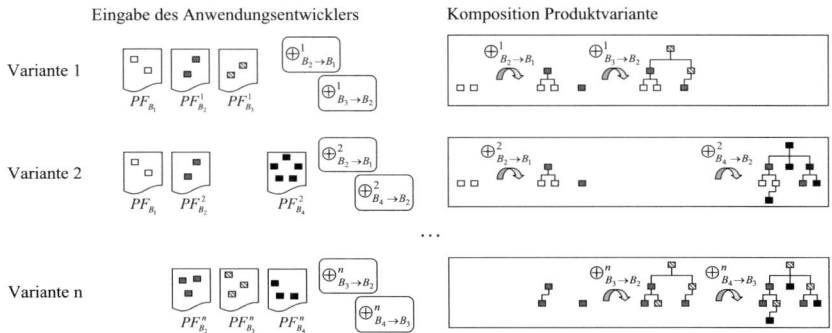

Abbildung 2.11: Komposition verschiedener Varianten durch manuelle Auswahl passender Programmfragmente und Kompositionsoperatoren

Diese Sichtweise erlaubt uns weiterhin eine genauere Definition der Begriffe Variante und gültige Variante einer Produktlinie.

Definition 2.6 (Variante)
Eine Variante ist ein Programm P, welches sich durch Komposition von durch die Domänenimplementierung bereitgestellten Programmfragmenten erstellen lässt. Diese Programmfragmente müssen dabei den Belangen einer die Variante kennzeichnenden Menge $v \subseteq \mathbb{B}$ zugeordnet sein. P muss übersetzbar sein, d.h. P hält alle Bedingungen der Syntax und der statischen Semantik der verwendeten Programmiersprache ein.

Definition 2.7 (Gültige Variante)
Eine gültige Variante ist ein Programm P, welches zusätzlich zur Definition 2.6 die folgenden Eigenschaften erfüllt:

- *P hält die während der Domänenanalyse ermittelten Bedingungen bzgl. Abhängigkeiten zwischen Merkmalen ein.*

- *P erfüllt die während des Domänenentwurfs und der Domänenimplementierung formulierten globalen, statisch überprüfbaren Bedingungen.*

Die Menge $v \subseteq \mathbb{B}$ gibt an, welche Belange in einer konkreten Variante umgesetzt werden. Sie dient uns daher im Folgenden zur Beschreibung einer konkreten Variante. Die Menge aller eine gültige Variante kennzeichnende Auswahl von Belangen wird durch $\mathcal{V} \subseteq \mathcal{P}(\mathbb{B})$ beschrieben.

Die einen Belang B implementierenden Programmfragmente PF_B können sich in den unterschiedlichen gültigen Varianten $v \in \mathcal{V}$ unterscheiden, z. B. weil das (Nicht-)Vorhandensein anderer Belange unterschiedliche Lösungsstrategien erlaubt oder erfordert. Aus für eine Variante v unterschiedlichen zu komponierenden Programmfragmenten PF_{B_x} und PF_{B_y} folgt, dass ein Kompositionsoperator $\oplus_{B_x \to B_y}$ neben den zu komponierenden Belangen B_x und B_y zusätzlich von v abhängt. Wir schreiben daher für von der Variante v abhängige Programmfragmente PF eines Belangs B im Folgenden PF_B^v, für einen von der Variante abhängigen Kompositionsoperator $\oplus_{B_x \to B_y}^v$.

Beispiel 2.8: *Ausschnitt aus der Domänenimplementierung „Fertigungslinie"*

Die autonome Steuerung der Verarbeitungsmaschine und des Roboterarms werden auf Implementierungsebene durch nebenläufige Ausführungsfäden realisiert. Die Programmiersprache JAVA stellt hierzu die Klasse `Thread` bereit. Die zentrale Steuerung übernimmt die Methode `run()`. Im Folgenden wird die Implementierung dieser Methode innerhalb der Klasse `ProcessingMachine` für die beiden Varianten

$v_1 = \{$*Processing Machine, Robot Arm, Autonomous Control, Item Queueing, Synchronization*$\}$

$v_2 = \{$*Processing Machine, Robot Arm, Autonomous Control, Synchronization*$\}$

betrachtet:

Variante v_1

```java
public void run() {
  while (true) {
    if (!inputQueue.isEmpty()) {
      inMachineItem =
        inputQueue.dequeue();
      processItem();
      outputQueue.
        enqueue(inMachineItem);
    } else {
      Thread.yield();
    }
  }
}
```

Variante v_2

```java
public void run() {
  while (true) {
    while (inMachineItem==null ||
      inMachineItem.isProcessed())
    {
      Thread.yield();
    }
    synchronized (inMachineItem) {
      processItem();
      inMachineItem.notify();
    }
  }
}
```

Die einzelnen Programmfragmente dieser Implementierungen können wie folgt den einzelnen Belangen *Control*, *Queuing* und *Synchronization* zugeordnet werden. Hierbei bezeichnet $pf_{B,n}^v$ ein in der Variante v zu findendes Programmfragment, welches zur Implementierung des Belangs B benötigt wird. Benötigte Webepunkte in einem solchen Programmfragment werden durch w_n^v markiert.

| Variante v_1 | Variante v_2 |

$pf^1_{Control,1}$:

```
public void run() {
    while (true) {
```
$$\boxed{w^1_1}$$
```
    }
}
```

$pf^1_{Control,2}$:

```
processItem();
```

$pf^2_{Control,1}$:

```
public void run() {
    while (true) {
```
$$\boxed{w^2_1}$$
```
    }
}
```

$pf^2_{Control,2}$:

```
processItem();
```

$pf^1_{Queuing,1}$:

```
if (!inputQueue.isEmpty()) {
    inMachineItem =
        inputQueue.dequeue();
```
$$\boxed{w^1_2}$$
```
    outputQueue.
        enqueue(inMachineItem);
} else {
```
$$\boxed{w^1_3}$$
```
}
```

$pf^1_{Synchronization,1}$:

```
Thread.yield();
```

$pf^2_{Synchronization,1}$:

```
while (inMachineItem == null ||
        inMachineItem.isProcessed())
{
    Thread.yield();
}
```

$pf^2_{Synchronization,2}$:

```
synchronized (inMachineItem) {
```
$$\boxed{w^2_2}$$
```
    inMachineItem.notify();
}
```

Die vorgefertigten Programmfragmente pf können, bezogen auf die Implementierung der Methode run() der Klasse ProcessingMachine, wie folgt gruppiert werden:

$$PF^1_{Control} = PF^2_{Control} = \{pf^{1,2}_{Control,1}, pf^{1,2}_{Control,2}\}$$

$$PF^1_{Queuing} = \{pf^1_{Queuing,1}\}$$

$$PF^1_{Synchronization} = \{pf^1_{Synchronization,1}\}$$

$$PF^2_{Synchronization} = \{pf^2_{Synchronization,1}, pf^2_{Synchronization,2}\}$$

Die Komposition dieser vorgefertigten Programmfragmente erfolgt mit Hilfe der ebenfalls vorgefertigten Kompositionsoperatoren $\oplus^1_{Control \leftrightharpoons Queuing}$, $\oplus^1_{Synchronization \leftrightharpoons Control}$ und $\oplus^2_{Control \leftrightharpoons Synchronization}$ nach folgendem Schemata:

Variante v_1:

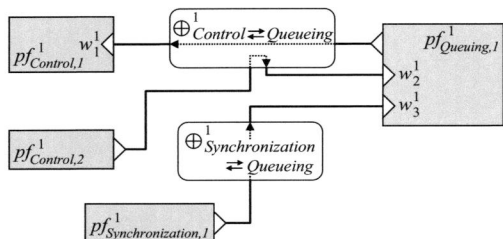

Variante v_2:

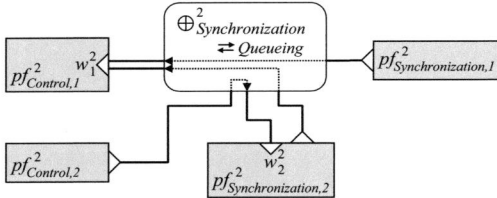

Die Domänenimplementierung für die Methode `run()` besteht somit für die beiden betrachteten Varianten aus den Programmfragmenten

$$pf_{Control,1}^{1,2}, pf_{Control,1}^{1,2}, pf_{Queuing,1}^{1}, pf_{Synchronization,1}^{1}, pf_{Synchronization,1}^{2} \text{ und } pf_{Synchronization,2}^{2}$$

sowie den Kompositionsoperatoren

$$\oplus_{Control \leftrightharpoons Queuing}^{1}, \oplus_{Synchronization \leftrightharpoons Control}^{1} \text{ und } \oplus_{Control \leftrightharpoons Synchronization}^{2}.$$

Je nach zu erstellender Variante müssen sowohl die Programmfragmente als auch die Kompositionsoperatoren entweder manuell oder durch ein Werkzeug selektiert und komponiert werden.

Eine genauere Betrachtung der einen Belang B implementierenden Programmfragmente PF_B^v für die verschiedenen Varianten v und der Kompositionsoperatoren $\oplus_{B_x \to B_y}^v$ liefert folgende Beobachtungen:

1. Die Programmfragmente PF_B^v in den verschiedenen Varianten v können stark variieren. Teilweise sind sie identisch (z. B. die Programmfragmente des Belangs *Control* in Beispiel 2.8), oder aber auch sehr verschieden (z. B. für den Belang *Synchronization*). In vielen Fällen unterscheiden sich PF_B^v und $\oplus_{B_x \to B_y}^v$ jedoch nur wenig für die einzelnen Belegungen von v. Dies deckt sich mit der Arbeit von JARZABEK und LI (2006), die ähnliche Beobachtungen im Rahmen einer Klonanalyse innerhalb einer Produktlinie machten.[15] Generisches Programmieren nutzt die Eigenschaft ähnlicher Programmfragmente aus. Bei Typgenerizität werden zum Beispiel die Gemeinsamkeiten einer Klasse

---

[15]In JARZABEK (2007b) prägt der Autor hierzu den Begriff des *software similarity phenomenon*.

in Form einer Schablone spezifiziert, wohingegen die Unterschiede in Form von als Parameter übergebenen Typreferenzfragmenten erfasst werden.

2. Im Gegensatz zu COTS-Komponenten, bei denen der spätere Einsatzkontext nicht bekannt ist und daher auch die Komposition der Komponente mit anderen Komponenten durch den Entwickler der Komponente nicht angegeben werden kann, sind die Kompositionsoperatoren $\oplus_{B_x \to B_y}^v$ im Falle der Produktlinienentwicklung nicht unbestimmt. Sowohl die aus der Produktlinie ableitbaren Varianten als auch die hierzu benötigten Implementierungen verschiedener Belange B_x und B_y sind als Ergebnisse der Domänenanalyse und der Domänenimplementierung prinzipiell bekannt. Eine Ausnahme bilden offene Merkmale, da erst im Rahmen der Anwendungsentwicklung eine spezialisierte Implementierung eines Belangs B_y erstellt wird.

Eine explizite Auflistung der Programmfragmente für alle Varianten v ist aus Gründen des Implementierungsaufwands sowie insbesondere aus Wartbarkeitsgründen problematisch. Während dies für Belangimplementierungen, für welche die Programmfragmente einzelner Varianten sehr unterschiedlich sind, noch akzeptabel erscheint, ist dies für den Fall identischer oder ähnlicher Programmfragmente im Hinblick auf die entstehende Redundanz nicht mehr der Fall. Eine wichtige Herangehensweise zur Verringerung von Redundanz ist das in Abschnitt 2.2.2 vorgestellte generische Programmieren mit Parametrisierung als zentrales Konzept.

Die einzelnen Programmfragmente PF_B^v sowie die Kompositionsoperatoren $\oplus_{B_x \to B_y}^v$ können für die Belange der Domänenimplementierung bereits vom Domänenentwickler erstellt werden. Der Kompositionsoperator sollte aus folgenden Gründen durch den Domänenentwickler und nicht durch den Anwendungsentwickler geliefert werden:

• Der Entwickler eines Kompositionsoperators muss sich sehr gut mit den Kompositionsschnittstellen bzw. den Implementierungsinterna der zu komponierenden Programmfragmente auskennen, um diese richtig miteinander verschalten zu können. Die Spezifikation eines Kompositionsoperators erfordert somit viel Wissen über die Implementierung, d. h. die Komplexität des Programms wird nicht vollständig verborgen.

• Ein detailliertes Wissen über die Kompositionsschnittstellen und Implementierungsinterna kann beim Domänenentwickler vorausgesetzt werden, beim Anwendungsentwickler jedoch nicht.

Im Fall vorgefertigter Programmfragmente und Kompositionsoperatoren ist durch den Anwendungsentwickler allerdings ein Auswahlproblem zu lösen. Dieses Auswahlproblem ist auf zwei Ebenen zu betrachten:

1. Führt eine Auswahl v von Belangen zu einer gültigen Variante?

2. Mit Hilfe welcher Kompositionsoperatoren müssen welche Programmfragmente komponiert werden, damit diese die Belange aus v implementieren?

Die erste Fragestellung ist auf Anwendungsebene zu betrachten, wohingegen das durch die zweite Fragestellung aufgeworfene Auswahlproblem auf Implementierungsebene gelöst werden muss.

Beispiel 2.9: *Erkennung ungültiger Varianten bei Typgenerizität*

Die Erkennung ungültiger Varianten wird im Falle der Typgenerizität durch den Einsatz von Typschranken sichergestellt. Durch Typschranken werden Kompositionsbedingungen formuliert. Sie geben an, welche statisch analysierbaren Eigenschaften die Typen haben müssen, welche durch die zur Parametrisierung genutzten Typreferenzfragmente repräsentiert werden. Diese Bedingungen sind Teil der Spezifikation des parametrisierbaren Typs, d. h. sie werden nicht extern spezifiziert. Sie sind integraler Bestandteil der Kompositionsschnittstelle der durch den parametrisierbaren Typ umgesetzten Belange und dem variablen Belang „unterstützte Typen". Die statische Überprüfung der Bedingungen erfolgt durch den Übersetzer. Der Kompositionsoperator zur Komposition der Belangimplementierungen ist fest im Übersetzer integriert. Der Kompositionsoperator kann hierbei Typgenerizität durch homogene oder durch heterogene Übersetzung des parametrisierbaren Typs umsetzen, d. h. die technische Umsetzung ist vor dem Nutzer verborgen.

Die verschiedenen Ausprägung einer Produktlinie teilen meist eine gemeinsame Menge von Belangen, d. h. diese invarianten Belange sind in allen Varianten vorzufinden. Diese werden daher in der praktischen Umsetzung innerhalb der Domänenimplementierung nicht als noch mit anderen invarianten Belangen zu komponierende Belange implementiert, sondern die invarianten Belange $B_x \ldots B_y$ werden als bereits komponierter Belang $B_{(x,\ldots,y)} = B_x \oplus \ldots \oplus B_y$ umgesetzt. Typischerweise setzen invariante Belange auf Implementierungsebene zentrale Teile der im Domänendesign erstellten Referenzarchitektur um. Sie stellen daher Anknüpfungspunkte für zusätzliche alternative und optionale Belange bereit, d. h. zusätzliche alternative und optionale Belange erweitern diesen invarianten Kern. Der Belang $B_{(x,\ldots,y)}$ muss dabei kein syntaktisch vollständiges Programm sein.

2.6 Präzisierung der Zielsetzung

Wir haben in den vorangegangenen Abschnitten gesehen, welche Probleme sich aus dem Spannungsfeld zwischen möglichst wiederverwendbaren, redundanzarm umgesetzten Softwareartefakten, einer einfach zu spezifizierenden Konfiguration sowie effizienten Kompositionsergebnissen ergeben. Wir präzisieren daher unser Ziel wie folgt:

> *Ziel der Arbeit ist ein Verfahren zur technischen Realisierung von Softwareproduktlinien, das ausgehend von existierenden, voneinander abgegrenzten Implementierungen kapselbarer und querliegender Belange die Erstellung effizienter Softwaresysteme durch statische invasive Komposition dieser Belangimplementierungen ermöglicht, und das die Korrektheit des Resultats bezüglich globaler, statisch analysierbarer Programmeigenschaften garantiert.*

Von unserem Verfahren zur technischen Realisierung von Produktlinien fordern wir folgende Eigenschaften:

Allgemeinheit: Das Verfahren und somit auch das Modell zur Spezifikation von Belangen darf nicht auf bestimmte Domänen eingeschränkt sein. Das Verfahren muss für alle Domänen einsetzbar sein, für das auch die Programmiersprache des Zielsystems einsetzbar ist.

Lokale und redundanzarme Spezifikation: Sowohl kapselbare als auch querliegende Belange müssen als voneinander abgegrenzte, lexikalisch zusammenhängende Einheiten spezifizierbar sein. Diese Implementierung eines Belangs muss so umsetzbar sein, dass sie keine oder nur wenig Redundanzen aufweist. Codeduplikationen, welche aus der Bereitstellung verschiedener Ausprägungen eines Belangs für verschiedene Varianten einer Produktlinie herrühren, müssen vermeidbar sein. Das Automatisierungspotential, welches sich aus wiederkehrenden Implementierungsmustern eines Belangs ergibt, muss nutzbar sein.

Um ein Ausimplementieren des gleichen Belangs für verschiedene Varianten der Produktlinie zu vermeiden, muss das Modell, auf dem das Verfahren basiert, die Möglichkeit bieten, die Unterschiede in diesen Implementierungen explizit zu modellieren. Die an eine Variante angepasste Implementierung eines Belangs muss später wieder ableitbar sein.

Deklarative Konfigurationsspezifikation: Die Beschreibung einer konkreten Variante muss aus Sicht des Anwendungsentwicklers deklarativ erfolgen. Dies bedeutet, dass die Angabe der in der benötigten Variante umzusetzenden Belange ausreichend sein muss, um die Implementierung dieser Variante abzuleiten.

Der Anwendungsentwickler soll also nur noch spezifizieren, *was* benötigt wird, und nicht *wie* dies technisch erreicht werden kann. Letzteres soll durch den Domänenentwickler erfolgen, welcher über das notwendigen Detailwissen hinsichtlich der technischen Umsetzung verfügt. Es ist daher akzeptabel, während der Domänenimplementierung einen erhöhten Aufwand in Kauf zu nehmen, um im Gegenzug eine Vereinfachung der Konfiguration im Rahmen der Anwendungsentwicklung zu erreichen. Dies erfolgt unter der Annahme, dass eine Produktlinie deutlich öfter konfiguriert als implementiert wird.

Erkennen ungültiger Konfigurationsspezifikationen: Ausgehend von einer angegebenen Konfigurationsspezifikation müssen ungültige Kombinationen von Belangen entweder vor oder während der Komposition der Belangimplementierungen erkannt werden. Eine Konfiguration ist insbesondere dann ungültig, falls sie

- zu einem bezüglich der Syntax und statischen Semantik der zugrunde liegenden Programmiersprache fehlerhaften, d. h. nicht übersetzbaren Programm führt oder falls sie
- die während der Domänenentwicklung in Form von Kompositionsregeln identifizierten semantischen Abhängigkeiten zwischen Merkmalen und den daraus resultierenden Belangimplementierungen nicht einhält.

Effizienz und Angepasstheit des resultierenden Codes: Der resultierende Code muss bezüglich Effizienz und Schnittstellen mit einer manuellen Implementierung vergleichbar sein. Es dürfen keine unnötigen Indirektionen im resultierenden Programm vorhanden sein, welche aus der Komposition der Belangimplementierungen herrühren. Die Schnittstellen im resultierenden Code müssen mit einem explizit an den Anwendungskontext angepassten Programm vergleichbar sein. Dies sehen wir als erfüllt an, falls keine unnötigen Schnittstellenelemente und einzuhaltenden Protokolle vorhanden sind, welche nur aus einer getrennten Implementierungen der Belange herrühren.

Automatisierbarkeit: Die Synthese des gewünschten Programms muss automatisierbar sein, d. h. aufbauend auf der Angabe einer konkreten Konfiguration kann die spezifizierte Variante automatisch erstellt werden.

2.7 Zusammenfassung

Softwareproduktlinienentwicklung ist ein Ansatz, um die Forderung nach ähnlichen Programmen innerhalb einer abgegrenzten Domäne zu bedienen. Ein zentraler Bestandteil der SPLE ist die Domänenanalyse, in der von Domänenexperten abstrakt die gemeinsamen und unterschiedlichen Merkmale verschiedener Programme innerhalb der betrachteten Domäne analysiert und typischerweise in Form von Merkmalsmodellen dokumentiert werden. Die mit Hilfe von Domänenwissen identifizierten semantischen Abhängigkeiten zwischen Merkmalen werden in Form sog. Kompositionsregeln festgehalten. Merkmale des Problemraums werden im Lösungsraum als Belange des zu erstellenden Programms aufgefasst.

Wir haben gezeigt, dass das softwaretechnische Grundprinzip der Trennung der Belange innerhalb einer Domänenimplementierung von besonderer Bedeutung ist: Einerseits kann durch die Nähe eines Belangs zu den Merkmalen des Problemraums die Kommunikation zwischen Entwicklern und Domänenexperten vereinfacht werden, andererseits können die Belange je nach gewünschter Variante miteinander komponiert werden. Auf Implementierungsebene müssen Belange mit Hilfe der Sprachelemente der verwendeten Programmiersprache ausgedrückt und auf deren Basis komponiert werden. Eine besondere Herausforderung der SPLE ist, die Implementierung der Belange so umzusetzen, dass sie trotz variantenspezifischer Unterschiede in möglichst vielen Varianten eingesetzt werden können. Wir haben typische Elemente der Softwarekomposition sowie Grundprinzipien zur Komposition dieser Elemente untersucht. Eine Erkenntnis daraus ist, dass sich im Allgemeinen ein Belang nur durch eine Menge von Programmfragmenten unterschiedlicher Granularitätsstufen repräsentieren sowie mit Hilfe invasiver Komposition mit anderen Belangen zu effizienten Programmen komponieren lässt. Im folgenden Kapitel untersuchen wir existierende Verfahren, welche zur technischen Realisierung einer SPL genutzt werden können.

Kapitel 3

Verwandte Arbeiten

In diesem Kapitel stellen wir bereits existierende Verfahren zur Spezifikation und Komposition von Belangimplementierungen vor, wie sie im Rahmen der Produktlinienentwicklung genutzt werden können. Diese können anhand der sich überlappenden Dimensionen Kompositionsverfahren und zu komponierende Elementtypen charakterisiert werden:

1. Die Kompositionsverfahren lassen sich in *nichtinvasive* sowie *invasive* Verfahren einteilen. Bei nichtinvasiven Verfahren erfolgt die Kopplung der zu komponierenden Elemente allein auf Basis der funktionalen Außenschnittstellen. Bei invasiven Verfahren wird in die Implementierung der zu komponierenden Elemente eingegriffen, indem vorab definierte „Löcher" ausgefüllt werden oder die zu komponierenden Elemente vorübergehend in feingranularere Elemente der Komposition aufgebrochen und diese anschließend neu miteinander verschränkt werden.

2. Eine Unterscheidung der Verfahren anhand der zu komponierenden Elemente betont die Art und Weise der Spezifikation der Belange innerhalb der Domänenimplementierung. Die in der Softwarekonstruktion üblichen Elemente haben wir bereits in Abschnitt 2.3 kennengelernt. Bei nichtinvasiver Komposition müssen die zu komponierenden Elementtypen nicht mit den tatsächlichen Typen der Elemente der Komposition übereinstimmen.

Da die Darstellung der Belange innerhalb der Domänenimplementierung in dieser Arbeit eine wichtige Rolle spielt, gliedern wir die Untersuchung der verwandten Arbeiten zur Spezifikation und Komposition von Belangimplementierungen anhand der Typen der zu komponierenden Elemente.

3.1 Zeichenbasierte Verfahren

Obwohl einzelne Zeichen nicht als Bausteine eines Softwaresystems und somit nicht als zu komponierende Elemente betrachtet werden, so haben zeichenbasierte Verfahren doch eine weite Verbreitung gefunden, um Variabilitäten im Quelltext umzusetzen. Zeichenbasierte Verfahren werden typischerweise durch Präprozessoren realisiert, welche den später durch einen Übersetzer verarbeiteten Quelltext erzeugen. Das zentrale Konzept zeichenbasierter Verfahren ist die *Substitution* einzelner Zeichenketten durch andere Zeichenketten. Einfache Präprozessoren stellen hierzu Makroexpansion sowie bedingte Übersetzung bereit, wie zum Beispiel der C-Präprozessor CPP durch die `#if...#else...#endif`-Anweisungen. Auf die Generierung von Quelltext spezialisierte Werkzeuge bieten noch komplexere Möglichkeiten zur Erzeugung der einzusetzenden Zeichenkette. In diesen stehen mitunter vollständige Programmiersprachen inklusive Schleifen und Kontrollstrukturen zur Verfügung, deren Anweisungen in den Quelltextschablonen eingebettet sind und durch den Präprozessor ausgewertet werden. Beispiele hierfür sind Template-Engines wie das aus dem APACHE-Projekt stammende VELOCITY[1] oder aber das innerhalb von OPENARCHITECTUREWARE[2] genutzte Werkzeug XPAND (EFFTINGE et al., 2008). Die zur Generierung genutzten Daten werden bei einfachen Präprozessoren typischerweise in Form von globalen Umgebungsvariablen (d. h. Zeichenketten), bei komplexeren Template-Engines oft durch ein Objektmodell beschrieben.

Ein aus der Produktlinienentwicklung hervorgegangener zeichenbasierter Ansatz sind die von BASSETT entwickelten „Frames" (BASSETT, 1997) bzw. die auf XML basierende Weiterentwicklung XVCL (JARZABEK, 2007a). Ein Frame kann als eine gekapselte, mit expliziten Parametern ausgestattete Zeichenkette angesehen werden. Die Parameterwerte werden an allen Referenzen innerhalb der gekapselten Zeichenkette eingesetzt. Ein Parameter kann nicht nur auf eine einfache Zeichenkette verweisen, sondern wiederum auf ein Frame, wobei die Belegung der Parameter dieses Frames durch den äußeren Frame spezifiziert wird. Frames unterstützen somit explizit eine hierarchische Komposition von parametrisierbaren Zeichenketten.

3.1.1 Bewertung zeichenbasierter Verfahren

Zeichenbasierte Verfahren sind *automatisierbar*. Sie sind nicht auf eine spezielle Domäne beschränkt, versagen allerdings bei der zusammenhängenden Darstellung querliegender Belange. Da sie keinerlei Annahmen über das Generat machen, kann mit zeichenbasierten Verfahren jegliche Art von durch Zeichenketten beschreibbaren Softwareartefakten erzeugt werden, neben Quelltext also insbesondere auch Dokumentationen und zusätzliche Artefakte wie zum Beispiel Deployment-Deskriptoren. Je nach eingesetzter Technik ist eine *redundanzarme Spezifikation* der Artefakte möglich, wobei allerdings die zur Vermeidung von Redundanzen notwendigen Generierungsinformationen durch den Nutzer von außerhalb in Form entsprechender globaler Variablen bzw. Objektmodelle angegeben werden müssen. Die *Effizienz des resultierenden Codes* sowie die *resultierenden Schnittstellen* sind mit manueller Implementierung vergleichbar, da durch zeichenbasierte Verfahren letztlich nur manuelle Implementierungsschritte automatisiert werden.

Die Allgemeinheit zeichenbasierter Verfahren ist neben all den Vorteilen gleichzeitig einer der gravierendsten Nachteile. Da keinerlei Annahmen über das Generat gemacht werden, können auch nicht die geringsten Aussagen über dieses gemacht werden. Die *Erkennung ungültiger Konfigurationen* ist bis auf die Erkennung ungültiger Belegungen von Eingabevariablen nicht möglich. Es kann weder garantiert werden, ob das generierte Programm übersetzbar ist, noch ob bestimmte statische Programmeigenschaften eingehalten werden. Zeichenbasierte Verfahren unterstützen im Fall der Frame-Technologie bestenfalls die voneinander abgegrenzte Implementierung lokaler und homogener querliegender Belange, wobei das Konzept

---

[1] http://velocity.apache.org

[2] http://www.openarchitectureware.org

eines Belangs als solches nicht existiert. Selbst einfache querliegende heterogene Belange können nicht mehr systematisch als abgeschlossene Einheit dargestellt werden. Bei den meisten Techniken müssen daher sogar verschiedene Ausprägungen der einzelnen Belange lexikalisch miteinander verschränkt angegeben werden, was eine systematische Entwicklung massiv erschwert.

Es ist unklar, wie ohne zusätzliche Werkzeuge eine *deklarative Spezifikation* der zu erstellenden Programmvariante zu erreichen ist. Hier ist insbesondere die systematische Spezifikation und Erkennung nichttrivialer Abhängigkeiten zwischen Belangen zu nennen, wie sie zum Beispiel in Merkmalsdiagrammen dokumentiert werden.

3.2 Systeme zur statisch invasiven Programmfragmentkomposition

Existierende Systeme, welche die in Abschnitt 2.4.3 beschriebene statisch invasive Softwarekomposition technisch unterstützen, basieren auf der Modifikation einer AST-Darstellung des zu erstellenden Programms. Sie bedienen sich somit der Technik der statischen Metaprogrammierung. Die Elemente der Komposition sind einzelne Programmfragmente. Je nach System wird dem Nutzer eine vollständige oder abstrahierte Sicht auf den AST angeboten. Kapselbare Belange werden in diesen Systemen als einzelne Programmfragmente erfasst. Querliegende Belange können typischerweise nur indirekt als Menge von nicht weiter miteinander verbundenen Programmfragmenten modelliert werden.

3.2.1 Systeme mit vollständiger AST-Darstellung

Eine vollständige AST-Darstellung bieten für JAVA zum Beispiel die Metaprogrammiersysteme RECODER (LUDWIG, 2002) oder das in die Programmierumgebung ECLIPSE integrierte JDT[3]. Alle auftretenden Syntaxelemente eines JAVA-Programms werden als typisierte Knoten innerhalb eines AST dargestellt. Im Gegensatz zur AST-Darstellung in Übersetzern werden in den genannten Systemen zusätzliche Informationen wie Kommentare und Positionen einzelner Syntaxelemente gespeichert, welche für eine Übersetzung zwar irrelevant sind, für die unterstützte Generierung von durch einen Entwickler weiter zu verarbeitenden Quelltext aber von großer Bedeutung sind. Die Modifikation des AST erfolgt mit Hilfe lokaler syntaktischer Transformationen $\triangle(w, pf)$ und $\blacktriangle(pf_1, pf_2)$, durch welche ein einzelnes Programmfragment pf an einem Webepunkt w eingesetzt oder ein existierendes Programmfragment pf_1 durch ein (ggf. leeres) Programmfragment pf_2 ersetzt wird. Mit Hilfe dieser syntaktischen Transformationen lassen sich alle denkbaren Änderungen an einem Programm durchführen.

Neben der reinen AST-Darstellung eines Programms bietet RECODER eine reichhaltige Infrastruktur zur Durchführung von Programmanalysen und -transformationen. Diese wird durch sog. Services bereitgestellt, welche die Ergebnisse einer semantischen Analyse des AST zur

---

[3]http://www.eclipse.org/jdt

Verfügung stellen. So kann über den Service `SourceInfo` auf die Ergebnisse einer Namens-analyse zugegriffen werden, d. h. es werden Verbindungen zwischen dem Auftreten eines Be-zeichners und der Deklaration des entsprechenden Elements hergestellt. Mit Hilfe des Service `CrossReferenceSourceInfo` können zusätzlich Querverweisinformationen, d. h. alle Nutzungen eines deklarierten Elements, abgefragt werden. Syntaktische Transformationen werden durch den Service `ChangeHistory` protokolliert. Hierdurch wird einerseits eine inkrementelle semantische Analyse ermöglicht, andererseits kann durch Umkehrung syntak-tischer Transformationen auf einen früheren Aufsetzpunkt zurückgesetzt werden. JDT nutzt hierfür die im ECLIPSE-Rahmenwerk integrierte Rücksetzfunktionalität, wobei diese auf der Rücksetzung von Editorinhalten basiert. JDT unterstützt im Gegensatz zu RECODER auch keine inkrementelle semantische Analyse. Eine Menge von Änderungen am AST werden auf Textänderungen abgebildet. Eine Aktualisierung der Attribute einer semantischen Analyse innerhalb der AST-Darstellung erfolgt erst nach einer erneuten Übersetzung des Quelltexts durch den inkrementellen Übersetzer von JDT.

3.2.2 Systeme mit abstrahierter AST-Darstellung

Compost

ASSMANN (2003) prägt den Begriff der invasiven Softwarekomposition (engl. *invasive soft-ware composition*, ISC). ISC hat ihren Ursprung in der transformativen Anwendung von Kon-nektoren in Architektursystemen (siehe Abschnitt 3.3.1), d. h. Konnektoren werden aufgelöst und durch Metaprogrammierung direkt in die gekoppelten Komponenten eingesetzt (ASS-MANN et al., 2000). Implementiert wird ASSMANNs ISC durch das Werkzeug COMPOST[4], welches technisch auf RECODER basiert.

Anstelle von Programmfragmenten betrachtet ASSMANN sog. Fragmentbehälter (engl. *frag-ment box*). Ein Fragmentbehälter kapselt zusammengehörende Programmfragmente hinter ei-ner Kompositionsschnittstelle. Fragmentbehälter können zum Beispiel Pakete, Übersetzungs-einheiten, Klassen, Methoden oder Anweisungen oder ein Verbund dieser Fragmentbehälter sein. Insbesondere diese Verbünde entsprechen unserer Sichtweise eines Belangs aus Ab-schnitt 2.1.[5] Das in ASSMANN (2003) vorgestellte Modell für ISC abstrahiert von einer voll-ständigen, wie in RECODER umgesetzten AST-Darstellung, da keine feingranularen Elemente wie arithmetische Ausdrücke oder Operatoren betrachtet werden.

Die Kompositionsschnittstelle von Fragmentbehältern wird durch so genannte „Haken" (engl. *hooks*) beschrieben. Haken sind die Variabilitätspunkte innerhalb eines Fragmentbehälters. Mit Hilfe von *Composer* genannten Metaprogrammen können Haken modifiziert werden. Ha-ken sind in unserer abstrakten Sichtweise aus Abschnitt 2.4.3.2 ausgezeichnete Programm-fragmente der rechten Seite eines Eintrags in der Kompositionstabelle, während Composer den Kompositionsoperatoren entsprechen. ASSMANN unterscheidet so genannte Codehaken

---

[4]http://www.the-compost-system.org

[5]Aus diesem Grund wäre auch eine Betrachtung von ASSMANNs ISC in Abschnitt 3.4 (Belange als Komposi-tionseinheiten) möglich. Nicht zuletzt aufgrund der engen Verknüpfung mit RECODER wird ISC allerdings in diesem Abschnitt (Programmfragmente als Kompositionseinheiten) aufgeführt.

und Positionshaken. Erstere verweisen auf bereits in einem Fragmentbehälter existierende Programmfragmente, welche durch einen Composer ersetzt werden können, um die durch den Fragmentbehälter beschriebene Komponente besser an den späteren Anwendungskontext anzupassen. Positionshaken verweisen auf spezielle, durch die Sprachsyntax festgelegte Positionen innerhalb eines Programmfragments, wie zum Beispiel die Position einer Spezifikation der Oberklasse oder die Liste möglicher Ausnahmen einer Methode.

Haken können implizit oder explizit deklariert sein. Implizite Haken werden durch die Syntax der zu Grunde liegenden Programmiersprache definiert. Sie können in allen Fragmentbehältern eines bestimmten Typs vorkommen, wie zum Beispiel der Eintritt in eine Methode. Deklarierte Haken sind explizit markierte Programmfragmente innerhalb des Fragmentbehälters, wie zum Beispiel als generisch deklarierte Typreferenzen oder Anweisungen.

```
public class genericElementIdentifierArrayList
       extends genericSuperSuperClass
       implements genericElementIdentifierMutableList {

    public genericTType getgenericElementIdentifier(int index) {
       return (genericTType)super.getObject(index);
    }
    ...
}
```

Dieses aus ASSMANN (2003) entnommene Beispiel besitzt drei deklarierte Haken: den generischen Bezeichner *Element*, die generische Oberklasse *Super* sowie die generische Typreferenz *T*.

Die durch einen Composer spezifizierten Hakenmodifikationen basieren auf vier elementaren Kompositionsoperationen (engl. *basic composers*), welche allesamt auf syntaktische AST-Transformationen abgebildet werden:

1. Durch die *bind*-Operation wird ein Haken oder ein Fragmentbehälter durch den Parameterwert der Operation ersetzt. Beispiel:

   ```
   box.findGenericIdentifier("Element").bind("Variable");
   ```

2. Mit Hilfe der *extend*-Operation werden listenartige Haken wie zum Beispiel die Liste aller Methoden oder Attribute um den Parameterwert erweitert. Beispiel:

   ```
   classBox.findHook("members").extend("private void foo(){}");
   ```

3. Explizit deklarierte Haken können ebenso wie Fragmentbehälter durch die *rename*-Operation umbenannt werden. Beispiel:

   ```
   classBox.rename("new"+className);
   ```

4. Eine Kopie eines existierenden Hakens oder eines Fragmentbehälters kann mit Hilfe der *copy*-Operation erzeugt werden, wobei diese gleichzeitig umbenannt werden. Beispiel:

   ```
   ClassBox clone = classBox.copy();
   ```

Aus diesen einfachen Kompositionsoperationen lassen sich komplexere Composer (sog. *compound composer*) erstellen, wie in ASSMANN (2003) exemplarisch vorgeführt wird. Es wird gezeigt, wie mit Hilfe komplexer Composer verallgemeinerte Generizität, Mixin-Vererbung

(BRACHA und COOK, 1990) oder auch die Komposition von Belangimplementierungen umgesetzt werden kann.

Inject/J

INJECT/J[6] (GENSSLER und KUTTRUFF, 2003; GENSSLER, 2004) ist ein Werkzeug zur skriptgesteuerten Adaption von JAVA-Programmen durch invasive Komposition und Dekomposition von Programmfragmenten. Das zu adaptierende Programm wird abstrakt im so genannten *Adaptionsmodell* dargestellt. Das Adaptionsmodell ist ein attributierter Baum, dessen typisierte Knoten Programmfragmente repräsentieren. Der Typ eines Knotens definiert verfügbare Attribute, welche Informationen über die statische Semantik des Programms wie zum Beispiel Typ- oder Querverweisinformationen oder zusätzliche Informationen wie zum Beispiel Metrikwerte bereit stellen. Können alle Knotenattribute berechnet werden, so ist das Adaptionsmodell konsistent, d. h. es repräsentiert ein bezüglich Syntax und statischer Semantik korrektes Programm. Das Adaptionsmodell stellt eine abstrahierte Sicht auf einen vollständigen AST dar, da insbesondere feingranulare Elemente wie arithmetische Ausdrücke für den Nutzer nicht sichtbar sind. Auf die Attribute des einzelnen Knoten kann mit Hilfe von Modellanfragen zugegriffen werden. Das Adaptionsmodell kann mit Hilfe von Modelltransformationen modifiziert werden.

Zur algorithmischen Spezifikation der zur Lösung der Adaptionsaufgabe notwendigen Operationen stellt INJECT/J eine ausdrucksstarke operationale, dynamisch typisierte Sprache zur Verfügung. Diese Sprache basiert auf vier grundlegenden Elementen:

1. **Navigation** im Adaptionsmodell dient der Bestimmung der zu transformierenden Stellen im Programm. Die Navigation erfolgt mit Hilfe von Namensmustern und Erkennungsmustern. Namensmuster werden benutzt, um benannte Programmelemente wie Pakete, Klassen oder Methoden mit Hilfe von regulären Ausdrücken über diesen Namen zu selektieren. So werden durch das Namensmuster `classes('mypackage.*')` alle Klassen innerhalb des Pakets `mypackage` selektiert, während durch das Namensmuster `method('**.*(int)')` alle Methoden in allen Klassen aller Pakete mit genau einem Parameter von Typ `int` ausgewählt werden.[7] Erkennungsmuster sind Graphmuster, welche die zusammenhängende Selektion und Modifikation von Elementen des Adaptionsmodells erlauben. Die Selektion der Elemente basiert auf strukturellen und quantitativen Eigenschaften wie z. B. Metrikwerten.

2. **Semantische Transformationen** dienen der Modifikation des Adaptionsmodells. Im Gegensatz zu rein syntaktischen Transformationen, wie sie RECODER oder auch COMPOST bereit stellen, fassen semantische Transformationen Gruppen von semantisch zusammengehörenden syntaktischen Transformationen zusammen und verbergen sie hinter einer einfachen Schnittstelle. Falls notwendig werden automatisch notwendige Transformationen wie das Abflachen von Ausdrücken durchgeführt. Semantische Transformationen garantieren mindestens die Korrektheit bezüglich der Syntax und der statischen Semantik der Programmiersprache, d. h. sie überführen ein konsistentes Adaptionsmodell in ein wiederum konsistentes Adaptionsmodell. Diese und weitere

---

[6] http://injectj.fzi.de

[7] Der Platzhalter '**' passt beliebige voll qualifizierte Klassennamen, und nicht nur wie '*' den einfachen Klassennamen innerhalb eines Pakets.

Eigenschaften werden durch Vor- und Nachbedingungen überwacht. INJECT/J bietet eine ganze Reihe solch semantischer Transformationen an, wobei diese Transformationen einfache Restrukturierungen (z. B. `rename`) bis hin zu aus dem aspektorientierten Programmieren (siehe Abschnitt 3.4.2) bekannte Operationen (z. B. `beforeAccess`, `afterFailure`) umfassen.

3. **Kontrollstrukturen** wie Schleifen und Verzweigungen werden benutzt, um die Transformation zu steuern. Die Bedingungen dieser Kontrollstrukturen können dabei Ergebnisse von Modellanfragen nutzen.

4. **Benutzerinteraktionen** können genutzt werden, um die an einem Programm durchzuführenden Transformationen interaktiv durch den Nutzer zu parametrisieren. Hierdurch können zum Beispiel neue Namen für umzubenennende oder neu zu erzeugende Modellelemente abgefragt werden.

Technisch wird das Adaptionsmodell von INJECT/J durch Sichtenbildung auf den AST von RECODER gewonnen. Anfragen sowie semantische Transformationen des Adaptionsmodells werden durch INJECT/J auf die durch RECODER bereitgestellten Ergebnisse einer semantischen Analyse sowie primitive syntaktische Transformationen abgebildet.

Die Modellelementtypen des Adaptionsmodells können um neue Analysen und Transformationen erweitert werden. Hierzu stellt INJECT/J einen Erweiterungsmechanismus bereit, wobei neue und wieder verwendbare Transformationen und Analysen in Form von INJECT/J-Skripten oder aber in JAVA implementiert werden können. INJECT/J besitzt ein statisches Typsystem, d. h. neue Modellelementtypen können nicht erzeugt werden.

3.2.3 Bewertung von Systemen zur statisch invasiven Programmfragmentkomposition

Mit Hilfe statisch invasiver Programmfragmentkomposition lassen sich *allgemein* alle Programme erzeugen, welche auch manuell umgesetzt werden können. Querliegende Belange lassen sich zwar durch geeignete manuelle Organisation der Kompositions- bzw. Adaptionsprogramme voneinander abgrenzen, allerdings fehlt eine explizite Erfassung von Belangen als Kompositionseinheiten.[8]

Programmfragmente können in den vorgestellten Ansätzen durch Parametrisierung von Schablonen erzeugt werden, womit sich eine *redundanzarme Spezifikation* realisieren lässt. RECODER und INJECT/J erlauben hier direkt die Nutzung von aus dem AST bzw. dem Adaptionsmodell ermittelten Kontextinformationen. In COMPOST muss der Umweg über den RECODER-AST genommen werden, da Fragmentbehälter und Haken keinen direkten Zugriff auf den darunterliegenden AST ermöglichen. Durch den Einsatz invasiver Programmfragmentkomposition sind *Effizienz* sowie *Schnittstellen* des resultierenden Codes mit manueller Implementierung vergleichbar, da einerseits aus der Kompositionstechnik herrührende Indirektionen vermieden werden, andererseits allgemeine Schnittstellenanpassungen möglich

---

[8]ISC bildet hier insofern eine Ausnahme, als dass ein Belang als Verbund von Fragmentbehältern aufgefasst werden kann.

sind. Die Komposition der Programmfragmente kann *automatisch* erfolgen, falls die durchzuführenden Kompositionsoperationen in Form von JAVA-Programmen bzw. INJECT/J-Skripten gegeben sind.

Da die meisten der in RECODER als auch in COMPOST zur Verfügung gestellten Kompositionsoperationen rein syntaktischer Natur sind, können keine Aussagen über semantische Effekte auf das Programm gemacht werden. Im Fall von RECODER und COMPOST kann durch eine nachgelagerte semantische Analyse des resultierenden Systems zumindest die Übersetzbarkeit des resultierenden Programms garantiert werden. Dies wird durch die semantischen Transformationen in Verbindung mit zusätzlichen Vor- und Nachbedingungen, wie sie INJECT/J zur Verfügung stellt, von vornherein garantiert. Da Belange nicht als explizite Kompositionseinheiten erfasst werden, können auch keine einzuhaltenden semantischen Abhängigkeiten zwischen Belangen für verschiedene zu erstellende Varianten angegeben werden. Die *Erkennung ungültiger Konfigurationen* ist somit insbesondere im Hinblick auf die Anwendungsebene nicht ohne weiteres gegeben.

Die Angabe einer konkreten Variante ausgehend von existierenden Programmfragmenten bzw. Fragmentbehältern muss durch Angabe des globalen Bauplans $\bigoplus_{global}$ in Form von JAVA-Programmen bzw. INJECT/J-Skripten erfolgen. Sie ist *nicht deklarativ*, da eine Angabe der zu komponierenden Belange nicht ausreichend ist. Auch falls durch den Domänenentwickler bereits entsprechende Funktionalitäten in Form von wieder verwendbaren Kompositionsfunktionen zur Verfügung gestellt werden, so muss der globale Bauplan doch durch den Anwendungsentwickler erstellt werden. Während die Zerlegung der globalen Baupläne $\bigoplus_{global}^{\nu}$ in die einzelnen benötigten Kompositionsoperatoren $\oplus_{B_i \leftrightarrows B_j}$ noch mehr oder weniger durch die Strukturierungsmöglichkeiten von JAVA-Programmen bzw. INJECT/J-Skripten unterstützt wird, so fehlt die Unterstützung zur automatischen Rekonstruktion dieser globalen Baupläne.

3.3 Komposition objektorientierter Entwurfseinheiten

Wie wir bereits in Abschnitt 2.1 gesehen haben, lassen sich nicht alle Belangimplementierungen für eine gegebene Systemdekomposition in einzelnen objektorientierten Entwurfseinheiten kapseln. Ein Entwurfsziel der Domänenimplementierung sollte dennoch sein, die einzelne Belangimplementierungen möglichst gut in den zur Verfügung stehenden Entwurfseinheiten der Zielsprache zu kapseln. Wir untersuchen daher in diesem Abschnitt, wie zusätzlich zu den in Abschnitt 2.4.2 vorgestellten allgemeinen objektorientierten Kompositionstechniken existierende Verfahren genutzt werden können, um kapselbare Belange miteinander zu komponieren.

3.3.1 Komponenten- und Architektursysteme

Komponentensysteme gehen von der Annahme aus, dass bestimmte funktionale Belange innerhalb einer Komponente gekapselt werden können, welche über klar definierte Schnittstellen verfügen. Klassische Komponentensysteme wie ENTERPRISE JAVA BEANS (SUN MICROSYSTEMS, 2006), CORBA (OBJECT MANAGEMENT GROUP, 2006) oder aber die Microsoft-Technologien COM/COM+/DCOM[9] und .NET[10] machen standardisierte Vorgaben, wie diese Schnittstellen aufgebaut sein müssen. Die Komposition der Komponenten erfolgt ausschließlich nichtinvasiv anhand dieser Schnittstellen entweder durch direkte Bezugnahme einer Komponente auf die Schnittstelle einer anderen Komponente oder mit Hilfe zusätzlicher Kopplungskomponenten.

Die Implementierung einiger weniger, auch querliegender Belange wie Verteilung inklusive Fernaufruf oder die persistente Speicherung von Komponenten wird zum Teil in die Infrastruktur eines Komponentensystems ausgelagert. Die Komposition der durch die Komponenten gekapselten Belange mit diesen durch die Infrastruktur bereitgestellten Belangen erfolgt für den Nutzer entweder automatisch oder aber auf Basis einer deklarativen Konfigurationsspezifikation wie im Fall der ENTERPRISE JAVA BEANS mit seinen Deployment-Deskriptoren.

Komponentensysteme legen die Art der Interaktion von Komponenten sowie die dazu notwendige Infrastruktur spezifisch fest. Dies führt dazu, dass Komponenten eines Komponentensystems nicht innerhalb anderer Komponentensysteme genutzt werden können. Einen Schritt weiter gehen hier die so genannten Architektursysteme wie zum Beispiel AESOP (GARLAN et al., 1994), RAPIDE (LUCKHAM et al., 1995; LUCKHAM, 1996) oder UNICON (SHAW et al., 1995), welche den anwendungsspezifischen Code der Komponente und den notwendigen Interaktions- und Infrastrukturcode explizit trennen. Die Schnittstelle einer solchen Komponente besteht aus Toren (engl. *ports*), welche explizit Ein- und Austrittspunkte des Daten- und Kontrollflusses einer Komponente modellieren. Beispiele für Tore in objektorientierten Programmen sind über Klassengrenzen hinausgehende Methodenaufrufe und Attributzugriffe.

Die Spezifikation der Interaktion zweier Komponenten erfolgt durch Verknüpfung dieser Tore mit Hilfe so genannter *Konnektoren*. Diese sind konfigurierbar und kapseln verschiedene Kommunikations-, Synchronisations- und Kontrollflussmechanismen. Beispiele für solche Konnektoren sind synchrone Methodenaufrufe, Fernaufrufe, Puffer zur synchronen Datenübermittlung oder Adapter zur Schnittstellen- oder Protokollanpassung. Konnektoren dienen somit nicht nur der Komposition der durch die Komponenten gekapselten Belange, sondern können ihrerseits bestimmte Belange umsetzen. Die in klassischen Komponentensystemen durch die Infrastruktur implementierten Belange können in Architektursystemen flexibel durch Konnektoren beschrieben werden. Durch Austausch der Konnektoren können Komponenten an verschiedenen Infrastrukturen angepasst werden.

3.3.1.1 Bewertung

Komponentensysteme sind meist auf die Unterstützung von Schichtenarchitekturen (engl. *n-tier architecture*) ausgelegt, welche zumeist in der Domäne der betrieblichen Informationssysteme eingesetzt werden. Für andere Domänen wie Steuerungen in eingebetteten Systemen sind die vorgestellten Komponentensysteme aufgrund des Infrastruktur-Wasserkopfs

---

[9]http://www.microsoft.com/com
[10]http://www.microsoft.com/net

oftmals nicht oder nur bedingt geeignet. Die nicht vermeidbare Infrastruktur der Komponentensysteme führt ebenso wie die Konnektoren in Architektursystemen oftmals zu zahlreichen Indirektionen und zusätzlichen Verwaltungsaufgaben, auch falls diese nicht benötigt werden. Die *Effizienz des Codes* ist insbesondere in laufzeitkritischen Domänen nicht ausreichend.

Unterschiedliche Varianten lassen sich durch Hinzunahme und Entfernen von Komponenten erzielen. Allerdings werden Komponenten in Komponenten- und Architektursystemen als schwarze Kästen betrachtet. Sie können somit nicht an die zu erstellende Variante angepasst werden. Unter Umständen müssen daher mehrere Varianten einer Komponente vorgehalten werden, eine *redundanzarme Spezifikation* ist in diesem Fall nicht möglich.

Die Verknüpfung der Außenschnittstellen der einzelnen Komponenten muss durch den Anwendungsentwickler erfolgen, d. h. die Spezifikation einer zu erstellenden Variante ist *nicht deklarativ*. *Ungültige Kompositionen* können auf der Ebene der Komponenten- und Architektursysteme nur beschränkt erkannt werden, da einzuhaltende Kompositionsregeln zwischen Belangen nicht oder nur sehr eingeschränkt angegeben werden können.

Bemerkung: Auch wenn Komponenten- und Architektursysteme zur vollständigen Umsetzung einer Produktlinie nur bedingt geeignet sind, so ergänzen sie sich für sehr große Systeme doch gut mit dem Produktlinienansatz. In der Praxis lohnt sich der Mehraufwand für eine Produktlinienentwicklung bei sehr großen Systemen oftmals nur für einzelne Teilsysteme bzw. einzelne (grobgranulare) Komponenten, da diese zum Beispiel in anderen Systemen wieder verwendet werden sollen oder aber sich die aus den verschiedenen Kundenanforderungen ergebenden Änderungen auf diese Teilsysteme beschränken. In diesem Fall können die betroffenen Komponenten als Produktlinie umgesetzt werden. Wir sprechen in diesem Fall auch von *generischen Komponenten*.

3.3.2 Umwickleransätze

Die Grundidee von Umwickleransätzen ist es, existierende Klassen bzw. Objekte mit neuen Schichten zu umwickeln, welche die ursprünglichen Klassen bzw. Objekte um die Implementierung neuer Belange zu erweitern. Die Möglichkeit zum transparenten Umwickeln existierender Klassen bzw. Objekte ist eine Erweiterung des Standard-Objektmodells und wird daher idealerweise explizit durch Konzepte der verwendeten Spezifikationssprache unterstützt. Eine Umsetzung in üblichen objektorientierten Sprachen kann mit Hilfe der objektorientierten Kompositionsoperationen Delegation und Vererbung analog zu den Entwurfsmustern *Umwickler* (auch bekannt als Adapter) oder Dekorierer erfolgen.

Stellvertretend für die Umwickleransätze betrachten wir im Folgenden den *Kompositionsfilter*-Ansatz (engl. *composition filter*, AKSIT et al., 1994). Ähnliche Ansätze finden sich zum Beispiel in BOSCH (1999) oder als Entwurfsmuster in GAMMA et al. (2004).

Das von AKSIT et al. entwickelte Konzept der Kompositionsfilter (CF) basiert auf drei Kernelementen:

1. *Nachrichten*: Eine Interaktion zwischen CF-Objekten erfolgt durch den Austausch von Nachrichten, welche ihrerseits explizite Objekte sind, die neben der eigentlichen Nachricht noch zusätzliche Daten wie Absender und Empfänger definieren.

2. *Filter*: Nachrichten zwischen CF-Objekten können gefiltert werden. Hierzu wird ein so genanntes Schnittstellenobjekt um ein Kernobjekt und ggf. weitere Hilfsobjekte gelegt. Dieses Schnittstellenobjekt kann eine Reihe von Ein- und Ausgangsfiltern besitzen, welche von einer Nachricht durchlaufen werden müssen. Die Ein- und Ausgangsfilter werden in Form einer so genannten Filterschnittstelle spezifiziert, in welcher mehrere Filter verkettet werden können.

3. *Superimposition*: Der Kompositionsfilter-Ansatz erlaubt die Überlagerung der Filter eines CF-Objekts über die Filter einer oder mehrerer anderer CF-Objekte.

Ein CF-Objekt, welches mit Hilfe des einleitenden Schlüsselworts concern explizit als Belang bezeichnet wird, besteht aus einem Kernobjekt, dem Schnittstellenobjekt, welches durch die Filterschnittstellen spezifiziert wird, sowie weiteren internen oder referenzierten externen Hilfsobjekten. Abbildung 3.1 zeigt das Kompositionsfilter-Objektmodell schematisch.

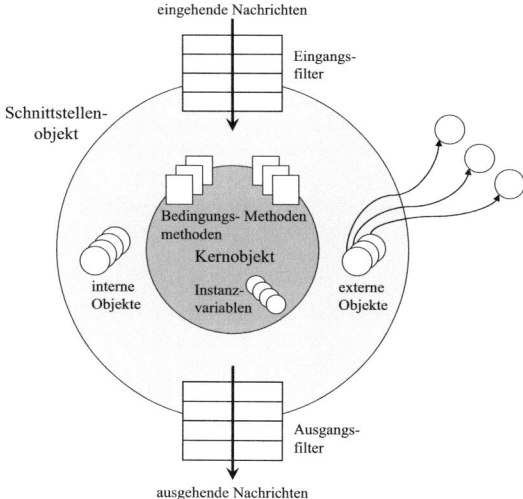

Abbildung 3.1: Objektmodell der Kompositionsfilter (aus SPENKELINK, 2007)

Filter entscheiden, ob eine Nachricht von einem CF-Objekt akzeptiert oder zurückgewiesen wird. Ein Filter besteht aus einem Filternamen, einem Filtertyp und einem oder mehreren Filterelementen. Ein Filterelement wiederum besteht aus einer optionalen Bedingung, die angibt, ob das Filterelement zu Anwendung kommen soll, eine Spezifikation einer Menge der Nachrichten, auf die durch den Filter reagiert werden soll, und einer Aktion, die zusammen mit dem Filtertyp angibt, wie im Falle einer Passung weiter verfahren wird. Existiert keine Passung für eine Nachricht oder wurde der Filter durch die optionale Bedingung deaktiviert, so wird die Nachricht an den nächsten Filter weitergereicht. Zur Spezifikation der Bedingung kann auf boolesche Methoden des Kernobjekts zurückgegriffen werden. Hierdurch ist es möglich, Filter in Abhängigkeit des Objektzustand zu aktivieren oder deaktivieren.

Es existieren mehrere Filtertypen, fünf der wichtigsten sind:

Dispatch Falls die Nachricht vom Filter akzeptiert wird, dann wird die Nachricht an das in der Aktion angegebene Ziel weitergeleitet.

Error Im Falle einer Passung wird eine Ausnahme ausgelöst. Hierdurch können Nachrichten selektiv und ggf. abhängig vom Objektzustand zurückgewiesen werden.

Meta Die Nachricht wird als Parameter an eine neue Nachricht übergeben, welche wiederum an ein internes oder externes Objekt weitergeleitet wird. Dieses kann die ursprüngliche Nachricht modifizieren und eine erneute Auswertung dieser modifizierten Nachricht durch das ursprüngliche CF-Objekt veranlassen.

Wait Dieser Filter dient der Synchronisation. Eingehende Nachrichten werden so lange zurückgehalten, bis die angegebene Bedingung erfüllt ist.

Send Hierbei handelt es sich um einen Ausgangsfilter. Die Nachricht wird im Falle einer Passung an das angegebene Ziel weitergeleitet, andernfalls wird die Nachricht an den nächsten Filter durchgereicht.

Nachrichten sind im Kompositionsfilter-Ansatz stets explizite Objekte. Eine Abbildung des Ansatzes auf konkrete objektorientierte Programmiersprachen benötigt für den zumeist benutzten Nachrichtenaustausch „Methodenaufruf" eine *Reifikation*, d. h. der Aufruf muss in ein Nachrichtenobjekt mit entsprechenden Informationen gewandelt werden.

Durch einzelne Kompositionsfilter können bezüglich des Kernobjekts lokale Belange umgesetzt werden. Der Kompositionsfilter-Ansatz ermöglicht allerdings auch die voneinander abgegrenzte Spezifikation querliegender Belange (BERGMANS und AKSIT, 2001). Schlüssel hierzu ist die Unterstützung des Konzepts der Superimposition. Die Filter eines CF-Objekts können die Filter mehrerer anderer CF-Objekte überlagern, d. h. die Filter werden jeweils Teil der Menge der Ein- und Ausgangsfilter der überlagerten CF-Objekte (siehe Abbildung 3.2). Welche CF-Objekte überlagert werden sollen, wird durch das überlagernde CF-Objekt spezifiziert. Nach erfolgter Passung einer Nachricht durch einen überlagernden Filter wird die Aktion nicht durch das überlagerte CF-Objekt, sondern durch das überlagernde CF-Objekt ausgeführt. Hierdurch ist es möglich, die Implementierung eines querliegenden Belangs lokal in diesem überlagernden CF-Objekt zu kapseln.

3.3.2.1 Bewertung

Kompositionsfilter sind ein sehr *allgemeiner* und mächtiger Ansatz zur Komposition von einzelnen Belangen eines Objekts. Der Ansatz unterstützt im Gegensatz zu anderen Umwickleransätzen auch querliegende Belange sehr gut. Aufgrund der Beschränkung von an der Schnittstelle beobachtbaren Nachrichten können Belange allerdings nur auf der Granularitätsstufe von Methoden bzw. Methodenaufrufen komponiert werden. In CONRADI (2006) wird daher ein Ansatz vorgestellt, durch welchen zusätzlich zu filterbaren Nachrichten auch nichtfilterbare feingranulare Ereignisse (engl. *events*) wie Variablenzugriffe oder Zuweisungen in das Kompositionsfilter-Modell integriert werden können.

Die *redundanzarme Spezifikation* von Belangen innerhalb unterschiedlicher Varianten wird nicht unterstützt. Eine feingranulare Anpassung der Implementierung des Kernobjekts sowie die Generierung von Programmfragmenten des Kernobjekts ist nicht vorgesehen.

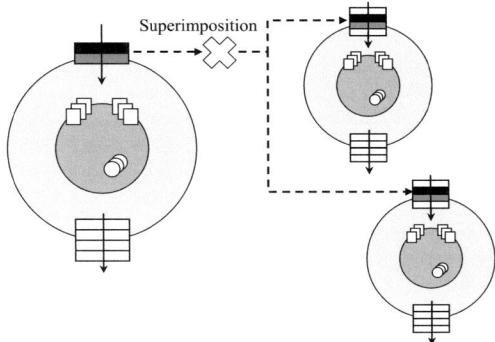

Abbildung 3.2: Erweitertes Objektmodell der Kompositionsfilter

Die Spezifikation der für eine Klasse bzw. ein Objekt durchzuführenden Belangkompositionen ist innerhalb der Filterschnittstelle *deklarativ* möglich. Wie dies allerdings auf anderen Granularitätsstufen wie z. B. Teilsystemen oder dem Gesamtsystem erfolgen kann, ist unklar, da direkt auf dieser Ebene keine Nachrichten ausgetauscht werden. Nach unserer Kenntnis lassen sich keine Bedingungen hinsichtlich zulässiger Belangkombinationen angeben, die *Erkennung ungültiger Konfigurationsspezifikationen* ist nicht oder nur eingeschränkt möglich. Allerdings erlaubt der Kompositionsfilter-Ansatz die Erkennung ungültiger Kompositionen auf Ebene der einzelnen Filter eines CF-Objekts. Die Reihenfolge der Auswertung der einzelnen Filter eines CF-Objekts hat Auswirkungen auf das beobachtbare Verhalten. Während die Semantik für lokal in einer Filterschnittstelle angegebene Filtersequenzen offensichtlich ist, kann durch Superimposition die Reihenfolge der tatsächlichen Filtersequenzen und damit das Verhalten verändert werden, ohne dass das tatsächliche Ergebnis für den Entwickler offensichtlich ist. Auf Basis des bekannten Verhaltens der einzelnen Filtertypen sowie zusätzlicher durch den Nutzer anzugebender Bedingungen werden in BERGMANS (2003) und DURR et al. (2005) Verfahren aufgezeigt, wie bestimmte Klassen semantischer Konflikte automatisch erkannt werden können.

Die Komposition der einzelnen durch CF-Objekte und Filter umgesetzten Belange ist *automatisierbar*. Die ursprünglichen, prototypisch den Ansatz umsetzenden Werkzeuge COMPOSEJ (WICHMAN, 1999) und CONCERNJ (CARO, 2001) wurden durch die Neuentwicklungen COMPOSE★ (GARCÍA, 2003) für .NET und COMPOSE★/J (SPENKELINK, 2007) für JAVA abgelöst. Die notwendige Reifikation der Nachrichten wird invasiv an den notwendigen Stellen eingefügt. Bei der Verwendung vieler Filter wird durch das an die Reifikation anschließende dynamische Filtern sowie durch die notwendigen Delegationen die *Effizienz des resultierenden Codes* erheblich in Mitleidenschaft gezogen. Nach außen sichtbare *Schnittstellen* können durch entsprechende Filter an den Anwendungskontext angepasst werden.

3.3.3 Rahmenwerke

Eine klassische Möglichkeit zur Realisierung von ähnlichen Programmen ist die Nutzung von objektorientierten Rahmenwerken. Ein Rahmenwerk kann als Schablone für eine bestimmte Klasse von Programmen aufgefasst werden (JOHNSON und FOOTE, 1988; PREE, 1997; RÜPING, 1997). Es definiert in der Regel die Systemarchitektur, welche an bestimmten ausgezeichneten Stellen parametrisiert werden kann. Bezogen auf unsere Sichtweise ist ein Rahmenwerk die Implementierung der in allen Varianten konstanten Belange.

Konkrete Varianten lassen sich durch Komposition der Implementierung variabler, anwendungsspezifischer Belange mit dem Rahmenwerk erstellen. Die Komposition erfolgt mit Hilfe der in Abschnitt 2.4.2 vorgestellten objektorientierten Kompositionsoperationen. Variable Belange müssen somit in Form einzelner oder mehrerer Klassen und Methoden implementiert werden. Diese werden an innerhalb des Rahmenwerks vorab festgelegten Löchern[11] durch die Kompositionsoperationen Vererbung, Polymorphie und Delegation eingesetzt. Im Gegensatz zu Bibliotheken bleibt bei Rahmenwerken der Kontrollfluss in der Verantwortung des Rahmenwerks, da dieses bestimmt, wann und wo die an den Löchern angegebenen Erweiterungen ausgeführt werden.[12]

3.3.3.1 Bewertung

Da in Rahmenwerken variable Belange in Form von Klassen und Methoden gekapselt werden müssen, treten die Probleme objektorientierter Sprachen im Umgang mit querliegenden Belangen in vollem Umfang auf. Aufgrund der Tatsache, dass Belange nicht als Einheit, sondern als unzusammenhängende Menge von Klassen bzw. Methoden umgesetzt werden müssen, kann die Spezifikation des zu erstellenden Programms *nicht deklarativ* erfolgen: Der Anwendungsentwickler muss selbst bei vorgefertigten Implementierungen die notwendigen Kompositionsoperationen wie die Etablierung von Oberklassenbeziehungen manuell ausführen. Ob die einzelnen von einem querliegenden Belang zu adressierenden Löcher konsistent ausgefüllt wurden, kann *nicht erkannt* werden. Es kann durch einen Übersetzer nur geprüft werden, ob die durch Methodensignaturen und ggf. durch Typschranken gegebenen Verträge einzelner Klassen eingehalten wurden.

Da Rahmenwerken die Möglichkeit zur Generierung von Code fehlt, können *vermeidbare Redundanzen auftreten*. Eine allzu feingranulare Bereitstellung von Löchern führt schnell zu unnatürlichen Systemzerlegungen, da im Extremfall viele einzelne Anweisungen bzw. Ausdrücke in neue, zu überschreibende Methoden ausgelagert werden müssen. Durch den übermäßigen Einsatz von zur Komposition der Belangimplementierungen notwendigen Entkopplungsmechanismen wie Entwurfsmustern oder auch Delegationen kann die *Effizienz* des resultierenden Codes im Vergleich zu einer spezialisierten Implementierung in Mitleidenschaft gezogen werden. Eine Spezialisierung der Schnittstellen ist nicht möglich, im Resultat sind meist noch viele nicht weiter benötigte Schnittstellenelemente.

---

[11]PREE (1997) nennt diese auch *hot spots*

[12]Dieses Prinzip ist auch als Steuerungsumkehr (engl. *inversion of control*) bzw. Hollywood-Prinzip („Don't call us – we'll call you") bekannt.

3.4 Belange als eigenständiges Konzept

Im Folgenden stellen wir Ansätze vor, welche Belange als eigenständige Konzepte modellieren. Belange stellen in diesen Ansätzen die zu komponierenden Elementtypen dar, wobei die Komposition der Belange auf die Komposition feingranularerer Elemente abgebildet wird.

3.4.1 Merkmalsorientiertes Programmieren

Aus dem Forschungsbereich der Produktlinienentwicklung stammt das merkmalsorientierte Programmieren (engl. *feature oriented programming*, FOP). Varianten werden ausgehend von einem Basisprogramm sukzessiv um einzelne (Problem-)Belange (hier Merkmale genannt) erweitert. Ein Belang wird in Form eines Merkmalsmoduls (engl. *feature module*) implementiert. Ein Merkmalsmodul soll hierbei direkt eine Anforderung umsetzen, was in unserer Sichtweise der Implementierung eines Problembelangs entspricht. Die Implementierungen von Lösungsbelangen sind daher meist bereits innerhalb der Merkmalsmodule mit den Lösungsbelangen verschränkt. Alle bekannteren FOP-Umsetzungen basieren auf dem objektorientierten Paradigma. Ein Merkmalsmodul kapselt in diesem Fall eine Menge von Klassen, welche entweder bereits existierende Klassen verfeinern oder neue Klassen hinzufügen.

FOP betrachtet ein Programm als eine Schichtung von Merkmalsmodulen. Jede Schicht fügt neue Funktionalität zu den darunterliegenden Schichten hinzu. Die unterste Schicht stellt das Basisprogramm dar. Das schrittweise Hinzufügen neuer Schichten zu einem Basisprogramm stellt somit eine *schrittweise Verfeinerung* der gesamten Domänenimplementierung hin zum konkret gewünschten Programm dar (vgl. APEL, 2007, Abschnitt 2.2.3). Die Komposition der einzelnen Merkmalsmodule wird mit Hilfe einer einfachen Algebra beschrieben. Jede Schicht wird als Funktion f aufgefasst, welche neuen Code zu einem Programm hinzufügt. Das Ergebnis von f ist wiederum ein Programm. Das Basisprogramm wird hierbei als Konstante angenommen. Die Komposition eines Programms P aus dem Basisprogramm b und den Merkmalsmodulen f_1 und f_2 wird dann spezifiziert durch die Komposition (Verkettung) der Funktionen mit Hilfe des Funktionskompositionsoperators $\bullet$, zum Beispiel durch:

$$P = f_2(f_1(b)) = f_2 \bullet f_1 \bullet b \quad \text{oder} \quad P = f_1(f_2(b)) = f_1 \bullet f_2 \bullet b$$

Ein Merkmalsmodul zusammen mit dem Kompositionsoperator $\bullet$ kann somit als eine Transformation aufgefasst werden, welches ein Programm in ein anderes überführt. Unterschiedliche Reihenfolgen der Komposition beschreiben typischerweise unterschiedliche Programme. Eine Möglichkeit zur Spezifikation der Menge gültiger Reihenfolgen ist die Nutzung einer Grammatik. So legt zum Beispiel die in EBNF-Form angegebene Grammatik $P = [f_2][f_1]b$ fest, dass nur die Konfigurationsspezifikationen $P = b$, $P = f_2 \bullet b$, $P = f_1 \bullet b$ und $P = f_2 \bullet f_1 \bullet b$ gültige Kompositionsreihenfolgen sind. Weitere Bedingungen hinsichtlich der Gültigkeit eines Ausdrucks können mit Hilfe von so genannten Kompositionsregeln definiert werden (BATORY und GERACI, 1995). Die algebraische Sichtweise erlaubt die Angabe von algebraischen Identitäten und Rechenregeln, welche zur Optimierung einer Konfigurationsspezifikation benutzt werden können.

Technische Umsetzungen des FOP-Ansatzes in Form von GENVOCA (BATORY et al., 1994) sowie dessen Nachfolger AHEAD (*Algebraic Hierarchical Equations for Application Design*, BATORY et al., 2003) setzen die Komposition von Merkmalsmodulen mit Hilfe von Mixins um, weshalb der auf den Quellcode abzielende Teil eines Merkmalsmoduls technisch auch als Mixin-Schicht (engl. *mixin-layer*) bezeichnet wird.[13] Durch eine Mixin-Schicht wird eine *Kollaboration* implementiert (SMARAGDAKIS und BATORY, 2002; MEZINI und OSTERMANN, 2004; APEL, 2007). Als eine Kollaboration bezeichnet man eine Menge von Objekten samt zugehörigem Protokoll, welches bestimmt, wie die einzelnen Objekte miteinander interagieren. Die Rolle eines Objekts innerhalb einer Kollaboration wird durch den Teil des Objekts beschrieben, welcher für die Einhaltung des Protokolls zuständig ist. Ein bekanntes Beispiel hierfür ist das Entwurfsmuster *Beobachter* mit den Rollen Subjekt und Beobachter (GAMMA et al., 2004).

Beispiel 3.1: *Merkmalsmodule einer Graph-Produktlinie*

Das in Abbildung 3.3 dargestellte Merkmalsmodul *Basic Graph* besteht aus den Klassen `Graph`, `Node` und `Edge`. Mit Hilfe der durch diese Klassen beschriebenen Kollaboration lassen sich Graphstrukturen erzeugen und anzeigen. Das Merkmalsmodul *Weight* fügt neue Rollen zu den Klassen `Graph` und `Edge` hinzu, ebenso wie die neue Klasse `Weight`. Durch diese Kollaboration werden gewichtete Graphen ermöglicht, d. h. ein Graph, in welchem jedem Knoten und jeder Kante ein Gewicht zugewiesen wird.

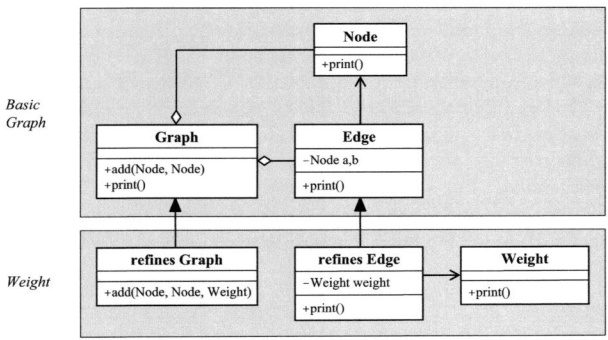

Abbildung 3.3: Merkmalsmodule einer Graph-Produktlinie (aus APEL, 2007)

---

[13] AHEAD bzw. die AHEAD TOOL SUITE (ATS) unterstützt auch die Verfeinerung und Komposition von Artefakten wie Dokumentationen etc. und ist somit nicht auf Quellcode eingeschränkt. AHEAD definiert letztlich nur den Rahmen, der die Steuerung der unterschiedlichen Verknüpfungen verschiedener Artefakte ausgehend von einer algebraischen Beschreibung der zu erstellenden Variante koordiniert. Es ist somit zuständig für die Verarbeitung dieser algebraischen Beschreibung einschließlich Prüfung der Kompositionsregeln. Die artefaktabhängigen Kompositionen werden durch spezialisierte Werkzeuge bewerkstelligt, im Fall von JAVA durch das Werkzeug JAK (BATORY et al., 1998), welches Mixins trotz fehlender Mehrfachvererbung in JAVA ermöglicht.

3.4.1.1 Bewertung

Da FOP zunächst nur ein Ansatz zur Organisation von Belangen innerhalb der Domänenimplementierung ist, betrachten wir in der folgenden Bewertung existierende technische Umsetzungen auf Basis von Mixins und vergleichbaren Techniken wie z. B. *Policy-based design* (ALEXANDRESCU, 2001).

FOP ist ein sehr *allgemeiner* Ansatz zur Umsetzung einer Domänenimplementierung sowie zur Erstellung einzelner Varianten. Der Ansatz ist insbesondere nicht auf bestimmte Domänen beschränkt. Allerdings lassen sich mit FOP einzelne Belange nur dann effizient auf Schichten abbilden, falls es sich um in Klassen und Methoden kapselbare Belange oder um heterogene querliegende Belange handelt, welche Kollaborationen beschreiben. Bei letzteren muss sich die Struktur der Kollaboration auf die bereits durch die unteren Schichten definierte Struktur abbilden lassen (MEZINI und OSTERMANN, 2004). Eine weitere Schwierigkeit ist die Integration einer Schicht in den Kontrollfluss des Basiscodes. FOP erlaubt nur die Übernahme des Kontrollflusses beim Aufruf einer Methode, indem die aufgerufene Methode verfeinert wird. Andere Kontrollflussereignisse können nicht behandelt werden. Bereits einfache querliegende Belange können dazu führen, dass zur Integration in den Kontrollfluss alle Klassen und alle Methoden verfeinert werden müssen. Insbesondere im Fall homogener Belange führt dies zusätzlich zu einer hohen *Redundanz*, da in allen verfeinerten Methoden der gleiche Code notwendig ist. Weiterführende Arbeiten wie die so genannten *Aspectual Mixin Layers*, welche wir in Abschnitt 3.4.2 vorstellen, nehmen sich dieser Problematik an. Eine Generierung von Quellcode wird durch existierende Werkzeuge nicht unterstützt.

Die AHEAD TOOL SUITE[14] bietet mit dem darin enthaltenen Werkzeug GUIDSL die Möglichkeit die in der Domänenanalyse ermittelten Abhängigkeiten zwischen Merkmalen in Form einer Grammatik und zusätzlicher Kompositionsregeln zu spezifizieren und konkrete *Konfigurationsspezifikationen auf Gültigkeit zu prüfen*. Die Spezifikation einer konkreten Variante ist *deklarativ* möglich, da die Angabe der zu komponierenden Merkmalsmodule ausreichend ist. Die Kompositionsreihenfolge muss allerdings durch den Nutzer bzw. durch den Domänenentwickler bei der Angabe einer Grammatik spezifiziert werden. Die von der Implementierung der Merkmalsmodule getrennte Spezifikation der Abhängigkeiten wirft die Frage nach der Konsistenz zwischen den in der Grammatik spezifizierten und den tatsächlich in der Implementierung anzutreffenden Abhängigkeiten auf. Die Praxis zeigt, dass eine lexikalisch vom Quellcode getrennte Dokumentation von Quellcodeeigenschaften schnell divergieren kann.[15]

Durch die Verwendung von Mixins kann die Korrektheit des Kompositionsergebnisses bezüglich Sprachsyntax und -semantik für gewöhnlich garantiert werden. Weitere Zusicherungen hinsichtlich der Effekte der Komposition eines Merkmalsmoduls zu einem Basisprogramm sind nicht möglich.

Mixins sind zwar ein bewährtes und gut verstandenes Kompositionsverfahren, doch ist es für manche Verfeinerungen von Methoden zu eingeschränkt (vgl. KÄSTNER et al., 2008).

---

[14]http://www.cs.utexas.edu/users/schwartz/ATS.html

[15]So ist der Erfolg von JAVADOC und ähnlichen Dokumentationssystemen zur Generierung einer API-Beschreibung nicht zuletzt der Tatsache zuzuschreiben, dass die Dokumentation einzelner Elemente lexikalisch mit dem dokumentierten Element verknüpft ist und somit eine Anpassung schnell erfolgen kann, was wiederum zu einer mit der Implementierung konsistenten Dokumentation führt.

Wünschenswerte *Signaturanpassungen* (vgl. ROSENMÜLLER et al., 2007) sind nicht möglich. Ein Beispiel hierfür ist die add-Methode aus obigem Beispiel 3.1: Eigentlich müsste die Parameterliste der Methode add(Node, Node) um einen Parameter vom Typ Weight erweitert werden. Da dies allerdings durch Mixins nicht möglich ist, wird eine neue Methode mit der benötigten Signatur eingefügt, wobei die bisherige add-Methode im Resultat verbleibt. Hierdurch ist es möglich, ungewichtete Kanten einzufügen, was u. U. zu inkonsistenten Programmzuständen führen kann. Ebenso unklar ist, wie für die Fertigungslinie aus Beispiel 2.8 durch Verfeinerung und Mixin-Komposition die unterschiedlichen Implementierungen der run()-Methode erzeugt werden können. Eine Anpassung der Implementierung innerhalb eines Merkmalsmoduls ist typischerweise nicht vorgesehen. Einige Ansätze wie z. B. *Generic Feature Modules* (APEL et al., 2006a) erlauben zumindest die Anpassung der Implementierung an unterschiedliche unterstützte Typen.

Die Komposition der einzelnen Merkmalsmodule erfolgt *automatisch*. Da das Werkzeug JAK Verfeinerungen einer Methode invasiv in bestehende Methoden einsetzt, ist die *Effizienz* des resultierenden Codes mit manueller Implementierung vergleichbar.

3.4.2 Mehrdimensionale Trennung von Belangen

Ziel von Ansätzen zur mehrdimensionalen Trennung von Belangen (engl. *multi-dimensional separation of concerns*, kurz MDSOC) ist es, Belangimplementierungen als voneinander abgegrenzte Einheiten zu spezifizieren und anschließend zum Gesamtsystem zu komponieren. Hierbei werden insbesondere auch querliegende Belange adressiert. Die zur Verzahnung notwendigen Operationen werden deklarativ entweder als Teil der Belangimplementierung oder separat angegeben. Im Gegensatz zu FOP wird typischerweise keine Unterscheidung zwischen Problem- und Lösungsbelangen gemacht. Einzelne Techniken der mehrdimensionalen Trennung von Belangen können zur Umsetzung des FOP-Ansatzes der schrittweisen Verfeinerung eines Basisprogramms neben der Mixin-Technik eingesetzt werden. Zahlreiche Arbeiten wie z. B. GRISS (2000), SPINCZYK (2002), MEZINI und OSTERMANN (2004) oder APEL et al. (2006b) zeigen, dass Techniken der mehrdimensionalen Trennung von Belangen nicht auf Einzelanwendungen beschränkt sind, sondern insbesondere auch für die Implementierung einer Produktlinie geeignet sind.

3.4.2.1 Aspektorientiertes Programmieren

KICZALES et al. (1997) führen den Begriff des *aspektorientierten Programmierens* (abgekürzt AOP) ein. AOP fokussiert auf die lexikalisch lokale Spezifikation von querliegenden Belangen, welche hier *Aspekte* genannt werden. Ein Aspekt kapselt alle zur Implementierung des Belangs notwendigen Programmfragmente lexikalisch zusammengehörend. Darüber hinaus spezifiziert ein Aspekt die zur Verschränkung der Programmfragmente notwendigen Anweisungen. Die Verschränkung erfolgt an so genannten Verbindungspunkten (engl. *join points*). Dies sind definierte Ereignisse während der Ausführung eines Programms, wie zum Beispiel eine Objekterzeugung oder ein Methodenaufruf. Welche Ereignisse als Verbindungspunkte angeboten werden, ist typischerweise festgelegt. Eigene Verbindungspunkttypen sowie explizit deklarierte Verbindungspunkte sind nicht vorgesehen. An welchen Verbindungspunkten

Verschränkungsoperationen durchgeführt werden sollen, wird mit Hilfe so genannter Schnitte (engl. *pointcuts*) bestimmt. Letztere wählen auf Grundlage deklarativ spezifizierter Selektionsausdrücke die gewünschten Verbindungspunkte über der Menge aller zur Laufzeit auftretenden Verbindungspunkte aus. Die Verbindungspunkte einzelner Schnitte können typischerweise mit Hilfe von Mengenoperationen miteinander kombiniert werden. Webeoperationen (hier *advice* genannt) geben schließlich an, wie ein durch den Aspekt definiertes Programmfragment mit anderen Programmfragmenten verschränkt werden muss. Es stehen drei Webeoperationen zur Verfügung:

- `before`: Ein Programmfragment wird *vor* der Ausführung des den Verbindungspunkt auslösenden Programmfragments ausgeführt.

- `after`: Ein Programmfragment wird *nach* der Ausführung des den Verbindungspunkt auslösenden Programmfragments ausgeführt.

- `around`: Ein Programmfragment wird *an Stelle* des den Verbindungspunkt auslösenden Programmfragments ausgeführt.

Ein formales Modell für diese ereignisbasierte Sichtweise auf die aspektorientierte Programmierung (engl. *Event-based AOP*) ist z. B. in DOUENCE et al. (2001) und DOUENCE und SÜDHOLT (2002) zu finden. Zentrales Element ist ein *dynamischer Weber*, welcher alle Ereignisse inspiziert und die Verschränkung der Programmfragmente steuert. Das ereignisbasierte Modell dient allerdings nur als Denkmodell, da das Laufzeitverhalten eines solchen Programms inakzeptabel ist. In vielen Fällen kann die Verschränkung allerdings bereits statisch erfolgen bzw. sie kann statisch vorbereitet werden. Neben dem dynamisch motivierten Verbindungspunkt wird daher noch der zugehörige statisch ermittelbare Verbindungspunktabdruck (engl. *join point shadow*, MASUHARA et al., 2003) betrachtet. Hängt die Selektion eines Verbindungspunkts nicht von Laufzeitinformationen ab, so wird das Programmfragment gemäß Webeoperation eingefügt, ansonsten wird statisch noch ein zusätzliches Wächterelement hinzugenommen, welches die Ausführung des Programmfragments von den zur Laufzeit zur Verfügung stehenden Informationen abhängig macht.

Das bekannteste AOP-Werkzeug ist ASPECTJ[16]. Eine für Forschungszwecke gedachte, quelloffene Reimplementierung der ASPECTJ-Sprache bietet der *Aspect Bench Compiler*[17] (*abc*). Andere bekannte Werkzeuge sind z. B. JBOSSAOP[18] oder ASPECTWERKZ (BONÉR, 2004), welches mittlerweile in ASPECTJ aufgegangen ist.

Der Fokus von ASPECTJ liegt auf der Einzelproduktentwicklung sowie der Wiederverwendung einzelner Aspekte in verschiedenen Programmen. Um letztere zu erhöhen, können neben Idiomen, wie sie z. B. in HANENBERG et al. (2003) aufgeführt werden, auch Erweiterungen von ASPECTJ eingesetzt werden. LOGICAJ (WINDELN, 2003; KNIESEL et al., 2004) erweitert ASPECTJ um ein Variablen-Konzept, mit deren Hilfe Schnitte und einzufügende Programmfragmente generisch implementiert werden können. In ASPECTJ fest zu verdrahtende Namen wie z. B. Typ- oder Methodennamen innerhalb der Schnitte und Programmfragmente können so an den jeweiligen Kontext angepasst werden. Da die notwendigen Anpassungen mit

---

[16]http://www.eclipse.org/aspectj
[17]http://www.aspectbench.org
[18]http://www.jboss.org/jbossaop

Hilfe von PROLOG spezifiziert werden, sprechen die Autoren von *logischer Metaprogrammierung*. Ähnliche, ebenfalls auf Metaprogrammierung basierende Ansätze zur Transformation von Aspektspezifikationen sind das ASPECTJ TRANSFORMATION SYSTEM (AJATS, ARCOVERDE et al., 2007) oder META-ASPECTJ (ZOOK et al., 2004). Die Anwendung der Frame-Technologie (siehe Abschnitt 3.1) in Form so genannter *framed aspects* wird in LOUGHRAN und RASHID (2004) beschrieben.

Aspectual Mixin Layers

Ein speziell auf die Produktlinienentwicklung ausgerichteter aspektorientierter Ansatz sind die so genannten *Aspectual Mixin Layers* (AML, APEL et al., 2006b; APEL, 2007). AML kombinieren die Merkmalsmodule aus FOP mit Aspekten aus ASPECTJ bzw. ASPECTJ-ähnlichen Sprachen wie ASPECTC++[19]. Kollaborationen werden hierbei mit Hilfe der aus FOP bekannten Merkmalsmodule und Mixin-Komposition implementiert, wohingegen homogene querliegende Belange durch Aspekte umgesetzt werden. Der AML-Ansatz überträgt die in FOP zentrale Eigenschaft der schrittweisen Verfeinerung auf Aspekte, d. h. der Teil eines Aspekts, welcher für die Implementierung eines Merkmals benötigt wird, wird im jeweiligen AML spezifiziert. Ein einfaches Beispiel für einen Synchronisierungsaspekt ist in Abbildung 3.4 zu sehen.

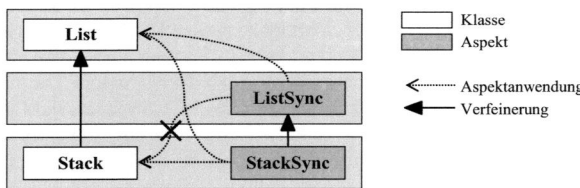

Abbildung 3.4: Aspektverfeinerung in Aspectual Mixin Layers

AML basieren auf der durch AHEAD propagierten Vorgehensweise, dass ein Merkmalsmodul eine Funktion auf einem Programm ist. Übertragen auf Aspekte bedeutet dies, dass AML eine gebundene Quantifikation (engl. *bounded quantification*) der Verbindungspunkte unterstützt, d. h. es werden nur Verbindungspunkte betrachtet, welche zum Zeitpunkt der Komposition sichtbar sind, im Gegensatz zur ungebundenen Quantifikation der Verbindungspunkte im Falle von ASPECTJ. Letztere ist in Abbildung 3.4 zwischen `ListSync` und `Stack` angedeutet.

CaesarJ

CAESARJ[20] (MEZINI und OSTERMANN, 2004; ARACIC et al., 2006) ist eine auf JAVA basierende Programmiersprache, welche Techniken des FOP (speziell Kollaborationen) mit Techniken des aspektorientierten Programmierens verbindet, um damit insbesondere das in Abschnitt 3.4.1.1 aufgeführte Problem zu lösen, dass die Bereitstellung von Anknüpfungspunk-

---

[19]http://www.aspectc.org
[20]http://www.caesarj.org

ten im Extremfall zu einer Verfeinerung aller Methoden führen kann (MEZINI und OSTER-MANN, 2004). Entwicklungsziele von CAESARJ sind modulare Spezifikation und Wiederverwendung von Softwareartefakten sowie die flexible (Re-)Komposition dieser Artefakte insbesondere auch zur Laufzeit.

Kollaborationen, d. h. Gruppen von Klassen, werden in CAESARJ als Komponenten bezeichnet. Die aus FOP bekannten Merkmalsmodule entsprechen somit CAESARJ-Komponenten. Eine Komponente enthält alle Abstraktionen in Form von (abstrakten) inneren Klassen, welche für die Implementierung des Merkmals notwendig sind. Im Gegensatz zu JAVA können innere Klassen in CAESARJ in Ableitungen der äußeren Klasse überschrieben bzw. erweitert werden, weshalb diese inneren Klassen als *virtuelle Klassen* bezeichnet werden. Mit Hilfe abstrakter äußerer Klassen lassen sich so genannte Kollaborationsschnittstellen (engl. *collaboration interface*) angeben, welche neben den benötigten Abstraktionen auch bereitgestellte und geforderte Methoden für die virtuellen Klassen definieren. Durch bereitgestellte Methoden wird die Kernfunktionalität der Komponente erbracht; geforderte Methoden werden von der Komponente zur Abfrage kontextspezifischer Informationen benötigt.

Die Bereitstellung der geforderten, anwendungsspezifischen Methoden erfolgt mit Hilfe spezieller Komponenten, den sog. *Bindungen*. Diese sorgen dafür, dass die unterschiedlichen Abstraktionen einer existierenden Anwendung und der zu integrierenden Komponente miteinander in Beziehung gesetzt werden. Eine Bindung implementiert die geforderten Methoden der zu integrierenden Komponente, wobei hier jeweils auf die bereitgestellten Methoden der Anwendung bzw. der zu integrierenden Komponente zurückgegriffen werden kann. Neben dieser strukturellen Komposition erfolgt durch eine Bindung auch eine sog. Verhaltensintegration, indem die Komponente über Ereignisse innerhalb der Anwendung informiert wird. Hierzu übernimmt CAESARJ die aus ASPECTJ bekannten Konstrukte zur Spezifikation von Schnitten (pointcuts) und Webeanweisungen (advices).[21] Die Komposition der Binding-Komponente und der eigentlich zu integrierenden Komponente erfolgt in CAESARJ durch Mehrfachvererbung, welche auf einer Mixin-Komposition basiert. Das Resultat kann instantiiert werden und anschließend der Anwendung dynamisch hinzugefügt (Schlüsselwort **deploy**) oder entfernt (**undeploy**) werden.

3.4.2.2 Mehrdimensionale Belangtrennung mit Hypermodulen

Ein in OSSHER und TARR (2000) vorgestellter Ansatz ist die *mehrdimensionale Belangtrennung mit Hypermodulen* (OSSHER und TARR, 2000, auch bekannt als *Hyperraum*-Ansatz), welcher durch das Werkzeug HYPERJ[22] prototypisch implementiert wird. Der Ansatz ist eine Weiterentwicklung des subjektorientierten Programmierens (engl. *subject-oriented programming* (SOP), OSSHER et al., 1994). Die verschiedenen Artefakte eines Softwaresystems (hier *units* genannt) wie Dokumentationen, Entwurfsbeschreibungen und insbesondere Programmfragmente werden verschiedenen, orthogonal organisierten Dimensionen des Hyperraums mit Hilfe eines Prädikats zugeordnet. Typische Dimensionen sind z. B. Klasse, Merkmal bzw. Anforderung oder Dokumentation.

---

[21]Die derzeitige Implementierung von CAESARJ nutzt den ASPECTJ-Weber zur Durchführung der notwendigen Webeoperationen.

[22]http://researchweb.watson.ibm.com/hyperspace/HyperJ/HyperJ.htm

Ein so genannter *Hyperschnitt* (engl. *hyperslice*) ist eine Menge von Artefakten (spezifiziert in Termini der Hyperraumdimensionen). Ein Hyperschnitt ist ein deklarativ abgeschlossener Belang, d. h. er enthält alle benutzten Deklarationen. Dies bedeutet allerdings nicht, dass durch einen Hyperschnitt auch die Implementierung definiert wird. Diese kann später durch Komposition mit einem anderen Hyperschnitt bereitgestellt werden. Hyperschnitte sind die zu komponierenden Elemente innerhalb des Hyperraums. Mehrere Hyperschnitte werden dabei zu so genannten *Hypermodulen* mit Hilfe eines Satzes von Kompositionsregeln zusammengefasst. Die bereitgestellten atomaren Kompositionsregeln, mit deren Hilfe komplexere Kompositionsregeln formuliert werden, lassen sich unterscheiden in

- *Korrespondenzregeln*, die Elemente eines Hyperschnitts auf Elemente eines anderen Hyperschnitts abbilden, und

- *Kombinationsregeln*, die aufeinander abgebildete Elemente miteinander kombinieren. Einige wichtige Kombinationsregeln in HYPERJ sind:

    - `merge`: Diese Operation erlaubt die Zusammenführung von Klassen, Methoden und Attributen. Für Klassen bedeutet dies die Vereinigung der jeweiligen Attribut- und Methodenmengen. Die Vereinigung zweier Attribute führt zu einem einzigen Attribut, daher müssen sie die gleichen Deklarationen besitzen. Die Vereinigung von Methoden ist die Hintereinanderausführung der Methoden. Sie müssen ebenfalls die gleichen Deklarationen besitzen.

    - `bracket`: Einer Ausführung Methode oder einer Menge von Methoden wird die Ausführung einer anderen Methode voran- oder nachgestellt.

Aufbauend auf Korrespondenzregeln und Kombinationsregeln unterstützt HYPERJ drei Kompositionsstrategien:

- `mergeByName`: Gleichnamige Elemente aus den Hyperschnitten werden mit Hilfe der `merge`-Operation zusammengeführt.

- `nonCorrespondingMerge`: Gleichnamige Elemente aus den Hyperschnitten werden nicht mit Hilfe der `merge`-Operationen zusammengeführt.

- `overrideByName`: Das letzte gleichnamige Element aus den Hyperschnitten überschreibt die Elemente aus vorangegangenen Hyperschnitten.

Die Reihenfolge, in der z. B. die Einzelmethoden einer durch die `merge`-Operation entstandenen Methode ausgeführt werden sollen, muss durch den Entwickler explizit innerhalb der Kompositionsregeln angegeben werden.

3.4.2.3 Bewertung

Mehrdimensionale Belangtrennung ist ein sehr *allgemeines* Verfahren, welches nicht auf eine spezielle Domäne beschränkt ist. Die vorgestellten Techniken erlauben es in Verbindung mit einer objektorientierten Sprache die verschiedenen Arten von Belangen als voneinander abgegrenzte Einheiten zu spezifizieren. Die Komposition insbesondere auch querliegender Belange erfolgt *automatisch*, wobei die Programmfragmente invasiv miteinander verschränkt werden. Die *Effizienz des resultierenden Codes* ist bei statischer Komposition gut, eine rein dynamische Komposition wie im Fall von Event-based AOP ist aufgrund der damit verbundenen Laufzeiteinbußen nicht praktikabel.

Die untersuchten Ansätze zur mehrdimensionalen Belangtrennung haben zum Teil bereits eine hohe Reife vor allem im Hinblick auf die Einzelproduktentwicklung erreicht. Allerdings werden die produktlinienspezifischen Kriterien aus Abschnitt 2.6 von existierenden Ansätzen nicht oder nur zum Teil erfüllt.

Die Angabe einer konkreten Konfiguration erfolgt in den untersuchten Ansätze sehr unterschiedlich. AML nutzen AHEAD zur Spezifikation einer Konfiguration, d. h. sie kann *deklarativ* erfolgen. CAESARJ unterstützt keine explizite Angabe einer Konfiguration. Unterschiedliche Varianten müssen durch Anpassung der Stellen des Programms erfolgen, welche die Komposition der CAESARJ-Komponenten beschreiben. Die Integration der Beschreibung der Komposition in das Programm erlaubt es CAESARJ, zur Laufzeit eine Rekonfiguration des Systems durchzuführen, d. h. einzelne (auch querliegende) CAESARJ-Komponenten können zur Laufzeit aktiviert und deaktiviert werden. ASPECTJ und direkte Erweiterungen erlauben ebenfalls keine deklarative Angabe einer Konfiguration. Die Auswahl der zu komponierenden Aspekte erfolgt dateibasiert. Die Aufrufreihenfolge des ASPECTJ-Übersetzers definiert die Kompositionsreihenfolge der Aspekte, was insbesondere auch die Anordnung einzelner Programmfragmente an gemeinsamen Verbindungspunkten festlegt. HYPERJ unterstützt zwar die deklarative Beschreibung der durchzuführenden Kompositionen, allerdings erfordert eine solche Angabe sehr genaues Wissen über die Implementierung, da auch spezifiziert werden muss, wie einzelne Methoden miteinander komponiert werden müssen.

Ob zwei Belange komponierbar sind, kann in CAESARJ auf Typprüfungen der Komponentenschnittstellen abgebildet werden. Ob es sich dabei allerdings auch um eine aus Sicht der Anwendungssemantik gültige Kombination handelt, kann nicht oder nur schwer ausgedrückt werden, da in Typsystemen die benötigte Angabe von Abhängigkeiten zwischen Typen nur unzureichend unterstützt wird. Die Erkennung ungültiger Konfigurationen scheitert bei Verwendung von ASPECTJ (LOPEZ-HERREJON und BATORY, 2002a) und HYPERJ (LOPEZ-HERREJON und BATORY, 2002b) daran, dass keine Kompositionsregeln angegeben werden können. Dies wird für AML durch die Integration in AHEAD erledigt, welches explizit die Angabe von Kompositionsregeln unterstützt. Eine von der Implementierung getrennte Spezifikation von Kompositionsregeln wirft allerdings die in Abschnitt 3.4.1.1 aufgeführte Frage nach der Konsistenz mit der tatsächlichen Implementierung auf. Nicht zuletzt aufgrund der von der Implementierung der Belange unabhängigen Spezifikationen der Kompositionsregeln lassen sich keine Bedingungen angeben, welche statisch analysierbare Eigenschaften des aus der Komposition resultierenden Programms prüfen.

In den bekannteren Ansätzen ASPECTJ, CAESARJ und HYPERJ sowie den AML ist es nicht möglich, die einzelnen einzufügenden Programmfragmente an die zu erstellende Variante anzupassen. Einzelne auf ASPECTJ aufbauende Techniken wie LOGICAJ erlauben das Ausfüllen von explizit angegebenen Löchern mit kontextabhängigen Namen wie Typ- oder Methodennamen, scheitern aber an komplexeren Generierungen von Programmfragmenten. Dies ist mit Systemen wie AJATS, META-ASPECTJ oder *framed aspects* möglich, wobei hier ein Wechsel auf die Metaebene erfolgt: Es wird nicht beschrieben, wie einzelne Programmfragmente generiert werden, sondern wie die Aspekte erzeugt werden, welche die Programmfragmente wiederum durch Metaprogrammierung in das eigentliche Programm einfügen. Die Generierung von Programmfragmenten ist quasi ein Nebenprodukt der Generierung des Aspekts. Zentraler Kritikpunkt hierbei ist, dass die zur Generierung der Programmfragmente benötigten Kontextinformationen vollständig vom Nutzer angegeben werden müssen, auch falls sie bereits implizit im Basisprogramm vorhanden sind.

Die zur Komposition querliegender Belange notwendigen Operationen zur Selektion von Webepunkten sowie durchzuführender Webeoperationen werden in den betrachteten Ansätzen deklarativ angegeben. Obwohl eine solche deklarative Beschreibung meist sehr ausdrucksstark ist, hat sie den entscheidenden Nachteil, dass der Entwickler keine Kontrolle über den Kompositionsvorgang der Programmfragmente hat. Insbesondere unerwünschte Nebeneffekte, welche bei der Anwendung eines Aspekts auf ein nicht näher bekanntes Programm oder aufgrund von Fehlern in den Schnittspezifikationen auftreten, können nicht erkannt und behandelt werden.

Die Implementierung des *Hyperraum*-Ansatzes durch HYPERJ ist nur prototypisch. HYPERJ unterstützt keine Spezifikation von Programmfragmenten unterhalb von Klassen und Methoden. Hierdurch ist die Komposition einzelner Belange von vornherein sehr eingeschränkt, da auch sehr feingranulare Programmfragmente wie eine einzelne Anweisung in Methoden gekapselt werden müssen. HYPERJ wird ebenso wie sein Nachfolger, das CONCERN MANIPULATION ENVIRONMENT (CME), nicht mehr weiterentwickelt. Die Werkzeugunterstützung für AOP durch ASPECTJ ist sehr gut. Es steht in Form des ECLIPSE-Plugins `ajdt` eine ausgereifte Entwicklungsumgebung zur Verfügung. Die Integration von CAESARJ in ECLIPSE ist ebenfalls sehr weit fortgeschritten. Eine prototypische Implementierung der AML liegt für JAVA in Form des Werkzeugs ARJ (KÄSTNER et al., 2006) vor, für C++ in Form des Werkzeugs FEATUREC++ (APEL et al., 2005a).

Umgang mit nichtorthogonalen Belangen

Der in Abschnitt 2.3.1.3 beschriebenen Verfeinerungseigenschaft von Belangen wird durch die betrachteten Ansätze nur zum Teil Rechnung getragen. Sie beschränken sich meist auf eine einstufige Verfeinerung, d. h. alle als einzelne Programmfragmente kapselbaren geschachtelten Belange werden durch einen einzigen umgebenden Belang zusammengefasst.[23] Die in AML umgesetzte Verfeinerung von Belangen ist orthogonal zu dieser Verfeinerungseigenschaft, da sie die Zerlegung eines Belangs entlang der zu unterstützenden Merkmale beschreibt. Belange von Belangen werden nicht oder nur sehr eingeschränkt unterstützt. Ein Grund hierfür ist, dass existierende Ansätze, allen voran ASPECTJ, bei querliegenden Belangen von möglichst *orthogonalen* Belangen ausgehen, d. h. ein querliegender Belang interagiert nur mit einem weiteren Belang.

Arbeiten zur Erkennung und Auflösung von durch Belanginteraktionen ausgelösten Problemen bei der Komposition der die Belange implementierenden Programmfragmente (DOUENCE et al., 2002; STÖRZER et al., 2006b; NAGY et al., 2005) sowie eigene Beobachtungen (siehe Kapitel 9) zeigen, dass in der Praxis nur die wenigsten Belange tatsächlich orthogonal sind. Neben den Kompositionsoperatoren zur Komposition der primär interagierenden Belange, deren Spezifikation z. B. in ASPECTJ durch die Kombination von Schnitten und

---

[23]Dies gilt auch für die in ASPECTJ existierenden *nested aspects*. Diese stellen analog zu statischen inneren Klassen in JAVA eine Möglichkeit zur *syntaktischen* Schachtelung dar.

Webeanweisungen gegeben ist, müssen, wie in Abschnitt 2.3.1 beschrieben, noch zusätzliche Kompositionsoperatoren für die interagierenden Belange angegeben werden. Es kann sogar vorkommen, dass zusätzliche Programmfragmente eingefügt werden müssen, welche sich erst aus der Interaktion mehrerer Belange ergeben. Die zusätzlichen Kompositionsoperationen sind ein Belang der ursprünglichen Belange. Ein solcher Kompositionsoperator lässt sich bei einer nur einstufigen Belang-Verfeinerungshierarchie allerdings nicht mehr in der gleichen Weise wie die übrigen Kompositionsoperatoren darstellen. Daher bieten heute existierende Ansätze zusätzliche Sprachmittel, um zumindest einfache zusätzliche Kompositionsoperatoren beschreiben zu können. Ein Beispiel hierfür ist die Angabe einer Kompositions- bzw. Ausführungspriorität für Programmfragmente unterschiedlicher Belange.

Beispiel 3.2: *Probleme bei der Komposition nichtorthogonaler Belange*

Ein einfaches Beispiel, dass eine einfache Priorisierung der Ausführungsreihenfolge der Programmfragmente eines Belangs zur Auflösung von Interaktionen nicht ausreicht, wird in OSTERMANN und KNIESEL (2000) gezeigt. ASPECTJ bietet die Möglichkeit, eine solche Priorisierung mit Hilfe der declare precedence-Anweisung bzw. der dort angegebenen dominates-Relation zu etablieren. Falls ein Aspekt einen anderen Aspekt dominiert, werden an einem von beiden Aspekten selektierten Webepunkt zuerst die Anweisungen des dominierenden Aspekts ausgeführt, danach die Anweisungen des dominierten Aspekts. Für das aus OSTERMANN und KNIESEL (2000) entnommene Beispiel in Abbildung 3.5 kann allerdings keine passende Priorisierung angegeben werden.

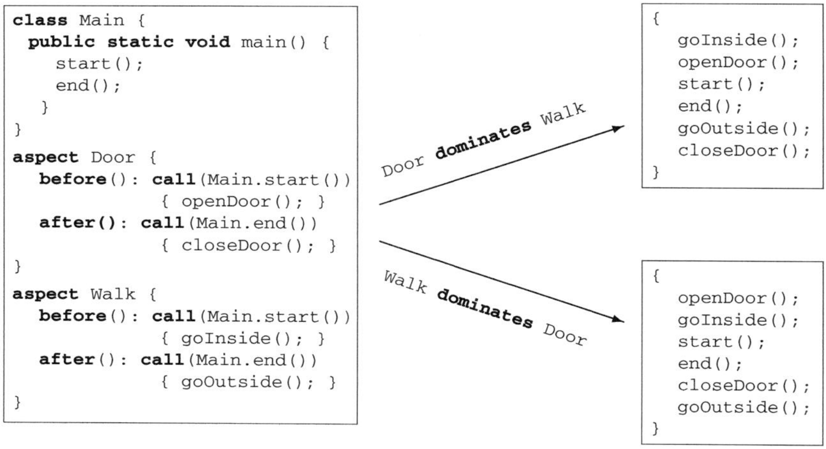

Abbildung 3.5: Aspektdominanz und unpassende Priorisierungen von Webeanweisungen

Die einzige semantisch sinnvolle Ausführungssequenz wäre:

openDoor() → goInside() → start() → end() → goOutside() → closeDoor()

Diese lässt sich mit den vorhandenen Mitteln nicht herstellen. Durch den Aspekt `Door` wird mit Hilfe der Schnitte `call(Main.start())`/`call(Main.end())` und der Webeanweisungen `before`/ `after` der Kompositionsoperator $\oplus_{Door \to Main}$ realisiert. Der Kompositionsoperator $\oplus_{Walk \to Main}$ wird analog beschrieben. Offensichtlich interagieren die Aspekte `Door` und `Walk` nicht nur mit der Klasse `Main`, sondern auch miteinander. Durch die `dominates`-Beziehung wird $\oplus_{Door \leftrightharpoons Walk}$ spezifiziert. Zur korrekten Umsetzung der vorzufindenden Belanginteraktion reichen die vorhandenen Mittel von ASPECTJ nicht aus. Für dieses einfache Beispiel wäre eine mögliche Lösung des Problems, dass der Schnitt eines Aspekts `Door` oder `Walk` statt auf `Main` direkt auf den jeweils anderen verweist, z. B.

> **before**(): **call**(Walk.goInside()) {openDoor();}

in Aspekt `Door`. Hierdurch wird allerdings eine Abhängigkeit zwischen `Door` zu `Walk` erzeugt. In diesem Fall darf `Door` nicht mehr ohne `Walk` mit `Main` komponiert werden, da ansonsten die Programmfragmente aus `Door` nicht ausgeführt werden. Es ist nicht möglich, die hierdurch entstandene Abhängigkeit zwischen `Door` und `Walk` anzugeben und während der Komposition zu prüfen, was zu einem unerwünschten Kompositionsergebnis führen kann.

3.5 Verfahren aufbauend auf Generierung

Die meisten der bisher betrachteten Verfahren unterstützen die Generierung von Programmfragmenten nicht oder nur sehr mangelhaft. Im Folgenden untersuchen wir daher exemplarisch Ansätze, welche die Generierung explizit als Ziel haben.

3.5.1 Domänenspezifische Generatoren

Für wohlverstandene und typischerweise sehr abgegrenzte Domänen existieren bereits eine Vielzahl von Generatoren. Diese lesen eine in Termini der Problemdomäne formulierte Spezifikation ein und erzeugen daraus das benötigte Programm, welches meist in einer universellen Programmiersprache wie C/C++ oder JAVA implementiert ist.

Zu den bekanntesten Generatoren gehören Werkzeuge zur Erzeugung von Zerteilern (engl. *parser*). Typische Werkzeuge sind z. B. LEX/YACC[24], BISON[25], JAVACC[26] oder ANTLR[27]. Zerteilergeneratoren lesen eine formale, meist in Form einer EBNF[28]-ähnlichen Sprache beschriebenen Grammatikspezifikation ein und erzeugen daraus die Implementierung eines Akzeptors, mit welchem Wörter der durch die Grammatik beschriebenen Sprache erkannt werden können. Die umfangreichen und nichttrivialen, aus der Theorie des Übersetzerbaus be-

---

[24] http://dinosaur.compilertools.net

[25] http://www.gnu.org/software/bison

[26] http://javacc.dev.java.net

[27] http://www.antlr.org

[28] Erweiterte Backus-Naur-Form. Eine Einführung in EBNF ist z. B. in GOOS und WAITE (1984) in Abschnitt 5.1.4 zu finden

kannten Schritte zur Konstruktion eines Zerteilers ausgehend von einer Grammatik werden durch den Generator weitestgehend vor dem Nutzer verborgen.

3.5.1.1 Bewertung

An die jeweilige Domäne angepasste Generatoren stellen den Idealfall dar. Generatoren kapseln die invarianten Belange der erstellbaren Softwaresysteme, während der Nutzer die variablen Belange mit Hilfe einer an den Problemraum angepassten domänenspezifischen Sprache spezifiziert. Diese Spezifikation erfolgt meist *deklarativ* und mit *wenig Redundanzen*. Ein Generator kapselt Domänen- und Konfigurationswissen, d. h. er kann *automatisch* die Konzepte des Problemraums auf Konzepte des Lösungsraums abbilden. *Fehlerhafte und ungültige Konfigurationen* können durch zahlreiche im Generator umgesetzte Prüfungen *erkannt* werden. Durch die Nutzung von speziellem Domänenwissen können durch den Generator zahlreiche Optimierungen durchgeführt werden, was sich positiv auf die *Effizienz des resultierenden Codes* auswirkt. Dies kann sogar so weit gehen, dass der durch einen Generator erzeugte Code die Effizienz einer typischen, manuell erstellten Implementierung übertrifft.

Die Spezialisierung auf einzelne eng abgegrenzte Domänen ist allerdings gleichzeitig die größte Einschränkung domänenspezifischer Generatoren. Sie sind meist nur für einzelne Teile eines größeren Softwaresystems einsetzbar. Darüber hinaus ist die Erstellung domänenspezifischer Generatoren meist sehr aufwändig.

3.5.2 Modellgetriebene Softwareentwicklung

Modellgetriebene Softwareentwicklung (STAHL et al., 2007) ist ein relativ neues Paradigma zur Erstellung von Softwaresystemen. In der modellgetriebenen Softwareentwicklung (engl. *model driven software development*, kurz MDSD) wird ein Softwaresystem auf Entwurfsebene durch mehrere, sich potentiell überlappende *Modelle* spezifiziert. Diese Modelle werden meist mit Hilfe domänenspezifischer Sprachen (DSL) angegeben, wie z. B. domänenspezifische UML-Profile[29] oder aber speziell entwickelte Sprachen. Insbesondere die schnelle Entwicklung und Integration neuer textueller und graphischer DSLs in etablierte Entwicklungsumgebungen wie ECLIPSE wird durch neue Entwicklungen wie das aus dem MDSD-Werkzeugkasten OPENARCHITECTUREWARE (EFFTINGE et al., 2008) stammende Werkzeug XTEXT zunehmend besser unterstützt.

Ausgangspunkt für DSLs sowie die mit ihrer Hilfe beschriebenen Modelle sind *domänenspezifische Metamodelle*. Diese modellieren Konzepte der Anwendungsdomäne und verringern somit idealerweise die Abstraktionslücke zwischen der Anforderungsebene und der Entwurfsebene. Die verbliebene Lücke zwischen diesen durch den Anwender zu spezifizierenden Modellen und dem Quelltext auf Implementierungsebene wird durch *Transformationen* überbrückt. Transformationen kapseln domänenspezifisches Wissen in Form domänenspezifischer Problemlösungsprozesse. Sie beschreiben, wie abstrakte Konzepte eines Eingabemodells in feingranularere Konzepte des Ausgabemodells abgebildet werden. Meist wird zwi-

---

[29]http://www.omg.org/technology/documents/profile_catalog.htm

schen Modell-zu-Modell-Transformationen und Modell-zu-Quelltext-Transformationen unterschieden. Erstere überführen Ausprägungen eines Metamodells in Ausprägungen eines anderen Metamodells, wobei dieses meist eine techniknähere Darstellung des zu entwickelnden Softwaresystems ist, aber immer noch auf der Entwurfsebene anzusiedeln ist. Durch Modell-zu-Quelltext-Transformation wird schließlich der Übergang auf die Implementierungsebene vollzogen. Ausgehend von einem Modell auf Entwurfsebene wird der Quelltext des benötigten Softwaresystems generiert. Eine Transformation wird allgemein in Termini der Metamodelle beschrieben und ist daher für alle konkreten Ausprägungen des Metamodells wieder verwendbar.

3.5.2.1 Bewertung

Modellgetriebene Softwareentwicklung ist eng verwandt mit der generativen Programmierung. Generative Programmierung hat, wie in CZARNECKI und EISENECKER (2000) beschrieben, einen starken Fokus auf dem Produktliniengedanken und den damit verbundenen Schritten Domänenanalyse, Domänenentwurf sowie Domänenimplementierung. Modellgetriebene Softwareentwicklung hingegen hat in der jetzigen Form einen Fokus auf der Entwicklung von geeigneten DSLs, Metamodellen sowie Techniken zur Modelltransformation. Der Produktliniengedanke ist meist nur implizit vorhanden und beschränkt sich oftmals auf eher technische Belange wie z. B. unterschiedliche Infrastrukturen.

Trotz dieser zunächst leicht unterschiedlichen Ausrichtung ergänzen sich die beiden Ansätze sehr gut. Ausgereifte Metamodelle und Transformationen bilden im Sinne der generativen Programmierung eine Domänenimplementierung. Daher kann MDSD von den in der generativen Programmierung ermittelten Grundlagen wie die systematische Ableitung geeigneter DSLs ausgehend von einer Domänenanalyse oder dem Umgang mit Variabilitäten profitieren, wohingegen die generative Programmierung wiederum technisch von den in MDSD entwickelten Werkzeugen zur Umsetzung von Generatoren auf Basis von DSLs und Transformationen einen Nutzen zieht.

MDSD ist wie generative Programmierung eine Methode zur Konstruktion von Softwaresystemen und weniger eine konkrete Technik. Durch den Einsatz geeigneter Techniken insbesondere für Modell-zu-Quelltext-Transformationen können alle in Abschnitt 2.6 geforderten Kriterien erfüllt werden. Allerdings ist dies beim derzeitigen Stand der Kunst nicht der Fall.

Nach CZARNECKI und HELSEN (2003) ist die Nutzung von Generierungsvorlagen (engl. *templates*) die in der MDSD verbreitetste Art der Modell-zu-Quelltext-Transformation. Diese werden durch Template-Engines verarbeitet, welche wir bereits in Abschnitt 3.1 mit all ihren Vor- und Nachteilen vorgestellt haben. Ein typisches Beispiel für ein solches Werkzeug ist XPAND aus dem MDSD-Werkzeugkasten OPENARCHITECTUREWARE.

Mit heutigen Techniken ist es im Allgemeinen nicht möglich, das komplette Verhalten bereits auf Modellebene zu spezifizieren. Durch Generierungsvorlagen werden meist nur Rahmen generiert. Durch manuelle Implementierungen wird anschließend das Verhalten eines Softwaresystems beschrieben, d. h. erst zu diesem Zeitpunkt ist eine vollständige Komposition der verschiedenen Belangimplementierungen möglich. Die in den vorangegangenen Abschnitten vorgestellten quellcodezentrierten Techniken werden durch MDSD daher nicht obsolet. Durch geschickte Integration von quellcodezentrierten Techniken kann MDSD sogar von diesen zusätzlichen Techniken profitieren.

3.6 Zusammenfassung

Wir haben in diesem Kapitel Verfahren kennen gelernt, die zur technischen Realisierung von Softwareproduktlinien eingesetzt werden können. Alle betrachteten Verfahren lösen bereits Teile unserer Aufgabenstellung, wobei sie jeweils spezifische Stärken und Schwächen hinsichtlich unserer Kriterien aus Abschnitt 2.6 besitzen. Letztere sind in Tabelle 3.1 nochmals in der Übersicht dargestellt. Wir konnten zeigen, dass kein existierendes Verfahren alle unsere Kriterien gleichermaßen erfüllt.

	Allgemeinheit	lokale / redundanzarme Belangrepräsentation	deklarative Konfiguration	Erkennung ungültiger Konfigurationen	Effizienz / Angepasstheit des resultierenden Codes	Automatisierbarkeit
Zeichenbasierte Verfahren	⊕	⊖/⊙	?	⊖	⊕	⊕
Domänenspezifische Generatoren	⊖	⊕	⊕	⊕	⊕	⊕
Statisch invasive Komposition	⊕	⊙/⊕	⊖	⊖	⊕	⊕
Komposition objektorientierter Entwurfseinheiten						
Komponenten- und Architektursysteme	⊙	⊖	⊖	⊖	⊖	⊖
Composition Filter	⊕	⊕/⊖	⊕?	⊖	⊖	⊕
Rahmenwerke	⊕	⊖	⊖	⊖	⊙/⊖	⊖
Belange als eigenständiges Konzept						
Merkmalsorientierte Programmierung	⊕	⊖	(⊕)[1]	(⊕)[1]	⊕	⊕
Mehrdimensionale Belangtrennung	⊕	⊕/⊖	⊖	⊖	⊕	⊕

[1] Spezifikation und Prüfung einer Konfiguration erfolgt durch externe Werkzeuge

Tabelle 3.1: Vergleichende Bewertung des Standes der Technik

Zeichenbasierte Verfahren sind nicht in der Lage, Belange als voneinander abgegrenzte Einheiten zu repräsentieren. Sie scheitern hierbei insbesondere bei querliegenden Belangen. Daher können Kompositionsregeln auch nicht an zentraler Stelle spezifiziert und geprüft werden. Da diese Verfahren keinerlei Annahmen über den erzeugten Quelltext machen, können auch keine Eigenschaften des resultierenden Programms zugesichert werden.

Domänenspezifische Generatoren stellen im Prinzip eine ideale Lösung dar. Allerdings sind sie nicht für die Erzeugung allgemeiner Programme einsetzbar, sondern auf die Lösung sehr spezieller und sehr gut verstandener Aufgaben eingeschränkt.

Die bekannten Verfahren zur *statisch invasiven Komposition* haben wesentliche Defizite im Umgang mit SPL-spezifischen Anforderungen. Da sie Belange nicht als explizite Elemente modellieren, können ungültige Konfigurationen nicht oder nur sehr aufwändig durch Spezifikation und Prüfung der Kompositionsregeln für jedes einzelne Programmfragment erkannt werden. Darüber hinaus bieten sie keine Unterstützung für eine deklarative Konfiguration, da die Konfiguration auf der Ebene einzelner Metaprogramme erfolgen muss. Die Zerlegung des globalen Bauplans in Kompositionsoperatoren für einzelne Belange wird im Prinzip durch eine Zerlegung des Metaprogramms in einzelne Funktionen ermöglicht. Die Verfahren bieten aber keinerlei Automatismen zur Erzeugung variantenspezifischer globaler Baupläne.

Auf dem *objektorientierten Paradigma* aufbauende Verfahren können, von wenigen Ausnahmen abgesehen, nur kapselbare Belange als voneinander abgegrenzte Einheiten umsetzen. Da nicht alle Belange als Einheiten realisiert werden, kann statisch nicht geprüft werden, ob die einzelnen Klassen bzw. Objekte konsistent miteinander verknüpft wurden. Die Konfiguration erfolgt direkt durch Implementierung der einzelnen Kompositionen, ist also nicht deklarativ. Nicht genutzte, aber auch nicht entfernbare Schnittstellenelemente führen schnell zu unübersichtlichen Schnittstellen und unnötig komplexen Strukturen. Durch zahlreiche, für die Komposition benötigte Indirektionen wird die Laufzeiteffizienz negativ beeinflusst.

Existierende Verfahren, die *Belange als eigenständige Einheiten* modellieren, erlauben keine variantenspezifische Anpassung der Implementierung eines Belangs. Konkrete Umsetzungen zur mehrdimensionalen Belangtrennung erlauben es nicht, eine Variante deklarativ zu spezifizieren. Insbesondere ist es nicht möglich, Kompositionsregeln in der Implementierung anzugeben und somit ungültige Konfigurationen zu erkennen. Die betrachtete Umsetzung der merkmalsorientierten Programmierung nutzt hierzu externe Werkzeuge, stößt aber bei der lokalen Spezifikation querliegender Belange an seine Grenzen.

Kapitel 4

Überblick über das Verfahren

Im vorangegangenen Kapitel haben wir den existierenden Stand der Technik systematisch untersucht und gesehen, dass kein Ansatz alle geforderten Kriterien gleichzeitig erfüllt. In diesem Kapitel stellen wir nun unseren Ansatz vor, welcher Konzepte des generischen Programmierens mit denen des aspektorientierten Programmierens sowie der Generierung verbindet und erweitert.

4.1 Ansatz

Wir fassen die Domänenimplementierung einer Softwareproduktlinie als eine Menge von Belangimplementierungen auf, eine einzelne Belangimplementierung wiederum als eine Kollektion von logisch zusammengehörenden Programmfragmenten. Die Komposition von Belangimplementierungen zu einer gewünschten Variante wird auf eine statisch invasive Komposition der einzelnen Programmfragmente zurückgeführt. Die Menge der hierzu notwendigen Programmfragmentkompositionen für einen Belang wird durch Kompositionsoperatoren spezifiziert.

Die Kapselung und Strukturierung von Programmfragmenten und Kompositionsoperatoren eines Belangs insbesondere vor dem Hintergrund unterschiedlicher zu erstellender Varianten wird durch unser *Belangmodell* ermöglicht. Es stellt dem Domänenentwickler einen Rahmen bereit, mit dessen Hilfe er einzelne Belange als voneinander abgegrenzte, lexikalisch lokal spezifizierte Einheiten mit möglichst wenig Redundanzen umsetzen kann. Die Grundidee des Belangmodells ist es, Konzepte des aspektorientierten Programmierens mit Konzepten der Generizität und der Generierung zu kombinieren. Dies ermöglicht einerseits eine voneinander abgegrenzte, lexikalisch lokale Spezifikation auch querliegender Belange. Andererseits wird die Wiederverwendbarkeit einzelner Belangimplementierungen erhöht. Kompositionsoperatoren beschreiben geschlossen die verteilte Komposition von lexikalisch lokal angegebenen Programmfragmenten eines Belangs im zu erstellenden Programm. Die Parametrisierbarkeit von Belangen erlaubt die Anpassung der Implementierung eines Belangs an die konkret zu erstellende Variante. Programmfragmente können entweder explizit als Quelltext angegeben oder auf Basis von Kontextinformationen generiert werden. Das Belangmodell ist hierarchisch organisiert, d. h. Belange können geschachtelt werden. Hierdurch kann einerseits die Verfeinerungseigenschaft von Belangen abgebildet werden. Andererseits kann durch einen umgebenden Belang die Interaktion geschachtelter Belange modelliert und Konflikte aufgelöst werden.

In der Domänenanalyse und der Domänenimplementierung ermittelte statisch analysierbare Abhängigkeiten und Programmeigenschaften werden durch den Domänenentwickler in Form von Bedingungen innerhalb des Belangmodells angegeben. Diese werden genutzt, um ungültige Varianten vor und während der Komposition zu erkennen.

Programmiersprachen strukturieren Programmfragmente nach bestimmten Regeln, welche durch die Syntax und die statische Semantik der Programmiersprache vorgegeben sind. Die Komposition der Programmfragmente muss diese Regeln einhalten. Dies wird durch unser *Kompositionsmodell* sichergestellt, welches den momentanen Zustand der Programmfragmentkomposition erfasst. Das Metamodell des Kompositionsmodells definiert zulässige Programmfragmentstrukturen sowie Basisoperationen, mit welchen Programmfragmente gemäß der Sprachregeln invasiv komponiert werden können (Transformationen) oder welche Aussagen über die Struktur und statische Semantik eines konkreten Kompositionsmodells machen (Modellanfragen). Modellanfragen stellen die zur Generierung von Programmfragmenten nutzbaren Kontextinformationen bereit. Kompositionsoperatoren werden *algorithmisch* unter Nutzung der Transformationen und Modellanfragen des Kompositionsmodells durch den Domänenentwickler spezifiziert.

Das Belangmodell dient als Schnittstelle zwischen Domänen- und Anwendungsentwickler. Ausgehend von einer bereits erstellten Domänenimplementierung spezifiziert ein Anwendungsentwickler eine konkrete Variante in Form einer deklarativen Konfigurationsbeschreibung. Die einzelnen Belange innerhalb der Domänenimplementierung definieren hierbei das Vokabular, mit dessen Hilfe der Anwendungsentwickler durch Auswahl der Belange die zu erstellende Variante beschreibt.

Unser Verfahren geht von bereits vorliegenden Domänenimplementierungen und Konfigurationsbeschreibungen aus. Nach erfolgreicher Prüfung einer Konfigurationsbeschreibung entsteht die Variante durch sukzessive Anwendung der einzelnen Kompositionsoperatoren, welche die Programmfragmente Schritt für Schritt innerhalb des Kompositionsmodells zum resultierenden Programm zusammenfügen. Hierzu werden die Kompositionsoperatoren durch einen sog. *Weber* interpretiert, welcher technisch auf statischer Metaprogrammierung basiert und dessen zentrale Datenstruktur das Kompositionsmodell darstellt. Die Ausführungsreihenfolge der Kompositionsoperatoren wird auf Basis einzuhaltender Reihenfolgebedingungen für jede Variante automatisch berechnet. Nach der Komposition der Programmfragmente wird der Quelltext des benötigten Programms aus dem Kompositionsmodell generiert, was eine Weiterverarbeitung wie Übersetzung bis hin zu kundenspezifischen Anpassungen ermöglicht. Abbildung 4.1 zeigt den schematischen Ablauf des Verfahrens.

Der Rest dieses Kapitels gliedert sich wie folgt: Im nächsten Abschnitt 4.2 werden wir die Entwurfsziele und Entwurfsentscheidungen im Hinblick auf unser Belangmodell vertiefen. Hierbei steht besonders eine Eignung des Belangmodells für die Produktlinienentwicklung im Vordergrund. Die konkrete Umsetzung des Belangmodells wird in Kapitel 5 beschrieben. In Abschnitt 4.3 zeigen wir, wie die Belangimplementierungen mit Hilfe von Kompositionsoperatoren komponiert werden können.

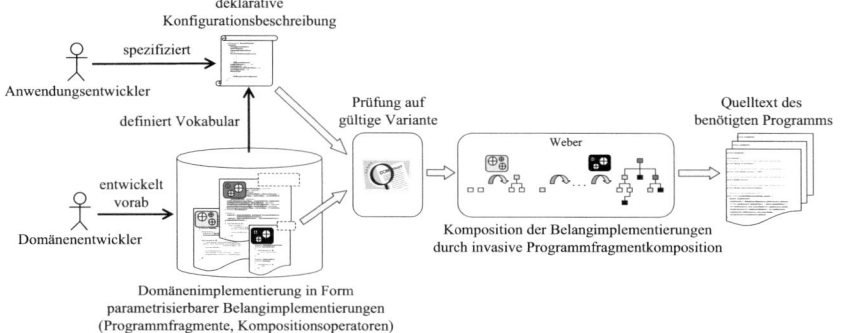

Abbildung 4.1: Schematischer Ablauf des Verfahrens

4.2 Modellbildung

Die bisherigen Betrachtungen aus Kapitel 2 und 3 führen zu folgenden Einsichten:

- Aus dem aspektorientierten Programmieren bekannte Ansätze erlauben zwar die Implementierung von querliegenden Belangen als Einheit, haben allerdings Defizite in der Abbildung der Belang-Verfeinerungshierarchie sowie beim Umgang mit Variabilitäten, wie sie in unterschiedlichen Varianten einer Produktlinie auftreten. Darüber hinaus wird der Vorgang der Konfiguration unzureichend unterstützt.

- Typgenerizität setzt den Umgang mit Variabilitäten sowie den Vorgang der Konfiguration durch deklarative Angabe der zu erstellenden Variante und die Erkennung ungültiger Varianten befriedigend um, ist allerdings für unsere Zwecke zu eingeschränkt.

Die Idee ist nun, Konzepte der Typgenerizität zu verallgemeinern und diese mit Konzepten des aspektorientierten Programmierens zu verbinden, um so einen allgemeinen und einheitlichen Ansatz zur Realisierung einer Domänenimplementierung und zur Ableitung konkreter Varianten zu erhalten. Die umgesetzte Verallgemeinerung der Typgenerizität sieht hierbei wie folgt aus:

- Statt nur Klassenfragmente mit Typreferenzfragmenten zu parametrisieren, können Belange mit anderen Belangen parametrisiert werden.

- Die Vorabprüfung, ob eine Parametrisierung eines generischen Typs eine gültige Variante ergibt, kann durch statische Prüfung von zwei Bedingungen durchgeführt werden:

  1. Das bei der Parametrisierung angegebene Programmfragment hat den syntaktischen Typ „Typreferenzfragment". Dies entspricht einer Typprüfung auf Metaebene des resultierenden Programms.

  2. Die statische Auswertung des die Typschranke T<O beschreibenden Prädikats istUntertypVon(deref(T), deref(O)) ergibt „wahr".

Die Verallgemeinerung sieht vor, dass ein Belang einen neuen Typ auf der Metaebene des resultierenden Programms definiert. Bei der Parametrisierung wird dieser Typ gegen den erwarteten Typ geprüft. Hierdurch kann sichergestellt werden, dass ein Belang nur mit bestimmten Belangen parametrisiert werden kann. Weitere Eigenschaften analog zur Typschranke können in Form statisch auswertbarer Bedingungen angegeben werden.

Das zentrale aus der aspektorientierten Programmierung entnommene Konzept ist die lexikalisch lokale Implementierung querliegender Belange durch Kapselung der entsprechenden Programmfragmente. Die Übernahme dieses Konzepts geschieht aus der Motivation heraus, verschiedene Ausprägungen eines querliegenden Belangs in verschiedenen Varianten der Produktlinie anbieten zu können. Die Anwendung der oben aufgeführten Verallgemeinerung der Typgenerizität auf die lexikalisch lokale Implementierung sowohl querliegender als auch kapselbarer Belange erlaubt es uns, die Belange so umzusetzen, dass sie trotz der Variabilitäten in unterschiedlichen Varianten eingesetzt werden können.

In den folgenden Abschnitten werden wir, ausgehend von unserem einfachen Denkmodell aus Abbildung 2.10 auf Seite 44, Überlegungen und Entwurfsentscheidungen zur Strukturierung und Spezifikation einer Domänenimplementierung skizzieren. Hierbei wurden die folgenden Entwurfsziele verfolgt:

- Voneinander abgegrenzte, lexikalisch lokale Repräsentation von Belangen auf Implementierungsebene
- Abbildung der Belang-Verfeinerungshierarchie
- Vermeidung von Redundanzen

In Kapitel 5 werden wir ein entsprechendes konkretes Modell detailliert vorstellen, welches diese Entwurfsziele für unsere Zwecke geeignet umsetzt.

4.2.1 Repräsentation von Belangen auf Implementierungsebene

Um die Implementierung eines Belangs B lexikalisch lokal erfassen zu können, werden zunächst alle Programmfragmente PF_B^v für jede Variante v zusammengefasst. Auf technischer Ebene wird dies durch eine Verbundbildung der Programmfragmente umgesetzt. Hierzu wird der Quelltext der einzelnen Programmfragmente lexikalisch lokal erfasst. Die Kompositionsschnittstelle dieses Programmfragment-Verbunds besteht aus der Vereinigung der Kompositionsschnittstellen der einzelnen Programmfragmente.

In einem zweiten Schritt wird dieser Programmfragment-Verbund mit geeigneten Kompositionsoperatoren $\oplus_{B \to B_x}^v$ und $\oplus_{B_x \to B}^v$ zu einer logischen Einheit $B^v = (PF_B^v, \oplus_B^v)$ verbunden. Dies entspricht den aus dem aspektorientierten Programmieren bekannten Techniken zur Implementierung querliegender Belange.[1] Abbildung 4.2 zeigt das Vorgehen nochmals schematisch.

---

[1] Auch bei Aspekten in ASPECTJ kann man diese Verbundbildung beobachten: Die einzelnen, lexikalisch lokal innerhalb eines Aspekts spezifizierten Quellcodefragmente einer Webeanweisung (*advice*) spiegeln sich in den PF_B^v wider, wohingegen die Webeanweisungen zusammen mit den Schnitten (*pointcut*) den Kompositionsoperatoren $\oplus_{B \to B_x}^v$ entsprechen.

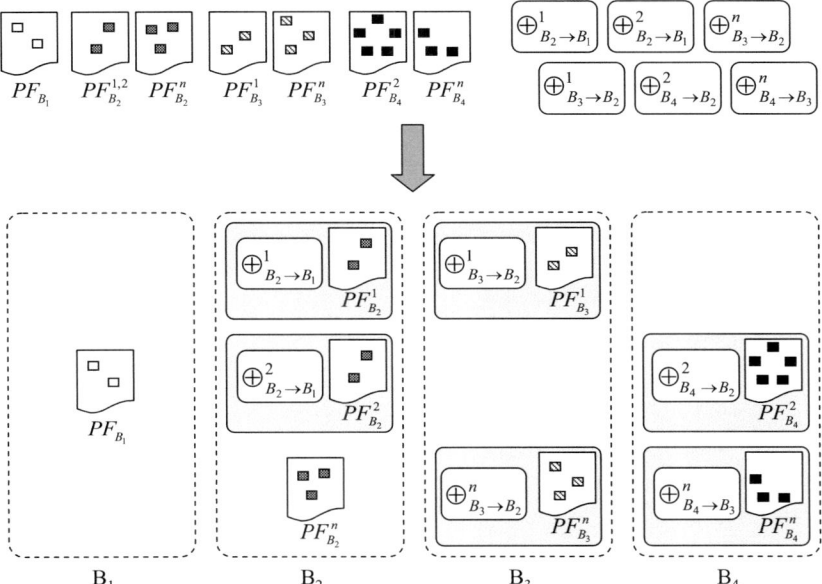

Abbildung 4.2: Kapselung von zu einer Variante gehörenden Programmfragmenten und Kompositionsoperatoren eines Belangs

Durch die Programmfragment-Verbundbildung sowie der Verbindung mit Kompositionsoperatoren zu einer logischen Einheit werden folgende Vorteile erreicht:

- Die Implementierung eines Belangs wird lexikalisch lokal repräsentierbar. Dies erlaubt einerseits eine einfachere Anpassung der Programmfragmente eines Belangs. Viel wichtiger ist allerdings, dass die Programmfragmente eines Belangs nicht von vornherein mit den Programmfragmenten der anderen Belange verschränkt sind und somit in bestimmten Varianten weggelassen werden können, falls sie nicht benötigt werden.

- Teile der Komplexität von Kompositionsoperatoren und Programmfragmenten werden verborgen. Durch die Vereinigung der Kompositionsschnittstellen der gekapselten Programmfragmente kann die resultierende Kompositionsschnittstelle sehr groß sein. Andererseits werden durch die ebenfalls gekapselten Kompositionsoperatoren zahlreiche Schnittstellenelemente bereits wieder gebunden.

- Die Angabe der gewünschten Variante v durch den Anwendungsentwickler wird vereinfacht, da ein Teil des in Abschnitt 2.5 identifizierten Auswahlproblems durch die Kapselung gelöst wird. Die Auswahl der einzelnen für eine Variante v benötigten Programmfragmente und Kompositionsoperatoren ist bereits durch den Domänenentwickler geschehen. Aus Sicht des Anwendungsentwicklers erfolgt somit die Auswahl der passenden Programmfragmente sowie der passenden Kompositionsoperatoren durch Angabe des Belangs bereits automatisch. Da die Komposition der Programmfragmente durch den Kompositionsoperator beschrieben wird, wird eine *deklarative* Angabe der gewünschten Variante durch den Anwendungsentwickler möglich, da nur noch die Menge der in einer Variante zu unterstützenden Belange notwendig ist. Allerdings ist die Auswahl der benötigten Implementierung B^v eines Belangs B noch abhängig von der zu erstellenden Variante.

Beispiel 4.1: *Kapselung der Belange* Control, Queuing *und* Synchronization

Die Domänenimplementierung für die Methode run() der Klasse ProcessingMachine aus Beispiel 2.8 besteht aus folgenden Elementen:

- Programmfragmente:
  - $pf_{Control,1}^{1,2}$, $pf_{Control,1}^{1,2}$
  - $pf_{Queuing,1}^{1}$
  - $pf_{Synchronization,1}^{1}$, $pf_{Synchronization,1}^{2}$ $pf_{Synchronization,2}^{2}$
- Kompositionsoperatoren:
  - $\oplus_{Control \leftrightharpoons Queuing}^{1}$
  - $\oplus_{Synchronization \leftrightharpoons Control}^{1}$
  - $\oplus_{Control \leftrightharpoons Synchronization}^{2}$

Die Kapselung der Programmfragmente und der Kompositionsoperatoren der Belange *Control*, *Queuing* und *Synchronization* für die Varianten v_1 und v_2 führt zu folgendem Ergebnissen:

Belang *Control*:

Variante v_1

```
concern Control_v1 {
    pf^1_Control,1 {
        public void run() {
            while (true) {
                ┌─────────────┐
                │     w^1_1    │
                └─────────────┘
            }
        }
    }
    pf^1_Control,2 {
        processItem();
    }

    ⊕^1_Control→Queuing {
        bind(pf^1_Control,2 → w^1_2);
    }
} // Control_v1
```

Variante v_2

```
concern Control_v2 {
    pf^2_Control,1 {
        public void run() {
            while (true) {
                ┌─────────────┐
                │     w^2_1    │
                └─────────────┘
            }
        }
    }
    pf^2_Control,2 {
        processItem();
    }

    ⊕^2_Control→Synchronization {
        bind(pf^2_Control,2 → w^2_2);
    }
} // Control_v2
```

Belang *Synchronization*:

| Variante v_1 | Variante v_2 |

```
concern Synchronization_{v_1} {
  pf^1_{Synchronization,1} {
    Thread.yield();
  }

  ⊕^1_{Synchronization→Queuing} {
    bind(pf^1_{Synchronization,1} → w^1_3);
  }
} // Synchronization_{v_1}
```

```
concern Synchronization_{v_2} {
  pf^2_{Synchronization,1} {
    while (inMachineItem == null ||
        inMachineItem.isProcessed()
          )
    {
      Thread.yield();
    }
  }
  pf^2_{Synchronization,2} {
    synchronized (inMachineItem) {
      ┌─────────────┐
      │    w^2_2    │
      └─────────────┘
      inMachineItem.notify();
    }
  }

  ⊕^2_{Synchronization→Control} {
    bind(pf^2_{Synchronization,1} → w^2_1);
    bind(pf^2_{Synchronization,2} → w^2_1);
  }
} // Synchronization_{v_2}
```

Belang *Queuing*:

Variante v_1

```
concern Queuing_{v_1} {
  pf^1_{Queuing,1} {
    if (!inputQueue.isEmpty()) {
      inMachineItem =
        inputQueue.dequeue();
      ┌─────────────┐
      │    w^1_2    │
      └─────────────┘
      outputQueue.
        enqueue(inMachineItem);
    } else {
      ┌─────────────┐
      │    w^1_3    │
      └─────────────┘
    }
  }

  ⊕^1_{Queuing→Control} {
    bind(pf^1_{Queuing,1} → w^1_1);
  }
} // Queuing_{v_1}
```

4.2.2 Abbildung der Belang-Verfeinerungshierarchie

Wie wir in Abschnitt 2.3.1.3 festgestellt haben, bilden Belangimplementierungen eine Verfeinerungshierarchie. Diese Verfeinerungshierarchie setzen wir durch eine Schachtelung von Belangen um. Hierdurch ergibt sich die Möglichkeit zur hierarchischen Zerlegung und Spezifikation der Implementierungen der einzelnen Belange.

Die Schachtelung von Belangen bringt zweierlei Vorteile:

1. *Zerlegung der Komplexität* in handhabbare Größen innerhalb eines geschachtelten Belangs. Eine flache Belangimplementierung kann für grobgranulare Belange sehr groß werden, bezogen auf die Anzahl der Programmfragmente und der Beschreibung der Komposition durch die Kompositionsoperatoren. Die Schachtelung ermöglicht es dem Domänenentwickler, auf der jeweils geeigneten Verfeinerungsstufe den Belang umzusetzen. Ein erfahrener Entwickler implementiert einen Belang typischerweise nicht als Ganzes, sondern stückchenweise, etwa wie den Belang *Persistenz* im Beispiel 2.4 auf Seite 27.

2. Die Schachtelung erlaubt *Belange von Belangen*. Die Interaktion nichtorthogonaler Belange B_x^v, B_y^v und B_z^v kann durch einen umgebenden Belang $B_{x\oplus y\oplus z}^v$ ausgedrückt und behandelt werden. Dies erfolgt insbesondere durch im umgebenden Belang $B_{x\oplus y\oplus z}^v$ gekapselte Kompositionsoperatoren $\oplus_{B_x^v \leftrightharpoons B_y^v}$, $\oplus_{B_x^v \leftrightharpoons B_z^v}$ und $\oplus_{B_y^v \leftrightharpoons B_z^v}$. In der Praxis tritt häufig der Fall ein, dass Belange B_y^v und B_z^v jeweils primär mit einem Belang B_x^v interagieren, bei Vorhandensein des jeweils anderen Belangs aber auch Interaktionen zwischen B_y^v und B_z^v betrachtet werden müssen. In diesem Fall kann ein umgebender Belang $B_{x\oplus y\oplus z}^v$ die zusätzliche Interaktion zwischen B_y^v und B_z^v mit Hilfe des Kompositionsoperators $\oplus_{B_y^v \leftrightharpoons B_z^v}$ modellieren, wohingegen durch die gekapselten Kompositionsoperatoren $\oplus_{B_x^v \leftrightharpoons B_y^v}$ und $\oplus_{B_x^v \leftrightharpoons B_z^v}$ innerhalb der Belange B_y^v und B_z^v jeweils nur die primäre Interaktion mit B_x^v spezifiziert werden muss.

Die Programmfragmente und Kompositionsoperatoren werden gemäß der ermittelten Verfeinerungshierarchie zerlegt und geeignet auf die einzelnen geschachtelten Belange verteilt. Abbildung 4.3 zeigt dies schematisch.

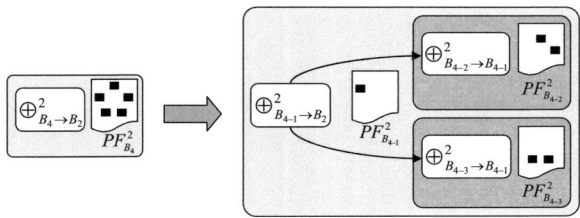

Abbildung 4.3: Schachtelung von Belangimplementierungen

Die Schachtelung der Belange verfolgt das *Geheimnisprinzip*: Die Kompositionsoperatoren $\oplus_{B \to B_x}^v$ eines geschachtelten Belangs B beschreiben, wie die Programmfragmente dieses geschachtelten Belangs mit den Programmfragmenten anderer Belange B_x komponiert werden müssen. Das Geheimnisprinzip bezieht sich auf die Umsetzung der Komposition durch den Kompositionsoperator sowie die Art der Bereitstellung der Programmfragmente innerhalb des geschachtelten Belangs. Die Auswirkungen der Komposition eines geschachtelten Belangs müssen innerhalb eines umgebenen Belangs allerdings bekannt sein, um die Interaktion zwischen Belangen überhaupt behandeln zu können.

Beispiel 4.2: *Zerlegung der Belange* Recalibration *und* Synchronization

Durch den Belang *Recalibration* aus unserer in Beispiel 2.1 auf Seite 16 vorgestellten Fertigungslinie müssen zwei Aufgaben umgesetzt werden:

1. *Bestimmung der Rekalibrierungszeitpunkte*: Hierzu ist es notwendig, die Anzahl akzeptierter Werkstücke zu protokollieren. Dies wird durch einen Zähler umgesetzt, der nach der Entgegennahme eines Werkstücks erhöht wird. In der Implementierung muss hierzu ein Attribut sowie eine Methode zum Erhöhen des Zählerstands vorhanden sein. Darüber hinaus müssen Anweisungen eingefügt werden, welche nach der Entgegennahme eines Werkstücks die Zählmethode aufrufen. Weiterhin muss ein Test in Form von Anweisungen bereitgestellt werden, welche nach einer bestimmten Anzahl akzeptierter Werkstücke die Durchführung eines Rekalibrierungslaufs starten.

2. *Durchführung der Rekalibrierung*: Die softwaretechnische Durchführung der Rekalibrierung muss in Form von Klassen und Methoden dem resultierenden Programm hinzugefügt werden.

Diese beiden Belange können als Verfeinerung des Belangs *Recalibration* aufgefasst und in Form von geschachtelten Belangen *RecalibrationTimeDetermination* und *RecalibrationExecution* umgesetzt werden.

Auf sehr feingranularer Ebene kann auch der Belang *Synchronization* aus Beispiel 4.1 auf Seite 88 innerhalb der Variante v_2 verfeinert werden: die Blockierung des Verarbeitungsfadens, bis ein neues Werkstück zur Verfügung steht, sowie die Synchronisierung der Verarbeitung des Werkstücks.

In Beispiel 4.1 auf Seite 88 sind wir bisher stillschweigend davon ausgegangen, dass der Kompositionsoperator des Belangs $\texttt{Synchronization}_{v_2}$

$$\oplus^2_{Synchronization \to Control} \quad \{$$
$$\quad \texttt{bind}(pf^2_{Synchronization,1} \to w^2_1);$$
$$\quad \texttt{bind}(pf^2_{Synchronization,2} \to w^2_1);$$
$$\}$$

dafür sorgt, dass die Programmfragmente in der richtigen Reihenfolge im Programm erscheinen, da $pf^2_{Synchronization,1}$ vor $pf^2_{Synchronization,2}$ ausgeführt werden muss.

Sofern der Belang $\texttt{Synchronization}_{v_2}$ durch zwei geschachtelte Belange $\texttt{ItemSynchronization}_{v_2}$ und $\texttt{ProcessSynchronization}_{v_2}$ umgesetzt wird, kann dessen Kompositionsoperator dafür sorgen, dass die Komposition der geschachtelten Belange so erfolgt, dass die Programmfragmente im Ergebnis in der richtigen Reihenfolge stehen:

concern $Synchronization_{v_2}$ {

---

concern $ItemSynchronization_{v_2}$ {
   $pf^2_{Synchronization,1}$ {
      while(inMachineItem == **null** ||
      inMachineItem.isProcessed())
      {
         Thread.yield();
      }
   }

   $\oplus^2_{ItemSynchronization \rightarrow Control}$ {
      before($pf^2_{Synchronization,1} \rightarrow w^2_1$);
   }
}

---

concern $ProcessSynchronization_{v_2}$ {
   $pf^v_{Synchronization,2}$ {
      synchronized (inMachineItem) {
         $\boxed{w^2_2}$
      inMachineItem.notify();
      }
   }

   $\oplus^2_{ProcessSynchronization \rightarrow Control}$ {
      before($pf^2_{Synchronization,2} \rightarrow w^2_1$);
   }
}

$\oplus^2_{Synchronization \rightarrow Control}$ {
   Komponiere $ItemSynchronization_{v_2}$
   Komponiere $ProcessingSynchronization_{v_2}$
}
} // $Synchronization_{v_2}$

4.2.3 Vermeidung von Redundanzen

Die Vermeidung von Redundanzen basiert auf zwei etablierten Konzepten: *Wiederverwendung* und *Generierung*. Die Wiederverwendung bezieht sich auf den Einsatz eines Programmfragments in verschiedenen Varianten. Durch Generierung können ähnliche, aber speziell an eine Variante angepasste und somit in anderen Varianten nicht wieder verwendbare Programmfragmente ausgehend von einer gemeinsamen Generierungsspezifikation erstellt werden.

4.2.3.1 Vereinigung der Programmfragmente und Kompositionsoperatoren

In den bisherigen Überlegungen zur Repräsentation von Belangimplementierungen sowie zur Abbildung der Belang-Verfeinerungshierarchie sind wir stets davon ausgegangen, dass für jede zu erstellende Variante jeweils spezialisierte Implementierungen der Belange parallel zueinander zur Verfügung stehen. Der hierzu notwendige Implementierungs- und Wartungsaufwand ist allerdings kaum tragbar, insbesondere falls nur kleine Unterschiede zwischen den einzelnen Implementierungen eines Belangs existieren. In diesem Fall gilt es, für einen Belang B die einzelnen Spezifikationen von $B^v = (PF^v_B, \oplus^v_B)$ für die unterschiedlichen Varianten v zu vermeiden.

Um für den Anwendungsentwickler die Auswahl der passenden Umsetzung B^v eines Belangs B für eine Variante v zu erleichtern, werden alle B^v vereinigt. Die Auswahl der passenden

Umsetzung B^v erfolgt durch den Kompositionsoperator von B. Um die Spezifikation der einzelnen B^v möglichst redundanzarm gestalten zu können, müssen drei Fälle betrachtet werden:

1. Die Implementierungen mehrerer Belange B^v sind für verschiedene Varianten v *identisch*. In diesem Fall wird natürlich nur eine Implementierung vorgehalten und für die verschiedenen Belegungen von v durch den Kompositionsoperator von B selektiert.

2. Sowohl die Programmfragmente als auch die Kompositionsoperatoren mehrerer Belange B^v sind *ähnlich*. In diesem Fall lassen sich Redundanzen vermeiden, indem die Gemeinsamkeiten der PF_B^v und $\oplus_{B \leftrightharpoons B_x}^v$ ausfaktorisiert und die Unterschiede in Form geschachtelter Belange ΔB^v beschrieben werden.

3. Die Implementierungen sind stark *unterschiedlich*, so dass der Aufwand, Gemeinsamkeiten zu identifizieren und auszufaktorisieren sehr groß ist, und daher eine getrennte Umsetzung der Belange gerechtfertigt werden kann. In diesem Fall werden die unterschiedlichen Umsetzungen als geschachtelte Belange des Belangs B behandelt.

Durch diese Vorgehensweise wird die eingangs in Abschnitt 4.2 betrachtete Verallgemeinerung von Typgenerizität realisiert: der (generische) Belang B, umgesetzt durch die herausfaktorisierten Programmfragmente PF_B^v und Kompositionsoperatoren $\oplus_{B \leftrightharpoons B_x}^v$, wird durch die jeweils die Unterschiede in den Varianten beschreibenden geschachtelten Belange ΔB^v parametrisiert. Abbildung 4.4 zeigt das Vorgehen schematisch.

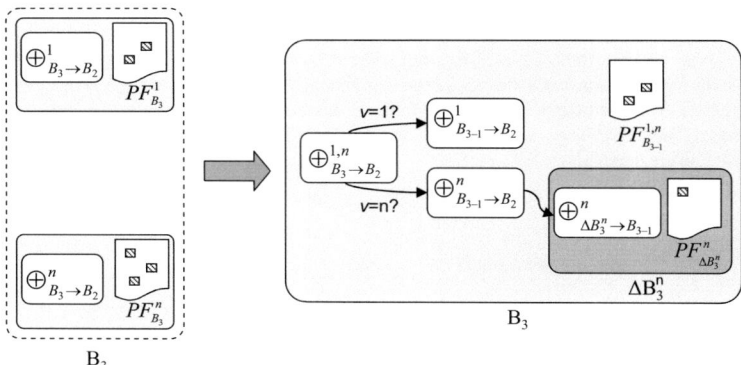

Abbildung 4.4: Vereinigung von Belangimplementierungen für verschiedene Varianten

---

Beispiel 4.3: *Vereinigung von Programmfragmenten und Kompositionsoperatoren des Belangs* **Synchronization**

Die Steuerung der Fertigungslinie unterstützt in verschiedenen Ausbaustufen eine unterschiedliche, aber feste Anzahl von Roboterarmen. Die Implementierungen der Methode `run()` der Klasse `RobotArm` sind für die beiden Varianten

$v_1 = \{$*Processing Machine, Robot Arm (1 Stück), Autonomous Control, Synchronization*$\}$

$v_2 = \{Processing\ Machine,\ Robot\ Arm\ (3\ Stück),\ Autonomous\ Control,\ Synchronization\}$

sehr ähnlich, sie unterscheiden sich nur in den markierten Stellen:

```
 1  public void run() {
 2    while (true) {
 3      Item deliveredItem = null, newItem = fetchNewItem();
 4      synchronized (processingMachine) {
 5        processingMachine.acceptItem(newItem);
 6        Thread.yield();
 7        synchronized (newItem) {
 8          while (!newItem.isProcessed()) {
 9            try { newItem.wait(); }
10            catch (InterruptedException e) {}
11          }
12        }
13        deliveredItem = processingMachine.deliverItem();
14      }
15      putAwayItem(deliveredItem);
16    }
17  }
```

Für den Fall, dass nur ein Roboterarm auf die Verarbeitungsmaschine zugreift (Variante v_1), muss nur die Interaktion zwischen dem Roboterarm und der Verarbeitungsmaschine synchronisiert werden (Zeile 7–12). Für den Fall, dass mehrere Roboterarme auf die Verarbeitungsmaschine zugreifen, muss im Fall einer ungepufferten Entgegennahme der Werkstücke zusätzlich die Interaktion der Roboterarme synchronisiert werden (Zeile 4). Die Vereinigung der Programmfragmente des Belangs *Synchroniza-tion* erlaubt somit die Ausfaktorisierung des gemeinsamen Programmfragments pf_1 (Zeile 7–12), wohingegen das Programmfragment pf_2 (Zeile 4) den Unterschied beschreibt. Im Kompositionsoperator des Belangs *Synchronization* werden dann die folgenden Fallunterscheidungen und Kompositionsoperationen durchgeführt:

```
concern Synchronization {
  concern RobotArmSynchronization {
    pf₂ { ... }
    ⊕RobotArmSynchronization→AutonomousControl {
        Füge pf₂ in run() ein
    }
  }
  pf₁ { ... }
  ⊕Synchronization→AutonomousControl {
    if (Item Queueing ∉ v) {
      Füge pf₁ in run() ein
      if (Anzahl Roboterarme > 1) {
        Komponiere RobotArmSynchronization
      }
    } else {
      Synchronisation im gepufferten Fall
    }
  }
}
```

4.2.3.2 Generierung von Programmfragmenten

Nicht zuletzt der Erfolg der modellgetriebenen Softwareentwicklung zeigt, dass in der Praxis Programmfragmente algorithmisch unter Zuhilfenahme von gegenüber Quelltext abstrakteren Spezifikationen bzw. Programmfragmentschablonen sowie Kontextinformationen berechnet werden können. Diese Kontextinformationen werden entweder von einem Entwickler explizit angegeben oder sie sind die Ergebnisse der Analyse eines Modells. Im Falle von Programmen bzw. Programmfragmenten können Kontextinformationen mit Hilfe existierender Übersetzerbauanalysen insbesondere aus der semantischen Analyse ermittelt werden.

Neben der Vermeidung von Redundanzen durch Herausfaktorisieren gemeinsamer Programmfragmente erlaubt unser Ansatz die Generierung von Programmfragmenten eines Belangs auf Basis von explizit angegebener Informationen sowie berechneter Kontextinformationen. Explizit angegebene Informationen können dabei durch den Domänenentwickler innerhalb der einzelnen Belangimplementierungen oder durch den Anwendungsentwickler im Rahmen einer Konfigurationsbeschreibung spezifiziert werden. Weitere Kontextinformationen werden durch statische Analyse der einzelnen Programmfragmente der Belange bzw. der während der Komposition der Belange entstehenden Kompositionen der Programmfragmente berechnet. Welche Kontextinformationen durch statische Analysen bestimmt werden können, werden wir im Rahmen der Beschreibung des Metamodells des Kompositionsmodells aufzeigen. Die expliziten und berechneten Kontextinformationen hängen von den in einer Variante unterstützten Belangen ab, d. h. sie können genutzt werden, um an die Varianten angepasste Programmfragmente eines Belangs zu generieren.

Beispiel 4.4: *Generierung von Zugriffsmethoden*

Innerhalb einer Produktlinie werden drei optionale Belange B_1, B_2 und B_3 unterstützt, welche bei der Komposition jeweils die Attribute a_1, a_2 und a_3 in eine Klasse X einfügen. Ein zusätzlicher Belang *JavaBean* sorgt dafür, dass diese Attribute entsprechende Zugriffsmethoden erhalten. Durch statische Analyse der tatsächlich in einer Variante existierenden Attribute a_x sowie deren Typen und Namen können diese Zugriffsmethoden generiert werden.

Die Generierung von Programmfragmenten integriert sich nahtlos in unser bisheriges Modell geschachtelter Belange. Ob die Programmfragmente eines Belangs explizit angegeben oder durch Generierung erzeugt werden, macht aufgrund des in Abschnitt 4.2.2 vorgestellten Geheimnisprinzips von Belangimplementierungen keinen Unterschied. Ein solcher Belang kann somit wiederum als Vereinigung unterschiedlicher expliziter Umsetzungen B^v eines Belangs B betrachtet werden. Sofern anwendbar, können durch den Einsatz von Generierung zur Erzeugung konkreter Programmfragmente neben einer Reduktion von Redundanzen noch zusätzliche Vorteile der Generierung genutzt werden:

- Typischerweise lassen sich Spezifikationen zur Generierung von Programmfragmenten kompakt darstellen, vor allem im Vergleich zum expliziten Ausführen aller unterschiedlichen Programmfragmente für alle Varianten.

- Generierung hilft bei der Reduktion von Implementierungsfehlern in den einzelnen Umsetzungen eines Belangs, wie sie beim Einsatz von manuellem Kopieren und Einfügen sowie anschließender manueller Anpassung oftmals vorkommen. Dies gilt insbesondere dann, falls durch die Generierung große Mengen gleichartiger Programmfragmente erstellt werden.

• Die Wartung der Domänenimplementierung wird vereinfacht, da nur die Generierungsspezifikationen und nicht alle daraus erzeugten Programmfragmente angepasst werden müssen.

Während der Generierung von Programmfragmenten können Ergebnisse von Modellanfragen an das Kompositionsmodell als Kontextinformationen genutzt werden. Diese Ergebnisse können sich nach jeder Programmfragmentkomposition ändern. Daher kann der Zustand, in dem sich das Kompositionsmodell befindet, für die korrekte Generierung eines Programmfragments entscheidend sein. Der passende Generierungszeitpunkt muss vom Entwickler spezifiziert werden, da nur er die tatsächlich für die korrekte Generierung notwendigen Kontextinformationen bewerten kann. Da die Beweispflicht, dass ein Programmfragment die geforderten Zustandsübergänge bezüglich der Anwendungsbedingungen erfüllt, beim Entwickler liegt, ist dieser aus praktischer Sicht an Hilfen zur Spezifikation des geeigneten Zeitpunktes interessiert. Die zentrale Frage hierbei ist, ob der Entwickler alle potentiellen Änderungen der benutzten Kontextinformationen bedacht hat, da dies Grundlage für die Bestimmung eines geeigneten Generierungszeitpunkts ist. In Kapitel 7 werden wir daher ein Verfahren vorstellen, welches durch den Entwickler nicht betrachtete Änderungen an den benutzten Kontextinformationen entdeckt.

4.3 Komposition der Belangimplementierungen

Um die Belange einer Variante zu komponieren, basiert unser Verfahren technisch auf statisch invasiver Programmfragmentkomposition an impliziten und expliziten Webepunkten. Kompositionsoperatoren beschreiben hierbei *algorithmisch*, wie die Programmfragmente der einzelnen Belange invasiv miteinander komponiert werden müssen. Eine Ausführungsreihenfolge von Kompositionsoperatoren $\oplus_{B_i}$ ist somit ein Metaprogramm, wobei die einzelnen $\oplus_{B_i}$ jeweils Anweisungen bzw. Unterprogrammen entsprechen. Diese Ausführungsreihenfolge ist im Allgemeinen nicht beliebig, sondern sie muss dergestalt sein, dass die benötigte Variante erzeugt wird. Aufgrund der Vielzahl möglicher Varianten ist ein explizites Aufzählen aller Ausführungsreihenfolgen, welche diese Varianten erzeugen, sehr aufwändig. Die Idee ist daher, Reihenfolgebedingungen anzugeben, die bei der Ausführung von Kompositionsoperatoren eingehalten werden müssen. Aus diesen Reihenfolgebedingungen lassen sich konkrete Ausführungsreihenfolgen für die Erstellung einer konkreten Variante ableiten. Eigentlich notwendige, aber durch den Entwickler nicht spezifizierte Bedingungen können zu Ausführungsreihenfolgen führen, welche zwar übersetzbare Programme generieren, allerdings nicht die durch den Entwickler vorgesehene Ausführungssemantik umsetzen. Die automatische Erkennung potentiell fehlender Reihenfolgebedingungen stellt daher ein wichtiges Instrumentarium zur Sicherstellung der Korrektheit des resultierenden Programms dar. Ein Beispiel hierfür ist das im vorangegangenen Abschnitt angesprochene Verfahren zur Bestimmung nicht betrachteter Änderungen benutzter Kontextinformationen.

4.3.1 Komposition durch Kompositionsoperatoren

Existierende Verfahren zur statisch invasiven Komposition wie COMPOST (ASSMANN, 2003) oder INJECT/J (GENSSLER, 2004) gehen von *einem zusammenhängenden globalen* Bauplan in Form eines Metaprogramms aus. Dieser Bauplan kann zwar mit Hilfe von Unterprogrammaufrufen strukturiert werden, wobei ein Unterprogramm einem Kompositionsoperator entspricht, allerdings muss die Ausführungsreihenfolge für jede Variante explizit angegeben werden. Im Folgenden werden wir zeigen, wie konzeptionell aus den einzelnen, zunächst unabhängigen Kompositionsoperatoren der globale Bauplan $\bigoplus_{global}^{v}$ einer Variante v erzeugt werden kann. Die Betrachtungen beziehen sich folglich auf die Bauplanebene. Zunächst werden wir die in Abschnitt 2.4.3.1 auf Seite 38 vorgestellte dynamische Sicht invasiver Softwarekomposition betrachten, um die dort gewonnenen Erkenntnisse auf die in dieser Arbeit verfolgte statische Sicht zu übertragen.

4.3.1.1 Dynamische Sicht

Wie in Abschnitt 2.4.3.1 beschrieben, erfolgt im dynamischen Fall konzeptionell die Konstruktion einer Ausführungsfolge von Verhaltensfragmenten bf_i anhand einer globalen Kompositionstabelle:

Programmzustand	Auszuführendes bf_i
z_1	bf_x
...	...
z_n	bf_y

Diese Kompositionstabelle ist somit eine Möglichkeit zur Spezifikation unseres globalen Bauplans $\bigoplus_{global}^{v}$. In dieser Sichtweise beschreiben die einzelnen Kompositionsoperatoren $\bigoplus_{B \rightleftharpoons B_x}^{v}$ jeweils Teiltabellen dieser globalen Kompositionstabelle. Die Vereinigung aller durch die Kompositionsoperatoren beschriebenen Teiltabellen muss die benötigte globale Kompositionstabelle ergeben. Insbesondere müssen bei der Vereinigung folgende Eigenschaften gelten:

1. Die Teiltabellen müssen bezüglich der Einträge des Programmzustands z_i entweder überlappungsfrei sein, sich überlappende Einträge sind identisch, oder es existiert genau ein umgebender Belang, dessen Eintrag die überlappenden Einträge geschachtelter Belange überschreibt. Würden in der resultierenden globalen Kompositionstabelle mehrere Einträge für einen Zustand z_i mit unterschiedlichen bf_j existieren, so würde das anschaulich bedeuten, dass in einem bestimmten Programmzustand potentiell zwei oder mehr Verhaltensfragmente als nächstes ausgeführt werden können, wobei die Reihenfolge nicht festgelegt ist. Dies entspricht letztlich einem nicht deterministischen Programm. Zwei oder mehr ausführbare Verhaltensfragmente führen daher zu einem Auswahlproblem, es entspricht also nicht einer parallelen Ausführung.

2. Die durch die Vereinigung der Teiltabellen entstehende globale Kompositionstabelle muss bezüglich z_i alle erreichbaren Zustände erfassen. Ansonsten könnte in einem bestimmten Programmzustand kein als nächstes auszuführendes Verhaltensfragment bestimmt werden, was einem Absturz des Programms entspricht.

Die dynamische Sicht gilt sowohl für sequentielle als auch für parallele Programme. Im parallelen Fall greifen mehrere Ausführungsfäden parallel auf die globale Kompositionstabelle zu und ermitteln je nach Programmzustand die nächsten auszuführenden Verhaltensfragmente. Notwendige Synchronisationspunkte der Ausführungsfäden werden durch bestimmte Programmzustände ausgedrückt, indem in diesen Programmzuständen der Ausführungsfaden bis zur nächsten Änderung des Programmzustands angehalten wird.

4.3.1.2 Statische Sicht

Die statische Komposition von Programmfragmenten kann analog zur dynamischen Sicht konzeptionell ebenfalls durch eine Kompositionstabelle beschrieben werden. Diese Kompositionstabelle ist somit eine Spezifikation des statischen globalen Bauplans $\bigoplus_{global}^{v}$.

(Vaterknoten, Index in Kindliste)	Einzufügendes Programmfragment
(pf_1, i_1)	pf_x
...	...
(pf_n, i_m)	pf_y

Die Kompositionstabelle beschreibt, wie die einzelnen Programmfragmente pf innerhalb unseres Kompositionsmodells zusammengefügt werden müssen. Die Kompositionsoperatoren $\bigoplus_{B \sqsubseteq B_x}^{v}$ beschreiben wie in der dynamischen Sicht Teiltabellen. Die gesamte globale Kompositionstabelle entsteht durch Vereinigung dieser Teiltabellen. Die im vorangegangenen Abschnitt aufgeführten einzuhaltenden Eigenschaften der globalen Kompositionstabelle können wie folgt auf den statischen Fall übertragen werden:

1. Jeder Webepunkt kommt nur einmal auf der linken Seite der Kompositionstabelle vor, d. h. einzelne Teiltabellen sind bezüglich (pf_j, i_k) überlappungsfrei oder sich überlappende Einträge sind identisch. Nur in diesem Fall ist das zu erstellende Programm eindeutig bestimmt.

2. Die Vereinigung aller Teiltabellen ergibt die benötigte globale Kompositionstabelle. Es existieren also insbesondere keine „Löcher", d. h. Einträge, welche in der globalen Kompositionstabelle vorhanden sein müssen, es in der Vereinigung der Teiltabellen allerdings nicht sind.

Die durch die erste Eigenschaft beschriebene Eindeutigkeit des zu erstellenden Programms gilt insbesondere auch bei der Nutzung impliziter Webepunkte. Daher müssen ursprünglich gleiche Einträge in Teiltabellen wie $(pf_j, \lhd(i_k)) \leftarrow pf_x$ und $(pf_j, \lhd(i_k)) \leftarrow pf_y$ umgeschrieben werden, z. B. in $(pf_j, \lhd(\lhd(i_k))) \leftarrow pf_x$ und $(pf_j, \lhd(i_k)) \leftarrow pf_y$. Da die Vereinigung zweier oder mehrerer Teiltabellen die Komposition der entsprechenden Belangimplementierungen darstellt, kann das Umschreiben gleicher Einträge durch den Kompositionsoperator eines gemeinsamen umgebenden Belangs erfolgen.

Wie in Abschnitt 4.1 beschrieben, erfolgt die Umsetzung der Programmfragmentkomposition auf Grundlage einer algorithmischen Spezifikation der Komposition direkt im Kompositionsmodell. Die Kompositionstabelle wird somit nur noch implizit durch das Kompositionsmodell wiedergegeben. Die Überlappungsfreiheit lässt sich in diesem nicht mehr direkt erkennen, da im Kompositionsmodell nicht mehr unterschieden werden kann, ob ein bereits komponiertes Programmfragment an einem expliziten oder an einem impliziten Webepunkt eingefügt würde. Da die Information bezüglich Überlappungsfreiheit insbesondere während der Entwicklung der Kompositionsoperatoren auf den verschiedenen Belang-Hierarchiestufen sehr hilfreich ist, wird in Kapitel 7 ein Verfahren vorgestellt, welches uns diese Information liefert.

Die zweite einzuhaltende Eigenschaft der globalen Kompositionstabelle kann nicht automatisch geprüft werden. Um zu prüfen, ob die Vereinigung der Teiltabellen tatsächlich die geforderte globale Kompositionstabelle ergibt, müsste diese als Referenz vorab existieren. Dies bedeutet letztlich, dass das durch Komposition der Programmfragmente zu erstellende Programm bereits existiert, was die Komposition überflüssig machen würde. Eine weitere Möglichkeit besteht darin, den Inhalt der durch die Vereinigung der Teiltabellen entstandenen globalen Kompositionstabelle gegen eine zusätzliche Spezifikation zu prüfen. Dies entspricht dem Vorgehen der Programmverifikation, wobei eine solche Spezifikation letztlich als eine andere Beschreibungsform der globalen Kompositionstabelle sowie der Programmfragmente angesehen werden kann. Programmverifikation ist allerdings nicht Gegenstand dieser Arbeit.

Im Folgenden gehen wir davon aus, dass die einzelnen Kompositionsoperatoren einer Variante eine Zerlegung der benötigten globalen Kompositionstabelle umsetzen. Dies ist eine Beweisverpflichtung, die der Programmierer erbringen muss. Dieser kann allerdings bei dieser Aufgabe unterstützt werden:

- Analysen können die Überlappungsfreiheit der durch die Kompositionstabellen beschriebenen Teiltabellen garantieren.

- Bei der Generierung von Programmfragmenten nicht beachtete Änderungen der genutzten Kontextinformationen werden erkannt (vgl. Abschnitt 4.2.3.2).

- Vom Programmierer angegebene, durch Modellanfragen an das Kompositionsmodell formulierte Bedingungen über Teiltabellen sowie der globalen Kompositionstabelle werden überprüft.

- Die Programmfragmente und die resultierende globale Kompositionstabelle führen zu einem bezüglich Sprachsyntax und Sprachsemantik korrekten Programm.

4.3.2 Korrektheitsbegriff

Auf Grundlage der im vorangegangenen Abschnitt vorgestellten Möglichkeiten zur Unterstützung eines Programmierers bezüglich der Beweisverpflichtung einer korrekten Umsetzung der Anwendungsbedingungen können wir den in Abschnitt 2.4.3.4 auf Seite 42 eingeführten allgemeinen Korrektheitsbegriff invasiver Softwarekomposition für unsere Zwecke verfeinern:

Ebene 3: Anwendungsebene Im Gegensatz zur Einzelproduktentwicklung werden bei der Produktlinienentwicklung im Rahmen der Domänenanalyse Abhängigkeiten zwischen benötigten, alternativen und optionalen Merkmalen identifiziert und in Merkmalsdiagrammen formalisiert. Daher lassen sich diese Anwendungsbedingungen auch automatisiert prüfen. Das ursprüngliche Korrektheitskriterium zerfällt daher in zwei sich überlappende Teile.

Definition 4.1 (Korrektheitskriterium Anwendungsebene)
Eine Variante v wird auf Anwendungsebene als korrekt betrachtet, falls folgende Bedingungen gelten:

> **K3.1**: *Eine Variante v hält die in der Domänenanalyse identifizierten Abhängigkeiten zwischen Merkmalen bzw. deren Umsetzung in Form von Belangimplementierungen ein.*

> **K3.2**: *Die Tests der Variante waren erfolgreich.*

Ebene 2: Bauplanebene In dieser Arbeit gehen wir davon aus, dass die zu prüfenden globalen Programmeigenschaften mit Hilfe von Modellanfragen an das Kompositionsmodell ausgedrückt werden. Solche globalen Programmeigenschaften sind statisch prüfbar.

Definition 4.2 (Korrektheitskriterium Bauplanebene)
Eine Variante v wird auf Bauplanebene als korrekt betrachtet, falls gilt:

> **K2.1**: *Das resultierende Programm ist eindeutig bestimmt. Unterschiedliche Ausführungsreihenfolgen von Kompositionsoperatoren, welche angegebene Reihenfolgebedingungen einhalten, führen zum gleichen Ergebnis.*

> **K2.2**: *Die angegebenen, mit Hilfe von Modellanfragen an das Kompositionsmodell ausgedrückten Bedingungen über globalen Programmeigenschaften werden eingehalten.*

> **K2.3**: *Die nichtlokalen Bedingungen der statischen Semantik der benutzen Programmiersprache werden eingehalten.*

Das Kriterium **K2.1** besagt, dass alle im vorangegangenen Abschnitt betrachteten Überlappungen der durch die Kompositionsoperatoren beschriebenen Teiltabellen aufgelöst wurden und dass alle Änderungen der bei der Generierung von Programmfragmenten genutzten Kontextinformationen berücksichtigt wurden.

Die Bedingungen des Kriteriums **K2.2** werden durch die zu erfüllenden Anwendungsbedingungen der Ebene 3 induziert. Aus Sicht der Bauplanebene wird die Einhaltung dieser Bedingungen als hinreichend für die Einhaltung der Anwendungsbedingungen angesehen. Nicht durch diese Bedingungen ausdrückbare Programmeigenschaften wie zum Beispiel die korrekte Umsetzung der Zustandsübergänge einzelner Programmfragmente oder die Einhaltung von Aufrufprotokollen müssen durch den Programmierer oder den Einsatz spezialisierter Prüfkonzepte wie zum Beispiel *Design by Contract* (MEYER, 1992) oder statische Protokollprüfung (BÄR, 2004) sichergestellt werden.

Ebene 1: Lokale Programmfragmentkompositionen Das in dieser Arbeit verwendete Korrektheitskriterium bezüglich lokaler Programmfragmentkompositionen übernimmt das in Abschnitt 2.4.3.4 vorgestellte Korrektheitskriterium.

Definition 4.3 (Korrektheitskriterium lokaler Programmfragmentkompositionen)
Ein Programmfragment pf sowie eine lokale Kompositionsoperation an einem Webepunkt w werden als korrekt betrachtet, falls

K1.1: *pf syntaktisch an w eingefügt werden kann und*

K1.2: *alle Verträge des Programmfragments, gegeben durch lokale Bedingungen der statischen Semantik der Programmiersprache, eingehalten werden.*

Die Korrektheit auf der Ebene lokaler Programmfragmentkompositionen kann mit Hilfe existierender syntaktischer und semantischer Analysen aus dem Übersetzerbau vollständig automatisch überprüft werden.

4.4 Zusammenfassung

Unser Ansatz zur technischen Realisierung einer SPL sieht vor, die verschiedenen Belangimplementierungen in der Domänenimplementierung als voneinander abgegrenzte Einheiten abzulegen, um diese dann erst im Verlauf der Anwendungsentwicklung variantenspezifisch zu komponieren. Die konkret zu erstellende Variante wird durch eine deklarative Aufzählung der zu komponierenden Belange spezifiziert. Es wird geprüft, ob die in der Domänenanalyse ermittelten Kompositionsregeln durch diese Aufzählung eingehalten werden. Mit Hilfe eines statischen Webers werden die Programmfragmente der einzelnen Belange auf Basis statisch invasiver Komposition im sog. Kompositionsmodell miteinander verschränkt.

Unser Ansatz setzt somit zwei zentrale Dinge voraus: erstens die Möglichkeit, sowohl kapselbare als auch querliegende Belange einheitlich so zu repräsentieren, dass diese in möglichst vielen Varianten zum Einsatz kommen können, und zweitens ein Verfahren zur Komposition dieser Belange samt der Zusicherung von Korrektheitseigenschaften auf den verschiedenen Ebenen invasiver Softwarekomposition. Wir haben in diesem Kapitel allgemein gezeigt, wie durch eine Kapselung von Kompositionsoperatoren und Programmfragmenten, einer Verallgemeinerung von Typgenerizität sowie durch Generierung von Programmfragmenten Belange in der geforderten Form dargestellt werden können. Weiterhin haben wir vorgeführt, wie die Komposition von Programmfragmenten konzeptionell durch eine globale Kompositionstabelle beschrieben werden kann. Durch Kompositionsoperatoren der einzelnen Belange werden Teiltabellen dieser globalen Kompositionstabelle definiert. Wir haben gezeigt, welche Herausforderungen sich aus der dezentralen Spezifikation der globalen Kompositionstabelle im Hinblick auf die Komposition des Gesamtprogramms ergeben.

Im folgenden Kapitel werden wir zunächst unser Belangmodell ebenso wie das Metamodell des Kompositionsmodells vorstellen.

Kapitel 5

Belang- und Kompositionsmodell

Im vorangegangenen Kapitel haben wir die grundlegenden Eigenschaften untersucht, welche die Darstellung eines Belangs in der Domänenimplementierung besitzen muss. Darüber hinaus haben wir Ansätze vorgestellt, wie diese Eigenschaften erreicht werden können. In Abschnitt 5.1 spezifizieren wir ein diese Überlegungen aufgreifendes konkretes Modell zur Darstellung von Belangen und Kompositionsoperatoren auf Implementierungsebene, das *Belangmodell*. Dieses beschreibt, wie die einen Belang implementierenden Programmfragmente gemäß der Belang-Verfeinerungshierarchie gruppiert und die Belange als voneinander abgegrenzte Einheiten umgesetzt werden können. Darüber hinaus stellt es den Rahmen zur Spezifikation der Kompositionsoperatoren bereit.

Der in dieser Arbeit verfolgte Ansatz basiert technisch auf der invasiven Komposition der die einzelnen Belange implementierenden Programmfragmente. Durch Kompositionsoperatoren wird beschrieben, wie die Programmfragmente einer Variante schrittweise und automatisiert miteinander verschränkt werden müssen. Die technische Grundlage für eine automatisierte Erstellung des gewünschten Programms P bildet das Kompositionsmodell. Letzteres ist die zentrale Datenstruktur, in der die Komposition der Programmfragmente der einzelnen Belange durchgeführt wird. Es repräsentiert abstrakt das Ergebnis der Anwendungen der Kompositionsoperatoren während der Erstellung von P.

Definition 5.1 (Kompositionsmodell $\mathcal{K}$ und Programmfragmente)
Das Kompositionsmodell $\mathcal{K}$ ist ein Wald von attributierten Bäumen, der abstrakt Teile eines in einer Programmiersprache $\mathcal{L}$ spezifizierten Programms P darstellt. Ein durch einen Knoten aufgespannter Teilbaum ist ein Programmfragment. *Jedem Knoten und somit jedem Programmfragment ist ein Typ zugeordnet, der beschreibt, welche Attribute ein Programmfragment besitzt. Der Typ definiert, welche Typen von Unterknoten für einen Knoten erlaubt sind. Alle Programmfragmente haben den gemeinsamen Obertyp* `Fragment`. *Attribute beschreiben Informationen über die statische Semantik von P. Ein Kompositionsmodell heißt* vollständig, *falls alle Teilbäume zu einem einzigen Baum mit ausgezeichneter Wurzel* `wurzel` *mit Typ* System *verbunden wurden.*

Ein vollständiges Kompositionsmodell entspricht dem abstrakten Strukturbaum (AST) eines Programms P. Gegenüber üblichen AST-Darstellungen in Übersetzern enthält es zusätzliche Informationen, welche zur Erzeugung des Quellcodes des beschriebenen Programms P genutzt werden können, wie zum Beispiel Quelltextkommentare.

Das Metamodell des Kompositionsmodells definiert neben den Programmfragmenttypen auch Operationen zur Abfrage von Informationen über die Programmfragmente sowie Operationen zur Komposition und Modifikation der Programmfragmente. Einen Überblick über das Metamodell des Kompositionsmodells gibt Abschnitt 5.2.

Definition 5.2 (Freies Programmfragment)
Ein freies Programmfragment ist ein Programmfragment, dessen Wurzel nicht Kind eines anderen Programmfragments ist.

Definition 5.3 (Kontext eines Programmfragments)
Der Kontext $\kappa(pf)$ eines Programmfragments pf ist die Wurzel des freien Programmfragments, in welches pf eingebettet ist.

Bemerkung: Ein vollständiges Kompositionsmodell kann ebenfalls als freies Programmfragment mit ausgezeichneter Wurzel `wurzel` betrachtet werden. Für ein vollständiges Kompositionsmodell gilt somit für jedes Programmfragment der Kontext *System*.

Freie Programmfragmente sind die Elemente der Komposition. Je nach gerade durchzuführender Kompositionsaufgabe können die Programmfragmente unterschiedliche Granularitätsstufen besitzen, welche durch die unterschiedlichen Programmfragmenttypen beschrieben werden. Sie werden dabei als schwarze Kästen betrachtet, welche über eine genau definierte Kompositionsschnittstelle verfügen. Diese wird implizit durch die Syntax und statische Semantik der Zielsprache $\mathcal{L}$ spezifiziert. Neben den bereitgestellten syntaktischen Anknüpfungspunkten in Form expliziter und impliziter Webepunkte wird die Kompositionsschnittstelle durch die in Abschnitt 2.3.4 beschriebenen Verträge eines Programmfragments definiert. Die feste, durch die Sprachsyntax und Sprachsemantik definierte Kompositionsschnittstelle eines Programmfragments kann mit Hilfe des im folgenden Abschnitt vorgestellten Belangmodells weiter verfeinert werden.

5.1 Belangmodell

Das vorgestellte Metamodell eines Kompositionsmodells beschreibt den Aufbau einzelner Programmfragmente sowie Operationen zur Verknüpfung und Modifikation von Programmfragmenten. Die Implementierung eines Belangs wird durch eine Menge von Programmfragmenten umgesetzt. Um Belange als voneinander abgegrenzte Einheiten bezüglich Spezifikation und Komposition behandeln zu können, müssen die Programmfragmente sowie die mit Hilfe von Modelltransformationen beschriebenen Kompositionsoperatoren geeignet organisiert werden. Dies leistet das im Folgenden beschriebene Belangmodell.

5.1.1 Entwurfsziele

In Abschnitt 4.2 haben wir eine Reihe von Anforderungen identifiziert, welche ein an die Produktlinienentwicklung angepasstes Belangmodell erfüllen muss. Ein solches Modell muss

- eine *voneinander abgegrenzte* Repräsentation der Belangimplementierung ermöglichen.

- eine *redundanzarme* Repräsentation der Belangimplementierung ermöglichen.

- die *Belang-Verfeinerungshierarchie* abbilden können.

Die von unserem Belangmodell verfolgten Ansätze, wie diese Anforderungen umgesetzt werden können, haben wir in den Abschnitten 4.2.1 bis 4.2.3 vorgestellt.

Aus den Korrektheitskriterien **K3.1** (Einhaltung von Abhängigkeiten zwischen Merkmalen) und **K2.2** (Einhaltung globaler Programmeigenschaften) folgt, dass die zu prüfenden Bedingungen im Belangmodell formulierbar sein müssen. Diese Bedingungen müssen einem Anwendungsentwickler offen gelegt werden, da ihre Kenntnis zur Beschreibung einer konkreten Ausprägung der Produktlinie notwendig ist. Um eine aus Sicht des Anwendungsentwicklers deklarative Beschreibung einer zu erstellenden Variante zu ermöglichen, müssen die zur Beschreibung der Variante notwendigen Informationen von den zur Komposition der Programmfragmente notwendigen Operationen getrennt werden. Ein Entwurfsziel war daher die Unterstützung des Geheimnisprinzips, welches diese Trennung umsetzt.

5.1.2 Elemente des Belangmodells

Die zentralen Elemente zur Umsetzung des Geheimnisprinzips sind Schnittstellen. Neben der funktionalen Schnittstelle eines Programms, welche durch Methoden- und Klassenfragmente definiert wird, ist für unsere Zwecke die Kompositionsschnittstelle der einzelnen Bausteine von besonderem Interesse. In Abschnitt 5.2 haben wir die Kompositionsschnittstellen für einzelne Programmfragmente kennengelernt. Diese sind für einen Anwendungsentwickler allerdings zu feingranular und zielen vielmehr auf den Domänenentwickler ab, der diese Schnittstellen in der Spezifikation von Kompositionsoperatoren nutzt. Zusätzlich zu diesen feingranularen Kompositionsschnittstellen führen wir daher eine Kompositionsschnittstelle für Belangimplementierungen ein.

Definition 5.4 (Kompositionsschnittstelle eines Belangs)
Die Kompositionsschnittstelle eines Belangs ist ein Quadrupel $S = (N, P, O, V)$ mit

- *N, dem Namen des Belangs, welcher diesen innerhalb des aktuellen Namensraums eindeutig identifiziert. Ein Belang öffnet jeweils einen neuen Namensraum.*

- *P, den typisierten formalen Parametern eines Belangs. Sie geben an, mit welchen anderen Belangen dieser Belang komponiert werden kann und welche geschachtelten Belange zur Parametrisierung dieser Belange zur Verfügung gestellt werden. Neben Belangen können noch zusätzliche Werte angegeben werden, welche der Steuerung des Bauplans dienen.*

- *O, den direkten Obertypen des Belangs. Jeder Belang definiert einen neuen Typ auf der Metaebene des zu erstellenden Programms. Mit Hilfe der direkten Obertypen O kann der Belang in eine Vererbungsbeziehung gesetzt werden. Die transitive Hülle aller Obertypen bezeichnen wir mit O^*.*

- *$V = (pre_{P,\mathcal{I}_{\mathcal{K}_x}}, assert_{P,\mathcal{I}_{\mathcal{K}_x \oplus B}})$, dem Vertrag des Belangs mit*

- $pre_{P,\mathcal{I}_{\mathcal{K}_x}}$ ist ein prädikatenlogischer Ausdruck über der Interpretation $\mathcal{I}$ eines Kompositionszustands $\mathcal{K}_x$ und den formalen Parametern des Belangs (Vorbedingung des Belangs B).

- $assert_{P,\mathcal{I}_{\mathcal{K}_x \oplus B}}$ ist ein prädikatenlogischer Ausdruck über der Interpretation $\mathcal{I}$ des Kompositionszustands $\mathcal{K}_x$ nach der Komposition des Belangs B (Zusicherung des Belangs B).

Der Vertrag V formalisiert die einzuhaltenden Anwendungsbedingungen bezogen auf den Belang B.

Die Kompositionsschnittstelle S eines Belangs beschreibt den primär für den Anwendungsentwickler sichtbaren Teil eines Belangs auf Implementierungsebene. Für den Domänenentwickler ist natürlich zusätzlich die Implementierung des Belangs durch Programmfragmente und Kompositionsoperatoren von Interesse. Die Umsetzung der in Abschnitt 4.2 vorgestellten Ansätze in Form einer

- Verbindung von Kompositionsoperatoren und Programmfragmenten zu einer logischen Einheit

- hierarchischen Zerlegung und Spezifikation der Belangimplementierungen entlang der Belang-Verfeinerungshierarchie

- Vereinigung der Programmfragmente und Kompositionsoperatoren für unterschiedliche Varianten und Herausfaktorisierung von Gemeinsamkeiten

- Generierung von Programmfragmenten

führt zu folgender Sichtweise eines Belangs auf Implementierungsebene:

Definition 5.5 (Belang auf Implementierungsebene)
Ein Belang B ist ein Quadrupel $B = (S, C, U, PFS)$ mit

- *der Kompositionsschnittstelle $S = (N, P, O, V)$ aus Definition 5.4.*

- *dem Bauplan C. Er spezifiziert algorithmisch, wie das aus der Programmfragmentschablone PFS erzeugte Programmfragment und aus geschachtelten Belangen U gewonnene Programmfragmente dem momentanen Zustand des Kompositionsmodells $\mathcal{K}_x$ hinzugefügt werden. Der Kontrollfluss des Bauplans kann hierbei von den konkreten Werten formaler Parameter sowie Ergebnissen von Anfragen an das Kompositionsmodell abhängig sein. Der Bauplan steuert die Parametrisierung geschachtelter Belange sowie den Beginn der Komposition dieser Belange mit dem aktuellen Kompositionszustand $\mathcal{K}_x$. Der Bauplan kann durch Funktionen F strukturiert werden.*

- *geschachtelten Belangen U. Hierbei gilt das Geheimnisprinzip: Der Bauplan C des Belangs B nutzt die Schnittstellen der geschachtelten Belange U zur Parametrisierung. Die Komposition oder Generierung der Programmfragmente eines geschachtelten Belangs wird durch diesen gekapselt.*

- *der Programmfragmentschablone PFS. Hierbei handelt es sich um ein evtl. syntaktisch noch nicht vollständiges Programmfragment mit ausgezeichneten Variationsstellen, welche durch explizite Webepunkte markiert werden. Eine Programmfragmentschablone kann durch unterschiedliche Belegungen der Variationsstellen in Form unterschiedlicher konkreter Programmfragmente instantiiert werden.*

Die Erzeugung eines konkreten Programmfragments aus der Programmfragmentschablone *PFS* erfolgt durch die Funktion `ausprägung(PFS):Fragment`.

5.1.3 Kompositionsschnittstelle

5.1.3.1 Typisierung von Belangen

In prozeduralen und objektorientierten Sprachen wird die mit einem Schnittstellenelement assoziierte Ausführungssemantik durch dessen Namen ausgedrückt. Aus Sicht der Programmfragmentkomposition ist dieser Name nur durch Inspektion der konkret zu komponierenden Programmfragmente ersichtlich, wobei dies nur für benannte Programmelemente möglich ist. Durch Betrachtung des syntaktischen Typs des Programmfragments sind diese Informationen nicht ermittelbar. Um dies trotzdem zu ermöglichen, können die semantischen Informationen auf der Metaebene des resultierenden Programms[1] dupliziert werden, wie das Beispiel in Abbildung 5.1 zeigt.

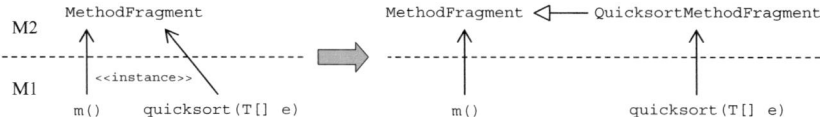

Abbildung 5.1: Duplizieren semantischer Informationen auf Metamodellebene

Der Bauplan *C* eines Belangs ist ein Metaprogramm. Es verarbeitet somit Ausprägungen der auf Metamodellebene (M2) definierten Typen von Programmfragmenten. Die statische Semantik einer Programmiersprache definiert bereits einige semantische Eigenschaften von Programmfragmenten auf dieser Ebene. *Was* die Programmfragmente allerdings berechnen, ist für den Entwickler des Bauplans *C* nicht ohne weiteres ersichtlich. Auf der linken Seite in Abbildung 5.1 sind die beiden konkreten Programmfragmente `m()` und `quicksort()` aus Sicht des Bauplanentwicklers Methodenfragmente. Über sie weiß er zum Beispiel, dass sie in Klassen eingebettet werden können und dass Referenzen auf sie existieren können, welche zur Laufzeit das Ausführen der Anweisungen des Methodenfragments zur Folge haben. Dupliziert man die semantischen Informationen in Form der Methodennamen auf Metamodellebene, so lassen sich, wie auf der rechten Seite in Abbildung 5.1 angedeutet, auch auf Metamodellebene Annahmen über die erwartete Ausführungssemantik der Methodenfragmente machen. Die Duplizierung erfolgt auf Metamodellebene durch die Einführung eines neuen Programmfragmenttyps, welcher die Semantik existierender Programmfragmenttypen um die mit einem Namen assoziierten semantischen Eigenschaften erweitert. So kann ein Entwickler eines Bauplans davon ausgehen, dass es sich bei einer Ausprägung des Programmfragmenttyps `QuicksortMethodFragment` um eine Methode handelt, welche den bekannten

---

[1]In Terminologie der Meta Object Facility (MOF) der OMG (OBJECT MANAGEMENT GROUP (OMG), 2002) handelt es sich hierbei um die MOF-Ebene M2.

Quicksort-Sortieralgorithmus umsetzt. Das die Methode dies tatsächlich tut, ist eine Beweisverpflichtung, die der Entwickler des Programmfragments erbringen muss.

Die Erstellung neuer Programmfragmenttypen unter Zuhilfenahme einer Spezialisierungsrelation ist hierbei nicht begrenzt auf Programmfragmenttypen, die Schnittstellenelemente des resultierenden Programms beschreiben. Vielmehr lassen sich beliebige Typen von Programmfragmenten mit einer auf Metaebene sichtbaren assoziierten Ausführungssemantik erweitern, z. B. eine Anweisung, welche eine Schranke beim Eintritt in einen kritischen Abschnitt implementiert.

Typ eines Belangs

Die Assoziation von Ausführungssemantik durch einen Namen und einer Spezialisierungsrelation lässt sich auch auf Belange übertragen. Jeder Belang beschreibt einen neuen Typ auf der Metaebene des resultierenden Programms. Aus der Zugehörigkeit eines Programmfragments zu einem bestimmten Belangtyp lassen sich Aussagen über die Ausführungssemantik dieses Programmfragments im Hinblick auf die einzuhaltenden Anwendungsbedingungen ableiten.

Definition 5.6 (Typ eines Belangs)
Der Typ eines Belangs B ist charakterisiert durch ein Prädikat $p(x)$, welches aus der Menge aller aufzählbaren Programmfragmente und Kompositionsoperatoren diejenigen bestimmt, durch deren Anwendung und Komposition die mit dem Belangnamen N assoziierten Anwendungsbedingungen im resultierenden Programm umgesetzt werden.

Das Prädikat $p(x)$ markiert somit jedes Programmfragment eines Belangs als zur Umsetzung der mit dem Belang assoziierten Anwendungsbedingung notwendiges Element. Praktisch kann die Menge dieser Programmfragmente nicht berechnet werden, da einerseits abzählbar unendlich viele legale Programmfragmente betrachtet werden müssten, andererseits im Allgemeinen keine Berechnungsvorschrift für das Prädikat $p(x)$ angegeben werden kann (welche letztlich die Anwendungsbedingungen beschreiben). Hierzu müsste die Ausführungssemantik der einzelnen Programmfragmente analysiert werden. Dies ist allerdings ein nicht immer entscheidbares Problem, welches letztlich auf das Halteproblem (GOOS, 1997) zurückgeht. Daher wird in der Praxis die Menge der Programmfragmente und Kompositionsoperatoren durch den Entwickler angegeben (d. h. im Sinne der Prädikatenlogik wird der Individuenbereich eingeschränkt), sowie eine Interpretation $\mathcal{I}$ vorausgesetzt, welche für das Prädikat $p(x)$ stets den Wert *wahr* annimmt.

Technisch gesehen beschreibt der Typ eines Belangs die Menge aller Programmfragmente, deren Ausführung bestimmte Zustandsübergänge zur Folge haben. Welche Zustandsübergänge dies konkret sind, wird in unserem Belangmodell durch die Schnittstellenelemente Belangname N, Obertyp-Relation O und Vertrag V beschrieben:

1. Name N: Ein Entwickler assoziiert mit einem Namen eine bestimmte Semantik. In Verbindung mit der nachfolgenden Obertyp-Relation können durch den Belangnamen semantische Eigenschaften der Programmfragmente ausgedrückt werden, welche über die durch statische Analysen der Programmfragmente berechenbare semantische Eigenschaften hinausgehen. Hinter einem Belang mit einem bestimmten Namen werden wie im Fall von Klassen- und Methodennamen Programmfragmente mit bestimmten Zustandsübergängen erwartet.

2. Obertyp-Relation O: Durch die Angabe verschiedener Obertypen $o \in O$ werden die mit diesen Obertypen assoziierten semantischen Eigenschaften an diesen Belangtyp vererbt. Vererbung ist bezüglich der semantischen Eigenschaften als eine *Spezialisierungsrelation* zu sehen. Die semantische Spezialisierung hinsichtlich der Obertypen wird durch den Belangnamen N beschrieben. Die Programmfragmente dieses Belangs setzen somit Zustandsübergänge in einer gegenüber den Obertypen eingeschränkten, da spezialisierten Art und Weise um.

3. Vertrag V: Neben der informalen Angabe der durch die Programmfragmente umgesetzten Zustandsübergänge können im Vertrag V noch zusätzliche Bedingungen hinsichtlich der Zustandsübergänge angegeben werden. Bezogen auf Definition 5.6 sind diese Bedingungen Teil des Prädikats $p(x)$. Wie in Abschnitt 4.3.2 angegeben, beschränken wir uns in dieser Arbeit auf die Überprüfung von mittels Anfragen an das Kompositionsmodell spezifizierten Bedingungen.

Beispiel 5.1: *Mit Belangnamen assoziierte Semantik*

Mit einem Belang `DeploymentPlatform` assoziiert ein Entwickler, dass dieser Belang alle Programmfragmente zur Verfügung stellt, welche den Einsatz eines Programms in einer noch näher zu bestimmenden Umgebung ermöglichen. Eine Spezialisierung dieses Belangs mit dem Namen `Java-BeanPlatform` lässt darauf schließen, dass die Umsetzung des Belangs die Konzepte der JavaBeans[2] berücksichtigt, wie zum Beispiel das Verändern von Eigenschaften durch `get`/`set`-Methoden. Die Spezialisierung des Belangs `DeploymentPlatform` durch `EnterpriseJavaBeanPlatform` deutet dagegen auf die Unterstützung der Enterprise Java Bean-Technologie[3] hin, d. h. es werden alle notwendigen Infrastrukturklassen und -methoden für das resultierende Programm bereitgestellt.

Wie beschrieben assoziiert ein Entwickler mit dem Typnamen eine bestimmte Ausführungssemantik, welche zur Einhaltung der Anwendungsbedingungen notwendig ist. Auch wenn diese Assoziation meist nicht formalisiert werden kann, da bereits die Anwendungsbedingungen im Allgemeinen nicht formalisiert sind, so hilft sie dem Entwickler dennoch bei der Validierung der Abbildung der auf Anwendungsebene formulierten Anwendungsbedingungen auf die auf Bauplanebene geltenden allgemeinen Korrektheitskriterien aus Abschnitt 2.4.3.4. Diese Validierung umfasst die durch den Entwickler zu erbringende Beweisverpflichtung, dass Programmfragmente die geforderten Zustandsübergänge richtig umsetzen und die geforderten Zustandsübergangssequenzen eingehalten werden. Unter der Annahme, dass diese Validierung durch den Entwickler erfolgt ist, kann die Typisierung genutzt werden, um aus Sicht der Anwendungsebene semantisch ungültige Varianten zu erkennen. Diese Erkennung erfolgt auf Grundlage von *Typprüfungen*. Falls angegebene Typbedingungen eingehalten werden, so können neben statisch analysierbaren Eigenschaften auch noch zusätzliche semantische Eigenschaften zugesichert werden.

---

[2] http://java.sun.com/javase/technologies/desktop/javabeans/index.jsp
[3] http://java.sun.com/products/ejb

Basistypen

Definition 5.7 (Basistypen eines Belangs)
Ein durch den Belang $B = (S, C, U, PFS)$ definierter Belangtyp ist stets eine Spezialisierung eines allgemeinsten Basistyps `Belang`. *Ein Belangtyp kann eine Spezialisierung eines Programmfragmenttyps sein. Es gilt:*

$$PFS \neq \varnothing \Rightarrow |\{o \in O^* \mid o < \texttt{Fragment}\}| = 1$$

Der Operator $U < O$ liefert *wahr*, falls es sich bei dem Typ U um einen Untertyp von O handelt.

Für kapselbare Belange ist ein einziges Programmfragment die Implementierung dieses Belangs. Dies wird in unserem Modell durch die Tatsache ausgedrückt, dass ein Belang ein Programmfragmenttyp als Obertyp haben kann. Die eingangs diskutierte Spezialisierung von Programmfragmenttypen lässt sich somit durch Definition eines neuen Belangtyps spezifizieren. Für die Menge der Programmfragment-Obertypen eines Belangs B mit Schnittstelle $S = (N, P, O, V)$ schreiben wir

$$O^{fragmenttyp} = \{o \in O^* \mid o < \texttt{Fragment}\} \subseteq O^*.$$

Für den wichtigen Fall, dass ein Belang genau einen Programmfragmenttyp als Obertypen besitzt, gelten folgende Eigenschaften:

- Die durch die Programmiersprache vorgegebenen Bedingungen bezüglich Syntax und statischer Semantik des Programmfragmenttyps $t \in O^{fragmenttyp}$ werden an den Belang vererbt.

- Der Obertyp $t \in O^{fragmenttyp}$ gibt an, dass nach der Komposition sämtlicher geschachtelter Belange oder nach Generierung durch den Bauplan C (siehe Abschnitt 5.1.4) ein Programmfragment mit Typ t entsteht. Der Programmfragmenttyp t beschreibt insbesondere den erwarteten syntaktischen Aufbau des mit Hilfe der Funktion `ausprägung` aus der Programmfragmentschablone *PFS* gewonnenen Programmfragments. Der erwartete Programmfragmenttyp wird von der Funktion `ausprägung` benötigt, um das Programmfragment erstellen und auf syntaktische Korrektheit hin prüfen zu können. Darüber hinaus ist die Typinformation zur Sicherstellung des Korrektheitskriteriums **K1.1** notwendig.

Ein Belang kann im Fall $| O^{fragmenttyp} | = 1$ somit aus Sicht der Programmfragmentkomposition wie ein konkretes Programmfragment vom Typ $t \in O^{fragmenttyp}$ genutzt werden. Da querliegende Belange nicht durch ein einziges Programmfragment implementiert werden können, sind diese typischerweise keine Untertypen von `Fragment`, sondern ein Untertyp des allgemeinsten Typs `Belang`. Einzelne geschachtelte Belange dieses querliegenden Belangs, welche kapselbare Verfeinerungen umsetzen, sind dagegen Untertypen von `Fragment`. Eine Klasse von eher feingranularen querliegenden Belangen lässt sich als Untertyp von `Fragment` modellieren. Dies sind Belange, deren Funktionalität durch ein Schnittstellenelement gekapselt werden kann, wie zum Beispiel eine Berechnungsmethode oder eine Klasse, und

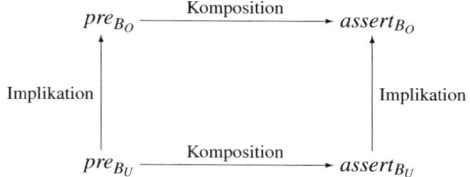

Abbildung 5.2: Kovariante Vererbung für Belangtypen $B_U < B_O$

deren querliegender Charakter im Wesentlichen durch die an verschiedenen Stellen einzufügenden Verwendungen dieses Schnittstellenelements zu Stande kommt. In diesem Fall kann der querliegende Belang als Untertyp des Schnittstellenelementtyps angesehen werden. Die Verwendungsstellen werden durch einen geschachtelten Belang modelliert.

Vererbung

Die vorgestellte Spezialisierungsrelation von Belangtypen führt in unserem Fall zu einer *kovarianten Vererbung* (GOOS, 2001): Sowohl die Vorbedingungen als auch die Nachbedingungen des Vertrags eines Belangs werden in einem Untertyp des Belangs verschärft (Abbildung 5.2). Dieser Vertrag setzt sich hierbei aus den durch die Parameter P eines Belangs ausgedrückten Typbedingungen, dem statisch analysierbaren Vertrag V sowie den mit dem Belangtyp assoziierten semantischen Eigenschaften zusammen. Wie Beispiel 5.2 zeigt, ist kovariante Vererbung insbesondere auch unter Einbeziehung der semantischen Spezialisierung zu sehen.

Beispiel 5.2: *Kovariante Vererbung von Belangtypen*

Gegeben sei wieder die Spezialisierung `QuicksortMethodFragment` < `MethodFragment`. Werden bei der Angabe der Vorbedingungen *pre* und Zusicherungen *assert* für die beiden Belangtypen `QuicksortMethodFragment` (`QMF`) und `MethodFragment` (`MF`) die nicht notwendigerweise im Kompositionsmodell formalisierbare, aber durch den Entwickler mit dem Typ assoziierte Ausführungssemantik mit betrachtet, so ergeben auszugsweise folgende Bedingungen:

pre_{MF} : Der Webepunkt ist innerhalb der Liste der Merkmale einer Klasse X.

$assert_{MF}$: Die Methode ist in die Klasse X eingefügt und berechnet *etwas*.

pre_{QMF} : Der Webepunkt ist innerhalb der Liste der Merkmale einer Klasse X, welche Suchfunktionalität benötigt.

$assert_{QMF}$: Die Methode ist in die Klasse X eingefügt und sortiert die übergebenen Daten mit Hilfe des Quicksort-Algorithmus.

Es gilt somit $pre_{QMF} \rightarrow pre_{MF}$ und $assert_{QMF} \rightarrow assert_{MF}$.

Durch die Angabe von Obertypen für einen Belang B wird allerdings nicht nur eine Spezialisierungsrelation etabliert, sondern es werden auch Merkmale des Obertyps an B vererbt. Im Speziellen sind dies

- die Programmfragmentschablone *PFS*
- die geschachtelten Belange *U*
- der Bauplan *C* inklusive der den Bauplan strukturierenden Funktionen *F*

der einzelnen Obertypen $o \in O$. Hierdurch wird das Geheimnisprinzip wie in objektorientierten Sprachen für Untertypen zum Teil ausgesetzt. Die Vererbung der Merkmale erfolgt in Form der *verwendet*-Vererbungsbeziehung (auch als `include`-Beziehung bezeichnet, vgl. GOOS, 2001), d. h. das Ziel ist hier die Vermeidung von Duplikaten durch Wiederverwendung bereits spezifizierter Programmfragmente und (Teil-)Baupläne im Bauplan des Untertyps.

Die Baupläne der Obertypen werden nicht automatisch während der Komposition des Untertyps ausgeführt. Dies muss explizit durch den Bauplan des Untertyps initiiert werden. Ererbte geschachtelte Belange, Programmfragmente und Baupläne werden im Falle von Namenskollisionen durch eine zusätzliche Angabe des Quellbelangs unterschieden.

5.1.3.2 Parameter

Die Parameter eines Belangs beschreiben, mit welchen anderen Belangen dieser Belang komponiert werden kann oder komponiert werden muss. Wir unterscheiden *optionale* und *vorgeschriebene* Parameter. Letztere müssen in jeder Spezifikation einer Variante an einen konkreten Belang gebunden sein, während optionale Parameter in einzelnen Varianten auch ungebunden bleiben dürfen. Parameter werden auch danach unterschieden, ob die Belegungen der Parameter durch den Belang bereitgestellt werden oder ob die Belegung von außerhalb des Belangs erfolgt. Konkrete Belegungen werden somit *bereitgestellt* oder *gefordert*.

Definition 5.8 (Geforderte Schnittstelle)
Die geforderte Schnittstelle (engl. required interface) eines Belangs $B = (S, C, U, PFS)$ mit Schnittstelle $S = (N, P, O, V)$ ist die Menge $P^{in} \subseteq P$ aller typisierten formalen Parameter, deren tatsächliche Belegungen entweder

- *Verfeinerungen von B sind und Programmfragmente definieren, die für die Implementierung von B notwendig sind oder*
- *keine Verfeinerungen von B sind, aber mit B komponiert werden können und ggf. auch müssen, damit die geforderten Anwendungsbedingungen bezüglich B eingehalten werden.*

Ein formaler Parameter hat immer einen Typ T. Er kann an ein Element mit Typ $T' \leq T$ gebunden werden. Zulässige Typen sind einerseits die Typen der Belang-Typhierarchie, und somit inbesondere auch die Programmfragmenttypen, aber auch allgemeine eingebaute Typen wie `Bool`, `Integer`, `Float` und `String`. Parameter von letzterem Typ sind technisch motiviert. Mit ihnen lässt sich der Kompositionsprozess anpassen, da die konkreten Werte zur Steuerung des Bauplans verwendet werden können. Darüber hinaus können externe Informationen für die Generierung von Programmfragmenten genutzt werden.

Bezogen auf unser konzeptionelles Modell geben die mit einem Belangtyp B_P versehenen formalen Parameter eines Belangs B an, für welche anderen Belange $B_{P'} \leq B_P$ gekapselte gerichtete Kompositionsoperatoren $\oplus^v_{B_{P'} \to B}$ oder duale Kompositionsoperatoren $\oplus^v_{B_{P'} \leftrightharpoons B}$ durch den Bauplan von B bereitgestellt werden.

Die Parametrisierung von Belangen durch andere Belange wird mit Hilfe des Konzepts der Belangschachtelung umgesetzt: Die konkreten Belegungen der formalen Parameter eines Belangs B sind durch den Anwendungsentwickler angegebene variable geschachtelte Belange. Der Bauplan von B beschreibt, wie die variablen und festen geschachtelten Belange miteinander komponiert werden müssen.

Definition 5.9 (Bereitgestellte Schnittstelle)
Die bereitgestellte Schnittstelle (engl. provided interface*) eines Belangs $B = (S, C, U, PFS)$ mit Schnittstelle $S = (N, P, O, V)$ ist die Menge $P^{out} \subseteq P$ aller geschachtelten Belange von B, welche zur Parametrisierung von an der geforderten Schnittstelle angegebenen Belangen durch B bereitgestellt werden.*

Da Parameter an der geforderten Schnittstelle als geschachtelte Belange eines Belangs betrachtet werden, ist es insbesondere auch möglich, diese wiederum an der bereitgestellten Schnittstelle zur Verfügung zu stellen. Konkrete Belegungen der Parameter der geforderten Schnittstelle lassen sich somit an die bereitgestellte Schnittstelle durchschleifen.

Parameter und Vererbung
Die Parameter P eines Untertyps B_U müssen eine Obermenge der im Obertyp B_O definierten Parameter sein. Dies bedeutet, dass neue Parameter hinzugefügt werden können, aber keine bereits deklarierten Parameter entfernt werden können. Die Belegung der formalen Parameter eines Untertyps B_U kann somit eindeutig auf eine Belegung der formalen Parameter des Obertyps B_O abgebildet werden.

5.1.3.3 Vertrag

Ziel des Vertrags V eines Belangs B ist die Formulierung der zur Prüfung der Korrektheitskriterien **K3.1** (Einhaltung von Abhängigkeiten zwischen Merkmalen) und **K2.2** (Einhaltung globaler Programmeigenschaften) notwendigen Bedingungen. Der Vertrag wird auf zwei Arten spezifiziert:

1. Typisierte formale Parameter
2. Prädikatenlogische Ausdrücke $pre_{P, \mathcal{I}_{\mathcal{K}_x}}$ und $assert_{P, \mathcal{I}_{\mathcal{K}_x \oplus B}}$

Durch die typisierten formalen Parameter eines Belangs werden Typschranken definiert, welche durch konkrete Belegungen der Parameter eingehalten werden müssen. Diese Bedingungen lassen sich als prädikatenlogische Ausdrücke der Form

$$T' \leq T$$

angeben, wobei T der deklarierte Typ des formalen Parameters ist, T' der Typ der tatsächlichen Belegung und $\leq$ die Untertyp-Prüfung ist. Typschranken lassen sich somit als Teil der Vorbedingung $pre_{P, \mathcal{I}_{\mathcal{K}_x}}$ auffassen.

Neben den sich aus den Typschranken ergebenden prädikatenlogischen Ausdrücken können noch weitere Ausdrücke angegeben werden. Diese basieren einerseits auf den konkreten Belegungen der Belangparameter P, andererseits auf den in Abschnitt 5.2 definierten Prädikaten und Funktionen des Kompositionsmodells. Die Auswertung dieser Ausdrücke erfolgt auf

Grundlage einer Interpretation $\mathcal{I}_{\mathcal{K}_x}$ eines Kompositionszustands $\mathcal{K}_x$. Während der Komposition der Programmfragmente stellt das Kompositionsmodell nicht notwendigerweise zu jeder Zeit ein vollständiges Programm dar. Folglich existiert für manche Prädikate und Funktionen zu bestimmten Zeitpunkten keine Interpretation. Zu diesen Zeitpunkten können die Ausdrücke somit nicht ausgewertet werden. Dies ist zum Beispiel der Fall, falls in den Ausdrücken eine Modellanfrage genutzt wird, welche globale Eigenschaften des Programms berechnet. Wir beschäftigen uns in Kapitel 6 genauer mit dieser Fragestellung.

Formulierung von Abhängigkeiten zwischen Merkmalen

Typisierte Parameter in Verbindung mit weiteren prädikatenlogischen Ausdrücken ermöglichen es, die Bedingungen des Korrektheitskriteriums **K3.1** zu formulieren. Ausgangspunkt ist ein Merkmalsdiagramm im Lösungsraum, d. h. das Merkmalsdiagramm erfasst sowohl Nutzeranforderungen als auch schon technische Anforderungen. Die einzelnen Merkmale M_x können durch Belange B_x umgesetzt werden.

Merkmalsdiagramme definieren Relationen zwischen Merkmalen M_O und Untermerkmalen M_U, welche den Konfigurationsaspekt der Produktlinie beschreiben. Diese lassen sich wie folgt auf die Typisierung von Belangen im Zusammenspiel mit Belangparametern, Typschranken und zusätzlichen prädikatenlogischen Ausdrücken abbilden[4]:

- Für jedes *geforderte* Untermerkmal M_U eines Merkmals M_O:

$$P = P \cup (B_U, name, \texttt{required}) \tag{5.1}$$

Ein neuer geforderter Belangparameter mit Typ B_U wird dem Belang B_O hinzugefügt.

- Für jedes *optionale* Untermerkmal M_U eines Merkmals M_O:

$$P = P \cup (B_U, name, \texttt{optional}) \tag{5.2}$$

Ein neuer optionaler Belangparameter mit Typ B_U wird dem Belang B_O hinzugefügt.

- Für jede Gruppe geforderter oder optionaler *alternativer* Untermerkmale $M_{U_1} \ldots M_{U_n}$ eines Merkmals M_O:

$$P = P \cup (B_U, name, \texttt{required}/\texttt{optional}) \tag{5.3}$$

Ein neuer geforderter oder optionaler Belangparameter mit Typ B_U wird dem Belang B_O hinzugefügt. Die einzelnen Belange $B_{U_1} \ldots B_{U_n}$ sind jeweils Untertypen von B_U.

- Für jede Gruppe von geforderten *Oder-verknüpften* Untermerkmalen $M_{U_1} \ldots M_{U_n}$ eines Merkmals M_O:

$$\forall M_{U_x} \in \{M_{U_1}, \ldots, M_{U_n}\} : P = P \cup (B_{U_x}, name, \texttt{optional}) \tag{5.4}$$

Zusätzlich gilt noch folgende Vorbedingung:

$$\{M_{U_1}, \ldots, M_{U_n}\} \cap v \neq \emptyset \tag{5.5}$$

---

[4]Wir gehen hierbei von *normalisierten* Merkmalsdiagrammen aus (vgl. CZARNECKI und EISENECKER, 2000, Seite 93).

Für jedes Oder-verknüpfte Untermerkmal M_{U_x} wird ein neuer optionaler Belangparameter B_{U_x} dem Belang B_O hinzugefügt. Die zusätzliche Vorbedingung stellt sicher, dass mindestens ein Belang B_{U_x} tatsächlich ausgewählt worden ist.

Die Anwendung dieser Regeln auf einige in CZARNECKI und EISENECKER (2000) aufgeführte wichtige Merkmalsdiagrammstrukturen wird in Tabelle 5.1 gezeigt.

Neben den Obermerkmal-Untermerkmal-Relationen werden in Merkmalsdiagrammen meist noch zusätzliche Randbedingungen angegeben, welche semantisch sinnvolle Konfigurationen genauer beschreiben. Wichtige Bedingungen sind hierbei:

- Ein Merkmal M *benötigt* andere Merkmale M_x. Dies kann durch eine zusätzliche Vorbedingung

$$\forall B_x : B_x \in \nu \tag{5.6}$$

  innerhalb des das Merkmal M implementierenden Belangs B sichergestellt werden. Ist ein Merkmal M_x die Wurzel einer Gruppe von alternativen Untermerkmalen, so muss in diesem Fall die Bedingung $B_x \in \nu$ wie folgt angepasst werden:

$$\exists B_U \in \nu : B_U \leq B_x \tag{5.7}$$

- Ein Merkmal M *schließt* andere Merkmale M_x *aus*. Analog zum vorangegangenen Fall kann dies durch eine zusätzliche Vorbedingung

$$\forall B_x : B_x \notin \nu \tag{5.8}$$

  sichergestellt werden. Die Bedingung muss angepasst werden, falls M_x die Wurzel einer Gruppe von alternativen Untermerkmalen ist:

$$\neg \exists B_U \in \nu : B_U \leq B_x \tag{5.9}$$

- Die *Auswahl* eines Merkmals M ist an eine Bedingungen *bed* geknüpft. Dies lässt sich durch eine zusätzliche Vorbedingung in Form der Implikation

$$B \in \nu \rightarrow bed \tag{5.10}$$

formulieren.

Weitere Bedingungen können durch zusätzliche prädikatenlogische Ausdrücke angegeben werden. Die Umsetzung der durch ein Merkmalsdiagramm beschriebenen Kompositionsregeln auf ein Belang-Typsystem mit zusätzlichen Verträgen zeigt Abbildung 5.3.

Durch das Belang-Typsystem sowie mit Hilfe zusätzlicher Bedingungen können die in Abschnitt 2.2.1 vorgestellten *offenen Merkmale* modelliert werden. Merkmal 2.2 auf der linken Seite in Abbildung 5.3 ist ein Beispiel für ein offenes Merkmal, d. h. zusätzliche alternative Untermerkmale werden im Rahmen der Anwendungsentwicklung explizit erwartet. Durch den gemeinsamen Obertyp einer Gruppe von Belangen, welche eine Gruppe alternativer Merkmale inklusive offener Merkmale umsetzen, werden bereits semantische Eigenschaften mit den Umsetzungen der offenen Merkmale assoziiert. Darüber hinaus können bereits

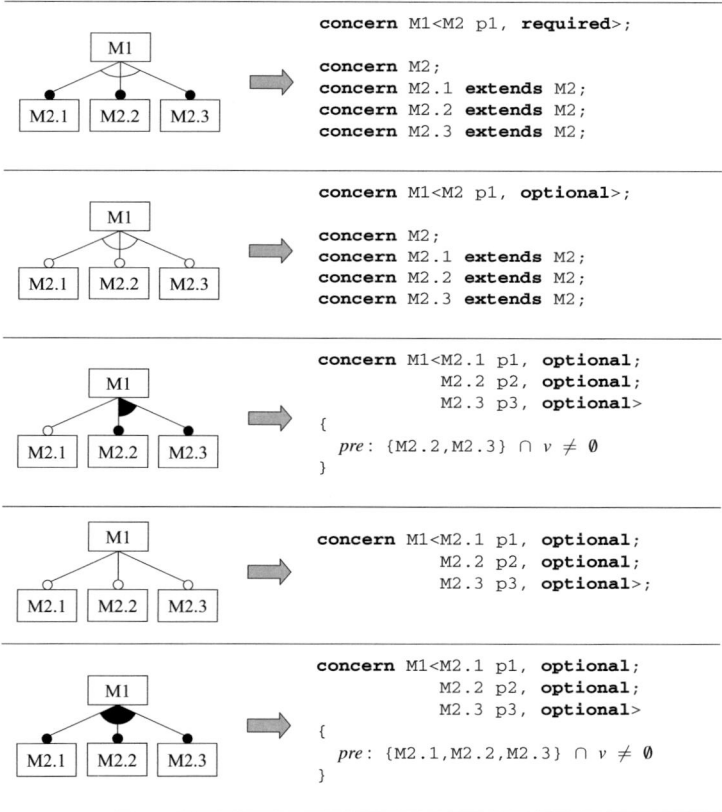

Tabelle 5.1: Abbildung der in CZARNECKI und EISENECKER (2000) auf Seite 97 aufgeführten Merkmalsdiagrammstrukturen auf Belangparameter und zusätzliche Verträge.

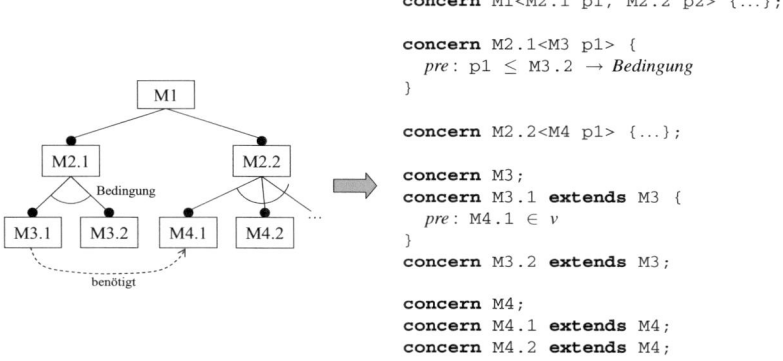

```
concern M1<M2.1 p1, M2.2 p2> {...};

concern M2.1<M3 p1> {
    pre: p1 ≤ M3.2 → Bedingung
}

concern M2.2<M4 p1> {...};

concern M3;
concern M3.1 extends M3 {
    pre: M4.1 ∈ v
}
concern M3.2 extends M3;

concern M4;
concern M4.1 extends M4;
concern M4.2 extends M4;
```

Abbildung 5.3: Abbildung zusätzlicher Randbedingungen

im Rahmen der Domänenimplementierung Kompositionsregeln für die sich aus den offenen Merkmalen ergebenden Belangimplementierungen angegeben werden.

Formulierung von Bedingungen über globalen Programmeigenschaften

Mit Hilfe von Anfragen an das Kompositionsmodell lassen sich Bedingungen über statisch analysierbaren Eigenschaften des resultierenden Programms formulieren. Diese zugesicherten Eigenschaften können hierbei lokal auf einzelne Programmfragmente eingeschränkt sein, oder aber global das ganze Programm umfassen. Letztere sind notwendig, um das Korrektheitskriterium **K2.2** zu prüfen.

Sowohl die vor der Komposition einzuhaltenden Vorbedingungen $pre_{P,\mathcal{I}_{\mathcal{K}_x}}$ eines Belangs als auch die durch $assert_{P,\mathcal{I}_{\mathcal{K}_x \oplus B}}$ zugesicherten lokalen und globalen Programmeigenschaften sind abhängig von der Variante v. Daher müssen für die einzelnen Varianten jeweils einzelne zu prüfende Verträge vorliegen: $pre^v_{P,\mathcal{I}_{\mathcal{K}_x}}$ und $assert^v_{P,\mathcal{I}_{\mathcal{K}_x \oplus B}}$. Die Auswahl der zu prüfenden Verträge kann durch Fallunterscheidung bezüglich der zu erstellenden Variante v erfolgen. Die gemeinsame Vorbedingung eines Belangs für alle Varianten kann in diesem Fall durch folgende Konjunktion von Implikationen spezifiziert werden:

$$pre_{P,\mathcal{I}_{\mathcal{K}_x}} = \bigwedge_{v' \in \mathcal{V}} \underbrace{\left(\bigwedge_{B_i \in v'} B_i \in v \land \bigwedge_{B_i \notin \mathbb{B} \setminus v'} B_i \notin v \right)}_{\text{Fallunterscheidung Variante}} \to \underbrace{pre^{v'}_{P,\mathcal{I}_{\mathcal{K}_x}}}_{\text{Vorbedingung Variante}} \quad (5.11)$$

Analog hierzu kann die Nachbedingung wie folgt angegeben werden:

$$assert_{P,\mathcal{I}_{\mathcal{K}_x \oplus B}} = \bigwedge_{v' \in \mathcal{V}} \left(\bigwedge_{B_i \in v'} B_i \in v \land \bigwedge_{B_i \notin \mathbb{B} \setminus v'} B_i \notin v \right) \to assert^{v'}_{P,\mathcal{I}_{\mathcal{K}_x \oplus B}} \quad (5.12)$$

Da typischerweise die Bedingungen $pre^v_{P,\mathcal{I}_{\mathcal{K}_x}}$ und $assert^v_{P,\mathcal{I}_{\mathcal{K}_x \oplus B}}$ für einige Varianten v identisch sind oder nur von Teilmengen der einzelnen Belegungen von v abhängen, lassen sich diese oftmals mit Hilfe üblicher logischer Umformungsoperationen stark vereinfachen.

Voraussetzung für die Nutzung einer einfachen Fallunterscheidung ist, dass bereits während der Domänenimplementierung die Belang-Grundmenge $\mathbb{B}$ sowie die zu erstellenden Varianten $\mathcal{V}$ bekannt sind. Dies ist aus folgenden Gründen problematisch:

- Die Aufzählung aller Varianten kann aufgrund der kombinatorischen Vielfalt sehr aufwändig sein.

- Die Belang-Grundmenge $\mathbb{B}$ ist insbesondere bei der Unterstützung offener Merkmale nicht vollständig im Voraus bekannt, da noch Belangimplementierungen während der Anwendungsentwicklung nachgereicht werden können.

Allgemein betrachtet können die einzelnen Vor- und Nachbedingungen als Wert einer Funktion $pre_{P,\mathcal{I}_{\mathcal{K}_x}}(v)$ bzw. $assert_{P,\mathcal{I}_{\mathcal{K}_x \oplus B}}(v)$ aufgefasst werden, welche abhängig von der zu erstellenden Variante v die benötigte Bedingung bestimmt. Dies entspricht dem in REUSSNER (2001) eingeführten Konzept des *parametrisierten Vertrags*, im Speziellen den so genannten *vorbedingungs*parametrisierten Verträgen. Ein vorbedingungsparametrisierter Vertrag Πv bildet Vorbedingungen, welche mit Parametern versehen sind, auf eine Menge von für eine konkrete Parameterbelegung gültige Nachbedingungen ab. Auf unseren Fall übertragen bedeutet dies, dass wir die Vorbedingung $pre_{P,\mathcal{I}_{\mathcal{K}_x}}$ eines Belangs als Funktion $pre_{P,\mathcal{I}_{\mathcal{K}_x}}(v)$ mit Parameter v darstellen. Es muss daher gelten:

$$pre_{P,\mathcal{I}_{\mathcal{K}_x}}(v) = pre^v_{P,\mathcal{I}_{\mathcal{K}_x}}$$

Analog werden die Nachbedingungen durch den vorbedingungsparametrisierten Vertrag Πv bestimmt:

$$\Pi_V(v) = assert^v_{P,\mathcal{I}_{\mathcal{K}_x \oplus B}}$$

Der Vorteil parametrisierter Verträge gegenüber einer reinen statischen Fallunterscheidung liegt darin, dass die konkreten Vor- und Nachbedingungen ausgehend von der Angabe einer Variante *berechnet* werden. Hierbei muss der Definitionsbereich, d. h. die Menge aller Varianten, für welche die Vor- und Nachbedingungen berechnet werden sollen, nicht wie bei der Fallunterscheidung vorab vollständig bekannt sein, sondern die Bedingungen können auf Basis von Eigenschaften eines Parameters $v \in \mathcal{V}$, wie zum Beispiel Belang-Typinformationen, angegeben werden. Hierdurch können auch Vor- und Nachbedingungen für Varianten angegeben werden, welche Belange umfassen, die erst im Rahmen der Anwendungsentwicklung erstellt werden.

Beispiel 5.3: *Belangverträge der Fertigungslinie*

Für unser Beispiel ergibt sich im Lösungsraum das in Abbildung 5.4 dargestellte Merkmalsdiagramm, welches gegenüber dem Merkmalsdiagramm aus Abbildung 2.5 um technische Merkmale und Abhängigkeiten erweitert wurde.

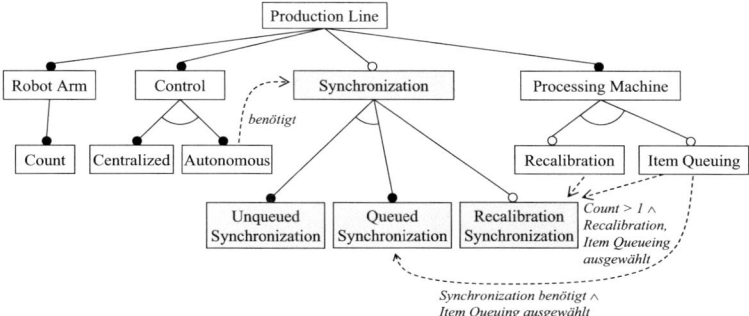

Abbildung 5.4: Belange der Fertigungslinie mit Abhängigkeiten

Falls die Steuerung der Roboterarme und der Verarbeitungsmaschine als autonom agierende, aktive Objekte modelliert werden, so muss das Zusammenspiel synchronisiert werden. Dies wird durch eine *benötigt*-Abhängigkeit zwischen den Merkmalen *Autonomous* und *Synchronization* sichergestellt. Die Anwendung der Regel 5.7 ergibt somit den folgenden Vertrag für den Belang Autonomous:

```
concern Autonomous extends Control {
    pre:
        ∃B ∈ ν: B ≤Synchronization
}
```

Die Umsetzung des Merkmals *Synchronization* erfolgt durch den gleichnamigen Belang. Die Kompositionsschnittstelle wird in diesem Fall durch Anwendung der Regeln 5.2 (für rs) und 5.3 (für qs) bestimmt. Als gemeinsamer Belang-Obertyp für die Umsetzungen der alternativen Merkmale *Unqueued Synchronization* und *Queued Synchronization* dient der Belangtyp *QueuingSynchronization*. Die Auswahlbedingungen zwischen *Recalibration*, *ItemQueuing*, *Queued Synchronization* und *Recalibration Synchronization* werden gemäß Regel 5.10 als zusätzliche Vorbedingungen angegeben. Hierbei setzt die linke Seite der Implikation die Fallunterscheidung bezüglich der zu erstellenden Variante ν um.

```
concern Synchronization< QueuingSynchronization qs, required;
                         RecalibrationSynchronization rs, optional>
{
    pre:
        ItemQueuing∈ ν → qs≤QueuedSynchronization
        Recalibration∈ ν ∧ ItemQueuing∈ ν ∧ Count> 1 → rs≠null
}
```

Der Belang ItemQueuing resultiert u. a. in der Bereitstellung der Klasse ItemQueue. Die Durchführbarkeit der dazu notwendigen Programmfragmentkomposition wird durch entsprechende Vor- und Nachbedingung sichergestellt. Darüber hinaus gilt die Einschränkung, dass Zugriffe auf Methoden Klasse ItemQueue nur innerhalb der Klasse ProcessingMachine erfolgen dürfen. Diese globale Programmeigenschaft wird durch eine zusätzliche Zusicherung spezifiziert.

```
concern ItemQueuing {
    pre:
        ¬existiertKlasse(ItemQueue)
```

assert :
    existiertKlasse(ItemQueue)
    $\forall m \in$ *methoden*(ItemQueue) : $\forall r \in$ *referenzen*(m) : *umgebendeKlasse*(r) =ProcessingMachine
}

Die Vor- und Nachbedingungen des Belangs ItemQueuing gelten für alle Varianten v mit Item-Queuing$\in v$, d. h. eine weitere Fallunterscheidung ist nicht notwendig.

5.1.4 Bauplan

Der Bauplan C eines Belangs $B = (S, C, U, PFS)$ ist die geschlossene Spezifikation aller innerhalb des Belangs gekapselten Kompositionsoperatoren für alle Varianten. Er beschreibt daher konzeptionell Teile der in Abschnitt 4.3.1.2 auf Seite 98 vorgestellten globalen Kompositionstabelle. Diese spezifiziert anhand von Einträgen der Form *(Vaterknoten, Index in Kindliste)* ← *Einzufügendes Programmfragment*, wie die einzelnen Programmfragmente eines Programms miteinander komponiert werden müssen. Zentrale Aufgaben des Bauplans C sind somit die Bereitstellung der einzufügenden Programmfragmente und die Bestimmung der Webepunkte für diese Programmfragmente.

Das einzufügende Programmfragment wird entweder durch die Erzeugung einer Ausprägung der Programmfragmentschablone *PFS* oder durch Generierung bereitgestellt. Die Erzeugung einer Ausprägung von *PFS* erfolgt durch die Funktion ausprägung(*PFS*). Während der Generierung eines Programmfragments können die Ergebnisse einer statischen Analyse des momentanen Kompositionszustands $\mathcal{K}_x$, welcher durch die Kompositionstabelle mitsamt den darin referenzierten Programmfragmenten beschrieben ist, sowie durch den Entwickler angegebene Annotationen bisher komponierter Programmfragmente genutzt werden.

Bemerkung: Beim einzufügenden Programmfragment kann es sich auch um das leere Programmfragment ε handeln.

Die Bestimmung des Webepunkts eines Programmfragments erfolgt durch Nutzung einer expliziten Markierung oder ausgehend von bereits in der Kompositionstabelle existierenden Programmfragmenten:

- Ein *expliziter Webepunkt* markiert eine speziell gekennzeichnete Stelle innerhalb eines Programmfragments. Da explizite Webepunkte alle möglichen Einfügepunkte eindeutig kennzeichnen können, lassen sich mit ihrer Hilfe alle denkbaren Programmfragmentkompositionen ebenfalls eindeutig beschreiben.

- Jeder Eintrag $(pf_p, i) \leftarrow pf_c$ innerhalb der Kompositionstabelle definiert zwei neue *implizite Webepunkte* $(pf_p, \lhd(i))$ und $(pf_p, \rhd(i))$, durch welche ein Programmfragment $pf_{c'}$ *vor* oder *nach* dem Programmfragment pf_c eingefügt werden kann. Die Angabe eines impliziten Webepunkts erfordert somit zunächst die eindeutige Bestimmung des Eintrags $(pf_p, i) \leftarrow pf_c$. Dies kann einerseits durch die Bestimmung des Vaterknotens pf_p erfolgen. In diesem Fall sind die Indizes $i = 0$ und $i = last$ unabhängig von späteren Einträgen eindeutig. Andererseits ist ein Eintrag durch die Angabe des Programmfragments pf_c ebenfalls eindeutig bestimmt, da ein Programmfragment nur einmal auf der rechten Seite eines Eintrags vorkommen darf. Die Angabe eines impliziten Webepunkts ist somit eng verbunden mit der Angabe eines Programmfragments. Letzteres muss dabei auf Grundlage von Anfragen an das Kompositionsmodell sowie durch den Entwickler angegebenen Annotationen erfolgen.

Programmfragmente eines bestimmten Typs können nur an definierten, durch die Sprachsyntax vorgegebenen Stellen eingefügt werden. Diese Restriktion führt uns zu *typisierten Webepunkten*.

Definition 5.10 (Typisierter Webepunkt)
Ein typisierter Webepunkt w ist ein Tupel (pf_p, i) zusammen mit einer Typschranke $\tau(w)$, wobei pf_p ein nichtterminales Programmfragment und i ein Index innerhalb der Kindliste von pf_p ist. Die Typschranke $\tau(w)$ ist ein anonymer Untertyp des nach Sprachsyntax an w erlaubten Programmfragmenttyps $\tau_{Syntax}(w)$ sowie optional eines Belangtyps $\tau_B(w)$. Für ein an w einzufügendes Programmfragment pf_c muss gelten:

$$\tau(pf_c) \leq \tau_{Syntax}(w) \ \wedge \ \tau(pf_c) \leq \tau_B(w)$$

Der Typ eines Webepunkts schränkt somit die Menge der an ihm einfügbaren Programmfragmente zugunsten syntaktischer Korrektheit (Korrektheitskriterium **K1.1**) ein. Für explizite Webepunkte kann zusätzlich noch der Typ $\tau_B(w)$ angegeben werden, d. h. nur Programmfragmente, welche durch einen Belang $B' \leq B$ bereitgestellt werden, können eingefügt werden. Hierdurch sind Rückschlüsse auf das zu erwartende Ausführungsverhalten an einem Webepunkt w möglich.

Beispiel 5.4: *Explizite und implizite Webepunkte*

Abbildung 5.5 zeigt auf der rechten Seite das aus dem Quelltext der linken Seite resultierende Programmfragment. Es existiert hierbei ein typisierter expliziter Webepunkt (Methode m,2) mit Typen τ_{Syntax} =Anweisung und τ_{Belang} =Berechnung. Darüber hinaus existieren noch zahlreiche implizite Webepunkte, dargestellt durch $\triangleleft$ und $\triangleright$, welche unterschiedliche Typen τ_{Syntax} besitzen.

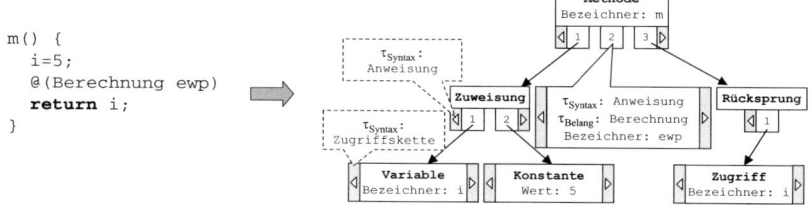

Abbildung 5.5: Expliziter Webepunkt ewp und implizite Webepunkte $\triangleleft$ und $\triangleright$

5.1.5 Schachtelung von Belangen

Jeder Belang B kann beliebig viele geschachtelte Belange enthalten. Jeder dieser geschachtelten Belange ist wiederum ein vollständiger Belang im Sinne des Belangmodells. Ein geschachtelter Belang $B_{geschachtelt} = (S, C, U, PFS)$ besitzt somit eine Kompositionsschnittstelle S, einen Bauplan C, wiederum geschachtelte Belange U und ggf. eine Programmfragmentschablone PFS. Eine notwendige Parametrisierung der geforderten Schnittstelle der geschachtelten Belange erfolgt durch den Bauplan des umgebenden Belangs B. Dies gilt auch für die noch nicht gebundenen Parameter von an der Kompositionsschnittstelle angegebenen variablen geschachtelten Belange.

Definition 5.11 (Terminaler Belang)
Ein terminaler Belang B_t ist ein Belang, der keine weiteren geschachtelten Belange besitzt. Es muss daher gelten: $U = \emptyset$.

Der Bauplan eines terminalen Belangs B_t stellt typischerweise ein Programmfragment pf als Rückgabewert zur Verfügung. In diesem Fall hat der terminale Belang genau einen Programmfragment-Obertyp, d. h. es gilt $\mid O^{fragmenttyp} \mid = 1$. Das Programmfragment pf wird dabei dabei aus der Programmfragmentschablone PFS oder durch Generierung erzeugt:

$PFS \neq \emptyset$: Der Bauplan des geschachtelten Belangs B_t stellt pf als Ausprägung der enthaltenen Programmfragmentschablone PFS zur Verfügung.

$PFS = \emptyset$: Der Bauplan des geschachtelten Belangs B_t generiert eine Programmfragmentschablone auf Grundlage von Modellanfragen sowie der Belegung der Parameter P von B_t.

In beiden Fällen wird das resultierende Programmfragment durch die Funktion

$$\mathtt{ausprägung}(pfs)$$

erzeugt, wobei die Programmfragmentschablone pfs entweder die durch den Belang bereitgestellte Programmfragmentschablone PFS oder eine durch den Bauplan berechnete Programmfragmentschablone ist. Das erzeugte Programmfragment kann, muss aber nicht vor der Rückgabe dem Kompositionsmodell bereits hinzugefügt sein.

Einfache terminale Belange können genutzt werden, um die einzelnen verschiedenen Programmfragmente querliegender heterogener Belange zur Verfügung zu stellen. Die Beschränkung des Belangmodells auf maximal eine Programmfragmentschablone pro Belang stellt somit keine Einschränkung hinsichtlich der Spezifikation querliegender Belange dar. Dies wird durch die folgende Definition deutlich:

Definition 5.12 (Programmfragmente eines Belangs)
Die Programmfragmente PF_B^v eines Belangs $B = (S, C, U, PFS)$ für eine Variante v ist die Menge aller Programmfragmente, die durch B und alle seine rekursiv geschachtelten Belange erzeugt werden:

$$PF_B^v = \mathtt{ausprägung}(PFS) \cup \bigcup_{b \in U \cap v} PF_b^v$$

Der Fall, dass ein terminaler Belang B_t mehrere Programmfragmenttypen als Obertypen besitzt (d. h. es gilt $|O^{fragmenttyp}| > 1$) ist ebenfalls möglich. Dies entspricht einem Belang, dessen Bauplan C mehrere Programmfragmente *generiert* und diese an Webepunkten innerhalb des Kompositionsmodells $\mathcal{K}$ einfügt. Für den Typ $\tau(pf)$ der einzelnen generierten Programmfragmente pf gilt: $\tau(pf) \in O^{fragmenttyp}$.

5.1.6 Abstrakte Belange

Ein abstrakter Belang $B_{abstrakt}$ kann nicht mit anderen Belangen komponiert werden, da er im Gegensatz zu nichtabstrakten Belangen keinen Bauplan besitzt. Er darf daher nicht zur Angabe einer Variante v genutzt werden. Es muss somit für einen abstrakten Belang $B_{abstrakt}$ gelten:

$$\forall v \in \mathcal{V} : B_{abstrakt} \notin v$$

Ein abstrakter Belang $B_{abstrakt} = (S, U, F)$ mit Schnittstelle $S = (N, P, V, O)$ definiert analog zu nichtabstrakten Belangen folgende Elemente:

- *Belangtyp*: Durch den Namen N und die angegebene Obertyp-Relation O wird ein neuer Belangtyp definiert.
- *Parameter P*: Diese können genutzt werden, um Bedingungen im folgenden Vertrag V zu spezifizieren.
- *Vertrag V*: Ein abstrakter Belang definiert, wie in Abschnitt 5.1.3.3 angegeben, einen Vertrag, welcher durch etwaige Untertypen eingehalten werden muss.
- *Geschachtelte Belange U*
- *Funktionen F*: Diese können in Untertypen zur Spezifikation eines Bauplans genutzt werden.

Durch gemeinsame Obertypen werden semantisch ähnliche Belange zusammengefasst. Dies nutzt zum Beispiel die Regel 5.3 auf Seite 114 aus, indem eine Typschranke für eine Gruppe alternativer Belange eingeführt wird. Die Belangtypen dieser Typschranken, welche bei der Deklaration von formalen Belangparametern eine wichtige Rolle spielen, lassen sich oftmals in Form abstrakter Belange darstellen.

Während durch Belangschachtelung und parametrisierbare Belange die Wiederverwendung von Programmfragmenten und Teilen der Kompositionstabellen entlang der Dimensionen *Belangverfeinerung* und *Belangvarianten* unterstützt wird, erlaubt die Vererbung von geschachtelten Belangen sowie Funktionen zur Umsetzung des Bauplans eine Wiederverwendung entlang der Dimension *Belangspezialisierung*. Abstrakte Klassen in der objektorientierten Programmierung unterstützen die Wiederverwendung entlang der Dimensionen *Verfeinerung* und *Spezialisierung*, indem bereits in der abstrakten Klasse Attribute, Methoden bzw. Algorithmen festgelegt werden, die für alle konkreten Unterklassen gelten und in diesen in der jeweils geeigneten Form genutzt werden können. Übertragen auf das Belangmodell bedeutet dies:

- gemeinsame Programmfragmente aller Spezialisierungen können bereits im abstrakten Belang mit Hilfe von vererbbaren geschachtelten Belangen U angegeben werden.

- gemeinsame Teile der Baupläne können in Form von vererbbaren Funktionen F angegeben werden.

Abstrakte Belange erlauben die Unterstützung von *offenen Merkmalen*. Wie in Abschnitt 2.2.1 beschrieben, können für offene Merkmale noch nicht alle notwendigen Untermerkmale während der Domänenanalyse angegeben werden. Diese Untermerkmale müssen zusammen mit ihren Umsetzungen in Form konkreter Belangimplementierungen im Rahmen der Anwendungsentwicklung spezifiziert werden. Abstrakte Belange zeigen hier einerseits das Vorhandensein eines offenen Merkmals an, andererseits können bereits bestimmte Eigenschaften konkreter Umsetzungen festgelegt werden. Aufgrund dieser Festlegungen kann es bereits während der Domänenentwicklung möglich sein, die Komposition eines konkreten Belangs $B < B_{abstrakt}$ auf Basis der Eigenschaften von $B_{abstrakt}$ zu beschreiben, auch wenn B erst im Rahmen der Anwendungsentwicklung implementiert wird. Dies stellt in der Praxis eine erhebliche Erleichterung für den Anwendungsentwickler dar.

5.2 Metamodell des Kompositionsmodells

Das im Folgenden für eine objektorientierte Sprache vorgestellte Metamodell des Kompositionsmodells entspricht weitgehend dem in KUTTRUFF (2002) und GENSSLER (2004) vorgestellten Modell zur invasiven Adaption objektorientierter Programme. Neben einer Übersicht über das Metamodell gehen wir daher im Wesentlichen auf die Erweiterungen dieses Modells ein. Eine detaillierte Spezifikation der Modellelemente und der unterstützten Modelloperationen ist in den genannten Arbeiten zu finden.

5.2.1 Typen struktureller Programmfragmente

Mit Hilfe struktureller Programmfragmente kann ein System gegliedert werden. Strukturelle Programmfragmente beschreiben eine Zerlegung des Systems in kleinere Einheiten. Sie gliedern funktionale Programmfragmente, welche die Träger des Kontrollflusses zur Laufzeit sind, indem sie hinter einer durch die Strukturelemente definierten funktionalen Schnittstelle verborgen werden. Abbildung 5.6 zeigt eine Übersicht über die verschiedenen Typen struktureller Programmfragmente des Kompositionsmodells.

Der zentrale strukturelle Programmfragmenttyp ist die *Klasse*. Eine Klasse stellt einen Bauplan für ein konkretes Objekt zur Laufzeit dar. Eine Klasse definiert darüber hinaus einen neuen *Datentyp*. Primitive Typen werden als spezielle Klassen modelliert. Ein besonderer Datentyp ist eine Reihung (engl. *array*). Es handelt sich hierbei nicht um ein strukturelles Element im Sinne der Systemgliederung, sondern um ein implizites Element des Kompositionsmodells, welches der Modellierung von Zielen entsprechender Reihungstypzugriffe dient.

Mehrere Klassen können zu *Paketen* zusammengefasst werden, welche in JAVA jeweils einen eigenen Namensraum beschreiben. Ein Paket kann wiederum zusammen mit zusätzlichen Klassen in einem weiteren Paket hierarchisch eingebettet sein. Alle Pakete zusammengenommen bilden schließlich das *Softwaresystem*.

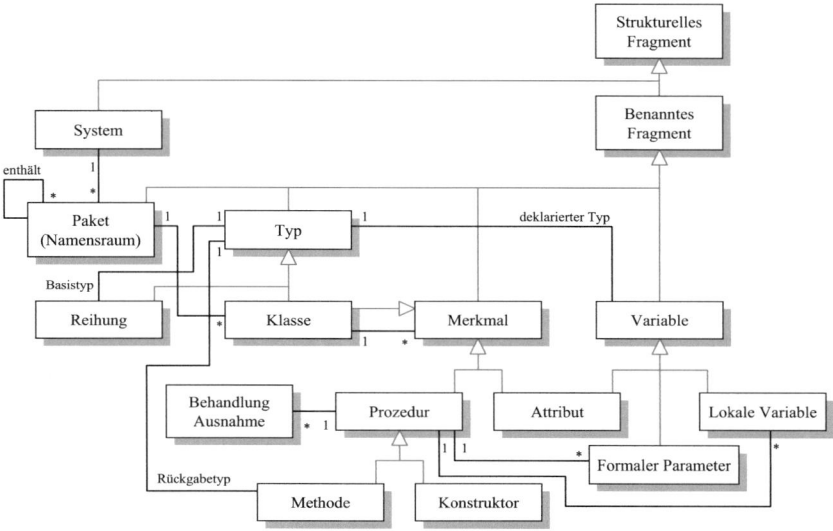

Abbildung 5.6: Metamodell der strukturellen Programmfragmente des Kompositionsmodells

Klassen beschreiben als Baupläne von Objekten eine Menge von Merkmalen, welche diese Objekte kennzeichnen. Durch Merkmale werden die Daten sowie die funktionale Schnittstelle eines Objekts beschrieben. In objektorientierten Sprachen übliche Merkmale sind *Attribute*, *Methoden* und *Konstruktoren*. Auch Klassen können ihrerseits Merkmale einer umgebenden Klasse sein. In diesem Fall sprechen wir von eingebetteten bzw. inneren Klassen (engl. *nested/inner classes*). Attribute beschreiben die Daten, welche durch ein Objekt gekapselt werden. Eine *Prozedur* kapselt eine Menge zusammengehöriger funktionaler Programmfragmente. Diese können entweder Operationen auf den Daten des Objekts sein (Methode), oder aber als spezielle Prozeduren der Erzeugung neuer Ausprägungen einer Klasse in Form von Objekten dienen (Konstruktoren).

Jede Prozedur definiert ein funktionales Schnittstellenelement. Ein solches Schnittstellenelement wird durch seine Signatur beschrieben. Eine Prozedur kann *formale Parameter* besitzen, welche dazu dienen, Werte an die im Prozedurrumpf aufgeführten funktionalen Programmfragmente zu übergeben. Es kann angegeben werden, welche Typen von *Ausnahmen* innerhalb des Prozedurrumpfs geworfen werden können. Methoden können darüber hinaus einen Wert zurückgeben, deren gemeinsamer Obertyp statisch festgelegt wird. Eine Prozedur kann speziell gekennzeichnete funktionale Programmfragmente enthalten, welche der *Ausnahmebehandlung* dienen. *Lokale Variablen* beschreiben Daten, welche nur innerhalb der Prozedur gültig sind.

Für die Menge aller Pakete, Klassen, Methoden, Konstruktoren und Attribute innerhalb eines

Kompositionsmodells schreiben wir:

- *Pckg** Die Menge aller Pakete
- *Cls** Die Menge aller Klassen
- *Meth** Die Menge aller Methoden
- *Cons** Die Menge aller Konstruktoren
- *Att** Die Menge aller Attribute

Viele der strukturellen Programmfragmente lassen sich durch einen Namen identifizieren. Hierbei ist zwischen dem deklarierten Namen und dem qualifizierten Namen zu unterscheiden. Der deklarierte Name identifiziert ein strukturelles Programmfragment nicht notwendigerweise global eindeutig, da mehrere Programmfragmente mit gleichem deklarierten Namen existieren können. Die Eindeutigkeit wird erst bei Betrachtung der durch umgebende strukturelle Programmfragmente definierte Namensräume sichergestellt. Qualifizierte Namen sind hingegen eindeutig, da sie die Namensräume bereits berücksichtigen. Die einzelnen Namensräume werden dabei durch einen Punkt '.' voneinander getrennt. Um ein benanntes Element aus den obigen Mengen auszuwählen, schreiben wir den qualifizierten Namen in eckige Klammern. Durch den Einsatz regulärer Ausdrücke lassen sich ganze Teilmengen bestimmen, wobei der Platzhalter '*' auf eine beliebige Zeichenkette ohne Namensraumverkettung '.' passt, der Platzhalter '**' zusätzlich transitiv über Namensräume hinweg und der Platzhalter '?' ein einzelnes Zeichen passt. So wählt

- $Pckg^*['\text{p1.p2}']$ das Paket p2 innerhalb des Pakets p1,
- $Cls^*['**.\text{C}']$ alle Klassen mit Namen C in allen Paketen und
- $Att^*['\text{p1}.*.\text{a}']$ alle Attribute mit Namen a in allen Klassen des Pakets p1

aus.

5.2.2 Typen funktionaler Programmfragmente

Funktionale Programmfragmente sind die statische Abstraktion der Verhaltensfragmente *bf*. Sie sind die Träger des Kontroll- und Datenflusses und werden im Kompositionsmodell durch Anweisungen und Ausdrücke modelliert. Abbildung 5.7 zeigt die verschiedenen Typen funktionaler Programmfragmente. Es werden hierbei nicht alle aus der Sprachsyntax definierte Ausdruckstypen unterstützt. Insbesondere feingranulare Ausdrücke wie zum Beispiel arithmetische oder logische Ausdrücke werden nicht genauer betrachtet, sondern nur durch den allgemeinen Ausdruckstyp *Ausdruck* erfasst.

Mehrere Anweisungen können zu *Blöcken* zusammengefasst werden. Diese Blöcke können die Rümpfe einer Prozedur oder der Kontrollflussanweisungen *Schleife* und *Verzweigung* bilden. Eine Verzweigung hat einen oder mehrere Wächterausdrücke, welche jeweils die Ausführung einer Anweisung bzw. eines Anweisungsblocks bewachen. Schleifen besitzen einen Ausdruck, welcher die Abbruchbedingung darstellt. Weitere Kontrollflussanweisungen sind *Rücksprung* und die *Auslösung einer Ausnahme*. Eine Rücksprunganweisung besitzt einen Ausdruck, welcher den rückzugebenden Wert definiert. Analog besitzt die Anweisung zur

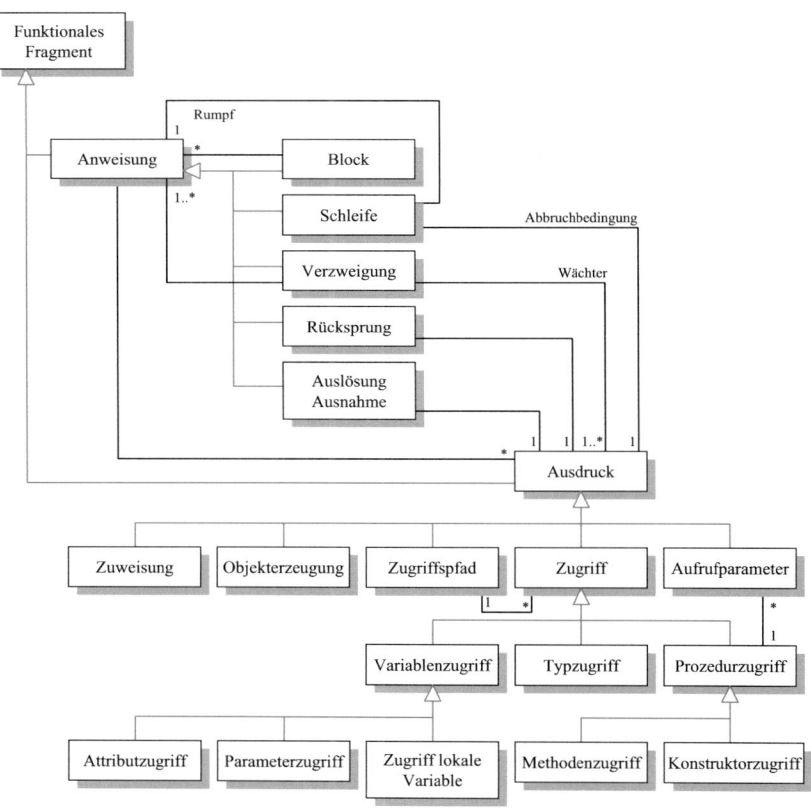

Abbildung 5.7: Metamodell der funktionalen Programmfragmente des Kompositionsmodells

Auslösung einer Ausnahme einen Ausdruck, welcher das geworfene Ausnahmeobjekt spezifiziert.

Der Datenfluss innerhalb einer Prozedur wird durch die Ausprägungen der Modellelementtypen *Zuweisung*, *Objekterzeugung* und *Aufrufparameter* modelliert. Eine Zuweisung bindet einen Wert bzw. ein Objekt an einen Namen. Die verschiedenen syntaktischen Arten von Zuweisungen (z. B. `i=i+j; i+=2; ++i`) werden uniform auf *Zuweisung* abgebildet. Notwendige unterschiedliche Kontextanpassungen bei der Durchführung von Modelltransformationen werden allerdings berücksichtigt. Die Objekterzeugung wird in JAVA wie in vielen anderen objektorientierten Sprachen auch durch ein spezielles Schlüsselwort (`new`) eingeleitet, gefolgt von einem Konstruktorzugriff. Aufrufparameter können als eine besondere Spielart einer Zuweisung aufgefasst werden. Ein Aufrufparameter berechnet einen Wert bzw. bestimmt ein Objekt, welches an den entsprechenden formalen Parameter der aufgerufenen Prozedur gebunden wird.

Einen weiteren wichtigen Ausdruckstyp stellen *Zugriffe* dar. Im Kompositionsmodell werden Zugriffe auf Variablen in Form von *Attributzugriffen*, *Zugriffe auf formale Parameter* und *Zugriffe auf lokale Variablen* sowie Prozedurzugriffe in den Ausprägungen *Methodenzugriffe* und *Konstruktorzugriffe* unterschieden. Der Zugriff auf einen Typ wie zum Beispiel eine Klasse oder eine Reihung wird durch *Typzugriff* modelliert. Zugriffe erfolgen, sofern es sich nicht um lokale Werte handelt, innerhalb von Zugriffspfaden (z. B. `o.m().a`, **this**`.f()`).

Zugriffe stellen den Anfangspunkt einer *Referenziert*-Relation dar, deren Endpunkt ein benanntes strukturelles Programmfragment ist. Die Berechnung dieser Relation ist Teil der semantischen Analyse. Das Kompositionsmodell erfasst nur statisch erkennbare Zugriffe. Zur Laufzeit etablierte Zugriffe durch den Einsatz von Reflektionsmechanismen werden nicht erfasst.

5.2.3 Modelloperationen

Mit Hilfe von Modelloperationen lassen sich statisch analysierbare Eigenschaften des durch das Kompositionsmodell beschriebenen Programms ermitteln sowie Änderungen am Kompositionsmodell durchführen. Lesende Modelloperationen nennen wir *Modellanfragen*, da sie das Kompositionsmodell nicht ändern. Modellanfragen sind Prädikate und Funktionen, deren Interpretation $\mathcal{I}_\mathcal{K}$ durch ein konkretes Kompositionsmodell $\mathcal{K}$ beschrieben wird. Modelloperationen, welche das Kompositionsmodell durch Hinzufügen oder Entfernen von Programmfragmenten sowie durch Änderung von Attributwerten einzelner Programmfragmente verändern, nennen wir *Modelltransformationen*.

5.2.3.1 Ausführbarkeit von Modelloperationen

Modelloperationen nutzen Attribute der einzelnen Programmfragmente. Die Berechnung der Attributwerte kann zurückgeführt werden auf Attributierungsregeln einer *Attributgrammatik* (*AG*). Attributgrammatiken wurden in KNUTH (1968) und KNUTH (1971) zur formalen Beschreibung der statischen Semantik einer Programmiersprache eingeführt. Eine ausführliche

Einführung in AGs ist in GOOS und WAITE (1984) zu finden. Im Folgenden wird die darin benutzte Notation verwendet.

Die Syntax eines strukturellen oder funktionalen Programmfragments wird durch eine Produktion $p \in P : X_0 \rightarrow X_1 \ldots X_n$ der AG beschrieben, wobei P die Menge aller Produktionen der AG ist. Sei $A(X)$ die Menge aller Attribute der Produktion p eines Symbols X und $X.a$ ein Attribut dieser Menge. Weiterhin sei $R(p)$ die Menge aller Attributierungsregeln $X_i.a := f(\ldots, X_j.b, \ldots) \in R(p), 0 \leq i, j \leq n$ einer Produktion p. Die in AGs üblicherweise angegebenen Konsistenzbedingungen über Attributen einer Produktion p kann als spezielles boolesches Attribut $X.konsistent$ aufgefasst werden. Die Menge aller in einer Produktion p definierten Attribute sei $AF(p)$:

$$AF(p) := \{X_i.a \mid p : X_0 \rightarrow X_1 \ldots X_n, 0 \leq i \leq n, X_i.a := f(\ldots) \in R(p)\}$$

Der Wert von $X.a$ ist entweder *vorbestimmt* (atomar), wie zum Beispiel der Bezeichner einer Methode, oder aber $X.a$ wird durch eine Attributierungsregel $X.a := f(\ldots) \in R(p')$ innerhalb einer Produktion p' *berechnet*, wobei jedes Attribut $X.a$ durch maximal eine Attributierungsregel berechnet wird.

Für so genannte vollständige AGs, was für AGs von Programmiersprachen zutrifft, kann die Menge $A(X)$ hinsichtlich der Produktionen, in denen die verschiedenen Attribute aus $A(X)$ berechnet werden, in die disjunkten Mengen *synthetisierte* Attribute $AS(X)$ und *ererbte* Attribute $AI(X)$ zerlegt werden:

$$AS(X) = \{X.a \mid \exists p : X \rightarrow \chi \in P \wedge X.a \in AF(p)\}$$
$$AI(X) = \{X.a \mid \exists q : Y \rightarrow \mu X \nu \in P \wedge X.a \in AF(q)\}$$

Eine Attributierungsregel definiert den Wert eines Attributs $X.a$ im Fall $X.a \in AI(X)$ entweder im Kontext der Oberproduktion $Y \rightarrow \mu X \nu$ oder im Fall $X.a \in AS(X)$ im Kontext der Unterproduktion $X \rightarrow \chi$. Attribute hängen durch die in den Attributierungsregeln angegebenen Funktionen $f(\ldots)$ in vielfältiger Weise voneinander ab, da einzelne Attribute Parameter von Funktionen zur Berechnung weiterer Attribute sind. Auf Grundlage der Betrachtung von Eigenschaften dieser Abhängigkeiten stehen im Übersetzerbau verschiedene Verfahren zur Ableitung statischer Auswerter zur Verfügung. Ein Auswerter ist definiert durch eine Reihenfolge (Ax), in der die Attribute $AI(X)$ und $AS(X)$ der einzelnen Produktionen berechnet werden können. Die Erstellung geeigneter Auswerter für eine Programmiersprache ist allerdings nicht Gegenstand dieser Arbeit. Wir setzen eine geeignete Auswertungsreihenfolge (Ax) voraus. Eine einfache Ausführungsreihenfolge ist zum Beispiel durch die links abwärts berechenbaren Attributgrammatiken $LAG(1)$ gegeben. Hier werden die Attribute einer Produktion $p \in P : X_0 \rightarrow X_1 \ldots X_n$ in der Reihenfolge $AI(X_0), AI(X_1), AS(X_1), AI(X_2), \ldots, AS(X_n), AS(X_0)$ berechnet. Die Auswertung erfolgt in diesem Fall entlang der durch einen auf rekursivem Abstieg basierenden Zerteilung eines Programms.

Auswertungsreihenfolgen werden üblicherweise nur für vollständige Programme angegeben. Es wird dabei garantiert, dass alle Attribute auswertbar sind und im Falle eines semantisch korrekten Programms auch fehlerfrei berechnet werden. Ein fehlerhaftes Programm führt dazu, dass Fehler bei der Berechnung einzelner Attribute auftreten. Das Kompositionsmodell stellt allerdings nicht zu jedem Zeitpunkt ein vollständiges Programm dar. Daher können auch nicht notwendigerweise zu jedem Zeitpunkt alle Attribute ausgewertet werden und die darauf aufbauenden Modellanfragen und Modelltransformationen ausgeführt werden. Für ein nicht-ausgewertetes Attribut $X.a$ müssen daher zwei Gründe unterschieden werden:

1. Es stehen im momentanen Kontext nicht alle Informationen zur Berechnung des Attributs zur Verfügung. Dies stellt zunächst keinen Fehler hinsichtlich der statischen Semantik dar. Die Korrektheitskriterien **K1.2** (lokale statische Semantik) und **K2.3** (globale statische Semantik) sind daher nicht verletzt.

2. Das Attribut $X.a$ kann nicht ausgewertet werden, da durch die entsprechende Attributierungsregel ein Fehler angezeigt wird. In diesem Fall sind die Korrektheitskriterien **K1.2** und **K2.3** verletzt.

Ob ein Attribut $X.a$ einer Produktion p ausgewertet werden kann, hängt davon ab, ob alle hierzu notwendigen Attribute ausgewertet werden können. Dies kann aus dem Kontext des durch p beschriebenen Programmfragments (vgl. Definition 5.3) abgeleitet werden. Von Interesse ist hierbei die Frage, ab welchem Kontexttyp ein Attribut frühestmöglich ausgewertet werden kann. Diese Frage kann mit Hilfe einer Attributgrammatik für eine gegebene Auswertungsreihenfolge durch abstrakte Interpretation der Attributierungsregeln mit Hilfe des folgenden Algorithmus abgeschätzt werden:

Algorithmus 1 Abschätzung des minimalen Kontexts $\kappa_{X.a}$ zur Auswertung eines Attributs $X.a$

1: $X.a = \bot$
2: *worklist.enqueue*(X)
3: **while** $\neg worklist.empty() \wedge X.a = \bot$ **do**
4:     $N \leftarrow worklist.dequeue()$
    -- Erzeuge Auswertungsreihenfolge, welche nur die Attribute berücksichtigt,
    -- die in dem von N definierten Programmfragment vorkommen.
5:     $(Ax)' \leftarrow \{Ax_i \in (Ax) \mid Ax_i \subseteq AF(Y) \text{ mit } N \Rightarrow^* \mu Y \nu \Rightarrow^* \mu \chi \nu\}$
    -- Initialisiere Attribute als nicht auswertbar ($\bot$). Im Kontext X
    -- vorbestimmte Attribute werden als ausgewertet ($\top$) markiert.
6:     $\forall Ax_i \in (Ax) : \forall a \in Ax_i : a \leftarrow \bot$
7:     $\forall Ax_i \in (Ax)' : \forall a \in \{b \mid b \in Ax_i \wedge b \text{ ist vorbestimmt}\} : a \leftarrow \top$
    -- Betrachte die Attributierungsregeln in der vorgegebenen
    -- Auswertungsreihenfolge.
8:     **for** $Ax_i \in (Ax)'$ **do**
9:         **for all** $Y.a \in Ax_i$ **do**
10:             Sei $r : Y.a := f(Y_1.a, \ldots, Y_n.a)\}$ die Attributierungsregel für $Y.a$
            -- Falls alle zur Berechnung eines Attributs Y.a benötigten Attribute $Y_i.a$
            -- auswertbar sind, dann ist auch Y.a auswertbar.
11:             **if** $\forall i : Y_i.a = \top$ **then**
12:                 $Y.a \leftarrow \top$
13:             **end if**
14:         **end for**
15:     **end for**

16:     **if** $X.a = \top$ **then**
        - - *Falls X.a ausgewertet werden kann, dann ist N der minimale Kontext.*
17:         **return** N
18:     **else**
        - - *Falls X.a nicht ausgewertet werden kann, dann den Kontext*
        - - *um einen Schritt erweitern.*
19:         **for all** N' mit $S \Rightarrow^* \mu N' \nu \Rightarrow \mu' N \nu'$ **do**
20:             *worklist.enqueue(N')*
21:         **end for**
22:     **end if**
23: **end while**
24: **return** S

Grundidee des Algorithmus ist, bei Nichtauswertbarkeit eines Attributs $X.a$ den Kontext sukzessiv zu erweitern, um immer mehr auswertbare Attribute in der Attributierungsregel von $X.a$ nutzen zu können. Spätestens bei Betrachtung des Gesamtprogramms, im Algorithmus gegeben durch das Startsymbol S, muss jedes Attribut per Definition auswertbar sein. Eine Überabschätzung kommt dadurch zustande, dass die Semantik einer Attributierungsfunktion $f(\ldots)$ nicht genauer betrachtet wird. Letztere kann unter Umständen auch dann ausgewertet werden, falls nicht alle Parameter (vollständig) ausgewertet wurden. Dies ist dann der Fall, falls der Parameter in der Implementierung von $f(\ldots)$ nicht genutzt wird.

Beispiel 5.5: *Bestimmung von Auswertungskontexten einzelner Attribute*

Gegeben sei eine Attributgrammatik, welche unter anderem die Produktionen

$$
\begin{aligned}
x &: X \rightarrow Y & z_1 &: Z_1 \rightarrow \ldots \\
y &: Y \rightarrow Z_1 Z_2 Z_3 & z_2 &: Z_2 \rightarrow \ldots \\
& & z_3 &: Z_3 \rightarrow \ldots
\end{aligned}
$$

enthält. Weiterhin gelten folgende Attributierungsregeln:

$$
\begin{aligned}
X.a &\leftarrow \textit{vorbestimmt} & X.b &\leftarrow f_1(Y.d, Y.e) \\
Y.c &\leftarrow f_2(X.a) & Y.d &\leftarrow f_3(Z_1.f) & Y.e &\leftarrow f_4(Z_2.g, Z_3.h) \\
Z_1.f &\leftarrow f_5(Y.c) & Z_2.g &\leftarrow \textit{vorbestimmt} & Z_3.g &\leftarrow \textit{vorbestimmt}
\end{aligned}
$$

Diese führen zu den in Abbildung 5.8 dargestellten Abhängigkeiten.

Die Menge der ererbten und synthetisierten Attribute für die Produktionen x, y und z_i ist:

$$
\begin{aligned}
x &: AI(X) = \{X.a\} & AS(X) &= \{X.b\} \\
y &: AI(Y) = \{Y.c\} & AS(Y) &= \{Y.d, Y.e\} \\
z_1 &: AI(Z_1) = \{Z_1.f\} & AS(Z_1) &= \emptyset \\
z_2 &: AI(Z_2) = \{Z_2.g\} & AS(Z_2) &= \emptyset \\
z_3 &: AI(Z_3) = \{Z_2.h\} & AS(Z_3) &= \emptyset
\end{aligned}
$$

Vorbestimmte Attribute werden aus Sicht einer Produktion als ererbtes Attribut behandelt. Die Aus-

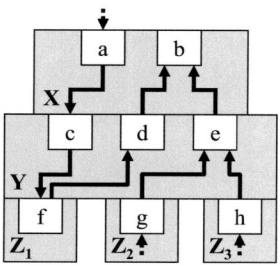

Abbildung 5.8: Attributabhängigkeiten

wertung nach dem $LAG(1)$-Schema ergibt folgende Reihenfolge:

$$(Ax) = AI(X)AI(Y)AI(Z_1)AS(Z_1)AI(Z_2)AS(Z_2)AI(Z_3)AS(Z_3)AS(Y)AS(Z)$$

Die Anwendung des Algorithmus 1 zur Bestimmung des frühestmöglichen Auswertungskontextes der Attribute $A(Y)$ ergibt:

Iteration 1: $N = Y$

- Auswertungsreihenfolge (ohne leere Attributmengen):

$$(Ax)' = AI(Y)AI(Z_1)AI(Z_2)AI(Z_3)\,AS(Y)$$

- Auswertung der Attributierungsregeln:

$AI(Y):\ Y.c \leftarrow f_2(X.a) = f_2(\bot) = \bot$ $AS(Y): Y.d \leftarrow f_3(Z_1.f) = f_3(\bot) = \bot$
$AI(Z_1): Z_1.f \leftarrow f_5(Y.c) = f_5(\bot) = \bot$ $Y.e \leftarrow f_4(Z_2.g, Z_3.h) = f_4(\top, \top) = \top$
$AI(Z_2): Z_2.g \leftarrow vorbestimmt = \top$
$AI(Z_3): Z_3.g \leftarrow vorbestimmt = \top$

Iteration 2: $N = X$

- Auswertungsreihenfolge (ohne leere Attributmengen):

$$(Ax)' = AI(X)AI(Y)AI(Z_1)AI(Z_2)AI(Z_3)AS(Z_3)AS(Y)AS(Z)$$

- Auswertung der Attributierungsregeln:

$AI(X):\ X.a \leftarrow vorbestimmt = \top$ $AS(Y): Y.d \leftarrow f_3(Z_1.f) = f_3(\top) = \top$
$AI(Y):\ Y.c \leftarrow f_2(X.a) = f_2(\top) = \top$ $Y.e \leftarrow f_4(Z_2.g, Z_3.h) = f_4(\top, \top) = \top$
$AI(Z_1): Z_1.f \leftarrow f_5(Y.c) = f_5(\top) = \top$ $AS(X): X.b \leftarrow f_1(Y.d, Y.e) = f_1(\top, \top) = \top$
$AI(Z_2): Z_2.g \leftarrow vorbestimmt = \top$
$AI(Z_3): Z_3.g \leftarrow vorbestimmt = \top$

Das Attribut $Y.e$ ist somit bereits im Kontext $\kappa_{Y.e} = Y$ auswertbar, wohingegen das Attribut $Y.d$ erst im Kontext $\kappa_{Y.d} = Z$ ausgewertet werden kann.

Für ein Programmfragment, welches gegebenenfalls noch in ein den Kontext definierendes Programmfragment eingebettet ist, kann zwischen der Menge der in diesem Kontext auswertbaren und der nicht auswertbaren Attribute unterschieden werden. Dies erlaubt eine Definition der Konsistenz eines Programmfragments:

Definition 5.13 (Konsistenz eines Programmfragments)
Ein Programmfragment pf ist konsistent, falls alle Werte auswertbarer Attribute von pf sowie alle auswertbaren Attribute der in pf enthaltenen Programmfragmente im momentanen Kontext fehlerfrei berechnet werden können.

Bemerkung: Die Definition schließt insbesondere auch das die Konsistenz zwischen den Attributwerten beschreibende boolesche Attribut $X.konsistent$ ein. Dieses muss im Falle der Auswertbarkeit den Wert *wahr* besitzen.

Wie eingangs erwähnt, nutzen Modelloperationen einfache Attribute sowie ggf. weitere Modelloperationen. Diese bestimmen, ob eine Modelloperation auf einem Programmfragment ausgeführt werden kann oder nicht.

Definition 5.14 (Minimaler Ausführungskontext einer Modelloperation)
Sei op eine Modelloperation, $A_{op} = \{a_i\}$ die Menge der in op benutzten Programmfragmentattribute, welche jeweils im Kontext κ_{a_i} ausgewertet werden können. Weiterhin sei $O_{op} = \{op_i\}$, welche jeweils den minimalen Ausführungskontext κ_{op_i} besitzen. Dann ist der minimale Ausführungskontext κ_{op} der Operation op definiert als der maximale Kontext der Elemente von A_{op} und O_{op}:

$$\kappa_{op} = \max(\max(A_{op}), \max(O_{op}))$$

Die zur Bestimmung des Maximums benötigte Ordnungsrelation ist durch $X \Rightarrow^* \mu Y \nu \;\Rightarrow\; X > Y$ gegeben. Bei Rekursion gilt die jeweils erste Anwendung einer Produktion.

Typischerweise existiert in *AG*s mindestens ein Attribut, dessen Wert ausgehend vom Startsymbol *S* an alle weiteren Produktionen vererbt wird. Es handelt sich hierbei um das Attribut $X.umgebung \in AI(X)$, welches unter anderem in einer sog. Namenstabelle Verweise auf Deklarationen enthält. Diese werden zum Beispiel zur Auflösung von Namen benötigt. Der Inhalt des Attributs $X.umgebung$ kann dabei an vielen Stellen verändert werden. Da für diese Attribute $X.umgebung$ der pessimistisch abgeschätzte Auswertungskontext $\kappa_{X.umgebung} = S$ gilt, führt dies für viele nicht vorbestimmte Attribute und den darauf aufbauenden Modelloperationen dazu, dass sie erst bei Kenntnis des vollständigen Programms ausgewertet bzw. ausgeführt werden können.

In der praktischen Anwendung des Algorithmus 1 kann es daher zur besseren Abschätzung des minimalen Auswertungskontextes sinnvoll sein, das Attribut $X.umgebung$ und die dieses Attribut nutzenden Attributierungsfunktionen genauer zu betrachten. Speziell ist von Interesse, ob die Verwendung eines Namens aufgelöst werden kann. Dies kann z. B. während der abstrakten Interpretation einer Attributierungsregel $X.b \leftarrow definiert(X.umgebung, X.a)$ durch symbolische Nutzung eines Prädikats $bindung(X.a)$ an Stelle von $\bot$ erreicht werden. Im Umkehrschluss bedeutet dies allerdings auch, dass der abgeschätzte minimale Auswertungskontext nicht mehr statisch festgelegt ist, sondern eine Funktion eines konkreten Programmfragments ist.

5.2.3.2 Modellanfragen

Auf die Attribute der Programmfragmente kann mit Hilfe von Modellanfragen zugegriffen werden, wie z. B. auf die Ergebnisse einer Namens- und Typanalyse. Neben den atomaren und synthetisierten Attributen können noch weitere Informationen über den momentanen Kompositionszustand $\mathcal{K}_x$ bereitgestellt werden, wie z. B. Struktur- und Querverweisinformationen, oder die Aufzählung bestimmter Punkte im Daten- und Kontrollfluss. Modellanfragen verändern ein Kompositionsmodell nicht, da sie nur lesend auf Attribute der einzelnen Programmfragmente zugreifen. Die Menge aller Modellanfragen, welche an ein Programmfragment pf gerichtet werden können, bezeichnen wir mit $\mathcal{A}_{pf}$. Eine Übersicht über die im Kompositionsmodell unterstützten Modellanfragen ist in Anhang A.1 zu finden.

5.2.3.3 Modelltransformationen

Modelltransformationen verändern ein Kompositionsmodell, indem Programmfragmente dem Kompositionsmodell hinzugefügt oder entnommen werden. Sie stellen somit die Primitiven zur Umsetzung der Kompositionsoperatoren der einzelnen Belange dar. Die Menge aller Modelltransformationen eines Programmfragments pf bezeichnen wir mit $\mathcal{T}_{pf}$. Eine Übersicht über die unterstützten Modelltransformationen ist in Anhang A.2 zu finden.

Die Modelltransformationen des Kompositionsmodells sind sog. *primitive semantische Transformationen* (GENSSLER, 2004). Eine primitive semantische Transformation ist ein Tripel $t = (S, V, R)$ mit

- *Signatur S*, welche analog zu üblichen Funktionssignaturen ist. Der erste Parameter gibt typischerweise das primär zu transformierende Programmfragment an.

- *Vertrag $V = (pre_{\mathcal{I}_\mathcal{K}}, post(\mathcal{I}_\mathcal{K}))$*:

  - Die Vorbedingungen $pre_{\mathcal{I}_\mathcal{K}}$ sind ein prädikatenlogischer Ausdruck über der momentanen Interpretation $\mathcal{I}_\mathcal{K}$ des Kompositionsmodells.

  - Die Funktion $post(\mathcal{I}_\mathcal{K})$, welche die Interpretation eines Kompositionsmodells $\mathcal{I}_\mathcal{K}$ in eine neue Interpretation $\mathcal{I}'_\mathcal{K}$ überführt. Diese wird mit Hilfe von Aktualisierungsfunktionen $a[x/y]$ spezifiziert, welche die neuen Werte y von Attributen bzw. Modellanfragen a für Programmfragmente x beschreibt.

  Eine detaillierte Spezifikation der Vorbedingungen und der Aktualisierungsfunktion für die einzelnen Modelltransformationen ist in KUTTRUFF (2002) zu finden.

- *Rumpf R*, einer Liste von *syntaktischen Transformationen*, welche einzelne Programmfragmentkompositionen oder -dekompositionen durchführen. Eine *Primärtransformation* führt die beabsichtigte Transformation durch (z. B. die Änderung des Bezeichners eines benannten Programmfragments), während *Sekundärtransformationen* die Konsistenz des Kompositionsmodells sicherstellen (z. B. durch Anpassung aller Zugriffe auf ein benanntes Programmfragment), indem eine fehlerfreie Neuberechnung bereits ausgewerteter Attribute ermöglicht wird. Sekundärtransformationen dienen daher der Sicherstellung des Korrektheitskriteriums **K2.3** (globale statische Semantik).

Eine syntaktische Transformation entspricht der Änderung eines einzigen Eintrags der globalen Kompositionstabelle bzw. eines einzigen Attributs eines Programmfragments, während eine primitive semantische Transformation mehrere Einträge bzw. Attribute geschlossen anpasst. Sofern das zu transformierende Programmfragment sowie sein Kontext konsistent sind und die Vorbedingungen $pre_{\mathcal{I}_{\mathcal{K}}}$ vor der Ausführung der semantischen Transformation gelten, so wird durch die Umsetzung der Transformation konstruktiv sichergestellt, dass das Programmfragment und sein Kontext nach der Durchführung wiederum in einem konsistenten Zustand sind.

Während der Transformation werden freie Programmfragmente mit anderen Programmfragmenten verschränkt. Hierdurch ändert sich typischerweise der Kontext des eingesetzten Programmfragments, was dazu führen kann, dass vormals nicht auswertbare Attribute im neuen Kontext auswertbar sind. Dies wird nach der Durchführung einer semantischen Transformation geprüft und die neu auswertbaren Attribute werden berechnet, wobei ein Fehler während der Berechnung des Attributwerts zum Abbruch der Transformation führt. Durch sukzessive Berechnung dieser Attributwerte wird letztendlich zusammen mit den Sekundärtransformationen die Einhaltung des Korrektheitskriteriums **K2.3** garantiert.

5.2.4 Annotation von Programmfragmenten

Um Modelltransformationen an den durch die einzelnen Programmfragmente definierten impliziten Webepunkten ausführen zu können, müssen die Programmfragmente innerhalb des Kompositionsmodells zunächst selektiert werden. Während benannte Programmfragmente bei Kenntnis der entsprechenden Namen noch einfach selektiert werden können, so ist dies bei allgemeinen funktionalen Programmfragmenten wie Anweisungen und Ausdrücken meist nicht mehr der Fall. Für allgemeine Anweisungen und Ausdrücke sind oftmals nur sehr einfache zur Selektion genutzte Eigenschaften statisch und dynamisch analysierbar, wie zum Beispiel die sich durch Modelltransformationen immer wieder ändernde Position eines Elements innerhalb der Kindliste des Vaterelements.

Aber auch bei benannten strukturellen Programmfragmenten kann es sinnvoll sein, diese nicht anhand ihres Namens zu selektieren, da sich dieser zum Beispiel im Laufe der (Weiter-)Entwicklung der Domänenimplementierung ändern könnte. Insbesondere bei der Nutzung regulärer Ausdrücke zur Spezifikation mehrerer ähnlich benannter Programmfragmente wie zum Beispiel in $Meth^*['**.set*']$ zur Selektion aller Methoden, welche mit dem Präfix set beginnen, kann es unbeabsichtigt zur Selektion zusätzlicher oder aber nicht aller geplanter Programmfragmente kommen, falls Namenskonventionen nicht eingehalten oder aber Namen geändert wurden. Dieses Problem ist im aspektorientierten Programmieren als das Problem fragiler Schnitte bekannt (engl. *fragile pointcut problem*), welches zum Beispiel in GYBELS und BRICHAU (2003), KOPPEN und STÖRZER (2004) und KELLENS et al. (2006) erläutert wird. Das Problem lässt sich insbesondere bei Verletzungen von Entwicklungskonventionen nicht vermeiden, aber es kann zumindest in vielen Fällen durch die Kombination mehrerer Auswahlkriterien eingeschränkt werden, sofern entsprechende Analysen wie im vorgestellten Kompositionsmodell zur Verfügung stehen. So lässt sich zum Beispiel die obige Selektion von Attributwerte setzenden Methoden robuster gestalten, indem zusätzlich überprüft wird, ob die selektierte Methode einerseits kurz ist und andererseits in ihr eine Zuweisung an ein Attribut erfolgt.

In KOPPEN und STÖRZER (2004) sowie verfeinert in STÖRZER (2007) wird ein Verfahren namens *Pointcut Delta Analysis* vorgestellt, mit welchem das Problem geänderter Namen bei der Evolution eines Programms angegangen werden kann. Grundidee ist hierbei, die Menge der durch einen Schnitt ermittelten Anknüpfungspunkte vor und nach einem Evolutionsschritt zu vergleichen und Änderungen dem Nutzer zu melden. Es handelt sich somit um ein Diagnoseverfahren und stellt keine Lösung für die Selektionsproblematik bereit.

Die Schwierigkeit der Selektion der tatsächlich benötigten Programmfragmente kommt dadurch zustande, dass den Programmfragmenten vom Entwickler eine bestimmte Ausführungssemantik zugestanden wird, die Selektion aber auf Grundlage struktureller oder durch die statische Semantik der Programmiersprache bestimmter Eigenschaften beschrieben werden muss.

Durch einen während der Entwicklung sinnvoll vergebenen Namen eines benannten Programmfragments wird bereits eine gewisse Ausführungssemantik mit diesem Element assoziiert. Der Wert des Attributs „name" eines Programmfragments, welches durch die Modellanfrage name(bf) abgefragt werden kann, beschreibt somit eine semantische Eigenschaft. KICZALES und MEZINI (2005b) oder auch KELLENS et al. (2006) zeigen, dass die Selektion von Programmfragmenten bzw. Webepunkten unterstützt werden kann, indem Programmfragmente mit Hilfe von *Annotationen* markiert werden. Durch den Entwickler angegebene Annotationen definieren zusätzliche Attribute zur Beschreibung weiterer semantischer Eigenschaften der jeweiligen Programmfragmente. Ein solches Attribut kann zum Beispiel die Rolle einer Klasse innerhalb des Entwurfs oder eine Laufzeiteigenschaft einer Anweisungsliste spezifizieren.

Existierende Verfahren im Bereich des aspektorientierten Programmierens erlauben typischerweise nur Annotationen der strukturellen Programmfragmente Klasse, Methode und Attribut. Die Annotation feingranularer Elemente wie Anweisungen und Ausdrücke ist meist nicht möglich. Eine Ausnahme bildet der in EADDY und AHO (2006) vorgestellte Ansatz, welcher auch die Annotation einzelner Anweisungen zulässt. Das vorgestellte Kompositionsmodell sieht die Annotation *aller* Programmfragmenttypen, also insbesondere auch von feingranularen Typen wie Anweisungen und Ausdrücken vor. Zusätzlich zu dieser bereits in GENSSLER (2004) vorgestellten Möglichkeit erlaubt das in dieser Arbeit verwendete Kompositionsmodell auch die Annotation von *zusammenhängenden Listen funktionaler Programmfragmente* gleicher Schachtelungstiefe. Somit können nicht nur einzelne Anweisungen markiert und damit auch selektiert und transformiert werden, sondern auch ganze Abschnitte innerhalb einer Methode. Dies ist notwendig, falls die Abschnitte aus verschiedenen Gründen nicht in eigene Methoden ausgelagert werden sollen, zum Beispiel um die sichtbare funktionale Schnittstelle im später ausgelieferten Programm nicht unnötig aufzublähen.[5] Die unterstützten Modellan-

---

[5]Im Prinzip lassen sich einzelne Anweisungen stets in eine eigene Prozedur auslagern, welche dann entsprechend annotiert wird. Dies führt aber sehr schnell zu einer unnatürlichen Zerlegung des Systems, und zwar nur, um die Möglichkeit zur Selektion von Anweisungen während der Kompositionsphase bereitzustellen. Zwar können moderne Übersetzer durch Inlining die mit einem Methodenaufruf verbundenen Laufzeiteinbußen in vielen Fällen gering halten, die unnatürliche Systemzerlegung bleibt allerdings im Quelltext vor-

fragen zum Umgang mit Annotationen sind im Anhang in Abschnitt A.1.7 aufgeführt.

Beispiel 5.6: *Annotation einer Anweisungsliste*

Die variantenabhängigen Implementierungen der `run()`-Methode der Klasse `RobotArm` aus Beispiel 4.3 auf Seite 93 sollen mit Hilfe von Modelltransformationen aus einer Basisimplementierung erstellt werden. Hierzu ist es für eine Variante notwendig, mehrere Anweisungen in einen `synchronized`-Block einzufügen. Diese Anweisungen beschreiben die Interaktion eines Roboterarms mit der Verarbeitungsmaschine. Die Anweisungen können wie folgt markiert werden:

```
 1  public void run() {
 2    while (true) {
 3      Item deliveredItem = null, newItem = fetchNewItem();
 4
 5      // @annotationbegin name="robotMachineInteraction"
 6      processingMachine.acceptItem(newItem);
 7      Thread.yield();
 8      deliveredItem = processingMachine.deliverItem();
 9      // @annotationend name="robotMachineInteraction"
10
11      putAwayItem(deliveredItem);
12    }
13  }
```

Durch Suchen einer Annotation mit Namen `robotMachineInteraction` kann der entsprechende Block von Anweisungen identifiziert werden.

5.3 Betrachtungen zur technischen Umsetzung des Bauplans

Der Bauplan C ist ein Metaprogramm, welches die im vorangegangenen Abschnitt betrachteten Aufgaben algorithmisch löst. Die Anweisungen des Metaprogramms werden dabei sequentiell nacheinander ausgeführt. Das Metaprogramm kann zur besseren Strukturierung in einzelne Unterprogramme aufgeteilt werden. Die Ausführung des Metaprogramms wird gesteuert durch die Belangparameter sowie den Ergebnissen von Modellanfragen an den momentanen Stand des Kompositionsmodells $\mathcal{K}_x$. Zur Spezifikation des Metaprogramms stehen Schleifen sowie Konstrukte zur bedingten Ausführung zur Verfügung. Der Bauplan arbeitet direkt auf dem Kompositionsmodell, d. h. die globale Kompositionstabelle wird nur implizit durch das Kompositionsmodell beschrieben. Das Hinzufügen und ggf. das Entfernen einzelner Programmfragmente erfolgt durch invasive Programmfragmentkomposition an expliziten und impliziten Webepunkten innerhalb $\mathcal{K}_x$. Sind die Vorbedingungen $pre_{P,\mathcal{I}_{\mathcal{K}_x}}$ des Vertrags V erfüllt, so garantiert der Bauplan konstruktiv, dass nach seiner Ausführung die Zusicherungen

---

handen, was insbesondere dann ein Problem ist, falls der Quelltext der erstellten Produktvariante noch im Rahmen weiterer Entwicklungsaktivitäten genutzt wird.

$assert_{P,\mathcal{I}_{\mathcal{K}_x \oplus B}}$ erfüllt sind. Das Kompositionsmodell befindet sich nach der Ausführung des Bauplans im neuen Zustand $\mathcal{K}_{x+1} = \mathcal{K}_x \oplus B$.

Das Metaprogramm setzt den in Abschnitt 4.2.3.1 vorgestellten Ansatz zur Vermeidung von Redundanzen in Kompositionsoperatoren unterschiedlicher Varianten um. Es beschreibt für einen Belang B_x die Vereinigung aller in diesem Belang gekapselten Kompositionsoperatoren $\oplus_{B_x \to B_y}^{v}$ und $\oplus_{B_y \to B_x}^{v}$ für die unterschiedlichen Belange B_y und Varianten v. Die Gemeinsamkeiten der einzelnen Kompositionsoperatoren werden herausfaktorisiert und in Form von immer ausgeführten Anweisungslisten spezifiziert, die Umsetzung der Unterschiede wird durch bedingte Ausführung einzelner Anweisungslisten sichergestellt.

5.3.1 Binden bereitgestellter geschachtelter Belange

Der Bauplan eines Belangs B kann Programmfragmente komponieren, welche durch geschachtelte Belange bereitgestellt werden. Andererseits kann die Komposition eines geschachtelten Belangs B_i mit dem momentanen Kompositionszustand $\mathcal{K}_x$ dazu führen, dass Webepunkte innerhalb von $\mathcal{K}_x \oplus B_i$ bereitgestellt werden, welche im weiteren Verlauf durch den Bauplan von B selektiert werden. In beiden Fällen müssen die geforderten Parameter der geschachtelten Belange bereits vor der Durchführung der Programmfragmentkomposition gebunden sein, damit die Baupläne der geschachtelten Belange B_i ausgeführt werden können.

Der Durchführung der Programmfragmentkomposition vorgelagert ist daher ein explizites Binden von durch den Belang B bereitgestellten geschachtelten Belangen an geforderte Parameter weiterer geschachtelter Belange, und damit insbesondere auch an die als variable geschachtelte Belange behandelten Parameter von B. Die Bindung erfolgt mit Hilfe einer Funktion

```
binde(prov, req)
```

mit welcher ein bereitgestellter Belang `prov` an einen geforderten Parameter `req` gebunden werden kann.

5.3.2 Durchführung der Programmfragmentkomposition

Ausgehend von den im vorangegangenen Abschnitt 5.1.4 identifizierten Aufgaben *Bestimmung Webepunkte* und *Bereitstellung Programmfragmente* ergeben sich für den Bauplan eines Belangs B konzeptionell vier Phasen zur Durchführung der notwendigen Programmfragmentkompositionen:

1. *Selektion der benötigten Webepunkte*

   Dies entspricht der Bestimmung der einzelnen (pf_p, i)-Tupel der globalen Kompositionstabelle. Die Selektion einzelner Webepunkte erfolgt innerhalb des momentanen Standes des Kompositionsmodells $\mathcal{K}_x$ sowie innerhalb der Programmfragmentschablone *PFS* des Belangs B.

2. *Auswahl und Instantiierung oder Generierung der einzufügenden Programmfragmente*

   Dies entspricht der Bereitstellung der rechten Seite eines Eintrags $(pf_p, i) \leftarrow pf_c$ der globalen Kompositionstabelle. Je nach zu erstellender Variante v werden einzelne geschachtelte Belange von B ausgewählt, deren Baupläne jeweils eines der benötigten Programmfragmente zurückliefern. Mit Hilfe der Funktion

   $$\text{ausprägung}(pfs):\texttt{Fragment}$$

   kann aus der gegebenen Programmfragmentschablone *PFS* ein konkretes Programmfragment erzeugt werden. Alternativ kann eine Programmfragmentschablone *pfs* auch algorithmisch unter Zuhilfenahme von Ergebnissen der in Anhang A.1 aufgelisteten Modellanfragen berechnet (d. h. generiert) werden.

3. *Einfügen der Programmfragmente in die in der ersten Phase bestimmten Webepunkte*

   Dies entspricht dem Hinzufügen eines neuen Eintrags $(pf_p, i) \leftarrow pf_c$ in die globale Kompositionstabelle. Umgesetzt wird dies durch Anwendung der in Anhang A.2 aufgelisteten Modelltransformationen.

4. *Delegation an Baupläne geschachtelter Belange*

   Ein Bauplan kann die Durchführung weiterer Programmfragmentkompositionen explizit an Baupläne geschachtelter Belange delegieren.

Bemerkung: Die explizite Trennung von Phase drei (Programmfragmentkomposition) und Phase vier (Delegation) stellt keine Einschränkung dar. Eine Einschränkung läge dann vor, falls für nicht erlaubte Baupläne der Bauart

```
1  Modelloperationen op₁
2  // Delegation an geschachtelten Belang
3  execute(B_geschachtelt);
4  Modelloperationen op₂
```

keine äquivalenten Baupläne ausgedrückt werden könnten. Dies ist aber immer möglich, da in diesem Fall die Programmfragmentkompositionen aus op_2 durch den Bauplan eines zusätzlichen geschachtelten Belangs B_{op_2} beschrieben werden können, an welchen delegiert wird:

```
1  // Einfuegen der Programmfragmente (Phase 3)
2  Modelloperationen op₁
3  // Delegation an geschachtelte Belange (Phase 4)
4  execute(B_geschachtelt);
5  execute(B_op₂);
```

Die erste Phase des Bauplans ändert den momentanen Kompositionszustand $\mathcal{K}_x$ nicht, da nur lesend auf das Kompositionsmodell zugegriffen wird. Es ist somit insbesondere ohne Seiteneffekte möglich, die erste Phase des Bauplans mehrmals in unterschiedlichen Kompositionszuständen $\mathcal{K}_y, x \neq y$ auszuführen. Wir werden diese Eigenschaft zur Erkennung von Konflikten in Kapitel 7 ausnutzen. Die Menge der in Phase eins bestimmten Webepunkte ändert sich in der dritten Phase nicht, auch dann nicht, falls sich die zur Bestimmung von Webepunkten benutzten Analyseergebnisse während der Programmfragmentkomposition in Phase drei ändern. Die Menge der Webepunkte wird somit nicht angepasst. Hierdurch ist die Terminierung der Programmfragmentkomposition sichergestellt, da in Phase drei über eine feste, endliche Menge von Webepunkten iteriert wird.

5.3.3 Ausführungskontext

Sowohl die Bestimmung der notwendigen Webepunkte als auch die Bereitstellung von Programmfragmenten und deren Komposition im Kompositionsmodell basieren oftmals auf Ergebnissen von Modellanfragen sowie auf Modelltransformationen. In Abschnitt 5.2.3 haben wir veranschaulicht, dass einige dieser Operationen erst ausgeführt werden dürfen, falls bestimmte Kontextinformationen zur Verfügung stehen.

In Kapitel 6 zeigen wir, dass die Komposition der einzelnen Programmfragmente in unserem Ansatz zum Teil *bottom-up* erfolgt, d. h. vor der Erzeugung grobgranularer Programmfragmente werden zunächst die später darin eingebetteten feingranularen Programmfragmente erzeugt. Das Kompositionsmodell $\mathcal{K}$ ist somit nicht zu jedem Zeitpunkt ein vollständiger AST, sondern kann auch ein Wald von Teil-ASTs sein, wobei die Teil-ASTs jeweils freie Programmfragmente sind.

Einzelne Teile des Bauplans eines Belangs sind aufgrund der benutzten Modelloperationen darauf angewiesen, dass der Kontext des Programmfragments, an welches die Modelloperation gerichtet ist, einen bestimmten Programmfragmenttyp besitzt. Der Bauplan, und mit ihm der Vertrag V, wird daher falls notwendig in einzelne Teile zerlegt. Ein solcher Teilbauplan beschreibt für einen sog. *Ausführungskontext*, wie die im vorangegangenen Abschnitt beschriebenen vier Phasen umsetzt werden.

Definition 5.15 (Ausführungskontext eines Bauplans / eines Vertrags)
Die auszuführenden Operationen eines Bauplans C bzw. die zu prüfenden Bedingungen eines Vertrags V innerhalb eines Ausführungskontexts κ werden durch C^{κ} bzw. V^{κ} beschrieben. Der Ausführungskontext κ wird durch die Angabe des zugehörigen Programmfragmenttyps spezifiziert.

Der Ausführungskontext ist gemäß der Programmfragmenthierarchie geordnet. Eine Ordnung für JAVA wäre zum Beispiel:

$$\bot <_{\kappa} Methode <_{\kappa} Klasse <_{\kappa} Paket <_{\kappa} System = \top$$

Das minimale Element $\bot$ beschreibt den Fall, dass der Bauplan keine Modelloperationen nutzt. Ein Beispiel hierfür ist, dass mit Hilfe der Funktion `ausprägung`(PFS) ein Programmfragment erzeugt und dem Kompositionsmodell $\mathcal{K}$ als *freies* Programmfragment hinzufügt wird. Es wird also insbesondere nicht mit Hilfe von Modelloperationen mit bereits existierenden Programmfragmenten verknüpft. Diese Komposition erfolgt später durch einen umgebenden Belang.

5.3.4 Rückgabewert

Ein Bauplan eines Belangs B *kann* einen Rückgabewert haben. Dies ist genau dann der Fall, falls B genau einen Programmfragmenttyp als (evtl. transitiv ererbten) Obertyp hat, d. h. es gilt $|O_{fragmenttyp}| = 1$. In diesem Fall liefert der Bauplan einen Verweis auf das durch die Funktion `ausprägung`(*PFS*) erzeugte Programmfragment zurück. Da es sich bei diesem Programmfragment oftmals um ein freies Programmfragment handelt, kann es durch Modellanfragen später nicht in allen Fällen wieder ermittelt werden. Die durch den Bauplan zurückgegebene Referenz löst dieses Problem.

Für alle anderen Fälle von Obertypen (d. h. $| O^{fragmenttyp} | \neq 1$) liefert ein Bauplan den Nullwert `null` zurück.

Bemerkung: Die Rückgabe eine Programmfragments durch den Bauplan bedeutet *nicht*, dass durch geschachtelte Belange keine weiteren Programmfragmente erzeugt und dem Kompositionsmodell hinzugefügt wurden.

5.3.5 Delegation an geschachtelte Belange

Wie bereits erwähnt kann ein Bauplan C die Durchführung weiterer Programmfragmentkompositionen an die Baupläne geschachtelter Belange delegieren. Hierbei gilt der Ausführungskontext des Bauplans C des umgebenden Belangs B auch für den Bauplan des geschachtelten Belangs. Der Bauplan C steuert dabei das Zusammenspiel der Baupläne der geschachtelten Belange B_i, indem die Ausführungsreihenfolgen und ggf. die bedingte Ausführung dieser Baupläne festgelegt wird. Der Bauplan C muss konstruktiv sicherstellen, dass durch die Ausführung der Baupläne der Belange B_i sowie durch die in C durchgeführten Operationen die Zusicherung $assert_{P,\mathcal{I}_{\mathcal{K}_x \oplus B}}$ erfüllt wird.

Bei der Delegation gilt das Geheimnisprinzip. Sind die Vorbedingungen $pre_{P,\mathcal{I}_{\mathcal{K}_y}}$ eines geschachtelten Belangs B_i erfüllt, so garantiert der Bauplan von B_i, dass die Zusicherungen $assert_{P,\mathcal{I}_{\mathcal{K}_y \oplus B_i}}$ eingehalten werden. Wie die einzelnen Programmfragmente des geschachtelten Belangs B_i erzeugt und dem Kompositionszustand $\mathcal{K}_y$ hinzugefügt werden, bleibt dem Bauplan C des umgebenden Belangs B verborgen. Die Auswirkungen der Ausführung des Bauplans eines geschachtelten Belangs auf das Kompositionsmodell ist dem Bauplan des umgebenden Belangs dagegen bekannt. Der Bauplan des umgebenden Belangs muss jeweils sicherstellen, dass die Vorbedingungen vor der Delegation an den Bauplan eines geschachtelten Belangs erfüllt sind.

Die Delegation an den Bauplan eines geschachtelten, möglicherweise als Parameter übergebenen Belangs B_i erlaubt es, aus Sicht des aufrufenden Bauplans auch querliegende Belange als Einheit aufzufassen. Der Bauplan des querliegenden Belangs B_i selektiert alle benötigten, innerhalb des Kompositionsmodells $\mathcal{K}_x$ verteilten Webepunkte und fügt die durch geschachtelte Belange von B_i bereitgestellten Programmfragmente an den Webepunkten ein. Aus Sicht des aufrufenden Bauplans ist es somit nebensächlich, ob es sich bei dem Bauplan, an den delegiert wird, um den Bauplan eines kapselbaren oder querliegenden Belangs handelt.

5.4 Zuordnung von Kompositionsoperatoren zu Belangen

Die Kapselung von Kompositionsoperatoren $\oplus^v_{B_x \to B_y}$ und $\oplus^v_{B_y \to B_x}$ zusammen mit Programmfragmenten PF^v_B bildet die Grundlage für die Spezifikation eines Belangs als Kompositionseinheit sowie einer deklarativen Angabe der zu erstellenden Variante. Allerdings wurde bisher nicht betrachtet, welchem Belang B_x oder B_y ein Kompositionsoperator $\oplus^v_{B_x \to B_y}$ zugeordnet werden sollte. Dies ist eine Entwurfsentscheidung, die ein Domänenentwickler während der Domänenentwicklung treffen muss. Wie im Falle von Entwurfsentscheidungen während einer rein objektorientierten Zerlegung, kann diese Entscheidung durch Entwurfsheuristiken bzw. Best-Practice-Leitfäden unterstützt werden. Es existiert typischerweise nicht „die beste" Zuordnung von Kompositionsoperatoren zu Belangimplementierungen. Im Rest dieses Abschnitts werden daher einige *Zuordnungsheuristiken* angegeben.

Eine Zuordnungsheuristik ergibt sich aus der Bestimmbarkeit von Webepunkten. In der Praxis kann der Fall auftreten, dass die zur Komposition zweier Belange B_x und B_y notwendigen Webepunkte einfacher durch den Bauplan C_{B_x} als durch C_{B_y} bestimmt werden können. So kann zum Beispiel der Bauplan eines Belangs B_x bereits auf explizite Webepunkte innerhalb der Programmfragmentschablone *PFS* von B_x zugreifen, noch bevor ein konkretes Programmfragment mit Hilfe der Funktion ausprägung(*PFS*) erzeugt und mit Hilfe von Modelloperationen dem Kompositionsmodell $\mathcal{K}$ hinzugefügt wurde. Darüber hinaus kann es in bestimmten Fällen aus Validierungsgesichtspunkten erwünscht sein, dass die zur Komposition mit einem Belang B_y notwendigen Webepunkte innerhalb von B_x durch den Bauplan von B_x ausgewählt werden.

Heuristik 5.1 (Zuordnung anhand der Bestimmbarkeit von Webepunkten)
Können die notwendigen Webepunkte w_y eines Belangs B_x innerhalb eines Belangs B_y nur schwer aus Sicht von B_x bestimmt werden, so ordne den Kompositionsoperator $\oplus^v_{B_x \to B_y}$ dem Belang B_y zu.

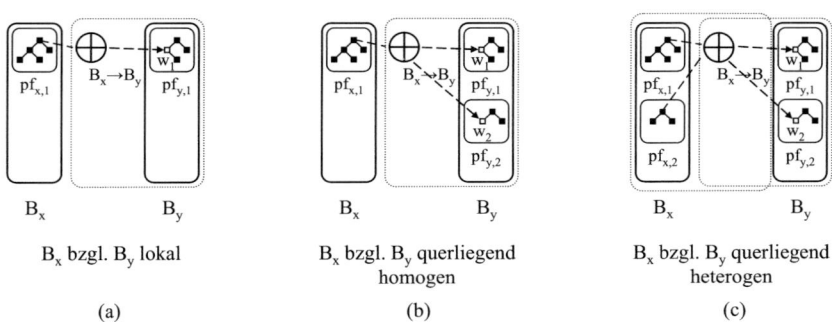

	B_x	B_y		B_x	B_y		B_x	B_y
	B_x bzgl. B_y lokal			B_x bzgl. B_y querliegend homogen			B_x bzgl. B_y querliegend heterogen	
	(a)			(b)			(c)	

Abbildung 5.9: Beispiele für die Zuordnung des Kompositionsoperators

Abbildung 5.9 zeigt einige Beispiele für mögliche Zuordnungen eines Kompositionsoperators $\oplus^v_{B_x \to B_y}$ zu den Belangen B_x und B_y. Im ersten Teil *(a)* der Abbildung ist der B_x *lokal* bezüglich B_y, d. h. B_x kann durch ein Programmfragment $pf_{x,1}$ umgesetzt werden, welches an genau einem Webepunkt innerhalb der Programmfragmente von B_y eingefügt werden muss. Gehen wir davon aus, dass B_x eine Verfeinerung in Form eines geschachtelten (optionalen) Belangs von B_y ist, z. B. eine notwendige Methode, die in eine Klasse eingefügt werden muss, so macht es Sinn, den Kompositionsoperator $\oplus^v_{B_x \to B_y}$ in B_y zu kapseln. In diesem Fall kann der Bauplan von B_y das Zusammenspiel mit anderen geschachtelten Belangen einfacher umsetzen, da die hierzu notwendigen Fallunterscheidungen lokal auf den Bauplan von B_y beschränkt sind.

Heuristik 5.2 (Zuordnung im Fall einer Verfeinerungsrelation)
Besteht die Implementierung eines Belangs B_x aus wenigen Programmfragmenten $PF^v_{B_x}$ und ist B_x eine Verfeinerung eines Belangs B_y, so ordne den Kompositionsoperator $\oplus^v_{B_x \to B_y}$ dem Belang B_y zu.

Diese Heuristik ist nicht auf kapselbare Belange beschränkt. Teil *(b)* der Abbildung 5.9 zeigt einen bezüglich Belang B_y querliegenden homogenen Belang B_x. Hier kann die Zuordnung des Kompositionsoperators $\oplus^v_{B_x \to B_y}$ an den Belang B_y sinnvoll sein, falls es sich bei B_x um eine Verfeinerung handelt. Ein Beispiel für diesen Fall ist der Belang `Elementtyp`, welcher bezüglich eines Belangs `Keller` querliegend homogen ist, da die Typreferenzfragmente an mehreren Stellen innerhalb der Programmfragmente von `Keller` eingefügt werden müssen.

Im letzten Teil *(c)* der Abbildung 5.9 gehen wir davon aus, dass die Belange B_x und B_y in keiner Verfeinerungsrelation stehen. In diesem Fall kann der Kompositionsoperator $\oplus^v_{B_x \to B_y}$ beiden Belangen zugeordnet werden. Eine Möglichkeit, die Zuordnung des Kompositionsoperators zu entscheiden, ist die Einbeziehung der Nutzungswahrscheinlichkeit $P(B)$ eines Belangs in den einzelnen Varianten.

Heuristik 5.3 (Zuordnung anhand der Nutzungswahrscheinlichkeit)
Sei $P(B)$ die Wahrscheinlichkeit, dass ein Belang B Teil einer Variante ist. Ein Kompositionsoperator $\oplus^v_{B_x \to B_y}$ wird dann dem Belang B_x zugeordnet, falls $P(B_x) < P(B_y)$ gilt. Für den Fall $P(B_x) > P(B_y)$ wird der Kompositionsoperator $\oplus^v_{B_x \to B_y}$ dem Belang B_x zugeordnet.

Grundidee dieser Heuristik ist die Vermeidung von „Gottbauplänen", d. h. von Bauplänen, welche sehr viele Kompositionsoperatoren für viele Varianten umsetzen. Solche Baupläne können sehr groß und komplex werden, da sie viele Fallunterscheidungen bezüglich der zu erstellenden Variante durchführen müssen und in jedem Zweig die zur Komposition erforderlichen Operationen spezifizieren müssen. Indem die Kompositionsoperatoren zur Komposition eines Belangs B_y mit einem weniger benutzten Belang B_x letzterem zugeordnet werden, kann die Komplexität des Bauplans von B_y verringert werden. Insgesamt lässt sich somit eine bessere Verteilung der Gesamtkomplexität der Baupläne erreichen.

Abbildung 5.10 zeigt ein mögliches Zusammenspiel der vorgestellten Heuristiken. Hierbei ist $\oplus^v_{B_x \to B_y}$ der zuzuordnende Kompositionsoperator (kurz $\oplus$), PF_x und PF_y die Programmfragmente der Belange B_x bzw. B_y und w_y die zur Komposition von B_x und B_y notwendigen Webepunkte innerhalb von PF_y.

5.5 Zusammenfassung

In diesem Kapitel haben wir unser Metamodell zur Repräsentation eines Belangs innerhalb der Domänenimplementierung vorgestellt. Ein Belang kapselt für alle Varianten alle zur Um-

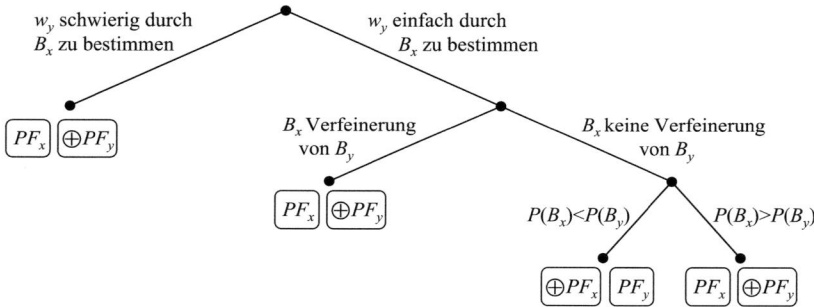

Abbildung 5.10: Heuristik zur Zuordnung des Kompositionsoperators

setzung erforderlichen Programmfragmente. Die Möglichkeit zur Schachtelung von Belangen erlaubt eine direkte Abbildung der Belang-Verfeinerungshierarchie, insbesondere auch dann, falls es sich um einen querliegenden Belang handelt, welcher sich nicht direkt auf Elemente der Verfeinerungshierarchie der Programmiersprache abbilden lässt.

Jeder Belang besitzt einen Typ, welcher die Semantik des Belangs bzw. der gekapselten Programmfragmente beschreibt. Unser Metamodell sieht die Parametrisierung von Belangen mit anderen Belangen vor, wodurch sich variantenspezifische, durch den Nutzer spezifizierbare variable geschachtelte Belange umsetzen lassen. Mit welchen Belangen ein Belang parametrisiert werden kann, wird durch eine Menge von typisierten formalen Parametern dokumentiert. Zusammen mit einem zusätzlichen Vertrag bilden diese die für den Anwendungsentwickler sichtbare Schnittstelle eines Belangs. Mit Hilfe des Vertrags lassen sich die Kompositionsregeln der Domänenanalyse sowie weitere, mit Hilfe von Ergebnissen einer statischen Programmanalyse formulierbare Programmeigenschaften spezifizieren.

Der Bauplan eines Belangs ist die geschlossene Spezifikation aller innerhalb eines Belangs gekapselten Kompositionsoperatoren. Er wählt je nach zu erstellender Variante die benötigten geschachtelten Belange aus, parametrisiert sie und delegiert ggf. an einen Bauplan eines geschachtelten Belangs. Die durch einen Belang bzw. durch geschachtelte Belange bereitgestellten Programmfragmente werden innerhalb des Kompositionsmodells verschränkt. Wir haben in diesem Kapitel das Metamodell des Kompositionsmodells vorgestellt. Dieses beschreibt Struktur und Zusammenhänge der verschiedenen Programmfragmenttypen. Zusätzlich definiert es Modellanfragen, welche die Ergebnisse einer statischen Analyse des durch ein Kompositionsmodell repräsentierten Programms liefern, sowie Modelltransformationen, durch die einzelne invasive Programmfragmentkompositionen durchgeführt werden. Der Bauplan eines Belangs nutzt diese Modelloperationen zur Selektion von Webepunkten sowie zur Durchführung der einzelnen Programmfragmentkompositionen. Im folgenden Kapitel untersuchen wir den Prozess der Belangkomposition genauer.

Kapitel 6

Komposition von Belangimplementierungen

Das im vorangegangenen Kapitel vorgestellte Belangmodell erlaubt es, die einzelnen unter-stützen Belange einer Produktlinie als voneinander abgegrenzte Einheiten zu implementieren. Eine einzelne Belangimplementierung stellt allerdings in den seltensten Fällen ein vollständi-ges Programm dar: Mehrere Belangimplementierungen müssen miteinander komponiert wer-den, um die gewünschte Produktvariante zu erhalten. Die Komposition erfolgt innerhalb des ebenfalls im vorangegangenen Kapitel definierten Kompositionsmodells. Die einzelnen Pro-grammfragmente der Belangimplementierungen werden durch Nutzung von Modelltransfor-mationen innerhalb dieses Kompositionsmodells miteinander verschränkt.

Der Prozess der Komposition der Belangimplementierungen ist Teil der Anwendungsentwick-lung. Untrennbar damit verbunden ist der Prozess der Konfiguration der Produktlinie, in wel-chem das aus der Domänenimplementierung abzuleitende Programm beschrieben wird (siehe Abbildung 6.1). In Abschnitt 6.1 wird daher der Konfigurationsprozess zunächst genauer be-leuchtet. Es wird untersucht, wie ein Nutzer der Domänenimplementierung das zu erstellende Programm auf Grundlage des Belangmodells hierarchisch und deklarativ spezifizieren kann (Abschnitt 6.1.1). Vor der Komposition der Belangimplementierungen erfolgt eine Prüfung der angegebenen Konfigurationsspezifikation, um bereits zu diesem Zeitpunkt die Erstellung semantisch ungültiger Varianten zu verhindern (Abschnitt 6.1.2).

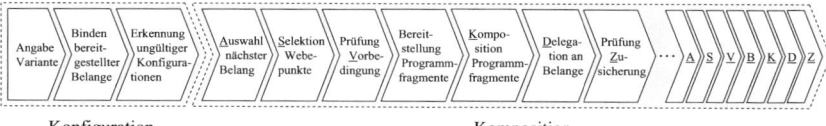

Konfiguration   Komposition

Abbildung 6.1: Schematischer Ablauf der Konfiguration und Komposition

Die Durchführung der Komposition der Belangimplementierungen wird zurückgeführt auf die invasive Komposition der durch die Belangimplementierungen gekapselten Programm-fragmente innerhalb des Kompositionsmodells. Die einzelnen Schritte der hierzu entwickel-ten Methode werden in Abschnitt 6.2 genauer aufgeführt. Hierbei wird insbesondere auf die verschiedenen Phasen des Bauplans fokussiert. Es werden unterschiedliche Verfahren zur Se-lektion von Webepunkten innerhalb des Kompositionsmodells erörtert (Abschnitt 6.2.2) sowie

Möglichkeiten der Bereitstellung der zu komponierenden Programmfragmente einer Belang-implementierung genauer untersucht (Abschnitt 6.2.3). Die Durchführung der Programmfrag-mentkomposition sowie die sich aus der Zusammensetzung mehrerer Modelltransformationen ergebende Notwendigkeit zur Unterstützung inkonsistenter Zustände des Kompositionsmo-dells werden in Abschnitt 6.2.4 diskutiert. Der in dieser Arbeit entwickelte Ansatz impli-ziert, dass die Reihenfolge der Komposition der Belangimplementierungen Auswirkungen auf Form und Anordnung der Programmfragmente im resultierenden Programm hat. Die Be-stimmung geeigneter Kompositionsreihenfolgen wird in Abschnitt 6.3 diskutiert.

6.1 Konfiguration einer Produktlinie

Der Prozess der Konfiguration einer Produktlinie hat zum Ziel, eine Menge $v \in \mathcal{V}$ anzugeben, welche die zu erstellende Variante kennzeichnet. Die Elemente von v sind Belange, welche in der zu erstellenden Variante umgesetzt sein sollen. Die Bestimmung der Menge v ist ein Prozessschritt während der Anwendungsentwicklung und wird daher vom Anwendungsent-wickler durchgeführt. Die einzelnen Belange werden in diesem Prozessschritt als gegeben vorausgesetzt, d. h. sie sind entweder Teil der Domänenimplementierung oder sie werden vor der Konfiguration anwendungsspezifisch implementiert.

6.1.1 Spezifikation einer konkreten Variante

Die Spezifikation einer Variante erfolgt nicht direkt durch Aufzählung der zu unterstützenden Menge v von Belangen, sondern auf Grundlage der Kompositionsschnittstellen der einzelnen Belange.

Definition 6.1 (Konfiguration eines Belangs)
Eine Konfiguration eines Belangs $B = (S, C, U, PFS)$ mit Schnittstelle $S = (N, P, O, V)$ ist eine Bindung der formalen Kompositionsparameter P an konkrete Werte. Die einzelnen Werte sind entweder konkrete Belange oder aber Werte der zusätzlich unterstützten primitiven Typen `Bool`, `Integer`, `Float` *oder* `String`.

Eine Konfiguration eines parametrisierbaren Belangs beschreibt einen konkreten Belang. Die-ser kann wiederum an einen Parameter eines anderen Belangs gebunden werden. Da die zu erstellende Variante einer Produktlinie eine Komposition von mehreren Belangen ist, wobei die Komposition mehrerer Belange wie in Abschnitt 2.1 beschrieben wiederum als Belang aufgefasst werden kann, ergibt sich hieraus, dass die Spezifikation einer konkreten Variante durch eine *hierarchische Konfiguration* der einzelnen Belange erfolgen kann. Die Wurzel der Hierarchie ist hierbei ein ausgezeichneter Belang, welcher die Produktlinie kennzeichnet. Die Struktur der Hierarchie ist durch die Parameter vorgegeben und resultiert aus der Verfeine-rungseigenschaft von Belangen, da Parameter wie in Abschnitt 5.1.3.2 beschrieben variable geschachtelte Belange repräsentieren.

Beispiel 6.1: *Konfiguration der Fertigungslinie*

Neben den bereits in Beispiel 5.3 auf Seite 118 aufgeführten Schnittstellen der Belange des Fertigungslinien-Beispiels sind für einen Anwendungsentwickler folgende weitere Belangschnittstellen sichtbar:

```
concern ProductionLine<RobotArm robotArm, required;
                       Control conrol, required;
                       Synchronization synchronization, optional;
                       ProcessingMachine machine, required> { ... }

concern RobotArm<Integer count, required> { ... }

concern ProcessingMachine<Recalibration recalibration, optional;
                          ItemQueuing itemQueueing, optional> { ... }
```

Zur Angabe einer Konfiguration des Belangs `ProductionLine`, welcher das zu erstellende Programm repräsentiert, müssen für die als Parameter erwarteten Belange mit Belangtypen `RobotArm`, `Control`, `Synchronization` und `ProcessingMachine` konkrete Belange angegeben werden. Hierzu müssen zunächst noch Konfigurationen für die Belange `RobotArm`, `Synchronization` und `ProcessingMachine` spezifiziert werden. Eine mögliche hierarchische Konfiguration der Fertigungslinie ist somit:

```
configuration ProductionLine<
                   RobotArm<3>,
                   Autonomous<>,
                   Synchronization<QueuingSynchronization, null>,
                   ProcessingMachine<null, ItemQueuing>
                   >;
```

Die Spezifikation einer konkreten Variante einer Produktlinie erfolgt *deklarativ*, d. h. die Angabe der zu unterstützenden Belange ist für die spätere Erstellung der Variante ausreichend. Es wird somit nur spezifiziert, *was* benötigt wird, aber nicht *wie* dies erreicht wird. Die zur Komposition notwendigen Kompositionsschritte werden durch die Baupläne der einzelnen Belange verborgen, welche nicht Teil der für den Anwendungsentwickler bestimmten öffentlichen Schnittstelle sind. Eine genauere Betrachtung der öffentlichen Schnittstelle eines Belangs durch den Anwendungsentwickler unterstützt diesen bei der Spezifikation einer Konfiguration für eine gültige Variante:

- Durch den *Typ T eines Parameters* wird die Menge der in Frage kommenden Belange der Domänenimplementierung für einen Parameter drastisch eingeschränkt, da nur Belange mit passendem Typ $T' \leq T$ an den Parameter gebunden werden dürfen. Auf dieser Grundlage ist es zum Beispiel möglich, Vorschläge für passende Belange innerhalb einer Entwicklungsumgebung zu machen. Darüber hinaus beschreibt der Typ eines Belangs dessen Ausführungssemantik, so dass der Anwendungsentwickler sich im Klaren darüber ist, *was* er gerade konfiguriert.

- Die im *Vertrag V* angegebenen und einzuhaltenden Bedingungen helfen dem Anwendungsentwickler bei der Auswahl gültiger Kombinationen von Belangen sowie gültiger Werte der Parameter.

Die Menge der zu komponierenden Belange v lässt sich in drei Teilmengen

$$v = v_{fest} \cup v_{nutzer} \cup v_{abhängig}$$

aufteilen. Die Menge v_{fest} ist die Menge aller Belange, welche in jeder Variante der Produktlinie enthalten ist. Technisch wird diese Menge rekursiv bestimmt, indem ausgehend von der Wurzel der Belanghierarchie durch die Baupläne der Belange aus v_{fest} jeweils weitere solcher Belange ausgewählt werden. Die Teilmenge v_{nutzer} ergibt sich aus den im Rahmen der Angabe der Bindungen der einzelnen Belangparameter genutzten Belange. Die letzte Teilmenge $v_{abhängig}$ ergibt sich schließlich durch Auflösen von Abhängigkeitsbedingungen zwischen Belangen aus $v_{fest} \cup v_{nutzer}$ und $\mathbb{B} \backslash (v_{fest} \cup v_{nutzer})$. Technisch wird die Menge $v_{abhängig}$ wiederum durch die Baupläne der Belange aus $v_{fest} \cup v_{nutzer}$ bestimmt. Da sowohl v_{fest} als auch $v_{abhängig}$ automatisch durch Baupläne bestimmt werden, kapseln diese domänenspezifisches Konfigurationswissen. Die Baupläne setzen somit die in CZARNECKI und EISENECKER (2000) beschriebenen Konfigurationsgeneratoren (engl. *configuration generator*) um. Ziel bei der Entwicklung einer Produktlinie sollte sein, die Größe der durch den Anwendungsentwickler anzugebenden Teilmenge v_{nutzer} möglichst klein zu halten. Dies kann z. B. dadurch erreicht werden, dass Parameter von in allen Varianten enthaltenen Belangen durch Parameter eines umgebenden Belangs erfasst werden und die Parametrisierung des geschachtelten Belangs durch den Bauplan des umgebenden Belangs erfolgt (vgl. Abschnitt 5.3.1). Somit müssen nur noch die benötigten Parametrisierungen der nichtvariablen Belange durch den Anwendungsentwickler explizit angegeben werden, nicht aber die nichtvariablen Belange selbst.

Beispiel 6.2: *Vereinfachte Konfiguration der Fertigungslinie*

Nach Abbildung 5.4 auf Seite 119 kann die Auswahl der verschiedenen Synchronisationsbelange auf Grundlage von Abhängigkeiten zu anderen Belangen bestimmt werden, d. h. sie können der Menge $v_{abhängig}$ zugeordnet werden. Die Belange RobotArm und ProcessingMachine sind Teil jeder Variante der Fertigungslinie. Sie können somit der Teilmenge v_{fest} zugeordnet werden. Durch den Anwendungsentwickler müssen allerdings noch die Parameter für RobotArm und Processing-Machine angegeben werden. Dies kann an der Schnittstelle des Belangs ProductionLine erfolgen, dessen Bauplan die konkreten Werte an RobotArm bzw. ProcessingMachine weiterleitet. Somit ergibt sich für den Belang ProductionLine folgende Kompositionsschnittstelle:

```
concern ProductionLine<Integer count, required;
                       Control conrol, required;
                       Recalibration recalibration, optional;
                       ItemQueuing itemQueueing, optional> { ... }
```

Gegenüber Beispiel 6.1 ist eine Konfiguration einfacher anzugeben, da weder ein expliziter Verweis auf die Belange RobotArm und ProcessingMachine erfolgen noch eine passende Synchronisierung angegeben werden muss. Dies zeigt die folgende Konfigurationsspezifikation, welche die gleiche Konfiguration wie in Beispiel 6.1 beschreibt:

```
configuration ProductionLine<3,
                             Autonomous<>,
                             null,
                             ItemQueuing<> >;
```

6.1.2 Erkennung ungültiger Varianten

Nach Definition 2.7 auf Seite 45 ist eine gültige Variante ein Programm P, welches die Korrektheitskriterien aus Abschnitt 4.3.2 erfüllt. Die Einhaltung des Korrektheitskriteriums **K3.1** (Abhängigkeiten zwischen Merkmalen) kann bereits *vor* der Komposition der Belangimplementierungen überprüft werden. Sofern **K3.1** erfüllt wird, müssen auch die Korrektheitskriterien der Ebenen zwei und eins eingehalten werden. Dies muss durch den Domänenentwickler bei der Erstellung der Domänenimplementierung konstruktiv sichergestellt werden. Der Anwendungsentwickler hat hierauf bei ausschließlicher Nutzung von durch die Domänenimplementierung bereitgestellten Belangen keinen Einfluss. Für ihn von Interesse ist daher die Antwort auf die Frage, ob eine von ihm angegebene Konfigurationsspezifikation zu einer gültigen Variante führt.

Die Prüfung erfolgt auf Basis der Belangparameter P, des Vertrags V sowie der angegebenen Konfigurationen der zu komponierenden Belange aus v. Es müssen folgende Bedingungen geprüft werden:

- Alle *vorgeschriebenen* Parameter sind an Werte ungleich **null** gebunden. Einzelne Parameter werden nicht durch eine explizite Angabe innerhalb einer Konfigurationsspezifikation durch den Anwendungsentwickler gebunden, sondern durch den Bauplan eines umgebenden Belangs. Daher müssen vor der Prüfung, wie in Abschnitt 5.3.1 beschrieben, zunächst bereitgestellte geschachtelte Belange durch den Bauplan an die entsprechenden Parameter gebunden werden.

- Für alle an Werte mit Typ T' gebundenen Parameter mit deklariertem Typ T wird die Typrestriktion $T' \leq T$ eingehalten.

- Für alle Belange $B \in v$ werden die Vorbedingungen *pre* aus $V_B^\perp$ für den minimalen Ausführungskontext $\perp$ eingehalten. Diese Teile der Verträge V können bereits für ein leeres Kompositionsmodell $\mathcal{K}_1 = \varnothing$ ausgewertet werden. Wie in Abschnitt 5.1.3.3 beschrieben, werden sie genutzt, um zusammen mit den Typschranken das Korrektheitskriterium **K3.1** zu formalisieren.

Die Erkennung ungültiger Varianten ausgehend von hierarchischen, deklarativen Konfigurationsspezifikationen wird somit auf Typprüfung sowie die Prüfung statisch auswertbarer Verträge zurückgeführt.

Während der Anwendungsentwicklung kann dem Prozess der Konfiguration noch die Entwicklung anwendungsspezifischer Ausprägungen abstrakter Belange vorangehen. Sowohl diese anwendungsspezifischen Belangimplementierungen als auch die der Domänenimplementierung müssen einerseits dazu führen, dass *nach* der Komposition das Korrektheitskriterium **K3.2** (erfolgreiche Tests) eingehalten wird. Andererseits müssen aber auch die Korrektheitskriterien der Ebenen zwei und eins eingehalten werden. Falls letzteres nicht der Fall ist, handelt es sich um einen *Implementierungsfehler*, und nicht um eine fehlerhafte Konfigurationsspezifikation. Die Nichteinhaltung dieses Korrektheitskriteriums kann neben der Offenlegung von Implementierungsfehlern auch darauf hinweisen, dass die Bedingungen zur Prüfung des Korrektheitskriteriums **K3.1** fehlerhaft oder unvollständig sind.

Die Einhaltung der Korrektheitskriterien **K2.1** (Eindeutigkeit des resultierenden Programms), **K2.2** (globale Bedingungen) und **K2.3** (nichtlokale statische Semantik) sowie die Einhaltung der Korrektheitskriterien **K1.1** (Syntax) und **K1.2** (lokale statische Semantik) während lokaler Programmfragmentkompositionen werden *während* der Komposition der Belangimplementierungen überprüft. Eine Vorabprüfung ist wünschenswert, aber in der Praxis nur schwer durchführbar, da zur Prüfung Ergebnisse von Modellanfragen benötigt werden, welche einerseits zur Formulierung von Bedingungen über statisch analysierbaren Programmeigenschaften, aber auch zur Bestimmung von Webepunkten und Programmfragmenten genutzt werden.

Die Prüfung der Kriterien **K1.1**, **K1.2** und **K2.3** erfolgt innerhalb des Webers mit Hilfe üblicher syntaktischer und semantischer Analysen des Übersetzerbaus. Die hierzu notwendigen Bedingungen müssen weder vom Domänenentwickler noch vom Anwendungsentwickler explizit angegeben werden. Sie sind direkt im Metamodell des Kompositionsmodells bzw. im Weber hinterlegt. Die zur Einhaltung des Korrektheitskriteriums **K2.2** formulierten Vorbedingungen *pre* und Zusicherungen *assert* innerhalb eines Vertrags *V* werden gemäß dem momentanen Ausführungskontext des Bauplans vor bzw. nach dessen Ausführung geprüft. Die Beachtung des Ausführungskontexts ist notwendig, da Bedingungen aus *pre* oder *assert* Modellanfragen nutzen können, welche erst in einem bestimmten Ausführungskontext zur Verfügung stehen. Die Zusicherung der Eindeutigkeit des resultierenden Programms, wie es das Korrektheitskriterium **K2.1** fordert, wird in Kapitel 7 genauer betrachtet.

6.2 Komposition der Belangimplementierungen im Kompositionsmodell

Ausgehend von einer aus einer Konfigurationsspezifikation ermittelten Menge $v \in \mathcal{V}$ von zu komponierenden Belangen müssen, wie in Abbildung 6.1 gezeigt, durch einen Weber für jeden Belang B folgende Schritte zur Komposition mit dem momentanen Stand des Kompositionsmodells $\mathcal{K}_x$ durchlaufen werden:

1. *Auswahl* der als nächstes dem Kompositionsmodell hinzuzufügenden Belangimplementierung. Die Auswahl erfolgt durch den Weber auf Grundlage von impliziten und expliziten Reihenfolgebedingungen.

2. *Selektion* der benötigten Webepunkte. Dies ist die Phase eins des Bauplans (vgl. Abschnitt 5.3.2).

3. *Auswertung der Vorbedingungen pre* des Vertrags *V*. Falls die Vorbedingungen nicht erfüllt sind, wird die Komposition mit einem Fehler abgebrochen.

4. *Bereitstellung* der einzufügenden Programmfragmente (Phase zwei des Bauplans).

5. *Komposition* der Programmfragmente an den selektierten Webepunkten (Phase drei des Bauplans). Befindet sich das Kompositionsmodell $\mathcal{K}$ vor diesem Schritt im Kompositionszustand $\mathcal{K}_x$, dann befindet es sich nach der Durchführung der Programmfragmentkomposition im Kompositionszustand $\mathcal{K}_{x+1} = \mathcal{K}_x \oplus B$.

6. *Delegation* an Baupläne geschachtelter Belange (Phase vier des Bauplans). Die angegebene Reihenfolge der Delegationen muss für den momentanen Ausführungskontext κ durch den Weber eingehalten werden.

7. *Prüfung der Zusicherungen assert* des Vertrags *V*. Falls diese nicht erfüllt sind, wird die Komposition mit einem Fehler abgebrochen.

Im Folgenden werden wir die zentralen Schritte *Auswahl des nächsten Belangs*, *Selektion von Webepunkten*, *Bereitstellung von Programmfragmenten* sowie *Komposition der Programmfragmente* genauer betrachten.

6.2.1 Auswahl des nächsten Belangs

Die Komposition der einzelnen Belange B_x erfolgt durch sequentielle Ausführung der Baupläne C_{B_x}. Die Reihenfolge, in der die Belangimplementierungen dem Kompositionsmodell hinzugefügt werden, wird durch eine *Kompositionsreihenfolge* festgelegt.

Definition 6.2 (Kompositionsreihenfolge)
Eine Kompositionsreihenfolge π ist eine umkehrbare Abbildung, welche jeder Zahl $x \in [1, n]$, dem sog. Kompositionsschritt, einen Index $\pi(x) = i_k$ zuordnet:

$$\pi = \begin{pmatrix} 1 & 2 & \dots & n \\ i_1 & i_2 & \dots & i_n \end{pmatrix}, \; i_k \in \{1, 2, \dots, n\} \setminus \{i_1, i_2, \dots, i_{k-1}\}$$

Ein Index i_k beschreibt einen in einer Variante $v = \{B_1, \dots, B_n\}$ ausgewählten Belang B_{i_k} eindeutig. Die Umkehrung $\pi^{-1}(i_k) = x$ bildet einen Index auf einen Kompositionsschritt dieser Kompositionsreihenfolge ab.

Konkrete Kompositionsreihenfolgen π für eine gegebene Variante v werden auf Grundlage von Reihenfolgebedingungen sowie durch den Entwickler bei der Delegation an Baupläne geschachtelter Belange angegebener einzuhaltender Teilsequenzen berechnet. Dies wird in Abschnitt 6.3 genauer untersucht.

Wie in Abschnitt 4.3 gezeigt, lassen sich die einzelnen Baupläne als Unterprogrammaufrufe eines globalen Bauplans auffassen. Die Kompositionsreihenfolge spezifiziert somit die Ausführungssequenz der einzelnen Baupläne. Konzeptionell erfolgt die *Auswahl* des als nächstes zu komponierenden Belangs anhand des momentanen Kompositionsschritts. Dieser kann als Programmzähler *PC* des globalen Bauplans aufgefasst werden, d. h. der nächste Belang B_{i_k} ergibt sich durch $\pi(PC) = i_k$. Der Kompositionsschritt bzw. der Programmzähler *PC* wird nach der Komposition der Programmfragmente (Schritt fünf in Abschnitt 6.2) um eins erhöht. Delegationen an Baupläne geschachtelter Belange werden somit bezogen auf die Kompositionsreihenfolge als jeweils neue Komposition eines Belangs mit dem Kompositionsmodell betrachtet. Eine Besonderheit ist hier allerdings, dass die Nachbedingungen des delegierenden Belangs erst nach der Komposition der Belange, an deren Baupläne delegiert wird, überprüft werden. Dies ermöglicht es, Nachbedingungen anzugeben, welche sich aus der Komposition mehrerer geschachtelter Belange ergeben.

Das Kompositionsmodell, aus welchem ein durch eine Variante v und eine Kompositionsreihenfolge π gekennzeichnetes Programm $P_{v,\pi}$ generiert wird, durchläuft mehrere Zustände $\mathcal{K}_x$:

$$\varnothing = \mathcal{K}_1, \; \mathcal{K}_2 = B_{\pi(1)}, \; \mathcal{K}_3 = \mathcal{K}_2 \oplus B_{\pi(2)}, \; \dots, \; \mathcal{K}_{n+1} = \mathcal{K}_n \oplus B_{\pi(n)} \xrightarrow{\text{Generierung}} P_{v,\pi}$$

Definition 6.3 (Kompositionszustand)

Ein Kompositionszustand $\mathcal{K}_x$ ist ein Kompositionsmodell, welches für eine Variante v und eine Kompositionsreihenfolge π durch Ausführung der ersten $x - 1$ Baupläne entstanden ist:

$$\mathcal{K}_x = \varnothing \oplus B_{\pi(1)} \oplus B_{\pi(2)} \oplus \ldots \oplus B_{\pi(x-1)}$$

Die einzelnen Kompositionszustände $\mathcal{K}_x$ sind oftmals kein vollständiger Programm-AST, sondern aufgrund zahlreicher, noch nicht mit Vaterknoten verbundener freier Programmfragmente ein Wald von ASTs. Jeder Zwischenstand $\mathcal{K}_x$ definiert zudem jeweils eine konkrete Belegung einer Interpretation $\mathcal{I}_{\mathcal{K}_x}$. Diese beschreibt die momentanen Werte der Modellanfragen.

6.2.2 Selektion von Webepunkten

Die Selektion von Webepunkten ist die erste Phase des Bauplans eines Belangs. Sie kann strukturbasiert, typbasiert sowie namensbasiert erfolgen. Eine Eigenschaft dieser Phase ist, dass auf einen Kompositionszustand $\mathcal{K}_x$ nur lesend zugegriffen wird. Modelltransformationen sind nicht erlaubt. Die Selektion von Webepunkten entspricht der Bestimmung der so genannten Schnitte im aspektorientierten Programmieren, wie zum Beispiel die Berechnung eines *pointcut* in AspectJ. Gemäß der Klassifikation von Sprachen für solche Schnitte aus Störzer und Hanenberg (2005) (sog. *Pointcut*-Sprachen) wird in dieser Arbeit ein *spezifikationsbasierter* Ansatz verfolgt, d. h. die unterstützten Konstrukte erlauben eine Selektion von Webepunkten basierend auf einer Abstraktion des Quelltexts.

6.2.2.1 Namensbasierte Selektion

Die namensbasierte Selektion dient der Bestimmung *expliziter* Webepunkte. Diese werden direkt durch den angegebenen Namen innerhalb des momentanen Kompositionszustands $\mathcal{K}_x$ identifiziert. Durch namensbasierte Selektion lassen sich explizite Webepunkte nicht nur im Kompositionsmodell, d. h. innerhalb konkreter Programmfragmente, bestimmen, sondern bereits schon innerhalb der Programmfragmentschablone *PFS*, noch bevor eine Ausprägung in Form eines konkreten Programmfragments erstellt wurde. Die Identifikation expliziter Webepunkte erfolgt durch Nutzung üblicher aus dem Übersetzerbau bekannter lexikalischer Analysen. Dies ermöglicht es, ein freies Programmfragment *pf* bzw. allgemein einen Belang mit passendem Programmfragmenttyp bereits vor der Erzeugung einer Ausprägung von *PFS* an einen expliziten Webepunkt w innerhalb von *PFS* mit Hilfe der Funktion `binde(pf,w)` zu binden.

Namensbasierte Selektion kann genutzt werden, um mehrere Webepunkte mit gleichem Namen zu selektieren. Diese können dabei unterschiedliche deklarierte Typen $\tau_B(w)$ haben.

6.2.2.2 Typbasierte Selektion

Bei der typbasierten Selektion werden *explizite* Webepunkte w innerhalb $\mathcal{K}_x$ und *PFS* anhand des deklarierten Typs $\tau_B(w)$ des expliziten Webepunkts ausgewählt. Typbasierte Selektion kann die Typhierarchie der Belange nutzen, indem Webepunkte w mit deklariertem Typ $\tau_B(w)$ wie folgt selektiert werden:

- $\tau_B(w) = T$: Der deklarierter Typ entspricht genau einem angegebenen Typ T.
- $T < \tau_B(w)$: Der deklarierte Typ ist Obertyp eines angegebenen Typs T.
- $\tau_B(w) < T$: Der deklarierte Typ ist Untertyp eines angegebenen Typs T.

Wie im Fall der namensbasierten Selektion kann eine typbasierte Selektion von Webepunkten nicht nur innerhalb eines Kompositionszustands $\mathcal{K}_x$, sondern bereits in der Programmfragmentschablone *PFS* erfolgen. Dies ist möglich, da der deklarierte Typ mit Hilfe einfacher lexikalischer Analysen bestimmt werden kann, im Gegensatz zum syntaktischen Typ $\tau_{Syntax}(w)$, der erst nach der Erzeugung eines konkreten Programmfragments aus *PFS* ermittelt werden kann.

6.2.2.3 Strukturbasierte Selektion

Strukturbasierte Selektion nutzt die Struktur sowie die Belegung der Knotenattribute der einzelnen Programmfragmente innerhalb eines Kompositionszustands $\mathcal{K}_x$ zur Selektion *impliziter* Webepunkte. Letztere werden indirekt durch Programmfragmente bestimmt, indem ausgehend von einem Programmfragment *pf* die impliziten Webepunkte $\triangleleft$ und $\triangleright$ ausgewählt werden können. Die Selektion impliziter Webepunkte ist somit direkt verbunden mit der Bestimmung der die Webepunkte definierenden Programmfragmente. Hierzu ist es notwendig, mit Hilfe von Modellanfragen Aufsetzpunkte zu bestimmen, von denen aus entlang der Programmstruktur weiter zu den gesuchten Programmfragmenten navigiert werden kann. Die Aufsetzpunkte können auf unterschiedliche Arten gegeben sein:

- Bestimmte Programmfragmente können anhand ihres Namens identifiziert werden, wie zum Beispiel nichtanonyme Klassen, Attribute und Methoden. Um sie eindeutig identifizieren zu können, ist es oftmals notwendig, dass weitere Informationen wie der Namensraum bei Klassen, der Klassenkontext bei Attributen und Methoden oder zusätzliche Signaturangaben bei Methoden angegeben werden.

- Eine Übertragung des letzten Punktes auf allgemeine Programmfragmente kann mit Hilfe von explizit durch den Entwickler angegebenen Annotationen erfolgen. Wie in Abschnitt 5.2.4 beschrieben, sieht die Umsetzung unseres Ansatzes vor, dass alle Typen von Programmfragmenten annotiert werden können. Diese Annotationen können bei der Bestimmung von Aufsetzpunkten bzw. zur direkten Bestimmung der gesuchten Programmfragmente genutzt werden, indem nach Programmfragmenten gesucht wird, deren Annotation einen bestimmten Namen trägt sowie bestimmte weitere Parameterwerte definiert.

Mit Hilfe annotierter Programmfragmente ist es auf einfache Weise möglich, auch Teillisten einer Liste von Programmfragmenten zu selektieren, indem das erste und das letzte Programmfragment der Teilliste markiert werden. Hierdurch können zum Beispiel beliebige Anweisungssequenzen innerhalb eines Methodenrumpfs ausgewählt werden. Dies ermöglicht es, auch Programmfragmente und damit einhergehend die durch sie definierten impliziten Webepunkte innerhalb einer Methode zu selektieren, welche ansonsten über strukturelle Eigenschaften oder durch Kontrollflusseigenschaften nur sehr schwer zuverlässig beschrieben werden können.[1]

- Die durch die Funktion ausprägung(PFS) bzw. durch den Bauplan C_B eines Belangs B zurückgelieferten Programmfragmente können als Aufsetzpunkte genutzt werden. Dies kann insbesondere auch zu einem späteren Zeitpunkt erfolgen, an welchem diese Programmfragmente bereits mit anderen Programmfragmenten verschränkt wurden.

- Ein ausgezeichneter, programmglobaler Wurzelknoten wurzel kann als zentraler Einstiegspunkt zur weiteren Navigation innerhalb der Programmstruktur dienen. Dieser Knoten steht allerdings erst zur Verfügung, nachdem der maximale Ausführungskontext $\top$ erstmals erreicht wurde.

Durch die Nutzung der aus einer syntaktischen und semantischen Analyse ermittelten Werte der einzelnen Knotenattribute lassen sich im Vergleich zu vielen anderen Pointcut-Sprachen stabilere Spezifikationen zur statischen Selektion impliziter Webepunkte angeben, d. h. fragile Schnitte (KOPPEN und STÖRZER, 2004) können zum Teil vermieden werden. Beispielsweise lässt sich eine Methode zum Setzen eines Attributwerts nicht nur durch das Namensmuster 'set*' charakterisieren, sondern auch durch die Tatsache, dass sie wenige Anweisungen (z. B. kleiner drei) und eine Zuweisung an ein Attribut besitzt. Die ansonsten ebenfalls selektierte, nicht erwünschte Methode setup() kann hierdurch ausgeschlossen werden.

Beispiel 6.3: *Selektion von Webepunkten*

Abbildung 6.2 zeigt eine Programmfragmentschablone mit expliziten Webepunkten sowie das daraus erzeugte Programmfragment.

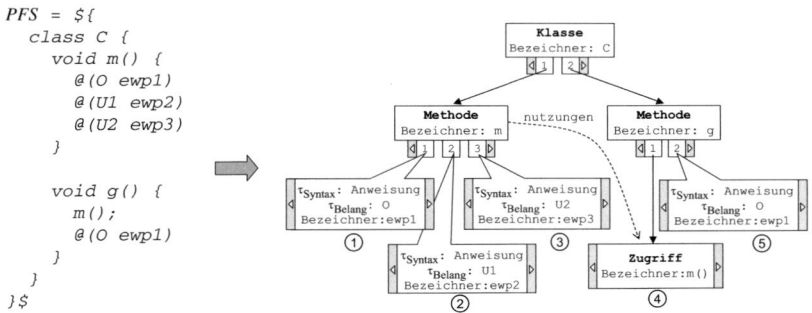

```
PFS = ${
    class C {
        void m() {
            @(O ewp1)
            @(U1 ewp2)
            @(U2 ewp3)
        }

        void g() {
            m();
            @(O ewp1)
        }
    }
}$
```

Abbildung 6.2: Selektion von expliziten und impliziten Webepunkten

Beispiele für namensbasierte Selektion expliziter Webepunkte:

---

[1]Die Angabe eines festen Indexbereichs $[i, j]$ einer Liste von Programmfragmenten ist zum Beispiel in der Praxis keine zuverlässige Möglichkeit zur Angabe einer Teilliste, da der Indexbereich von der zu erstellenden Variante und dem momentanen Kompositionszustand abhängt.

- `explizitName('ewp1') = {` ①, ⑤ `}`
- `explizitName('ewp2') = {` ② `}`
- Einsatz regulärer Ausdrücke: `explizitName('ewp*') = {` ①, ②, ③, ⑤ `}`

Sei Belang `O` ein direkter Obertyp von `U1` und `U2`. Beispiele für typbasierte Selektion:

- `explizitTyp(O) = {` ①, ⑤ `}` (entspricht $\tau_B(w) = $ `O`)
- `explizitUntertyp(O) = {` ②, ③ `}` (entspricht $\tau_B(w) < $ `O`)
- `explizitObertyp(U1) = {` ①, ⑤ `}` (entspricht `U1` $< \tau_B(w)$)
- `explizitTypOderObertyp(U1) = {` ①, ②, ⑤ `}` (entspricht `U1` $\leq \tau_B(w)$)

Neben den expliziten Webepunkten sind noch alle impliziten Webepunkte ◁ vor Nutzungen der Methode `m()` gesucht. Ein solcher impliziter Webepunkt ④ wird mit Hilfe strukturbasierter Selektion bestimmt. Der Aufsetzpunkt der Navigation über die Programmstruktur bildet die Klasse `C`, deren AST-Knoten mit Hilfe der Namensselektion $Cls^*['C']$ ermittelt wird. Ausgehend hiervon wird die Methode `m()` durch Suche in der Methodenliste `methoden` von `C` ausgewählt:

$$Cls^*['C'].\texttt{methoden}['m()']$$

Nun können mit Hilfe der Querverweisinformationen `nutzungen` alle Programmfragmente bestimmt werden, welche eine Nutzung der Methode `m()` repräsentieren. Die Menge der gesuchten impliziten Webepunkte ist somit:

$$\forall pf \in Cls^*['C'].\texttt{methoden}['m()'].\texttt{nutzungen}: (pf, \lhd)$$

In Phase eins des Bauplans müssen *alle* Webepunkte selektiert werden, an denen unter Umständen auch leere Programmfragmente eingefügt werden sollen. Viele Modelltransformationen aus Anhang A.2 beschreiben die lokale Komposition *eines* Programmfragments an genau *einem* Webepunkt. Notwendige sekundäre Transformationen sowie Aktualisierungsoperationen $a[x/y]$ beziehen sich oft nur auf Knotenattribute. Für wenige Modelltransformationen wie zum Beispiel `erzeugeParameter` ist dies nicht der Fall. Die notwendigen sekundären Transformationen fügen Programmfragmente an weiteren Webepunkten ein oder entfernen sie. Diese weiteren Webepunkte können durch den Entwickler mit Hilfe von Strukturnavigationen ermittelt werden. Problematisch hierbei ist, dass zur korrekten Selektion dieser Webepunkte die Umsetzung der Modelltransformation bekannt sein muss, d. h. die Komplexität der Modelltransformation wird nicht vor dem Entwickler verborgen. Mit Hilfe der Funktion

$$\texttt{abhängigeWebepunkte}(w, op): \texttt{Liste<Webepunkt>}$$

können daher alle Webepunkte sekundärer Transformationen für eine Modelloperation *op* an einem Webepunkt *w* bestimmt werden.

6.2.3 Bereitstellung von Programmfragmenten

Die Implementierung eines Belangs kapselt, wie in Abschnitt 4.2.3.1 vorgestellt, die Vereinigung der Programmfragmente mehrerer Varianten. Ziel dieser Phase des Bauplans ist es, die ursprüngliche Menge der Programmfragmente für eine konkrete zu erstellende Variante wieder herzustellen. Hierzu müssen drei Aufgaben betrachtet werden:

1. *Auswahl* der zu einer Variante gehörenden Programmfragmente.
2. *Instantiierung* von Programmfragmentschablonen
3. *Generierung* von Programmfragmenten

6.2.3.1 Auswahl von Programmfragmenten

Aus Definition 5.12 auf Seite 122 ergibt sich, dass sich die zu einer Variante gehörenden Programmfragmente einer Belangimplementierung sowohl aus der Programmfragmentschablone *PFS*, als auch aus den durch Baupläne geschachtelter Belange zurückgelieferten Programmfragmenten zusammensetzen. Die Auswahl der geschachtelten Belange und somit die Auswahl weiterer Programmfragmente neben *PFS* ist durch die Elemente der Menge v beschrieben. Technisch werden die geschachtelten Belange auf Basis der durch den Nutzer angegebenen Menge v_{nutzer} sowie den Belegungen der Belangparameter ausgewählt. Die zusätzlich ausgewählten Belange sind hierbei die Elemente aus v_{fest} und $v_{abhängig}$. Diese beiden Teilmengen von v werden somit nicht explizit aufgeführt, sondern sie sind nur implizit durch die Bereitstellung von Programmfragmenten sowie der bedingten Delegation an geschachtelte Belange definiert. Da der Bauplan algorithmisch spezifiziert wird, erfolgt die Formulierung der notwendigen Auswahlbedingungen als Bedingungen von Verzweigungsanweisungen.

6.2.3.2 Instantiierung von Programmfragmentschablonen

Jedes Programmfragment wird aus einer Programmfragmentschablone durch Instantiierung der Schablone erzeugt. Eine solche Programmfragmentschablone liegt in Form von eventuell noch an expliziten Webepunkten unvollständigem Quelltext in der jeweiligen Zielsprache vor. Mit Hilfe der Funktion

$$\texttt{ausprägung}(pfs)\texttt{:Fragment}$$

kann aus dieser Schablone ein konkretes Programmfragment erzeugt werden, d. h. der Quelltext wird mit Hilfe eines partiellen Zerteilers der Zielsprache in eine im Rahmen der invasiven Komposition benötigte AST-Darstellung überführt. Da nach Definition 5.7 der erwartete Programmfragmenttyp bekannt sein muss, kann das Programmfragment durch den für diesen Programmfragmenttyp geeigneten Teil des Zerteilers erzeugt werden. Hierbei wird bereits ein Teil des Korrektheitskriteriums **K1.1** (korrekte Syntax) geprüft, indem festgestellt wird, ob die Programmfragmentschablone syntaktisch dem erwarteten Programmfragmenttyp entspricht.

Eine Prüfung auf syntaktische Korrektheit ist allerdings nur möglich, falls die syntaktische Struktur des zu erstellenden Programmfragments vollständig bekannt ist. Daher müssen die Belegungen unvollständiger Stellen, welche durch explizite Webepunkte innerhalb der Programmfragmentschablone repräsentiert werden, bekannt sein. Eine solche Belegung kann, wie in Abschnitt 6.2.2 gezeigt, durch Nutzung von namens- und typbasierter Selektion bereits *vor* der Erzeugung des Programmfragments mit Hilfe der Funktion

$$\texttt{binde}\,(pf, w)$$

hergestellt werden. Hierdurch werden bereits existierende *freie* Programmfragmente *pf* an explizite Webepunkte *w* innerhalb der Programmfragmentschablone gebunden. Es müssen die aus Definition 5.10 bekannten Typbedingungen eingehalten werden:

$$\tau(pf_c) \le \tau_{Syntax}(w) \;\wedge\; \tau(pf_c) \le \tau_B(w)$$

Bemerkung: Die Bindung eines Programmfragments *pf* an einen Webepunkt *w* ist von der invasiven Komposition von *pf* an *w* zu unterscheiden. Die Herstellung einer Bindung beschreibt konzeptionell einen Eintrag in der globalen Kompositionstabelle (vgl. Abschnitt 4.3.1.2), wohingegen die invasive Komposition das tatsächliche Einfügen von *pf* in *w* darstellt. Letzteres wird erst im nächsten Schritt (Phase drei des Bauplans) anhand der beschriebenen Bindungen durchgeführt. In einer technischen Umsetzung kann es allerdings vorteilhaft sein, die Erzeugung des Programmfragments und die Komposition der gebundenen Programmfragmente integriert zu betrachten. In diesem Fall sind Zerteiler ausreichend, welche zwar unterschiedliche Programmfragmenttypen unterstützen, nicht aber auch noch syntaktisch unvollständigen Quelltext für diese Programmfragmenttypen.

Eine Programmfragmentschablone *pfs*, welche durch die Funktion ausprägung(*pfs*) in ein konkretes Programmfragment überführt wird, kann einerseits direkt die Programmfragmentschablone *PFS* eines Belangs sein, andererseits kann *pfs* auch durch *Quelltextgenerierung* erzeugt werden.

6.2.3.3 Generierung von Programmfragmenten

Unter Generierung verstehen wir allgemein die algorithmische Berechnung eines Programmfragments *pf* unter Zuhilfenahme der Ergebnisse von Modellanfragen. Diese Ergebnisse der einzelnen Modellanfragen werden durch den momentanen Kompositionszustand $\mathcal{K}_x$ definiert. Neben den durch syntaktische und semantische Analysen ermittelten Ergebnissen zählen auch Annotationen einzelner Programmfragmente zu Ergebnissen von Modellanfragen. Hierdurch lassen sich für die Generierung wertvolle Informationen spezifizieren. Zur Spezifikation der Berechnungsvorschrift können übliche Kontrollflusskonstrukte wie Schleifen und Verzweigungen eingesetzt werden.

Im Rahmen dieser Arbeit kann die Generierung eines Programmfragments auf zwei Arten erfolgen:

1. Bei der *Quelltextgenerierung* wird zunächst mit Hilfe von Zeichenkettenoperationen der Quelltext des benötigten Programmfragments berechnet, welcher im Anschluss wie eine gewöhnliche Programmfragmentschablone behandelt wird, d. h. der Quelltext wird mit Hilfe der Funktion ausprägung(*pfs*) in ein konkretes Programmfragment überführt.

2. Ein Programmfragment *pf* kann direkt durch lokale syntaktische Kompositionen der einzelnen Knoten des Strukturbaums von *pf* erstellt werden. Hierzu werden entweder leere Knoten erzeugt, deren Attribute anschließend durch den Bauplan gesetzt werden,

z. B. auf Werte, welche durch Modellanfragen ermittelt wurden. Andererseits können diese Knoten Kopien bereits existierender Programmfragmente im Kompositionszustand $\mathcal{K}_x$ sein, wobei letztere wiederum zunächst mit Hilfe von Modellanfragen ermittelt werden müssen.

Das aus der Generierung resultierende Programmfragment kann neben den immer vorhandenen impliziten Webepunkten noch weitere explizite Webepunkte sowie Annotationen enthalten, welche im weiteren Verlauf der Komposition der Belangimplementierungen genutzt werden können.

Quelltextgenerierung entspricht den in Abschnitt 3.1 vorgestellten zeichenbasierten Verfahren. Die Logik zur Auswahl und iterativen Erweiterung der Zeichenketten wird durch den Bauplan beschrieben. Zusätzlich einzufügende Zeichenketten werden auf Grundlage der Ergebnisse von Modellanfragen sowie Annotationen ermittelt. Ein generelles Problem zeichenbasierter Ansätze ist, dass keine Aussagen über das Ergebnis gemacht werden kann, insbesondere hinsichtlich der Korrektheitskriterien **K1.1** (Syntax) und **K1.2** (lokale statische Semantik). Da in unserem Ansatz vor einer weiteren Komposition des generierten Quelltexts dieser in ein Programmfragment überführt wird, kann zu diesem Zeitpunkt bereits die syntaktische Korrektheit garantiert werden. Sofern es sich bei diesem Programmfragment um den Rückgabewert eines Bauplans C_B eines Belangs B handelt, können mit Hilfe der Typisierung von B weitere semantische Eigenschaften mit dem generierten Programmfragment assoziiert werden.

In der Praxis eignet sich Quelltextgenerierung insbesondere dann, falls eher feingranulare Artefakte wie Methodenrümpfe, Anweisungen und Ausdrücke generiert werden sollen, welche zu vielen Knoten im Strukturbaum führen. Die Angabe der Zeichenketten für einzelne Anweisungen und Ausdrücke ist in diesem Fall oftmals einfacher und kompakter darstellbar als eine programmgesteuerte Erstellung des resultierenden Strukturbaums. Eine programmgesteuerte Generierung des Strukturbaums des benötigten Programmfragments kann dagegen bei grobgranularen Artefakten wie zum Beispiel Klassen vorteilhaft sein, insbesondere falls sich die einzelnen Teilprogrammfragmente des benötigten Programmfragments durch Kopieren und Anpassen von bereits in $\mathcal{K}_x$ existierenden Programmfragmenten erzeugen lassen. Ein Beispiel hierfür ist die Generierung der einzelnen Schnittstellenklassen einer Enterprise Java Bean (vgl. Beispiel 5.1) ausgehend von einer in $\mathcal{K}_x$ existierenden Klasse, welche bereits die eigentliche Funktionalität implementiert.

Dass das generierte Programmfragment tatsächlich dem in einer Variante v benötigten Programmfragment hinsichtlich der von ihm erwarteten Ausführungssemantik entspricht, muss konstruktiv durch den Entwickler sichergestellt werden.

6.2.4 Durchführung der Programmfragmentkomposition

In der dritten Phase des Bauplans werden die in Phase zwei ermittelten Programmfragmente an den in Phase eins selektierten Webepunkten komponiert. Für jeden unterstützten Ausführungskontext κ existiert eine algorithmische Beschreibung der einzelnen durchzuführenden Programmfragmentkompositionssequenzen. Zu deren Spezifikation stehen Verzweigungen und Schleifen zur Verfügung. Hierdurch kann unter Nutzung von Modellanfragen und den

Belegungen der Belangparameter die für die zu erstellende Variante notwendige Programmfragmentkompositionssequenz berechnet werden. Ein implizites Präfix dieser Sequenz wird durch die in Phase zwei etablierten Bindungen von Programmfragmenten an explizite Webepunkte innerhalb der Programmfragmentschablone definiert. Dieses Präfix ist eine Folge von fügeEin(w,pf)-Modelltransformationen. Die Reihenfolge dieser Anweisungen ist beliebig, da die Bindungen eindeutig sind.

Die Komposition der Programmfragmente eines Belangs wird mit Hilfe der Modelltransformationen des Kompositionsmodells beschrieben. Durch die Anwendung einer solchen Modelltransformation wird der Zustand des Kompositionsmodells $\mathcal{K}_x$ verändert. An explizite Webepunkte $w = (pf_p, i)$ werden Programmfragmente pf mit Hilfe der Modelltransformation fügeEin(w,pf) eingefügt. Dies geschieht technisch durch den Eintrag eines Verweises an Index i in der Liste der Kinder des Programmfragments pf_p auf das einzufügende Programmfragment pf. Vorher wird allerdings noch geprüft, ob die geforderten Typbedingungen

$$\tau(pf_c) \leq \tau_{Syntax}(w) \;\wedge\; \tau(pf_c) \leq \tau_B(w)$$

eingehalten werden. Die Modelltransformation fügeEin(w,pf) stellt eine *lokale* Modelltransformation dar. Es werden neben der Eintragung eines Verweises auf das neue Programmfragment keine weiteren syntaktischen Transformationen ausgeführt.

Ein impliziter Webepunkt wird mit Hilfe des ihn definierenden Programmfragments pf_p identifiziert. Das Einfügen eines Programmfragments pf an einem solchen impliziten Webepunkt erfolgt durch Anwendung einer Modelltransformation $t \in \mathcal{T}_{pf}$. Vor der Durchführung der Modelltransformation t wird geprüft, ob diese im aktuellen Ausführungskontext κ ausgeführt werden kann. Falls dies nicht der Fall ist, wird der Kompositionsvorgang abgebrochen. Als semantische Transformationen werden die Modelloperationen zwar hinsichtlich der eigentlichen Komposition lokal betrachtet, jedoch können sie wie in Abschnitt 5.2.3.3 beschrieben auch nichtlokale sekundäre syntaktische Transformationen nach sich ziehen, sei es von lokalen Kontextanpassungen bis hin zu programmglobalen Änderungen. Die Nutzung dieser Modelltransformationen dient daher der Sicherstellung des Korrektheitskriteriums **K2.3** (nichtlokale statische Semantik). Eine Modelltransformation t garantiert konstruktiv, dass ein bezüglich Ausführungskontext κ semantisch konsistentes Kompositionsmodell $\mathcal{K}_x$ nach der Anwendung von t wiederum konsistent ist, d. h. der Syntax und der statischen Semantik der Zielsprache genügt.

Durch die sequentielle Komposition der Programmfragmente der einzelnen Belangimplementierungen werden die in Abschnitt 4.3.1.2 vorgestellten nichteindeutigen Einträge der globalen Kompositionstabelle aufgelöst. Diese nichteindeutigen Einträge entstehen bei der unabhängigen Nutzung der gleichen impliziten Webepunkte $(pf, \triangleleft(i))$ bzw. $(pf, (i)\triangleright)$. Für eine Kompositionsreihenfolge π wird für zwei Belange B_j und B_k mit $\pi(B_j) < \pi(B_k)$ mit den Programmfragmenten pf_j und pf_k die Komposition wie folgt aufgelöst:

$$
\begin{array}{ll}
(pf, \triangleleft(i)) \leftarrow pf_j \\
(pf, \triangleleft(i)) \leftarrow pf_k
\end{array}
\;\Rightarrow\;
\begin{array}{ll}
(pf, \triangleleft(\triangleleft(i))) \leftarrow pf_j \\
(pf, \triangleleft(i)) \leftarrow pf_k
\end{array}
$$

$$
\begin{array}{ll}
(pf, (i)\triangleright) \leftarrow pf_j \\
(pf, (i)\triangleright) \leftarrow pf_k
\end{array}
\;\Rightarrow\;
\begin{array}{ll}
(pf, ((i)\triangleright)\triangleright) \leftarrow pf_j \\
(pf, (i)\triangleright)) \leftarrow pf_k
\end{array}
$$

Abbildung 6.3 zeigt exemplarisch die Komposition zweier Programmfragmente pf_1 und pf_2 an einem expliziten Webepunkt w_1 und einem impliziten Webepunkt w_2.

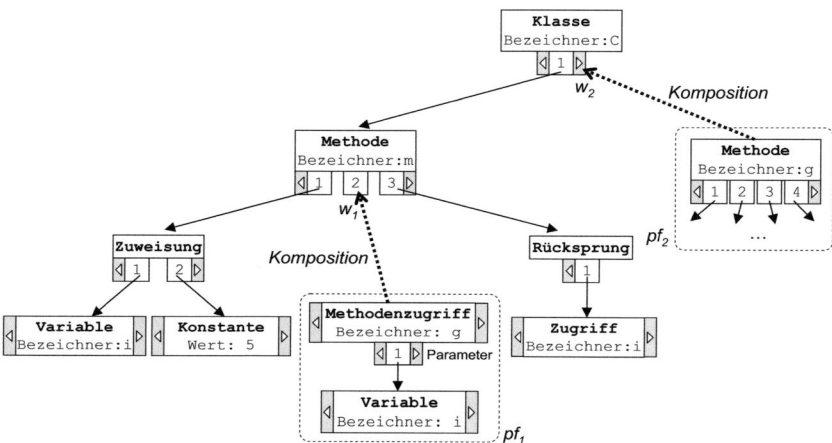

Abbildung 6.3: Komposition von Programmfragmenten $pf_{1,2}$ an Webepunkten $w_{1,2}$ im Kompositionsmodell

6.2.4.1 Umgang mit inkonsistenten Zwischenzuständen

Gemäß Definition 5.13 auf Seite 133 ist ein Kompositionszustand $\mathcal{K}_x$ konsistent, falls alle im Ausführungskontext κ berechenbaren Programmfragmentattribute fehlerfrei berechnet werden können. In einem Ausführungskontext κ ausgeführte Modelltransformationen überführen einen bezüglich κ konsistenten Kompositionszustand $\mathcal{K}_x$ in einen wiederum konsistenten Kompositionszustand $\mathcal{K}_{x'}$, sofern die Vorbedingungen der Modelltransformation eingehalten werden. Wie in GENSSLER (2004) gezeigt wurde, muss in der Praxis auch der Fall behandelt werden, dass in einer Sequenz von Modelltransformationen $t_1; \ldots; t_n$ nicht vermeidbare inkonsistente Zwischenzustände auftreten. Das folgende Beispiel soll dies verdeutlichen.

Beispiel 6.4: *Inkonsistente Zwischenzustände während der Komposition mehrerer Methoden*

Die folgenden beiden indirekt-rekursiven Methoden sollen dem konsistenten Kompositionszustand $\mathcal{K}_x$ im Kontext *System* mit Hilfe der Modelltransformation `erzeugeMethode` hinzugefügt werden.

```
1  private boolean even(int n) {
2      if (n==0) return true;
3      else return odd(n-1);
4  }
```

```
1  private boolean odd(int n) {
2      if (n==0) return false;
3      else return even(n-1);
4  }
```

Unerheblich in welcher Reihenfolge die beiden `erzeugeMethode`-Operationen ausgeführt werden, das Kompositionsmodell befindet sich nach der Ausführung der ersten `erzeugeMethode`-Operation in einem nichtkonsistenten Zustand, da die jeweiligen Referenzen auf die andere Methode (Zeile 3) nicht aufgelöst werden kann. Somit sind nicht alle Attribute des momentanen Ausführungskontexts berechenbar.

Eine praktische Auswirkung inkonsistenter Zwischenzustände ist, dass bei der Berechnung einzelner Programmfragmentattribute Fehler auftreten. In obigem Beispiel würde der inkonsistente Zwischenzustand dazu führen, dass ein Fehler bei der Bestimmung der Menge aller Merkmalszugriffe innerhalb der als erstes komponierten Methode auftreten würde. Andere Programmfragmentattribute lassen sich dagegen auch in einem inkonsistenten Zwischenzustand bestimmen, wie etwa der Name der Methode.

Inkonsistente Zwischenzustände sind dann nicht vermeidbar, falls sich Modelltransformationen $t_1 \ldots t_n$ gegenseitig bedingen. Dies ist dann der Fall, falls die Nachbedingungen einer Modelltransformation t_1 die Vorbedingungen einer nachfolgenden Modelltransformation t_2 sicherstellen und umgekehrt die Nachbedingungen von t_2 notwendig zur Erfüllung der Vorbedingungen von t_1 sind. Solche sich gegenseitig bedingenden Modelltransformationen t_i bezeichnet GENSSLER (2004) als *behandelbar*.

Die Behandlung einer Sequenz sich gegenseitig bedingender Transformationen besteht darin, die Prüfung der Vorbedingungen der einzelnen Modelltransformationen temporär auszusetzen. Die einzelnen Modelltransformationen werden somit *ungeprüft* durchgeführt. Die syntaktische Korrektheit der ungeprüft durchgeführten Modelltransformationen wird durch entsprechende Prüfungen weiterhin garantiert, da sich inkonsistente Zwischenzustände nur auf die Berechnung der Programmfragmentattribute, d. h. auf die statische Semantik der Zielsprache, beziehen.

Da die Vorbedingungen der einzelnen Modelltransformationen t_i im Fall der ungeprüften Ausführung von Modelltransformationen nicht inkrementell kontrolliert werden, muss bereits im Vorfeld sichergestellt sein, dass die sich nicht aus den Nachbedingungen der t_i ergebenden Vorbedingungen erfüllt sind. Dies gilt insbesondere dann, falls die Vorbedingungen nicht rein auf die Einhaltung der Regeln der statischen Semantik der Zielsprache (Kriterien **K1.2** und **K2.3**) abzielen, sondern weitere statische Eigenschaften des zu erstellenden Programms berücksichtigen. Eine Vorabprüfung der Vorbedingungen einer Sequenz von Modelltransformationen $t_1; \ldots; t_n$ erfordert die Bestimmung einer kombinierten Vorbedingung. Hierbei ist ein einfaches Herausziehen der Vorbedingungen *pre* und Nachbedingungen *post* sowie deren aussagenlogische Verknüpfung der Bauart

$$\{pre_{t_1}\}\, t_1\, \{post_{t_1}\}; \ldots; \{pre_{t_1}\}\, t_n\, \{post_{t_n}\} \Rightarrow \{pre_{t_1} \wedge \ldots \wedge pre_{t_n}\}\, t_1; \ldots; t_n \{post_{t_1} \wedge \ldots \wedge post_{t_n}\}$$

nicht zielführend, da in diesem Fall in den Vorbedingungen *pre* die Effekte der Nachbedingungen *post* nicht beachtet werden. Ein Verfahren zur Bestimmung kombinierter Vor- und Nachbedingungen, welches diese Effekte betrachtet, wird in ROBERTS (1999) vorgestellt. Dieses Verfahren wird in ÓCINNÉIDE (2000) um Mengeniteration und in GENSSLER (2004) um die Unterstützung von alternativ ausgeführten Transformationen erweitert. Da das in Abschnitt 5.2 vorgestellte Kompositionsmodell aus dem in KUTTRUFF (2002) und GENSSLER (2004) vorgestellten Adaptionsmodell abgeleitet ist, und da darüber hinaus die gleichen Strukturen zur Komposition von Transformationen in Form von Sequenzbildung, bedingter Ausführung und Schleifen zur Verfügung stehen, kann das in GENSSLER (2004) beschriebene Verfahren direkt verwendet werden, um kombinierte Vor- und Nachbedingungen zu bestimmen.

Nach der Ausführung ungeprüft ausgeführter Modelltransformationen muss der entstandene Kompositionszustand $\mathcal{K}_{x'}$ auf Konsistenz geprüft werden. Im Idealfall kann die Konsistenz zugesichert werden, falls die kombinierten Nachbedingungen berechnet wurden und die darin enthaltenen Aktualisierungsoperationen $a[x/y]$ für den betrachteten Ausführungskontext κ auf den ursprünglichen Kompositionszustand $\mathcal{K}_x$ erfolgreich angewendet werden konnten. Da in der Praxis Nachbedingungen oftmals nur konstruktiv durch die Umsetzung einer Modelltransformation zugesichert werden, kann die Konsistenz des Kompositionszustand $\mathcal{K}_{x'}$ für den Ausführungskontext κ auch durch (Neu-)Berechnung aller potentiell zu aktualisierenden, berechenbaren Programmfragmentattribute nachgewiesen werden. Kann die Konsistenz des Kompositionszustands nicht nachgewiesen werden, so handelt es sich um einen Fehler, der zum Abbruch der Programmfragmentkomposition führt.

Eine Sequenz von Transformationen mit unvermeidbaren inkonsistenten Zwischenzuständen kann sich über Bauplangrenzen hin erstrecken. Dies bedeutet, dass nach der Ausführung eines Bauplans $C_{B_x}^{\kappa}$ das Kompositionsmodell nicht notwendigerweise in einem konsistenten Zustand ist. Es muss daher möglich sein, eine ungeprüfte Ausführung der einzelnen Modelltransformationen über Bauplangrenzen hinweg aufrecht zu erhalten. Hierzu kann die Belangschachtelung eingesetzt werden. Belange B_x, für welche in den einzelnen Bauplänen $C_{B_x}^{\kappa}$ die Modelltransformationen $t_{B_x,k}$ über die jeweiligen Grenzen der $C_{B_x}^{\kappa}$ hinweg ungeprüft ausgeführt werden müssen, werden als geschachtelte Belange eines Belangs B modelliert. Aus Sicht des Belangs B können die einzelnen Baupläne $C_{B_x}^{\kappa}$ als einzelne Modelltransformationen mit den im Vertrag $V_{B_x}^{\kappa}$ angegebenen Vor- und Nachbedingungen aufgefasst werden, welche in Phase vier des Bauplans C_B^{κ} zur Ausführung kommen. Phase drei und vier des Bauplans C_B^{κ} beschreiben für eine gegebene Variante v nach Auflösung aller Schleifen und Verzweigungen eine Ausführungssequenz von Modelltransformationen:

$$\underbrace{t_{B,1}; \ldots ; t_{B,i};}_{\text{Bauplan } C_B^{\kappa} \text{ (Phase 3)}} \underbrace{\{t_{B_1,1} \ldots t_{B_1,j}\}}_{\text{Bauplan } C_{B_1}^{\kappa}}; \cdots ; \underbrace{\{t_{B_n,1} \ldots t_{B_n,k}\}}_{\text{Bauplan } C_{B_n}^{\kappa}}$$

$$\text{Bauplan } C_B^{\kappa} \text{ (Delegationsphase / Phase 4)}$$

Einzelne Teilsequenzen sich gegenseitig bedingender Modelltransformationen können innerhalb des Bauplans C_B^{κ} dadurch gekennzeichnet werden, dass an jeder Stelle des Sequenzoperators ';' die ungeprüfte Ausführung von Modelltransformationen begonnen oder wieder beendet werden kann. Dies gilt insbesondere auch für die Sequenzoperatoren innerhalb der Delegationsphase. In diesem Fall werden alle Modelltransformationen innerhalb der Baupläne $C_{B_x}^{\kappa}$, an die delegiert wird, ungeprüft ausgeführt. Die gekennzeichneten Teilsequenzen können sich über mehrere Baupläne $C_{B_x}^{\kappa}$ erstrecken.

Die Vorbedingungen *pre* und Zusicherungen *assert* der Verträge $V_{B_x}^{\kappa}$ werden wie die Vor- und Nachbedingungen der einzelnen Modelltransformationen nicht geprüft. Es ist somit notwendig, mit dem Verfahren aus GENSSLER (2004) die kombinierten Vorbedingungen und

Zusicherungen der ungeprüft ausgeführten Baupläne zu bestimmen und vor Beginn und nach Ende der markierten Teilsequenz zu prüfen.

6.3 Kompositionsreihenfolge

In Abschnitt 6.2.1 wurde gezeigt, wie ausgehend von einer Kompositionsreihenfolge π die Ausführung der Baupläne der in einer Variante zu unterstützenden Belange erfolgt. Eine Kompositionsreihenfolge π ist nicht beliebig, da eine Menge von Randbedingungen eingehalten werden muss. Dies sind Randbedingungen, welche

1. die Selektion der tatsächlich benötigten Webepunkte

2. die Generierbarkeit der tatsächlich benötigten Programmfragmente

3. das Einfügen der Programmfragmente in der tatsächlich benötigten Reihenfolge

sicherstellen.

Unterschiedliche Kompositionsreihenfolgen führen oftmals zu unterschiedlichen Programmen. Dies liegt einerseits an der Auflösung von Mehrdeutigkeiten an impliziten Webepunkten, aber auch an der Selektion von Webepunkten sowie der Generierung von Programmfragmenten. Selektion und Generierung nutzen Modelloperationen, deren Ergebnisse vom bei der Ausführung aktuellen Kompositionszustand $\mathcal{K}_x$ abhängen. Das Ergebnis der Ausführung eines Bauplans C_{B_i} kann somit davon abhängen, ob eine andere Belangimplementierung B_j bereits dem Kompositionsmodell hinzugefügt wurde.

Die in Abschnitt 2.3.1.1 definierte Kommutativität zweier Belange ist dann gegeben, falls der Nachweis erbracht werden kann, dass eine Vertauschung der Kompositionsreihenfolge zu einem bezüglich der beobachtbaren Ausgaben identischen Programm führt. Ein in der Praxis wichtiger Spezialfall ist der Nachweis, dass eine unterschiedliche Kompositionsreihenfolge zu einem *identischen* Programm führt. Ein identisches entstehendes Programm ist eine hinreichende, aber nicht notwendige Bedingung für bezüglich der Anwendungsbedingungen kommutative Belange.

Für nicht kommutative Belange, welche bei vertauschter Kompositionsreihenfolge zu unterschiedlichen Programmausgaben führen, muss eine der möglichen Kompositionsreihenfolgen ausgewählt werden. Dies kann zum Beispiel durch die Angabe von zusätzlichen Reihenfolgebedingungen erfolgen. Die Eigenschaft von Belangen, bei Vertauschung der Kompositionsreihenfolgen in unterschiedlichen, aber bezüglich der Anwendungsbedingungen semantisch äquivalenten Programmausgaben zu resultieren, kann typischerweise nicht durch automatische Analysen zugesichert werden. Die semantische Kommutativität muss in diesem Fall entweder explizit angegeben werden, oder die Belange werden wie ein nicht kommutatives Paar behandelt.

6.3.1 Spezifikation von Kompositionsreihenfolgen

Die Kompositionsreihenfolgen für alle Varianten $v \in \mathcal{V}$ lassen sich prinzipiell auf zwei Arten spezifizieren:

1. *Explizites Aufzählen aller Kompositionsreihenfolgen für alle Varianten*

   Das explizite Aufzählen hat den Vorteil, dass alle Varianten stets eindeutig durch den Domänenentwickler bestimmt sind. Ein bezüglich der Anwendungsbedingungen inkorrektes Programm ist somit direkt eine Folge eines Programmierfehlers. Aufgrund der Vielzahl möglicher Varianten ist ein explizites Aufzählen allerdings schnell nicht mehr praktikabel. Falls konkrete Ausprägungen abstrakter Belange während der Anwendungsentwicklung angegeben werden, kann eine konkrete Kompositionsreihenfolge nicht durch den Domänenentwickler angegeben werden, da er zu diesem Zeitpunkt noch nicht alle komponierbaren Belange kennt. Somit muss die gesamte Kompositionsreihenfolge durch den Anwendungsentwickler angegeben werden, was allerdings eine detaillierte Kenntnis der Domänenimplementierung voraussetzt.

2. *Bestimmung der Kompositionsreihenfolgen anhand von Reihenfolgebedingungen*

   Diese Vorgehensweise hat in der Praxis mehrere Vorteile:

   - Eine konkrete Kompositionsreihenfolge kann unter Nutzung einer im Vergleich zur vollständigen Aufzählung kleinen Menge von Reihenfolgebedingungen berechnet werden. Eine für den Entwickler kompakte Darstellung ergibt sich aus der Tatsache, dass für einige Paare B_i, B_j von Belangen die Reihenfolgebedingungen automatisch ermittelt werden können oder die Kompositionsreihenfolgen von B_i und B_j beliebig sind und somit nicht angegeben werden brauchen.

   - Einzelne Reihenfolgebedingungen gelten oftmals für mehrere Varianten.

   - Reihenfolgebedingungen können teilweise bereits ausgehend von einem Obertyp eines Belangs angegeben werden, d. h. die konkreten Ausprägungen müssen zur Angabe der Bedingungen nicht bekannt sein.

   Ein Nachteil dieser Vorgehensweise ist, dass die Kompositionsreihenfolge für den Entwickler nicht mehr explizit ist und daher unter Umständen versäumt wird, einzelne benötigte Reihenfolgebedingungen anzugeben. Hieraus ergibt sich die Herausforderung, nicht angegebene, aber potentiell hinsichtlich der Anwendungsbedingungen benötigte Reihenfolgebedingungen zu erkennen.

In dieser Arbeit wird aufgrund der angegebenen Vorteile die zweite Vorgehensweise verfolgt. Ziel ist daher die Bestimmung gültiger Kompositionsreihenfolgen π, so dass $B_{\pi(1)} \oplus \ldots \oplus B_{\pi(n)}$ mit $B_{\pi(1)}, \ldots, B_{\pi(n)} \in v$ das gewünschte Programm ergibt.

Definition 6.4 (Komponierbare Kompositionsreihenfolgen)
Eine komponierbare Kompositionsreihenfolge π für eine Variante $v = \{B_1, \ldots, B_n\}$ ist eine Kompositionsreihenfolge, für welche die Baupläne in der durch π angegebenen Reihenfolge ausgeführt werden können und die zu einem syntaktisch und statisch semantisch korrekten Programm führt (Korrektheitskriterien K2.3, K1.2 und K1.1 werden eingehalten). Die Vereinigung dieser Kompositionsreihenfolgen ist die Menge aller komponierbaren Kompositionsreihenfolgen Π^v für eine Variante v:

$$\Pi^v = \{ \ \begin{pmatrix} 1 & 2 & \cdots & n \\ x_1 & x_2 & \cdots & x_n \end{pmatrix} \ | \ x_i \in \{1, 2, \ldots, n\} \backslash \{x_1, x_2, \ldots, x_{i-1}\} \wedge$$
$$B_{x_1} \oplus B_{x_2} \oplus \ldots \oplus B_{x_n} \ \textit{ist komponierbar} \ \}$$

Definition 6.5 (Gültige Kompositionsreihenfolgen)
Die Menge der gültigen Kompositionsreihenfolgen $\Pi^v_{gültig} \subseteq \Pi^v$ für eine Variante v ist die Menge der komponierbaren Kompositionsreihenfolgen, durch welche die geforderte Produktvariante erstellt werden, d. h. die resultierenden Programme erfüllen zusätzlich die Korrektheitseigenschaften K3.1, K2.2 und K2.1.

Aufgrund der Kommutativitätseigenschaft einiger Belange können mehrere gültige Kompositionsreihenfolgen für eine Variante existieren.

Die Prüfung der Korrektheitseigenschaft **K3.1** wurde bereits in Abschnitt 6.1.2 beschrieben. Die Einhaltung von **K2.2** wird während der Komposition durch Auswertung der Belangverträge sichergestellt. Falls dies nicht möglich ist, so gilt für die entsprechende Kompositionsreihenfolge $\pi \notin \Pi^v_{gültig}$. Die Erfüllung des Kriteriums **K2.1** muss konstruktiv durch Angabe der im folgenden Abschnitt diskutierten Reihenfolgebedingungen gewährleistet werden. In Abschnitt 7.3 wird durch Bedingung 7.33 eine hinreichende Bedingung zur Einhaltung von **K2.1** vorgestellt.

6.3.2 Reihenfolgebedingungen

Ziel der Angabe von Reihenfolgebedingungen ist die Beschreibung einer Kompositionsreihenfolge π. Durch die Reihenfolgebedingungen für eine Variante v wird eine strenge Halbordnung über den Belangen $B \in v$ definiert. Belange, für die auch transitiv keine Reihenfolgebedingungen existieren, werden optimistisch als kommutativ betrachtet. Ein Verfahren, das während der Komposition den Nachweis der Kommutativität erbringt, stellen wir in Kapitel 7 vor.

6.3.2.1 Klassifikation von Reihenfolgebedingungen

Die Reihenfolgebedingungen können wie folgt klassifiziert werden:

1. *Ohne Kenntnis der Anwendungsbedingungen ableitbar*

   Dies sind Reihenfolgebedingungen, welche aus dem in dieser Arbeit vorgestellten Belangmodell sowie der verwendeten Kompositionstechnik herrühren. Eine verfeinerte Klassifikation ergibt sich aus der Betrachtung der Ausführungskontexte und der Belangschachtelung:

   a) *Ausführungskontexte* induzieren Reihenfolgen hinsichtlich der Komposition von geschachtelten Belangen eines Belangs, indem frühestmögliche Zeitpunkte in Relation zu anderen Belangen angegeben werden, an denen durch einen Bauplan Webepunkte selektiert und Programmfragmente generiert werden können.

   b) Die *Belangschachtelung* definiert unter Beachtung der Semantik der Bauplanphasen zwei (Bereitstellung Programmfragmente) und vier (Delegation) Reihenfolgebedingungen zwischen einem Belang und seinen geschachtelten Belangen.

   Die so ableitbaren Reihenfolgebedingungen sind eine notwendige Voraussetzung dafür, dass ein Programm auf Grundlage einer berechneten Kompositionsreihenfolge erstellt werden kann.

2. *Nur mit Kenntnis der Anwendungsbedingungen formulierbar*

Diese Klasse von Reihenfolgebedingungen erweitern einerseits die automatisch aus dem Belangmodell ableitbaren Reihenfolgebedingungen um für die Komponierbarkeit der Belange *hinreichende* Reihenfolgebedingungen. Andererseits muss durch die Angabe zusätzlicher Reihenfolgebedingungen sichergestellt werden, dass alle Programme, welche durch die Bedingungen einhaltende Kompositionsreihenfolgen entstehen, bezüglich der Anwendungsbedingungen *semantisch äquivalent* sind.

6.3.2.2 Bestimmung ableitbarer Reihenfolgebedingungen

Im Allgemeinen sind Reihenfolgebedingungen nur dann automatisch aus den Belangimplementierungen ableitbar, wenn für deren Berechnung die Kenntnis der Anwendungsbedingungen nicht notwendig ist. Kann die Kommutativität von Belangen ohne Kenntnis der Anwendungsbedingungen nachgewiesen werden, so kann diese Information als Reihenfolgebedingung aufgefasst werden. Belange, für welche keine Reihenfolgebedingungen existieren, werden in dieser Arbeit optimistisch als kommutativ angenommen, wobei diese Eigenschaft während der Komposition überprüft wird.

Um die Angabe von Reihenfolgebedingungen zur Ausführung der einzelnen Baupläne zu vereinfachen, betrachten wir im Folgenden die einzelnen Ausführungskontexte κ eines Belangs B als jeweils eigenständige Belange, d. h. B zerfällt in $B^{\kappa_1} \ldots B^{\kappa_n}$ mit den jeweiligen Bauplänen C^κ und Verträgen V^κ. Formal wird das Element $B \in v$ innerhalb von v durch die Elemente $B^{\kappa_1} \ldots B^{\kappa_n}$ ersetzt. Der Zusammenhang wird durch die Funktion `ursprung` beschrieben, d. h. für diese Belange gilt $\text{ursprung}(B^{\kappa_x}) = B$. Der mit einem solchen Belang B^{κ_x} verbundene Ausführungskontext κ_x wird durch die Funktion $\kappa(x) : \texttt{Belang} \rightarrow \texttt{Fragmenttyp}$ ermittelt.

Die Angabe ableitbarer Reihenfolgebedingungen basiert auf folgenden Hilfsmengen:

- Die Menge U_B^* aller direkten und transitiv geschachtelten Belange eines Belangs:

$$U_B^* = U_B \cup P_B^{in} \cup \bigcup_{B' \in U_B \cup P_B^{in}} U_{B'}^*$$

- Die Menge $\underline{U_B}$ der geschachtelten Belange, welche Programmfragmente in Phase zwei des Bauplans zur Verfügung stellen:

$$\underline{U_B} = \{u \in U_B \cup P_B^{in} \mid u \in v \wedge C_B \text{ selektiert in Phase 2 ein durch } u \text{ erstelltes freies Programmfragment }\}$$

- Die Menge $\overline{U_B}$ der geschachtelten Belange, an deren Baupläne in Phase vier des Bauplans delegiert wird:

$$\overline{U_B} = \{u \in U_B \cup P_B^{in} \mid u \in v \wedge C_B \text{ delegiert in Phase 4 an } C_u\}$$

Aus der Belangschachtelung ergeben sich Reihenfolgebedingungen zwischen dem Bauplan eines Belangs B und den Bauplänen der direkt geschachtelten Belange U_B:

$$\forall u \in \{U \in U_B \mid \kappa(U) = \kappa(B)\}: \ \pi^{-1}(u) < \pi^{-1}(B) \tag{6.1}$$

$$\forall u \in \{U \in \overline{U_B} \mid \kappa(U) = \kappa(B)\}: \ \pi^{-1}(u) > \pi^{-1}(B) \tag{6.2}$$

Die Reihenfolgebedingung 6.1 stellt sicher, dass die Baupläne aller direkt geschachtelten Belange eines Belangs B, welche Programmfragmente für die Kompositionsoperationen innerhalb des Bauplans C_B zur Verfügung stellten, vor C_B zur Ausführung kommen. Analog stellt Bedingung 6.2 sicher, dass an Baupläne geschachtelter Belange erst nach der Durchführung der durch C_B spezifizierten Kompositionsoperationen delegiert wird.

Werden die Baupläne geschachtelter Belange in Bauplanphase zwei bzw. vier explizit innerhalb der algorithmischen Beschreibung des Bauplans des umgebenden Belangs aufgerufen, dann stellen die so definierten Teilsequenzen $Seq = B_i \dots B_j$ aus Sicht der Berechnung einer Kompositionsreihenfolge nicht teilbare Einheiten dar. Dies impliziert, dass alle anderen Belange entweder vor oder nach dieser Sequenz ausgeführt werden müssen, was durch Bedingung 6.3 ausgedrückt wird:

$$\forall B \in v \backslash Seq: \ \pi^{-1}(B) < \pi^{-1}(B_i) \lor \pi^{-1}(B) > \pi^{-1}(B_j) \tag{6.3}$$

Die einzelnen aus den Ausführungskontexten entstandenen Teilbelange eines Belangs müssen gemäß der Ordnung der Ausführungskontexte *bottom-up*, d. h. ausgehend vom minimalen Element $\bot$ hin zum maximalen Element $\top$ ausgeführt werden. Dies wird durch die Reihenfolgebedingung 6.4 sichergestellt:

$$
\begin{aligned}
\forall (u_1, u_2) \in \{(u_x, u_y) \mid \ & u_x, u_y \in v \\
\land \ & u_x \neq u_y \\
\land \ & \mathrm{ursprung}(u_x) = \mathrm{ursprung}(u_y) \\
\land \ & \kappa(u_1) <_\kappa \kappa(u_2)\}: \\
& \pi^{-1}(u_1) < \pi^{-1}(u_2)
\end{aligned}
\tag{6.4}
$$

Während die Bedingungen 6.1 und 6.2 die Reihenfolge der Komposition von geschachtelten Belangen innerhalb eines Ausführungskontexts beschreiben, definiert Bedingung 6.5 einzuhaltende Reihenfolgen über Ausführungskontexte hinweg. Ein geschachtelter Belang mit angegebenem Ausführungskontext κ kann erst ausgeführt werden, wenn durch einen der umgebenden Belange mindestens dieser Ausführungskontext durch Instantiierung eines entsprechenden Programmfragmenttyps erzeugt wurde.

$$
\forall b \in \{B \in v \mid \left| O_B^{fragmenttyp} \right| = 1\}: \ \forall u \in \{U \in U_b^* \mid U \in v \land O_b^{fragmenttyp} \geq_\kappa \kappa(U)\}: \\
\pi^{-1}(b) < \pi^{-1}(u)
\tag{6.5}
$$

In der technischen Umsetzung führt diese Reihenfolgebedingung dazu, dass Teile des Bauplans eines geschachtelten Belangs, an den in einem „kleinen" Ausführungskontext delegiert wurde, erst zu einem späteren Zeitpunkt ausgeführt werden. Die Ausführung dieser Teile des Bauplans wird *verzögert*, bis der mindestens benötigte Ausführungskontext erzeugt wurde.

6.3.2.3 Angabe zusätzlicher Reihenfolgebedingungen

Die Bedingungen 6.1 bis 6.5 stellen ein Bedingungssystem notwendiger Reihenfolgebedingungen dar, welches um zusätzliche, aus den Anwendungsbedingungen abgeleitete Reihenfolgebedingungen erweitert werden kann oder muss. Diese zusätzlichen Reihenfolgebedingungen lassen sich wie folgt formulieren:

1. *Genauere Spezifikation von Ausführungszeitpunkten*: Ein Ausführungskontext spezifiziert nur frühestmögliche, nicht aber notwendigerweise die tatsächlich benötigten Ausführungszeitpunkte. Eine genauere Spezifikation des Ausführungszeitpunkts kann erforderlich sein, da ein Bauplan in manchen Fällen nur in bestimmten Kompositionszuständen $\mathcal{K}_x$ ausgeführt werden darf, damit die zur Einhaltung der Anwendungsbedingungen notwendigen Webepunkte und Ergebnisse von Modellanfragen genutzt werden. Ein Ausführungszeitpunkt wird genauer spezifiziert, indem zusätzliche Schranken für die Ausführung eines Belangs B in Relation zu einem anderen Belang B_x angegeben werden:

$$\pi^{-1}(B) < \pi^{-1}(B_x) \quad \text{bzw.} \quad \pi^{-1}(B) > \pi^{-1}(B_x)$$

2. *Festlegung von einzuhaltenden Teilsequenzen*: Ein Spezialfall der Spezifikation von Ausführungszeitpunkten stellen die bereits in Bedingung 6.3 vorgestellten Teilsequenzen $B_1 \ldots B_n$ dar, welche neben der impliziten Angabe innerhalb der Baupläne auch explizit spezifiziert werden können. Durch die Angabe von Teilsequenzen lassen sich, sofern die Reihenfolgebedingungen der ersten Kategorie eingehalten werden, prinzipiell auch vollständige Kompositionsreihenfolgen π angeben. Typischerweise werden aber echte Teilsequenzen definiert, welche die korrekte Reihenfolge der Komposition der geschachtelten Belange eines Belangs mit dem Kompositionsmodell für den jeweiligen Ausführungskontext beschreiben. Teilsequenzen kommen auch beim belangübergreifenden Umgang mit inkonsistenten Zwischenzuständen (vgl. Abschnitt 6.2.4.1) zum Einsatz.

Durch die Angabe einzelner wie in Unterpunkt 2.a angegebener Reihenfolgebedingungen ist es möglich, *minimale* Kompositionsabhängigkeiten zwischen Belangen anzugeben, was sich letztlich auch auf die Menge der anzugebenden Reihenfolgebedingungen auswirkt. Teilsequenzen drücken oftmals Abhängigkeiten zwischen Belangen aus, welche nicht existieren. Teilsequenzen werden einerseits in den Phasen zwei und vier eines Bauplans, andererseits durch explizite Angabe durch den Entwickler definiert.

6.3.3 Bestimmung einer Kompositionsreihenfolge

Durch die in den Abschnitten 6.3.2.2 und 6.3.2.3 betrachteten Reihenfolgebedingungen wird ein Bedingungssystem beschrieben, aus dem sich konkrete Kompositionsreihenfolgen ableiten lassen. Eine solche Kompositionsreihenfolge π ist das Ergebnis einer *topologische Sortierung*, welche mit Hilfe etablierter Algorithmen (CORMEN et al., 2001; SEDGEWICK, 2003) durchgeführt werden kann. Eine topologische Sortierung kann eine Teilsequenz wie einen einzelnen Belang betrachten.

Beispiel 6.5: *Bestimmung einer Kompositionsreihenfolge*

Gegeben sei eine Menge von Belangimplementierungen B_1, B_2, B_3 und B_4. Diese Belange sollen zu einem Programm komponiert werden. Die Belange haben folgende Eigenschaften:

$$B_1: \quad O_{B_1}^{fragmenttyp} = \{\texttt{Klasse}\} \qquad B_2: \quad B_2 = \{B_{2.1}, B_{2.2}\} \qquad B_3: \quad B_3 = \{B_{3.1}, B_{3.2}\}$$

$$\kappa(B_1) = \bot \qquad\qquad\qquad \kappa(B_{2.1}) = \bot \qquad\qquad\quad \kappa(B_{3.1}) = \bot$$

$$U_{B_1} = \{B_2, B_3, B_4\} \qquad\quad \kappa(B_{2.2}) = \texttt{Methode} \qquad \kappa(B_{3.2}) = \texttt{Methode}$$

$$\underline{U_B} = \{B_{2.1}, B_{3.1}\} \qquad\quad \text{ursprung}(B_{2.1}) = B_2 \qquad \text{ursprung}(B_{3.1}) = B_3$$

$$\text{ursprung}(B_{2.2}) = B_2 \qquad \text{ursprung}(B_{3.2}) = B_3$$

$$B_4: \quad \kappa(B_4) = \texttt{Klasse}$$

Die Belange B_2 und B_3 besitzen jeweils zwei Ausführungskontexte und werden daher zur Bestimmung einer Kompositionsreihenfolge in $B_{2.1}$ und $B_{2.2}$ bzw. $B_{3.1}$ und $B_{3.2}$ aufgespalten. Die Belange $B_{2.2}$ und $B_{3.2}$ nutzen jeweils einen gleichen impliziten Webepunkt. Der Belang B_4 generiert ein Programmfragment, wobei die Generierung nur dann korrekt ist, falls die Belange $B_{2.2}$ und $B_{2.3}$ bereits komponiert wurden. Die Anwendung der in Abschnitt 6.3.2.2 angegebenen Berechnungsvorschriften zur Ableitung von Reihenfolgebedingungen sowie die aus den Anwendungsbedingungen abgeleiteten zusätzlichen Bedingungen führen zu folgendem Bedingungssystem:

Abgeleitete Bedingungen:

$\pi(B_{2.1}) < \pi(B_1)$ (Bedingung 6.1)
$\pi(B_{3.1}) < \pi(B_1)$ (Bedingung 6.1)

$\pi(B_{2.1}) < \pi(B_{2.2})$ (Bedingung 6.4)
$\pi(B_{3.1}) < \pi(B_{3.2})$ (Bedingung 6.4)

$\pi(B_1) < \pi(B_{2.2})$ (Bedingung 6.5)
$\pi(B_1) < \pi(B_{3.2})$ (Bedingung 6.5)
$\pi(B_1) < \pi(B_4)$ (Bedingung 6.5)

Zusätzliche Bedingungen:

$\pi(B_{2.2}) < \pi(B_{3.2})$ (Auflösung der Komposition an implizitem Webepunkt)

$\pi(B_{2.2}) < \pi(B_4)$ (Nutzung von durch $B_{2.2}$ und $B_{3.2}$ verän-
$\pi(B_{3.2}) < \pi(B_4)$ derten Modellanfragen durch B_4)

$$X \longleftarrow Y: \pi(X) < \pi(Y)$$

Auf der rechten Seite ist das Bedingungssystem als Graph dargestellt. Eine topologische Sortierung führt zu zwei gültigen Kompositionsreihenfolgen π_1 und π_2:

$$\pi_1 = \begin{pmatrix} 1 & 2 & 3 & 4 & 5 & 6 \\ 2.1 & 3.1 & 1 & 2.2 & 3.2 & 4 \end{pmatrix} \qquad \pi_2 = \begin{pmatrix} 1 & 2 & 3 & 4 & 5 & 6 \\ 3.1 & 2.1 & 1 & 2.2 & 3.2 & 4 \end{pmatrix}$$

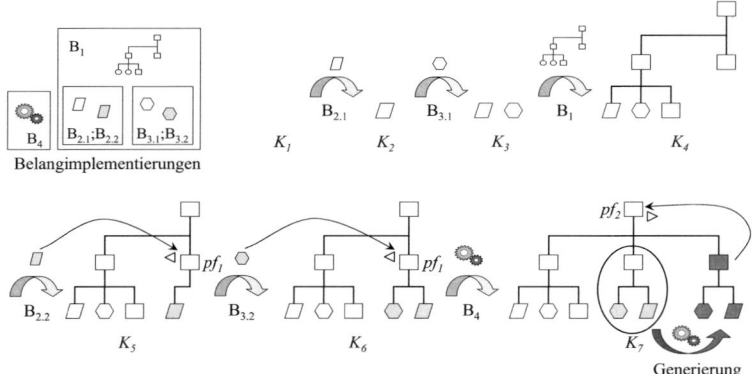

Abbildung 6.4: Komposition der Belange B_1 bis B_4 anhand der Kompositionsreihenfolge π_1

Diese beiden Kompositionsreihenfolgen führen zu einem identischen Programm, da die Ausführung von $B_{2.1}$ und $B_{3.1}$ kommutativ ist.

Ausgehend von einer dieser Kompositionsreihenfolgen kann nun das Programm wie in Abbildung 6.4 gezeigt komponiert werden. Das Kompositionsmodell durchläuft dabei die verschiedenen Zustände $\mathcal{K}_1 \ldots \mathcal{K}_7$. In den Zuständen $\mathcal{K}_5$ und $\mathcal{K}_6$ wird durch die benutzte Kompositionsreihenfolge die Mehrdeutigkeit am impliziten Webepunkt $(pf_1, \lhd)$ aufgelöst. Der Bauplan des Belangs B_4 generiert ein Programmfragment ausgehend von dem im Kompositionszustand $\mathcal{K}_7$ markierten Programmfragment und fügt es anschließend am impliziten Webepunkt $(pf_2, \rhd)$ ein. Die Generierung nutzt dabei die durch die Belange $B_{2.2}$ und $B_{3.2}$ komponierten Programmfragmente.

6.3.3.1 Behandlung zyklischer Abhängigkeiten

Kann keine Kompositionsreihenfolge bestimmt werden, da das Bedingungssystem *Zyklen* enthält, so stellt dies einen Implementierungsfehler dar. Dieser basiert entweder auf fehlerhaften explizit angegebenen Reihenfolgebedingungen, oder aber die Variante lässt sich in der angegebenen Form nicht komponieren. In letzterem Fall sind die Bedingungen zur Erkennung ungültiger Varianten (vgl. Abschnitt 6.1.2) falsch oder unvollständig.

Aufgrund von Nichtorthogonalitäten mehrerer Belange $B_i, \ldots, B_j$ können Zyklen im Bedingungssystem entstehen, oder aber es lassen sich keine Reihenfolgebedingungen angeben, da keine Reihenfolge hinsichtlich der Anwendungsbedingungen korrekt ist. Sofern die gemeinsame Unterstützung der Belange $B_i, \ldots, B_j$ sinnvoll und erwünscht ist, kann ein Zyklus im Bedingungssystem zwischen diesen Belangen vermieden werden, indem an Stelle der einzelnen Belange ein *neuer* Belang $B_{(i, \ldots, j)} = B_i \oplus \ldots \oplus B_j$ betrachtet wird, der die Komposition der bisherigen Belange darstellt (vgl. Abbildung 6.5).

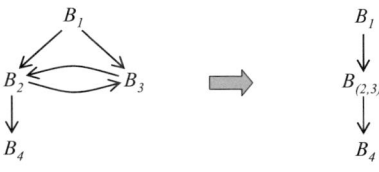

$$X \Longleftarrow Y : \pi(X) < \pi(Y)$$

Abbildung 6.5: Vermeidung eines Zykluses zwischen B_2 und B_3 durch Verwendung eines die Komposition dieser Belange darstellenden Belangs $B_{(2,3)}$.

Die Umsetzung dieses Belangs $B_{(i,...,j)}$ muss nicht notwendigerweise auf den Umsetzungen der Belange $B_i, \ldots, B_j$ basieren. Der Belang $B_{(i,...,j)}$ kann unterschiedliche Programmfragmente und einen nicht aus den Bauplänen von $B_i, \ldots, B_j$ ableitbaren Bauplan $C_{B_{(i,...,j)}}$ besitzen. Sofern eine gemeinsame Implementierung der Belange $B_i, \ldots, B_j$ innerhalb einer Variante überhaupt umsetzbar ist, kann dies durch die Angabe eines neuen, bereits die Komposition der Belange repräsentierenden Belang immer erreicht werden.[2]

In der praktischen Anwendung lässt sich eine vollständige Neuimplementierung von $B_{(i,...,j)}$ oftmals vermeiden, indem eine existierende Belangschachtelung ausgenutzt wird. Angenommen zwei Belange B_i, B_j bestehen aus den geschachtelten Belangen $U_{B_i} = \{B_{i,1}, \ldots, B_{i,n}\}$, $U_{B_j} = \{B_{j,1}, \ldots, B_{j,m}\}$, und die Baupläne C_{B_i}, C_{B_j} legen jeweils die Teilsequenzen $Seq_{B_i} = B_{i,1} \ldots B_{i,n}, Seq_{B_j} = B_{j,1} \ldots B_{j,m}$ fest. In diesem Fall führen Reihenfolgebedingungen der Bauart

$$\pi(B_{i,x_1}) < \pi(B_{j,y_1})$$
$$\pi(B_{i,x_2}) > \pi(B_{j,y_2})$$

aufgrund der Unteilbarkeit von Seq zu einem Zyklus zwischen B_i und B_j[3]:

$$Seq_{B_i} < Seq_{B_j}$$
$$Seq_{B_i} > Seq_{B_j}$$

Durch eine geeignete Umordnung der Kompositionsreihenfolge der geschachtelten Belange aus U_{B_i} und U_{B_j} kann die Umsetzung des Belangs $B_{(i,j)}$ in solchen Fällen oftmals einfach angegeben werden, indem die Umordnung als neue einzuhaltende Teilsequenz innerhalb von $C_{B_{(i,j)}}$ abgegeben wird. Komplexere Umordnungen, wie zum Beispiel von der Variante v abhängige bedingte Umordnungen, lassen sich in algorithmischer Form in $C_{B_{(i,j)}}$ angeben.

Um Zugriff auf die geschachtelten Belange aus U_{B_i} bzw. U_{B_j} zu erhalten, da diese nach dem Geheimnisprinzip nur für B_i und B_j sichtbar sind, muss $O_{B_{(i,j)}} = \{B_i, B_j\}$ gelten, d. h. $B_{(i,j)}$ ist ein gemeinsamer Untertyp von B_i und B_j. Neben dem Zugriff auf die geschachtelten Belange

---

[2]Einen (nicht erwünschten) Grenzfall stellt die Angabe eines Belangs dar, der die Komposition *aller* Belange einer Variante umfasst. Dies entspricht der Angabe einer vollständigen Implementierung der Variante.

[3]Zu beachten ist, dass der Zyklus nur zustande kommt, falls sowohl B_i als auch B_j Teile einer Variante sind. Ist nur einer der Belange Teil der Variante, kann eine Kompositionsreihenfolge berechnet werden.

wird wie in Abschnitt 5.1.3.1 beschrieben eine Spezialisierungsrelation zwischen B_i bzw. B_j und $B_{(i,j)}$ etabliert, was in diesem Falle gewünscht ist, da $B_{(i,j)}$ die Spezialisierung von B_i bzw. B_j bei Vorhandensein des jeweils anderen Belangs darstellt.

Beispiel 6.6: *Auflösung einer zyklischen Abhängigkeit*

Betrachten wir wieder das in Beispiel 3.2 auf Seite 77 vorgestellte Kompositionsproblem, für welches keine auf der ASPECTJ-dominates-Relation basierende Lösung existiert. Modellieren wir die Aktivitäten openDoor()/closeDoor() und goInside()/goOutside() als jeweils eigenständige geschachtelte Belange OpenDoor/CloseDoor und Goinside/GoOutside der Belange Door und Walk, so definieren die Baupläne C_{Door} und C_{Walk} folgende Teilsequenzen:

$$Seq_{\text{Door}} = \text{OpenDoor;CloseDoor}$$
$$Seq_{\text{Walk}} = \text{GoInside;GoOutside}$$

Sowohl $\pi(Seq_{\text{Door}}) < \pi(Seq_{\text{Walk}})$ als auch $\pi(Seq_{\text{Door}}) > \pi(Seq_{\text{Walk}})$ führen zu dem aus Beispiel 3.2 bekannten Ergebnis, dass keine Reihenfolge für Seq_{Door} und Seq_{Walk} geeignet ist. Es existieren semantische Abhängigkeiten zwischen OpenDoor und GoInside sowie GoOutside und CloseDoor, welche zu den Reihenfolgebedingungen

$$\pi(\text{OpenDoor}) < \pi(\text{GoInside})$$
$$\pi(\text{CloseDoor}) < \pi(\text{GoOutside})$$

führen. Die Bereitstellung eines neuen Belangs DoorAndWalk, welcher auf der Umsetzung der existierenden Belange aufbaut, kann durch einfache Umordnung der Kompositionsreihenfolge der (ererbten) geschachtelten Belange erfolgen:

```
concern DoorAndWalk extends Door, Walk {

    C_DoorAndWalk {
        execute(Door.OpenDoor<>);
        execute(Walk.GoInside<>);
        execute(Door.CloseDoor<>);
        execute(Walk.GoOutside<>);
    }
}
```

Die Belange Door und Walk müssen nicht verändert werden und können bei Nichtvorhandensein des jeweils anderen wie gewohnt weiter genutzt werden.

6.4 Zusammenfassung

In diesem Kapitel haben wir gezeigt, wie eine Variante konfiguriert und anschließend durch statisch invasive Komposition der Belang-Programmfragmente innerhalb des Kompositionsmodells erstellt werden kann.

Eine Konfigurationsspezifikation setzt sich aus den konkreten Belegungen der einzelnen Belangparameter zusammen. Sie ist hierarchisch gemäß der Belangschachtelung, d. h. jeder parametrisierte Belang kann wiederum als Parameter genutzt werden. Die Erkennung ungültiger Varianten wird auf die Typprüfung der Belangparameter sowie die statische Auswertung der einzelnen Belangverträge zurückgeführt.

Die Verschränkung der Programmfragmente erfolgt im Kompositionsmodell. Die Selektion der Webepunkte innerhalb des Kompositionsmodells kann für explizite Webepunkte durch namensbasierte oder typbasierte Selektion, für implizite Webepunkte durch strukturbasierte Selektion erfolgen. Zu komponierende Programmfragmente werden entweder durch Instantiierung von Programmfragmentschablonen mit Hilfe von Übersetzerbautechniken oder durch algorithmische Berechnung bereitgestellt.

Die Kompositionsreihenfolge der einzelnen Belange einer zu erstellenden Variante wird automatisch berechnet. Hierzu werden Reihenfolgebedingungen zu einem Bedingungssystem zusammengefasst, aus der sich eine konkrete sequentielle Kompositionsreihenfolge durch topologische Sortierung konstruieren lässt. Wir haben gezeigt, wie sich bestimmte Reihenfolgebedingungen ohne Kenntnis der Anwendungsbedingungen aus den Ausführungskontexten der einzelnen Baupläne sowie aus der Belangschachtelung ableiten lassen. Zusätzliche Reihenfolgebedingungen müssen durch den Entwickler ausgehend von den Anwendungsbedingungen formuliert werden. Im folgenden Kapitel stellen wir ein Verfahren vor, durch welches eine Unterspezifikation der Reihenfolgebedingungen erkannt werden kann.

Kapitel 7

Konflikte während der Komposition

Im vorangegangenen Kapitel haben wir gesehen, wie Belangimplementierungen innerhalb des Kompositionsmodells auf Grundlage einer Kompositionsreihenfolge komponiert werden können. Unterschiedliche Kompositionsreihenfolgen führen meist zu semantisch nicht äquivalenten Programmen. Aus Praktikabilitätsgründen sieht unser Verfahren vor, dass die Kompositionsreihenfolgen ausgehend von Reihenfolgebedingungen berechnet werden. Hierbei stellt sich für einen Entwickler die Frage, ob er alle notwendigen Reihenfolgebedingungen angegeben hat, so dass tatsächlich das von ihm beabsichtigte Programm erstellt wird. In diesem Kapitel zeigen wir ein Verfahren, das diese Frage beantwortet.

7.1 Problemanalyse

Belange sind sowohl auf der Anforderungsebene als auch auf der Entwurfs- und Implementierungsebene keine voneinander unabhängige Einheiten. Sie müssen mit anderen Belangen interagieren, um die geforderte Ausführungssemantik erbringen zu können. Eine Belanginteraktion kann beabsichtigt oder unbeabsichtigt sein und damit erwünschte oder unerwünschte Effekte hinsichtlich der Ausführungssemantik hervorrufen (siehe Abbildung 7.1). Wir beschränken uns in dieser Arbeit auf die Erkennung und Behandlung potentiell unbeabsichtigter Belanginteraktionen, welche durch die verwendete Kompositionstechnik begründet sind.

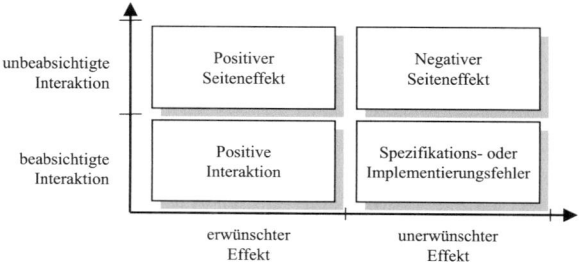

Abbildung 7.1: Klassifikation von Belanginteraktionen (aus PULVERMÜLLER et al., 2001)

Belange sind bezüglich Interaktion nicht immer paarweise orthogonal. Bezogen auf die in Abschnitt 2.3.1 identifizierten Eigenschaften von Belangen und Kompositionsoperatoren auf Implementierungsebene bedeutet dies, dass durch die Baupläne C_{B_i} und C_{B_j} zweier nichtorthogonaler Belange B_i und B_j auch die Kompositionsoperatoren $\oplus^{v}_{B_i \hookrightarrow B_j}$ umgesetzt werden müssen (vgl. Abbildung 7.2).

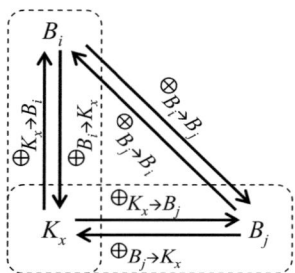

Abbildung 7.2: Komposition nichtorthogonaler Belange im Kompositionsmodell

Zwei Belange B_i und B_j, welche unabhängig voneinander Teil einer Variante sein können, werden oftmals zum Teil auch unabhängig voneinander entwickelt. Die Baupläne sind dann auf die Spezifikation der Komposition mit den primär zu interagierenden Belangen ausgerichtet. Die Kompositionsoperatoren $\oplus^{v}_{B_i \hookrightarrow B_j}$ werden dann auf zwei Arten angegeben:

1. Explizit durch den Bauplan C_B eines umgebenden Belangs B mit $B_i, B_j \in U_B$.
2. Implizit durch eine Kompositionsreihenfolge π und die Baupläne C_{B_i} und C_{B_j}.

Kritisch sind hierbei die implizit definierten Kompositionsoperatoren. Sind aufgrund einer durch die Reihenfolgebedingungen festgelegten Halbordnung mehrere Kompositionsreihenfolgen möglich, so kann diese Halbordnung zu aus Sicht der Anwendungsbedingungen falschen Belanginteraktionen führen. Um diese kritischen Fälle zu erkennen, betrachten wir zunächst die allgemeinen Mechanismen der Belanginteraktion auf Implementierungsebene.

Mechanismen der Belanginteraktion

Auf Implementierungsebene können wir zwischen *direkter* und *indirekter* Belanginteraktion unterscheiden. Unter direkter Belanginteraktion verstehen wir Interaktionen, welche durch einen dynamischen oder statischen Weber direkt beobachtbar sind. Sie erfolgt auf Implementierungsebene durch folgende allgemeinen Mechanismen:

- *Werte*: Eine Belangimplementierung nutzt Werte, die in einem Verhaltensfragment eines anderen Belangs erzeugt oder verändert wurden. Diese Interaktion tritt zur Laufzeit des Programms auf. Die statische Abstraktion ist der Austausch von Ausdrücken, insbesondere also auch von Variablen.

- *Kontrollfluss*: Die Verhaltensfragmente verschiedener Belange müssen in einer vorgegebenen Reihenfolge ausgeführt werden. Die Interaktion ist durch die zur Laufzeit erforderlichen Verarbeitungsschritte der Werte des Programms motiviert. Die statische Abstraktion ist eine konkrete Programmfragmentanordnung.

Direkte Belanginteraktionen führen zu Kontroll- und Datenflussabhängigkeiten zwischen den Programmfragmenten der einzelnen Belange. Neben diesen durch das Ausführungsmodell motivierten Abhängigkeiten können noch weitere, durch das Sprachmodell definierte Abhängigkeiten identifiziert werden:

- *Vererbung und Polymorphie*: Durch die Implementierung eines Belangs werden Vererbungsbeziehungen verändert sowie Methoden der Implementierung eines anderen Belangs überschrieben.

- *Deklarationen*: Eine Belangimplementierung greift auf eine in einer anderen Belangimplementierung angegebene Deklaration zu.

Nicht erfüllte Abhängigkeiten bezüglich benötigter Deklarationen werden bereits durch die Nichterfüllung des Korrektheitskriteriums **K2.3** erfasst.

Indirekte Belanginteraktionen sind für einen statischen Weber nicht erkennbar. Ein Beispiel hierfür ist die zeitlich und räumlich entkoppelte Weitergabe von Werten, z. B. durch Schreiben und Lesen von Werten in oder aus einer Datenbank, oder das Verschicken von Werten über ein Netzwerk. Einige der in GAMMA et al. (2004) angegebenen Entwurfsmuster zur Entkopplung zielen sogar explizit darauf ab, ehemals direkte Belanginteraktionen in indirekte umzuwandeln. Indirekte Belanginteraktionen müssen explizit ausimplementiert werden. Sie stellen somit aus Sicht der Programmfragmentkomposition *beabsichtigte* Interaktionen dar. Indirekte Belanginteraktionen mit *unerwünschten* Effekten stellen in dieser Sichtweise Implementierungsfehler dar.

Grundannahme

Während der Programmfragmentkomposition können sich die Kontroll- und Datenflussabhängigkeiten in den verschiedenen Kompositionszuständen $\mathcal{K}_i$ permanent ändern. Wir gehen im Folgenden von folgender Annahme aus:

Die durch den Bauplan eines Belangs[1] B eingeführten Kontroll- und Datenflussabhängigkeiten zu Programmfragmenten von bereits dem Kompositionsmodell hinzugefügten Belangimplementierungen $B_i \ldots B_j$ sind beabsichtigt und hinsichtlich der Anwendungsbedingungen korrekt, sofern Reihenfolgebedingungen zwischen B und $B_i \ldots B_j$ existieren.[2] Dies gilt auch für etwaige, durch die Programmiersprache bedingte Seiteneffekte, die z. B. durch Überschreiben von Methoden entstehen.

Bemerkung: In dieser Arbeit betrachten wir nicht weiter die Frage, welche semantischen Auswirkungen die Komposition eines Belangs auf das Programm hat, sondern vielmehr die Frage, ob ein Entwickler alle aus der Kompositionstechnik herrührenden Änderungen an direkten Belanginteraktionen bedacht hat. Diese Betrachtung der semantischen Auswirkungen der Komposition eines Belangs spielt eine wichtige Rolle bei der Unterstützung der Entwicklung und Evolution von Programmfragmenten und Bauplänen

---

[1]Wir betrachten in diesem Kapitel weiterhin wie in Abschnitt 6.3.2.2 auf Seite 166 beschrieben die Ausführungskontexte κ eines Belangs als eigenständige Belange.

[2]Existieren keine Abhängigkeiten zwischen Programmfragmenten des Belangs B und B_y, so muss auch keine Reihenfolgebedingung existieren.

der einzelnen Belange, um nicht geplante Kontroll- und Datenflussabhängigkeiten zwischen Programmfragmenten zu erkennen. Zur Bestimmung potentieller oder bereits erfolgter Auswirkungen einer Änderung des Programms[3] stehen verschiedenste Techniken aus dem Bereich der Auswirkungsanalyse (engl. *impact analysis*) zur Verfügung, welche typischerweise auf Ergebnissen einer Programmanalyse beruhen. Die Techniken können dabei auf rein statischen Informationen (z. B. BOHNER und ARNOLD, 1996), auf rein dynamischen Informationen (z. B. LAW und ROTHERMEL, 2003) oder einer Mischung aus beidem (z. B. ORSO et al., 2003) basieren. SNELTING und TIP (2002) zeigen ein Verfahren zur Erkennung unbeabsichtigter Abhängigkeiten aufgrund von Seiteneffekten, welche bei der Komposition zweier Klassenhierarchien durch Vererbung und Polymorphie auftreten können. STÖRZER (2007) wendet eine Erweiterung dieses Verfahrens im Kontext von ASPECTJ an. Ziel ist hierbei der Nachweis, dass die durch einen Aspekt hinzugefügten Programmfragmente nicht zu potentiell unerwarteten Änderungen an der Semantik des Programms führen.

Konflikte aufgrund unterschiedlicher Kompositionsreihenfolgen

Aus den Kompositionsreihenfolgen π_1 und π_2 resultierende Programme P^{π_1} und P^{π_2} sind semantisch äquivalent, falls sie die gleichen beobachtbaren Ausgaben produzieren oder unterschiedliche Ausgaben bezüglich der Anwendungsbedingungen äquivalent sind (vgl. Abschnitt 2.3.1.1).

Definition 7.1 (Konflikt)
Zwei Belange B_x und B_y stehen in Konflikt, falls das aus der Komposition der Belangimplementierungen resultierende Programm P^{π_1} semantisch nicht äquivalent ist zum Programm P^{π_2} mit

$$\pi_2 = \left(\begin{array}{ccccccc} 1 & \dots & x & \dots & y & \dots & n \\ \pi_1(1) & \dots & \pi_1(y) & \dots & \pi_1(x) & \dots & \pi_1(n) \end{array} \right), \pi_1, \pi_2 \in \Pi^v,$$

wobei beide Kompositionsreihenfolgen π_1 und π_2 die angegebenen und automatisch abgeleiteten Reihenfolgebedingungen einhalten.

Zwischen geschachtelten Belangen $B_i, B_j \in U_B$ eines Belangs B kann aufgrund der Reihenfolgebedingungen 6.1 und 6.2 (siehe Seite 167) kein Konflikt vorliegen, da in diesem Fall eine Vertauschung der Kompositionszeitpunkte nicht erlaubt ist. Wir gehen davon aus, dass der Entwickler bei der Implementierung des Bauplans C_B die Interaktionen der geschachtelten Belange B_i und B_j betrachtet und nicht zuletzt durch die in C_B beschriebene Komposition korrekt umgesetzt hat.

Bemerkung: Unterschiedliche Kompositionsreihenfolgen π_1 und π_2 führen bezüglich Vererbungs- und Polymorphieabhängigkeiten zum gleichen Ergebnis, vorausgesetzt es werden an den unterschiedlichen Kompositionszeitpunkten die gleichen Webepunkte selektiert und die gleichen Programmfragmente eingesetzt.

---

[3]Die Komposition eines Belangs kann in diesem Falle als Änderung des bestehenden Programms aufgefasst werden.

Zwei Programme P^{π_1} und P^{π_2} sind auf jeden Fall semantisch äquivalent, falls durch identische Programmfragmente die gleichen Kontroll- und Datenflussabhängigkeiten eingehalten werden. Bestimmte Umordnungen einzelner Programmfragmente sind somit möglich. Semantisch äquivalent sind natürlich insbesondere zwei identische resultierende Programme $P^{\pi_1} = P^{\pi_2}$. Durch einen Domänenentwickler unbeabsichtigte direkte Belanginteraktionen können während der Komposition entstehen, falls eine nichtdeterministische Auswahl einer Kompositionsreihenfolge zu unterschiedlichen Kontroll- und Datenflussabhängigkeiten führt.

Ob zwei verschiedene Programme mit unterschiedlichen Programmfragmenten, welche unterschiedliche Kontroll- und Datenflussabhängigkeiten besitzen, semantisch äquivalent sind, lässt sich durch statische Analysen nur für Spezialfälle nachweisen.

Beispiel 7.1: *Beispiele für Konflikte bei der statischen Komposition*

Die durch die Baupläne der Belange $B_0 \ldots B_k$ für unterschiedliche Kompositionsreihenfolgen durchgeführten Operationen werden abstrakt durch folgende globale Kompositionstabelle beschrieben:

Nr.	Def. durch Belang	Webepunkt	Programmfragment
1	B_0	(pf_0, i_0)	pf_1
2	B_1	(pf_0, i_1)	pf_2
3	B_2	$(pf_1, offset(i_2))$ ①	pf_3
4	B_3	$(pf_1, offset(i_2))$ ②	$pf_4 = g(\mathcal{K}_{\pi^{-1}(3)})$
...	...	...	...
n	B_k	(pf_n, i_m)	pf_y

Unterschiedliche Kompositionsreihenfolgen führen zum Beispiel zu folgenden Konflikten:

- Die Komposition der Belange B_2 und B_3 vor der Komposition von B_0 führt dazu, dass die durch die Einträge drei und vier beschriebenen Programmfragmentkompositionen nicht durchgeführt werden, da das notwendige Vater-Programmfragment pf_1 im Kompositionsmodell nicht zur Verfügung steht.

- Die Nutzung des impliziten Mehrfach-Webepunkts ① bzw. ② führt nach Berechnung des konkreten Index des eingefügten Programmfragments in der Kindliste von pf_1 zu unterschiedlichen Resultaten:

  Für *offset*=◁:

  1. $\pi(B_2) < \pi(B_3)$ ergibt: $(pf_1, i_2 - 2) \leftarrow pf_3$ und $(pf_1, i_2 - 1) \leftarrow pf_4$
  2. $\pi(B_3) < \pi(B_2)$ ergibt: $(pf_1, i_2 - 2) \leftarrow pf_4$ und $(pf_1, i_2 - 1) \leftarrow pf_3$

  Für *offset*=▷:

  1. $\pi(B_2) < \pi(B_3)$ ergibt: $(pf_1, i_2 + 1) \leftarrow pf_4$ und $(pf_1, i_2 + 2) \leftarrow pf_3$
  2. $\pi(B_3) < \pi(B_2)$ ergibt: $(pf_1, i_2 + 1) \leftarrow pf_3$ und $(pf_1, i_2 + 2) \leftarrow pf_4$

- Das Programmfragment pf_4 wird auf Grundlage des Zustands des Kompositionsmodells zum Kompositionszeitpunkt des Belangs B_3 generiert. Angenommen die Generierung von pf_4 benötigt Ergebnisse einer Modellanfrage an das Programmfragment pf_2, da zum Beispiel pf_4 die

Serialisierung bestimmter Attribute einer Klasse darstellt und pf_2 ein solches Attribut ist. In diesem Fall darf die Komposition von B_3 erst nach der Komposition von B_1 erfolgen. In einem anderen Kontext ist es allerdings ebenso gut möglich, dass pf_4 nur dann korrekt generiert werden kann, falls pf_2 (noch) nicht bekannt ist. Die Beantwortung der Frage, ob nun B_1 vor oder nach B_3 komponiert werden muss, setzt somit Wissen über die Anwendungssemantik voraus.

Abbildung 7.3 deutet an, wie für unterschiedliche Kompositionsreihenfolgen voneinander abweichende Kontroll- und Datenflussabhängigkeiten entstehen können. Für die ersten beiden Kompositionsreihenfolgen ergeben sich unterschiedliche Kontrollflussabhängigkeiten zwischen ansonsten identischen Programmfragmenten pf_3 und pf_4. Die dritte Kompositionsreihenfolge führt im Vergleich zu den beiden anderen Kompositionsreihenfolgen zu unterschiedlichen Datenflussabhängigkeiten zwischen pf_2 und dem generierten Programmfragment pf_4.

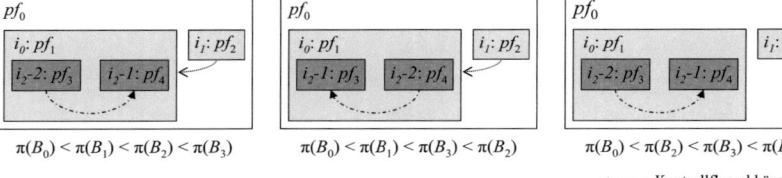

$$\pi(B_0) < \pi(B_1) < \pi(B_2) < \pi(B_3) \qquad \pi(B_0) < \pi(B_1) < \pi(B_3) < \pi(B_2) \qquad \pi(B_0) < \pi(B_2) < \pi(B_3) < \pi(B_1)$$

◄------- Kontrollflussabhängigkeit
◄———— Datenflussabhängigkeit

Abbildung 7.3: Kontroll- und Datenflussabhängigkeiten unterschiedlicher Kompositionsreihenfolgen

Für eine gegebene Variante v unterscheiden sich die durch implizit definierte Kompositionsoperatoren etablierten Kontroll- und Datenflussabhängigkeiten nicht beliebig, da sie nur durch folgende Mechanismen hervorgerufen werden können:

1. Eine unterschiedliche Menge von ansonsten gleichen Programmfragmenten in P^{π_1} und P^{π_2} aufgrund einer unterschiedlichen Menge von selektierten Webepunkten während der Programmfragmentkomposition.

2. Eine unterschiedliche Anordnung der gleichen Programmfragmente, welche durch die Auflösung von Mehrdeutigkeiten an impliziten Mehrfach-Webepunkten (vgl. Abschnitt 6.2.4) hervorgerufen wird.

3. Unterschiedliche generierte Programmfragmente aufgrund unterschiedlicher Ergebnisse von Modellanfragen zum jeweiligen Generierungszeitpunkt.

Die durch die ersten beiden Mechanismen hervorgerufenen Konflikte nennen wir im Folgenden *Kompositionskonflikte*, die aus dem dritten Mechanismus herrührenden Konflikte nennen wir *Generierungskonflikte*. Im verbleibenden Teil dieses Kapitels beschäftigen wir uns mit der Erkennung dieser Kompositions- und Generierungskonflikte.

7.2 Erkennung von Konflikten

Um Kompositions- und Generierungskonflikte aufzulösen, müssen diese zunächst als solche identifiziert werden. Ob allerdings zwei oder mehr Belange *tatsächlich* miteinander in einem Kompositions- bzw. Generierungskonflikt stehen, lässt sich i. A. nur mit Kenntnis der Anwendungsbedingungen feststellen, da die Konflikte durch die Anwendungssemantik begründet sind (vgl. Definition 7.1, oder auch DURR et al. (2005)). Während der Domänen- und Anwendungsentwicklung ist die automatische Erkennung *potentieller* Konflikte (d. h. eine Überabschätzung) dennoch hilfreich:

- Der Entwickler bzw. der Nutzer wird auf evtl. bisher nicht betrachtete Belanginteraktionen aufmerksam gemacht. Dies ist umso wichtiger, falls das auch bei Nichtbeachtung des Konflikts entstehende Programm zwar übersetzbar ist, aber ein falsches Laufzeitverhalten zeigen würde.

- Ein potentieller Konflikt kann seine Ursache in der Komposition einer ungültigen Variante haben. In diesem Fall sind die Bedingungen zur Erkennung ungültiger Varianten (vgl. Abschnitt 6.1.2) fehlerhaft oder unvollständig.

- Potentielle Konflikte können auf Spezifikationsfehler des Bauplans und der Programmfragmente hinweisen. So können z. B. falsche Webepunkte selektiert oder falsche Programmfragmente generiert werden.

- Potentielle Konflikte können darauf hindeuten, dass eine Kompositionsreihenfolge π zu einem falschen Ergebnis führt, d. h. $\pi \in \Pi^v$, aber $\pi \notin \Pi^v_{gültig}$. In diesem Fall ist die Menge der Reihenfolgebedingungen, welche aus den Anwendungsbedingungen herrühren, unterspezifiziert. Die Erkennung potentieller Konflikte hilft somit, eine vollständige Spezifikation zusätzlicher Reihenfolgebedingungen zu erstellen. Dies ist zur Einhaltung des Korrektheitskriteriums **K2.1** notwendig.

Auf technischer Ebene beschränken wir uns auf die automatische Erkennung potentieller Konflikte. Wir geben hierzu ein *Rahmenwerk* an, welches einheitlich die Erkennung sowohl potentieller Kompositions- als auch Generierungskonflikte bei statischer, sequentieller Komposition der Programmfragmente der einzelnen Belange erlaubt.

Definition 7.2 (Menge der Webepunkte in einem Kompositionszustand)
Sei $PF(\mathcal{K}_x)$ die Menge aller im Kompositionszustand $\mathcal{K}_x$ zu findenden Programmfragmente und $w(pf)$ die Menge aller im Programmfragment pf zu findenden expliziten und impliziten Webepunkte. Dann ist

$$w(\mathcal{K}_x) = \{w \mid pf \in pf(\mathcal{K}_x) \wedge w \in w(pf)\}$$

die Menge aller in $\mathcal{K}_x$ zu findenden Webepunkte.

7.2.1 Ansatz

Um potentielle Kompositionskonflikte zu erkennen, wird für jeden Kompositionsschritt i untersucht, ob mehrere bisher noch nicht komponierte Belange in Bauplanphase eins gemeinsame Webepunkte aus $w(\mathcal{K}_i)$ selektieren, oder ob durch die Komposition Webepunkte in

$w(\mathcal{K}_{i+1})$ entstehen oder entfernt werden, welche die Menge der selektierten Webepunkte eines anderen Belangs beeinflussen. Die Erkennung von potentiellen Generierungskonflikten erfolgt analog. Hier wird untersucht, ob sich durch die Komposition eines Belangs die Menge der Programmfragmente $PF(\mathcal{K}_x)$ sowie die Ergebnisse von Modellanfragen $\mathcal{A}_{pf}$ mit $pf \in PF(\mathcal{K}_x)$ dergestalt ändern, dass sie das Ergebnis einer Generierung von Programmfragmenten innerhalb eines anderen Belangs beeinflussen.

Die Erkennung potentieller Kompositions- und Generierungskonflikte beruht auf der Angabe von Bedingungen über Mengen, die Eigenschaften der Baupläne der einzelnen Belange bezüglich der Menge der in den einzelnen Kompositionszuständen $\mathcal{K}_i$ zu findenden Webepunkte und Modellanfragen widerspiegeln.

7.2.1.1 Nutzung von Konzepten der Datenflussanalyse

Die Bestimmung der benötigten Mengen von Eigenschaften der einzelnen Baupläne basiert auf Konzepten der Datenflussanalyse (MUCHNICK, 1997; WILHELM und MAURER, 1997; APPEL, 2002). Mit Hilfe einer Datenflussanalyse lassen sich Eigenschaften berechnen, welche unter Berücksichtigung der möglichen Programmabläufe an den einzelnen Stellen eines Programms gelten. Zur Verdeutlichung sei folgendes Programmstück gegeben:

```
M: A;
N: ...
```

Dann bezeichnen M,N Programmstellen und A eine Anweisung an der Programmstelle M. Die an einer Programmstelle X geltenden Eigenschaften werden durch $E(X)$ gekennzeichnet. Hierbei handelt es sich meist um eine Menge mit Elementen eines bestimmten Wertebereichs oder eine boolesche Aussage. Je nach zu berechnenden Informationen werden Vorwärts- und Rückwärtsanalysen genutzt. Vorwärtsanalysen propagieren die in $E(X)$ kodierten Informationen entlang der Kanten des Kontrollflussgraphs, während eine Rückwärtsanalyse die Informationen entgegen der Kantenrichtung weiterleitet. An Verzweigungen und Zusammenführungen des Kontrollflussgraphs müssen die Informationen aus $E(X)$ mit Hilfe des so genannten Konfluenzoperators Φ auf die einzelnen Ausführungspfade verteilt oder aus ihnen kommend zusammengefasst werden.

- Vorwärtsanalyse

$$E_{in}(A) = \underset{X \in Vor(A)}{\Phi} E_{out}(X)$$
$$E_{out}(A) = \underbrace{E_{in}(A) - kill(A) \cup gen(A)}_{\text{Transferfunktion } f_A(E_{in}(A))}$$

- Rückwärtsanalyse

$$E_{out}(A) = \underset{X \in Nach(A)}{\Phi} E_{in}(X)$$
$$E_{in}(A) = E_{out}(A) - kill(A) \cup gen(A)$$

Durch $kill(A)$ wird die Menge der Eigenschaften bezeichnet, die durch A beseitigt werden. Die Menge $gen(A)$ ist die Menge der Eigenschaften, die durch A neu definiert werden. Zur konkreten Berechnung einer Eigenschaft $E(A)$ muss typischerweise eine Fixpunktberechnung durchgeführt werden. Wie wir noch sehen werden, basiert die Erkennung von Kompositions-

und Generierungskonflikten zu großen Teilen auf der Nutzung von *gen* und *kill*-Mengen, welche durch die Transferfunktion beschrieben werden.

Das in dieser Arbeit vorgestellte Rahmenwerk zur Erkennung potentieller Kompositions- und Generierungskonflikte kann wie folgt auf die „klassische", aus dem Übersetzerbau bekannte Datenflussanalyse abgebildet werden:

- Ein Kompositionsschritt i bezüglich einer Kompositionsreihenfolge π entspricht einer Programmstelle M.
- Ein Bauplan $C_{B_{\pi(i)}}$ entspricht einer Anweisung A.
- Die Menge der Eigenschaften $E(X)$ sowie die Wertebereiche U der Elemente:
    - Erkennung von Kompositionskonflikten: $E(X)$ wird definiert durch die Menge der bis zum Kompositionsschritt i identifizierten Webepunkte $\bigcup_{x \leq i} w(\mathcal{K}_x)$ innerhalb des Kompositionsmodells. Der Wertebereich ist $U = \{\textit{existiert nicht, existiert}\}$.
    - Erkennung von Generierungskonflikten: $E(X)$ wird definiert durch die Menge aller bis zum Kompositionsschritt i nach Programmfragmenten unterschiedenen Modellanfragen $\bigcup_{x \leq i} \bigcup_{pf \in pf_{\mathcal{K}_x}} \mathcal{A}_{pf}$ mit $U = \{\textit{existiert nicht, existiert, benutzt, verändert, benutztUndVerändert}\}$.
- Ein Konfluenzoperator Φ ist nicht notwendig, da eine Ausführungsreihenfolge π in einer Ausführungs*sequenz* von Bauplänen C_B resultiert, also insbesondere keine
    - Schleifen (d. h. ein Belang wird nicht mehrmals komponiert)
    - Verzweigungen

    existieren. Somit ist ein Durchlauf durch den Ablaufgraph (=Ausführungssequenz der Baupläne) ausreichend. Eine Fixpunktiteration ist nicht notwendig.

Das Rahmenwerk greift das Konzept der Vorwärts- und Rückwärtsanalyse auf. Die konkrete Umsetzung dieses Konzepts wird in Abschnitt 7.2.4.2 ausgeführt.

Ein *zentraler Unterschied* zu herkömmlichen Datenflussanalysen, wie sie in Übersetzern zum Einsatz kommen, liegt in der Bestimmung der Menge der zu untersuchenden Eigenschaften $E(X)$ sowie der Werte der einzelnen Elemente. Im Gegensatz zu üblichen Datenflussanalysen, bei denen die Eigenschaften $E(X)$ durch das zu untersuchende Programm festgelegt werden, erfolgt in unserem Rahmenwerk die Festlegung der zu untersuchenden Menge von Eigenschaften durch die Daten (=Kompositionsmodell), welche das untersuchte Metaprogramm (=Sequenz von Bauplänen C_B) bearbeitet.

Dieser Unterschied hat direkte Auswirkungen auf die Bestimmung der Transferfunktionen f_{C_B}. Bei üblichen Datenflussanalysen lassen sich die Transferfunktionen f_A durch Betrachtung der Anweisungen des untersuchten Programms ableiten. Die Transferfunktionen f_A sind somit statisch, d. h. ohne Ausführung des Programms ermittelbar. Die Bestimmung von f_A kann als (Meta-)Funktion $g()$ mit $f_A = g(A)$ aufgefasst werden, welche ausgehend von einer Anweisung A die passende Transferfunktion berechnet. Dies ist unter anderem möglich, weil die zu überprüfenden Eigenschaften $E(X)$ bekannt sind. Die statische Ermittlung der Transferfunktionen $f_{C_{B_x}}$ scheitert daran, dass die zu überprüfenden Eigenschaften erst zur Laufzeit von C_B in Form des Kompositionsmodells $\mathcal{K}$ bekannt sind, d. h. es gilt $f_{C_B} = g(C_B, \mathcal{K})$. Aber selbst falls die zu überprüfenden Eigenschaften bekannt wären (d. h. $f_{C_B} = g(C_B)$), scheitert eine statische Ermittlung der Transferfunktion in der Praxis daran, dass es sich bei C_B nicht um eine einfache Anweisung, sondern um ein unter Umständen komplexes Programm handelt, dessen Auswirkungen auf das Kompositionsmodell statisch nicht oder nur schwer genau bestimmt werden können.

Für die praktische Umsetzung des Rahmenwerks bedeutet dies, das zwar die genannten Konzepte der Datenflussanalyse übernommen werden, aber keine Transferfunktionen zum Einsatz kommen. Die durch Transferfunktionen bestimmten und zur Erkennung von Kompositions- und Generierungskonflikten benötigten Mengen *gen* und *kill* müssen somit auf andere Art und Weise ermittelt werden. Sie werden dynamisch, d. h. zur Laufzeit der einzelnen Baupläne C_B berechnet. Dies bedeutet faktisch die Umkehrung der Bestimmung der Eigenschaften $E(X)$: Anstelle einer Transferfunktion f_{C_B} wird der Bauplan C_B selbst ausgeführt, um dann anschließend die benötigten Eigenschaften $E(X)$ zu ermitteln. In Abschnitt 7.2.4 werden wir uns der technischen Realisierung dieser Vorgehensweise genauer widmen.

7.2.2 Kompositionskonflikte

Die für die Erkennung potentieller Kompositionskonflikte notwendigen Mengen sind wie folgt definiert:

- $useWP_B(\mathcal{K}_x)$

  Die Menge der Webepunkte, welche durch den Bauplan C_B für einen Kompositionszustand $\mathcal{K}_x$ selektiert werden.

- $genWP_B(\mathcal{K}_x) = \{w \mid w \in w(\mathcal{K}_x \oplus B) \wedge w \notin w(\mathcal{K}_x)\}$

  Die Menge aller Webepunkte, welche durch die Komposition des Belangs B mit dem Kompositionszustand $\mathcal{K}_x$ neu zum nach der Komposition geltenden Kompositionszustand $\mathcal{K}_x \oplus B$ hinzukommen.

- $killWP_B(\mathcal{K}_x) = \{w \mid w \in w(\mathcal{K}_x) \wedge w \notin w(\mathcal{K}_x \oplus B)\}$

  Die Menge aller Webepunkte, die durch die Komposition des Belangs B mit dem Kompositionszustand $\mathcal{K}_x$ im nach der Komposition geltenden Kompositionszustand $\mathcal{K}_x \oplus B$ nicht mehr existieren. Ein expliziter Webepunkt kann zum Beispiel "gelöscht,, werden, falls an ihm ein Programmfragment eingesetzt wird und in diesem Zuge die den expliziten Webepunkt kennzeichnende Markierung entfernt wird. Implizite Webepunkte können aus $\mathcal{K}_x$ entfernt werden, indem die sie definierenden Programmfragmente aus $\mathcal{K}_x$ entfernt werden.

Bemerkung: Die Mengen sind für beliebige Belange B_i und beliebige Kompositionszustände $\mathcal{K}_x$ definiert. Insbesondere besteht kein Zusammenhang zwischen dem Kompositionsschritt x und dem Kompositionsschritt $y = \pi(i)$, an dem die Programmfragmente von B_i tatsächlich mit dem Kompositionsmodell komponiert werden. Es wird also insbesondere in der Definition von *genWP* und *killWP* davon ausgegangen, das Transferfunktionen $f_{C_{B_i}}$ zur Bestimmung der durch $\mathcal{K}_x \oplus B_i$ veränderten Eigenschaften existieren.

7.2.2.1 Kompositionsabhängigkeiten

Zwei Belange B_i und B_j sind bezüglich einer Kompositionsreihenfolge π nicht kommutativ, falls eine Vertauschung der Kompositionszeitpunkte innerhalb von π zu einem anderen Programm führen würde. Ein Grund für unterschiedliche Programme liegt in der Menge der von den Bauplänen C_{B_i} und C_{B_j} benutzten Webepunkten sowie der Auflösung von Programmfragmentkompositionen an impliziten Webepunkten (vgl. Abschnitt 6.2.4 auf Seite 158). Eine *Kompositionsabhängigkeit* zwischen B_i und B_j liegt vor, falls eine Vertauschung der Kompositionszeitpunkte zu einem unterschiedlichen Programm führen *kann*.

Wir unterscheiden mehrere Arten von Kompositionsabhängigkeiten. Diese zeigen bezüglich potentieller Kompositionskonflikte kritische Paare von Belangen an. Im Folgenden nehmen wir o. B. d. A. $\pi(i)^{-1} < \pi(j)^{-1}$ an.

Konkurrenzabhängigkeit

Eine Konkurrenzabhängigkeit zwischen zwei Belangen B_i und B_j liegt vor, falls sowohl C_{B_i} als auch C_{B_j} im jeweiligen Kompositionszustand $\mathcal{K}_x$ mindestens einen gemeinsamen Webepunkt selektieren. Dies wird durch folgende Bedingungen ausgedrückt:

- Konkurrenzabhängigkeit zwischen B_i und B_j bzgl. Kompositionsreihenfolge π:

$$useWP_{B_i}(\mathcal{K}_{\pi^{-1}(i)}) \cap useWP_{B_j}(\mathcal{K}_{\pi^{-1}(j)}) \neq \emptyset \qquad (7.1)$$

- Konkurrenzabhängigkeit zwischen B_i und B_j:

$$\exists \pi \in \Pi^v : \text{ es gilt Bedingung 7.1} \qquad (7.2)$$

Erzeugungsabhängigkeit

Eine Erzeugungsabhängigkeit zwischen einem Belang B_i und einem weiteren Belang B_j liegt dann vor, falls durch B_i dem Kompositionsmodell hinzugefügte Programmfragmente Webepunkte bereitstellen, welche von B_j selektiert werden.

- Erzeugungsabhängigkeit zwischen B_i und B_j bzgl. Kompositionsreihenfolge π:

$$genWP_{B_i}(\mathcal{K}_{\pi^{-1}(i)}) \cap useWP_{B_j}(\mathcal{K}_{\pi^{-1}(j)}) \neq \emptyset \qquad (7.3)$$

- Erzeugungsabhängigkeit zwischen B_i und B_j bzgl. Variante v:

$$\exists \pi \in \Pi^v : \text{ es gilt Bedingung 7.3} \qquad (7.4)$$

Löschabhängigkeit

Analog zur Erzeugungsabhängigkeit liegt eine Löschabhängigkeit zwischen einem Belang B_i und einem weiteren Belang B_j dann vor, falls durch die Komposition von B_i mit dem Kompositionszustand $\mathcal{K}_x$ Webepunkte entfernt werden, die ansonsten von B_j genutzt werden würden.

- Löschabhängigkeit zwischen B_i und B_j bzgl. Kompositionsreihenfolge π:

$$killWP_{B_i}(\mathcal{K}_{\pi^{-1}(i)}) \cap useWP_{B_j}(\mathcal{K}_{\pi^{-1}(i)}) \neq \emptyset \qquad (7.5)$$

- Löschabhängigkeit zwischen B_i und B_j bzgl. Variante v:

$$\exists \pi \in \Pi^v : \text{ es gilt Bedingung 7.5} \qquad (7.6)$$

Unabhängigkeit

Stehen zwei Belange nicht in einer Konkurrenz-, Erzeugungs- oder Löschabhängigkeit, so sind sie kommutativ, das heißt eine Vertauschung der Kompositionszeitpunkte hat bei Komposition gleicher Programmfragmente keinen Einfluss auf das Ergebnis der Komposition.

- Unabhängigkeit zwischen B_i und B_j bzgl. einer Kompositionsreihenfolge π :

$$
\begin{aligned}
useWP_{B_i}(\mathcal{K}_{\pi^{-1}(i)}) \cap useWP_{B_j}(\mathcal{K}_{\pi^{-1}(i)}) &= \emptyset \\
useWP_{B_i}(\mathcal{K}_{\pi^{-1}(j)}) \cap useWP_{B_j}(\mathcal{K}_{\pi^{-1}(j)}) &= \emptyset \\
genWP_{B_i}(\mathcal{K}_{\pi^{-1}(i)}) \cap useWP_{B_j}(\mathcal{K}_{\pi^{-1}(j)}) &= \emptyset \\
genWP_{B_i}(\mathcal{K}_{\pi^{-1}(i)}) \cap useWP_{B_j}(\mathcal{K}_{\pi^{-1}(j)}) &= \emptyset \\
killWP_{B_i}(\mathcal{K}_{\pi^{-1}(i)}) \cap useWP_{B_j}(\mathcal{K}_{\pi^{-1}(i)}) &= \emptyset
\end{aligned}
\qquad (7.7)
$$

- Unabhängigkeit zwischen B_i und B_j bzgl. einer Variante v:

$$\forall \pi \in \Pi^v : \text{ es gilt Bedingung 7.7} \qquad (7.8)$$

- Starke Unabhängigkeit zwischen B_i und B_j:

$$\forall v \in \mathcal{V} : \forall \pi \in \Pi^v : \text{ es gilt Bedingung 7.7} \qquad (7.9)$$

Die Unterscheidung in verschiedene Klassen von Unabhängigkeiten zwischen Belangen ist angelehnt an die Betrachtungen aus DOUENCE et al. (2002), wobei dort nur Konkurrenzabhängigkeiten betrachtet werden. Die Bedingungen 7.7 bis 7.9 sind jeweils hinreichende, aber keine notwendigen Bedingungen, dass *kein* Kompositionskonflikt auftritt.

7.2.2.2 Erkennung von Kompositionskonflikten

Ein Kompositionskonflikt zwischen zwei Belangen B_i und B_j führt zu semantisch nicht äquivalenten Programmen. Nach Definition 7.1 sind folgende Aussagen für das Vorhandensein eines Konflikts äquivalent:

$$\stackrel{\text{Def. 7.1}}{\Longrightarrow} \neg \begin{pmatrix} \text{Programm} \\ \text{äquivalent} \end{pmatrix}$$

$$\Longleftrightarrow \neg \left(\begin{pmatrix} \text{Ausgaben} \\ \text{identisch} \end{pmatrix} \lor \begin{pmatrix} \text{Ausgaben seman-} \\ \text{tisch äquivalent} \end{pmatrix} \right)$$

$$\Longleftrightarrow \neg \left(\begin{pmatrix} \text{Identisches} \\ \text{Programm} \end{pmatrix} \lor \begin{pmatrix} \text{Identische Kontroll- und} \\ \text{Datenflussabhängigkeiten} \end{pmatrix} \lor \begin{pmatrix} \text{Ausgaben seman-} \\ \text{tisch äquivalent} \end{pmatrix} \right)$$

$$\Longleftrightarrow \neg \left(\begin{pmatrix} \text{Unabhängigkeit} \\ B_i \text{ und } B_j \end{pmatrix} \lor \begin{pmatrix} \text{Identische Kontroll- und} \\ \text{Datenflussabhängigkeiten} \end{pmatrix} \lor \begin{pmatrix} \text{Ausgaben seman-} \\ \text{tisch äquivalent} \end{pmatrix} \right)$$

$$\Longleftrightarrow \neg \begin{pmatrix} \text{Unabhängigkeit} \\ B_i \text{ und } B_j \end{pmatrix} \land \neg \begin{pmatrix} \text{Identische Kontroll- und} \\ \text{Datenflussabhängigkeiten} \end{pmatrix} \land \neg \begin{pmatrix} \text{Ausgaben seman-} \\ \text{tisch äquivalent} \end{pmatrix}$$

Wie bereits aus der Definition eines Konflikts ersichtlich, erfordert eine exakte Erkennung von Kompositionskonflikten die Erkennung von semantischen Eigenschaften des Programms, welche durch statische Analysen aber im Allgemeinen nicht oder nur konservativ abgeschätzt werden können. Die Erkennung von Kompositionskonflikten zwischen zwei Belangen B_i und B_j führen wir auf die Prüfung der folgenden Bedingungen zurück:

Bedingung BK1: Zwischen B_i und B_j liegt eine Erzeugungs-, Lösch- oder Konkurrenzabhängigkeit vor.

Bedingung BK2: Es existieren unterschiedliche Kontroll- und Datenflussabhängigkeiten zwischen ansonsten identischen Programmfragmenten in P^{π_1} und P^{π_2}.

Bedingung BK3: Die von den resultierenden Programmen P^{π_1} und P^{π_2} produzierten Ausgaben sind nicht semantisch äquivalent.

Zwischen den Bedingungen gilt die Implikation $BK3 \Rightarrow BK2 \Rightarrow BK1$. Bedingung $BK3$ ist ein exaktes Kriterium für das Vorliegen eines Kompositionskonflikts, wohingegen $BK1$ und $BK2$ notwendige Kriterien sind. Der Grund für eine Abtrennung der Bedingung $BK2$ aus $BK3$ bzw. $BK1$ aus $BK2$ liegt in der Durchführbarkeit der zur Prüfung notwendigen Analysen während einer statischen Komposition. Die Durchführung wird in Abschnitt 7.2.4 beschrieben.

7.2.3 Generierungskonflikte

Während die Erkennung potentieller Kompositionskonflikte auf der Betrachtung der während der Komposition benutzten Webepunkte basiert, werden zur Erkennung potentieller Generierungskonflikte die zur Generierung genutzten Modellanfragen bzw. die Programmfragmente, an welche die Anfragen gerichtet sind, untersucht. Hierzu werden folgende Mengenkonstrukte benötigt:

- $usePF_B(\mathcal{K}_x)$

  Die Menge der durch C_B selektierten Programmfragmente, welche bezogen auf den aktuellen Kompositionszustand $\mathcal{K}_x$ die während der Generierung benötigten Kontextinformationen als Ergebnisse von Modellanfragen zur Verfügung stellen.

- $useA_B(\mathcal{K}_x) = \{f \mid pf \in usePF_B(\mathcal{K}_x) \wedge f \in \mathcal{A}_{pf} \wedge$
  Ergebnis von f wird während der Generierung benutzt $\}$

  Die Menge der Modellanfragen, welche die benutzten Kontextinformationen während der Generierung der Programmfragmente von B bereitstellen. Die Modellanfragen werden pro Programmfragment als unterscheidbare Objekte betrachtet.

- $changePF_B(\mathcal{K}_x)$

  Die Menge der Programmfragmente, für die sich Ergebnisse von Modellanfragen durch die Komposition $\mathcal{K}_x \oplus B$ ändern.

- $changeA_B(\mathcal{K}_x) = \{f \mid pf \in changePF_B(\mathcal{K}_x) \wedge f \in \mathcal{A}_{pf} \wedge$
  Ergebnis von f ändert sich durch $\mathcal{K}_x \oplus B$ $\}$

  Die Menge der pro Programmfragment unterscheidbaren Modellanfragen, für die sich die Ergebnisse durch die Komposition $\mathcal{K}_x \oplus B$ ändern.

- $genPF_B(\mathcal{K}_x) = PF(\mathcal{K}_x \oplus B_B) \backslash PF(\mathcal{K}_x) = \{pf \mid pf \in pf_{\mathcal{K}_x \oplus B} \wedge pf \notin pf_{\mathcal{K}_x}\}$

  Die Menge aller Programmfragmente, welche durch die Komposition von Belang B mit dem momentanen Kompositionszustand $\mathcal{K}_x$ neu zum nach der Komposition geltenden Kompositionszustand $\mathcal{K}_{x+1} = \mathcal{K}_x \oplus B$ hinzukommen.

- $genA_B(\mathcal{K}_x) = \{f \mid pf \in genPF_B(\mathcal{K}_x) \wedge f \in \mathcal{A}_{pf}\}$

  Die Menge der pro Programmfragment unterscheidbaren Modellanfragen, welche nach der Komposition $\mathcal{K}_x \oplus B$ neu zur Verfügung stehen.

- $killPF_B(\mathcal{K}_x) = \{pf \mid pf \in pf_{\mathcal{K}_x} \wedge pf \notin pf_{\mathcal{K}_x \oplus B}\}$

  Die Menge aller Programmfragmente, die nach der Komposition von $\mathcal{K}_x$ mit Belang B im Kompositionszustand $\mathcal{K}_x \oplus B$ nicht mehr existieren. Dies sind alle Programmfragmente pf_y, deren Eintrag $((pf_x, i), pf_y)$ in der globalen Kompositionstabelle durch den Bauplan des hinzugefügten Belangs B durch das leere Programmfragment ε ersetzt wurden (d. h. es gilt nun $((pf_x, i), \varepsilon)$). Dies kann mit Hilfe der Modelltransformationen ersetze, entferne und verschiebe erreicht werden.

- $killA_B(\mathcal{K}_x) = \{f \mid pf \in killPF_B(\mathcal{K}_x) \wedge f \in \mathcal{A}_{pf}\}$

  Menge der pro Programmfragment unterscheidbaren Modellanfragen, welche nach der Komposition $\mathcal{K}_x \oplus B$ nicht mehr zur Verfügung stehen und somit nicht mehr ausgeführt werden können.

Wie die zur Erkennung von Kompositionskonflikten genutzten Mengen sind diese Mengen für beliebige Belange B_i und beliebige Kompositionszustände $\mathcal{K}_x$ definiert.

7.2.3.1 Generierungsabhängigkeiten

Eine Generierungsabhängigkeit zwischen zwei Belangen B_i und B_j liegt vor, falls eine Vertauschung der Kompositionszeitpunkte zu unterschiedlichen generierten Programmfragmenten führt. Es sei wiederum $\pi(i)^{-1} < \pi(j)^{-1}$.

Änderungsabhängigkeit

Eine Änderungsabhängigkeit liegt vor, falls sich durch die Komposition eines Belangs B_j Ergebnisse von Modellanfragen ändern, welche vorher durch den Bauplan C_{B_i} für die Generierung von Programmfragmenten des Belangs B_i genutzt wurden.

• Änderungsabhängigkeit zwischen B_i und B_j bzgl. Kompositionsreihenfolge π:

$$useA_{B_i}(\mathcal{K}_{\pi^{-1}(i)}) \cap changeA_{B_j}(\mathcal{K}_{\pi^{-1}(j)}) \neq \emptyset \qquad (7.10)$$

• Änderungsabhängigkeit zwischen B_i und B_j bzgl. Variante v:

$$\forall \pi \in \Pi^v : \text{es gilt Bedingung 7.10} \qquad (7.11)$$

Erzeugungsabhängigkeit

Eine Erzeugungsabhängigkeit zwischen zwei Belangen B_i und B_j ist dadurch gekennzeichnet, dass durch die Komposition von B_i Programmfragmente im Kompositionsmodell erzeugt werden, und dass Ergebnisse von Modellanfragen an diese Programmfragmente für die Generierung von Programmfragmenten des Belangs B_j genutzt werden.

• Erzeugungsabhängigkeit zwischen B_i und B_j bzgl. Kompositionsreihenfolge π:

$$genA_{B_i}(\mathcal{K}_{\pi^{-1}(i)}) \cap useA_{B_j}(\mathcal{K}_{\pi^{-1}(j)}) \neq \emptyset \qquad (7.12)$$

• Erzeugungsabhängigkeit zwischen B_i und B_j bzgl. Variante v:

$$\forall \pi \in \Pi^v : \text{es gilt Bedingung 7.12} \qquad (7.13)$$

Löschabhängigkeit

Eine Löschabhängigkeit zwischen zwei Belangen B_i und B_j bezüglich eines Kompositionszustands $\mathcal{K}_x$ liegt vor, falls Modellanfragen, welche durch C_{B_j} im Kompositionszustand $\mathcal{K}_x$ benutzt werden würden, nach der Komposition von B_i nicht mehr zur Verfügung stehen.

• Löschabhängigkeit zwischen B_i und B_j bzgl. Kompositionsreihenfolge π:

$$killA_{B_i}(\mathcal{K}_{\pi^{-1}(i)}) \cap useA_{B_j}(\mathcal{K}_{\pi^{-1}(i)}) \neq \emptyset \qquad (7.14)$$

• Löschabhängigkeit zwischen B_i und B_j bzgl. Variante v:

$$\forall \pi \in \Pi^v : \text{es gilt Bedingung 7.14} \qquad (7.15)$$

Unabhängigkeit

Analog zur Unabhängigkeit bezüglich Kompositionskonflikten ist die Unabhängigkeit bezüglich Generierungskonflikten als die Abwesenheit von Änderungs-, Erzeugungs- und Löschabhängigkeiten definiert. Bezüglich Generierungskonflikten unabhängige Belange sind kommutativ, das heißt die Kompositionsreihenfolge hat keinen Einfluss auf das Ergebnis der generierten Programmfragmente.

- Unabhängigkeit zwischen B_i und B_j bzgl. Kompositionsreihenfolge π:

$$
\begin{aligned}
useA_{B_i}(\mathcal{K}_{\pi^{-1}(i)}) \cap useA_{B_j}(\mathcal{K}_{\pi^{-1}(j)}) &= \emptyset \\
genA_{B_i}(\mathcal{K}_{\pi^{-1}(i)}) \cap useA_{B_j}(\mathcal{K}_{\pi^{-1}(j)}) &= \emptyset \\
killA_{B_i}(\mathcal{K}_{\pi^{-1}(i)}) \cap useA_{B_i}(\mathcal{K}_{\pi^{-1}(j)}) &= \emptyset
\end{aligned}
\tag{7.16}
$$

- Unabhängigkeit zwischen B_i und B_j bzgl. einer Variante v:

$$
\forall \pi \in \Pi^v : \text{es gilt Bedingung 7.16} \tag{7.17}
$$

- Starke Unabhängigkeit zwischen B_i und B_j:

$$
\forall v \in \mathcal{V} : \forall \pi \in \Pi^v : \text{es gilt Bedingung 7.16} \tag{7.18}
$$

Die Bedingungen 7.16 bis 7.18 sind jeweils hinreichende, aber keine notwendigen Bedingungen, dass *kein* Generierungskonflikt auftritt.

7.2.3.2 Erkennung von Generierungskonflikten

Analog zu Kompositionskonflikten liegt ein Generierungskonflikt zwischen Belang B_i und Belang B_j vor, falls die folgenden Bedingungen zutreffen:

Bedingung BG1: Zwischen B_i und B_j liegt eine Erzeugungs-, Lösch- oder Änderungsabhängigkeit vor.

Bedingung BG2: Die durch B_i und B_j generierten Programmfragmente beschreiben in P^{π_1} und P^{π_2} nicht die gleichen Elemente mit gleichen Kontrollfluss- und Datenflussabhängigkeiten.

Bedingung BG3: Die von den resultierenden Programmen P^{π_1} und P^{π_2} produzierten Ausgaben sind nicht semantisch äquivalent.

Zwischen den Bedingungen gilt die Implikation $BG3 \Rightarrow BG2 \Rightarrow BG1$, wobei $BG3$ ein exaktes Kriterium und $BG1$ sowie $BG2$ notwendige Kriterien sind.

7.2.4 Umsetzung der Konflikterkennung

Die Erkennung eines Konflikts gemäß Definition 7.1 erfolgt durch eine aufeinanderfolgende Prüfung der Bedingungen *BK1/BG1*, *BK2/BG2* und *BK3/BG3*. Durch *BK1/BG1* werden Abhängigkeiten zwischen Belangen erkannt, welche auf *potentielle* Kompositions- oder Generierungskonflikte hindeuten. Manche der falsch positiven Konflikte können durch *BK2/BG2* erkannt werden. Verbliebene falsch positive Konflikte müssen mit Hilfe der exakten Bedingungen *BK3/BG3* erkannt werden.

Bedingungen *BK3/BG3*

Die Bedingungen *BK3/BG3* können im Allgemeinen nicht automatisch überprüft werden, da hierzu statisch die semantische Äquivalenz sich unterscheidender Programme P^{π_1} und P^{π_2} hinsichtlich der Anwendungsbedingungen gezeigt werden müsste. Dies scheitert nicht zuletzt daran, dass meist keine formale Spezifikation der Anwendungsbedingungen vorliegt. Wir gehen daher bezüglich *BK3/BG3* wie folgt vor:

- Der Entwickler hat explizit angegeben, dass zwei Belange B_i und B_j *kommutativ* sind, d. h. die aus der Vertauschung der Kompositionszeitpunkte entstehenden unterschiedlichen Programme P^{π_1} und P^{π_2} sind hinsichtlich der Anwendungsbedingungen semantisch äquivalent.

- Ansonsten nehmen wir konservativ an, dass die Belange B_i und B_j *nicht kommutativ*[4] sind, sofern die Kommutativität nicht bereits durch eine Prüfung der Bedingungen *BK1/BG1* und *BK2/BG2* nachgewiesen wurde. Dies führt zu einer Überabschätzung, d. h. es werden falsch positive Konflikte erkannt.

Bedingungen *BK2/BG2*

Zur Prüfung dieser Bedingungen müssen die Kontroll- und Datenflussabhängigkeiten zwischen Programmfragmenten der Belange B_i und B_j in den aus der Programmfragmentkomposition resultierenden Programmen P^{π_1} und P^{π_2} berechnet werden. Dies ist ausgehend von einem Kompositionszustand $\mathcal{K}_x$ aufgrund der algorithmischen Spezifikation der Baupläne entweder unentscheidbar oder zumindest technisch sehr aufwändig, da einerseits durch abstrakte Interpretation der Baupläne auf generierte Programmfragmente geschlossen werden muss, andererseits die durchgeführten Programmfragmentkompositionen abgeschätzt werden müssen. Eine u. U. weniger aufwändige Möglichkeit, die Kontroll- und Datenflussabhängigkeiten zu ermitteln, besteht darin, die Programme P^{π_1} und P^{π_2} tatsächlich zu erstellen und nach der Ermittlung der Kontroll- und Datenflussabhängigkeiten wieder auf den ursprünglichen Kompositionszustand $\mathcal{K}_x$ zurückzusetzen.

Mit Hilfe der Bedingungen *BK2/BG2* kann die Menge der durch die *BK1/BG1* identifizierten, potentiellen Konflikte präzisiert werden, d. h. falsch positive Konflikte werden aussortiert.

Um den Rahmen dieser Arbeit nicht zu sprengen, wird die Prüfung dieser Bedingungen im Folgenden nicht weiter betrachtet. Eine konservative Annahme ist, dass *BK2/BG2* stets erfüllt sind, d. h. die Belange B_i und B_j werden als nicht kommutativ betrachtet, falls die Kommutativität nicht bereits durch *BK1/BG1* nachgewiesen oder durch explizite Angabe vermerkt wurde.

Bedingungen *BK1/BG1*

Die Bedingungen *BK1/BG1* können auf Grundlage der in den Abschnitten 7.2.2.1 bzw. 7.2.3.1 vorgestellten Abhängigkeitsbedingungen geprüft werden. Diese können statisch, d. h. vor der

---

[4]Im Gegensatz zur optimistischen Annahme der Kommutativität während der Bestimmung einer Kompositionsreihenfolge in Abschnitt 6.3.2.

Durchführung der Programmfragmentkomposition, oder dynamisch, d. h. während der Programmfragmentkomposition, überprüft werden.

Eine statische Prüfung der Bedingungen *BK1/BG1* ist wünschenswert, da ein potentiell nicht aufgelöster Konflikt bereits vor dem Beginn einer u. U. langwierigen Programmfragmentkomposition erkannt werden kann. Insbesondere die Antwort auf die Frage, ob für die einzelnen Varianten *v* zwei Belange $B_i, B_j \in v$ zu einem Konflikt führen, ist für den Entwickler eine wertvolle Information, welche er zur Spezifikation zusätzlicher Reihenfolgebedingungen nutzen kann.

Allerdings treten hierbei die in Abschnitt 7.2.1.1 beschriebenen Probleme auf: Da die Baupläne algorithmisch spezifiziert sind und die Programmfragmente mitsamt der durch sie definierten Webepunkte teilweise berechnet werden, muss eine aufwändige abstrakte Interpretation der Baupläne erfolgen, um die benötigten Mengen *useWP*, *genWP*, *killWP*, *usePF/useA*, *changePF/changeA*, *genPF/genA* und *killPF/killA* zu bestimmen. Aufgrund der prinzipiellen Grenzen statischer Analysen, das dynamische Verhalten vollständig zu analysieren, können nur Approximationen dieser Mengen ermittelt werden, was zu zusätzlichen falsch positiven Konflikten führen kann.

In dieser Arbeit verfolgen wir eine *dynamische* Prüfung der Bedingungen *BK1/BG1*, d. h. sie erfolgt während der Komposition der einzelnen Belangimplementierungen. Hierdurch lassen sich die Mengen *useWP*, *genWP*, *killWP*, *usePF/useA*, *changePF/changeA*, *genPF/genA* und *killPF/killA exakt* ermitteln, weshalb sich auch die entsprechenden Kompositions- und Generierungsabhängigkeiten exakt bestimmen lassen.

Nachweis der Unabhängigkeit

Der Idealfall im Rahmen der Konflikterkennung ist der Nachweis, dass die *BK1/BG1 nicht* gelten, d. h. die Unabhängigkeit zwischen zwei Belangen B_i und B_j kann garantiert werden. In diesem Fall sind B_i und B_j bezüglich der Kompositionsreihenfolge kommutativ, die Auflösung eines Konflikts muss somit nicht betrachtet werden. Bei dynamischer Prüfung der Bedingungen *BK1/BG1* kann die Unabhängigkeit allerdings erst nach dem Abschluss der Programmfragmentkomposition mit Sicherheit nachgewiesen werden, was ggf. dazu führt, dass das Kompositionsergebnis aufgrund eines nicht aufgelösten Konflikts verworfen werden muss.

Ein automatischer statischer Nachweis der Unabhängigkeit ist zwar wünschenswert, leidet aber an den oben genannten Problemen, dass eine abstrakte Interpretation der Baupläne einerseits sehr aufwändig ist, andererseits oftmals nur Approximationen liefert. Die Anpassung entsprechender existierender Techniken der abstrakten Interpretation zum Nachweis der Unabhängigkeit von Belangen bietet Spielraum für weiterführende Arbeiten.

Im Rahmen dieser Arbeit unterstützen wir den dynamischen sowie den manuellen statischen Nachweis der Unabhängigkeit. Bei letzterem liegt die Beweisführung der (starken) Unabhängigkeit beim Entwickler, der das Ergebnis explizit angeben muss.

7.2.4.1 Bestimmung der benötigten Mengenkonstrukte

Die zur Bestimmung von Kompositions- und Generierungskonflikten notwendigen Mengen lassen sich zur Kompositionszeit ausgehend von einer zu prüfenden Kompositionsreihenfolge

π und den Kompositionszuständen $\mathcal{K}_x$ und $\mathcal{K}_{x+1} = \mathcal{K}_x \oplus B_{\pi(x)}$ technisch wie folgt bestimmen:

- $useWP_B(\mathcal{K}_x)$

  Diese Menge wird direkt durch Ausführen der Phase eins des Bauplans (*Selektion der benötigten Webepunkte*) bestimmt. Da diese Phase des Bauplans nur lesend auf das Kompositionsmodell zugreift, kann sie mehrfach und in beliebigen Kompositionszuständen $\mathcal{K}_x$ ausgeführt werden, also insbesondere auch in Kompositionszuständen $\mathcal{K}_x$ mit $\pi(B) \neq x$.

- $genWP_B(\mathcal{K}_x)$, $killWP_B(\mathcal{K}_x)$

  Diese Mengen können durch einen Vorher-Nachher-Vergleich der Menge der in den Kompositionszuständen $\mathcal{K}_x$ und $\mathcal{K}_{x+1}$ zu findenden Webepunkte $w(\mathcal{K}_x)$ ermittelt werden.

- $usePF_B(\mathcal{K}_x)$

  Die Menge kann durch Protokollierung der Programmfragmente pf, an die eine Modellanfrage $a \in \mathcal{A}_{pf}$ in Phase zwei (*Selektion und Generierung Programmfragmente*) des Bauplans getätigt wird, bestimmt werden. Da in Phase zwei des Bauplans wie in Phase eins nur lesend auf das Kompositionsmodell zugegriffen wird, kann sie mehrfach und für beliebige $\mathcal{K}_x$ ausgeführt werden.

- $useA_B(\mathcal{K}_x)$

  Die Bestimmung erfolgt analog zu $usePF_B(\mathcal{K}_x)$, nur dass nicht die Programmfragmente, sondern Objekte, welche kontextsensitiv (d. h. pro Programmfragment) die benutzte Modellanfragen kennzeichnen, in die Ergebnismenge übernommen werden.

- $changeA_B(\mathcal{K}_x)$

  Diese Menge kann durch einen Vorher-Nachher-Vergleich der Ergebnisse der Modellanfragen $a \in \mathcal{A}_{pf}$ für alle bisher hinzugefügten Programmfragmente $pf \in PF(\mathcal{K}_x)$ bestimmt werden.

- $changePF_B(\mathcal{K}_x)$

  Wie im Fall *usePF/useA* erfolgt die Bestimmung analog zu $changeA_B(\mathcal{K}_x)$, nur dass Objekte, welche kontextsensitiv die Modellanfragen kennzeichnen, in die Ergebnismenge übernommen werden.

- $genPF_B(\mathcal{K}_x)$, $killPF_B(\mathcal{K}_x)$

  Diese Mengen können durch einen Vorher-Nachher-Vergleich der Menge der in den aufeinanderfolgenden Kompositionszuständen $\mathcal{K}_x$ und $\mathcal{K}_{x+1}$ zu findenden Programmfragmente $PF(\mathcal{K}_x)$ bzw. $PF(\mathcal{K}_{x+1})$ ermittelt werden.

- $genA_B(\mathcal{K}_x)$, $killA_B(\mathcal{K}_x)$

  Nach Definition von *genA* bzw. *killA* (Seite 188) lassen sich diese Mengen direkt aus $genPF_B(\mathcal{K}_x)$ bzw. $killPF_B(\mathcal{K}_x)$ ableiten.

7.2.4.2 Bestimmung von Belangabhängigkeiten

Es können zwei Vorgehensweisen zur Bestimmung von in einer Kompositionsreihenfolge π auftretenden Belangabhängigkeiten unterschieden werden:

1. *Vorwärtsanalyse*: In diesem Fall wird versucht, Abhängigkeiten zwischen dem im aktuellen Kompositionsschritt x dem Kompositionsmodell $\mathcal{K}_x$ hinzuzufügenden Belang $B_{\pi(x)}$ und den bisher noch nicht komponierten Belangen $B_{\pi(y)}, y > x$ zu bestimmen.

2. *Rückwärtsanalyse*: Es wird versucht, Abhängigkeiten zwischen dem im aktuellen Kompositionsschritt x dem Kompositionsmodell $\mathcal{K}_x$ hinzuzufügenden Belang $B_{\pi(x)}$ und den bereits komponierten Belangen $B_{\pi(y)}, y < x$ zu bestimmen.

Die gefundene Abhängigkeiten zwischen Belangen sind bei Vorwärts- und Rückwärtsanalyse identisch. Die Entscheidung, ob ein bestimmter Belangabhängigkeitstyp mit Hilfe einer Vorwärts- oder Rückwärtsanalyse analysiert werden soll, kann sich daher an der Möglichkeit zur effizienten Durchführung der dazu notwendigen Analysen orientieren.

Die folgenden Algorithmen sind Schablonen zur Vorwärts- und Rückwärtsanalyse, welche mit Hilfe der angegebenen Bedingungen zur Erkennung von Belangabhängigkeiten parametrisiert werden können.

Vorwärtsanalysen

Algorithmus 2 Schablone zur Vorwärtsanalyse von Abhängigkeiten

---

Eingabe: Kompositionsschritt $x \in [1, n]$
$\qquad$ Kompositionsreihenfolge π

1: **for all** $y \in [x + 1, n]$ **do**
2: $\qquad$ **if** Abhängigkeitsbedingung ist erfüllt **then**
3: $\qquad\qquad$ Abhängigkeit zwischen $B_{\pi(x)}$ und $B_{\pi(y)}$
4: $\qquad$ **end if**
5: **end for**

Die zur vorwärtsgerichteten Erkennung von *Kompositionsabhängigkeiten* notwendigen Ausprägungen der allgemeinen Bedingungen aus Abschnitt 7.2.2.1 sind:

- Konkurrenzabhängigkeit

$$useWP_{B_{\pi(x)}}(\mathcal{K}_x) \cap useWP_{B_{\pi(y)}}(\mathcal{K}_x) \neq \emptyset \qquad (7.19)$$

- Erzeugungsabhängigkeit

$$genWP_{B_{\pi(x)}}(\mathcal{K}_x) \cap useWP_{B_{\pi(y)}}(\mathcal{K}_{x+1}) \neq \emptyset \qquad (7.20)$$

- Löschabhängigkeit

$$killWP_{B_{\pi(x)}}(\mathcal{K}_x) \cap useWP_{B_{\pi(y)}}(\mathcal{K}_x) \neq \emptyset \qquad (7.21)$$

Die vorwärtsgerichtete Erkennung von *Generierungsabhängigkeiten* erfolgt mit Hilfe der folgenden Bedingungen:

- Änderungsabhängigkeit

$$useA_{B_{\pi(x)}}(\mathcal{K}_x) \;\cap\; changeA_{B_{\pi(y)}}(\mathcal{K}_y) \;\neq\; \emptyset \tag{7.22}$$

- Erzeugungsabhängigkeit

$$useA_{B_{\pi(x)}}(\mathcal{K}_{y+1}) \;\cap\; genA_{B_{\pi(y)}}(\mathcal{K}_y) \;\neq\; \emptyset \tag{7.23}$$

- Löschabhängigkeit

$$useA_{B_{\pi(x)}}(\mathcal{K}_y) \;\cap\; killA_{B_{\pi(y)}}(\mathcal{K}_y) \;\neq\; \emptyset \tag{7.24}$$

Bemerkung: Eine Vorwärtsanalyse ist im Fall der Generierungsabhängigkeiten technisch meist schwierig. Das Problem ist hierbei der vorwärtsgerichtete Kompositionszustand $\mathcal{K}_y$, d. h. zur Berechnung der Bedingungen wird ein zukünftiger Kompositionszustand benötigt. Dieser ist typischerweise nur mit hohem Aufwand zu ermitteln, z. B. durch tatsächliches Ausführen der Belangkomposition bis zum Kompositionsschritt $y > x$ und anschließendes Rücksetzen auf Kompositionsschritt x.

Rückwärtsanalysen

Algorithmus 3 Schablone zur Rückwärtsanalyse von Abhängigkeiten

---

Eingabe: Kompositionsschritt $x \in [1, n]$
            Kompositionsreihenfolge π
1: **for all** $y \in [1, x-1]$ **do**
2:     **if** Abhängigkeitsbedingung ist erfüllt **then**
3:         Abhängigkeit zwischen $B_{\pi(y)}$ und $B_{\pi(x)}$
4:     **end if**
5: **end for**

Die zugehörigen Bedingungen für eine rückwärtsgerichtete Analyse von *Kompositionsabhängigkeiten* sind:

- Konkurrenzabhängigkeit

$$useWP_{B_{\pi(y)}}(\mathcal{K}_y) \;\cap\; useWP_{B_{\pi(x)}}(\mathcal{K}_x) \;\neq\; \emptyset \tag{7.25}$$

- Erzeugungsabhängigkeit

$$genWP_{B_{\pi(y)}}(\mathcal{K}_y) \;\cap\; useWP_{B_{\pi(x)}}(\mathcal{K}_x) \;\neq\; \emptyset \tag{7.26}$$

- Löschabhängigkeit

$$killWP_{B_{\pi(y)}}(\mathcal{K}_y) \;\cap\; useWP_{B_{\pi(x)}}(\mathcal{K}_y) \;\neq\; \emptyset \tag{7.27}$$

Zur Erkennung von *Generierungsabhängigkeiten* kommen folgende Bedingungen zum Einsatz:

- Änderungsabhängigkeit

$$changeA_{B_{\pi(x)}}(\mathcal{K}_x) \cap useA_{B_{\pi(y)}}(\mathcal{K}_y) \neq \emptyset \qquad (7.28)$$

- Erzeugungsabhängigkeit

$$genA_{B_{\pi(x)}}(\mathcal{K}_x) \cap useA_{B_{\pi(y)}}(\mathcal{K}_{x+1}) \neq \emptyset \qquad (7.29)$$

- Löschabhängigkeit

$$killA_{B_{\pi(x)}}(\mathcal{K}_x) \cap useA_{B_{\pi(y)}}(\mathcal{K}_x) \neq \emptyset \qquad (7.30)$$

Kombinierte Anwendung von Vorwärts- und Rückwärtsanalysen

Die Bestimmung der verschiedenen Typen von Abhängigkeiten eines zu komponierenden Belangs $B_{\pi(x)}$ zu allen anderen Belangen B_y kann durch kombinierten Einsatz von Vorwärts- und Rückwärtsanalysen erfolgen. Die einzelnen Prüfungen der Bedingungen können meist geeignet miteinander verschränkt werden, was die Laufzeit aufgrund weniger Schleifeniterationen positiv beeinflusst.

Ein Beispiel eines kombinierten Einsatzes von Vorwärts- und Rückwärtsanalysen ist Algorithmus 4. Dieser hat folgende Eigenschaften:

- Vorwärtsanalyse von Konkurrenz-, Erzeugungs- und Löschabhängigkeiten von Kompositionskonflikten
- Rückwärtsanalyse von Änderungs-, Erzeugungs- und Löschabhängigkeiten von Generierungskonflikten

---

Algorithmus 4 Dynamische Bestimmung von Belangabhängigkeiten

Eingabe: Kompositionsschritt $x \in [1, n]$
Kompositionsreihenfolge π
Menge der in den vorangegangenen Kompositionsschritten $y \in [1, x-1]$ genutzten Analysefunktionen $useA_{B_{\pi(y)}}(\mathcal{K}_y)$

1: Bestimme $useWP_{B_{\pi(x)}}(\mathcal{K}_x)$
   -- Prüfe vor dem Hinzufügen des Belangs $B_{\pi(x)}$, ob dieser mit einem anderen,
   -- noch nicht komponierten Belang in Konkurrenzabhängigkeit steht.
2: **for all** $y \in [x+1, n]$ **do**
3:     Bestimme $useWP_{B_{\pi(y)}}(\mathcal{K}_x)$
4:     **if** $useWP_{B_{\pi(x)}}(\mathcal{K}_x) \cap useWP_{B_{\pi(y)}}(\mathcal{K}_x) \neq \emptyset$ **then**
5:         Konkurrenzabhängigkeit zwischen $B_{\pi(x)}$ und $B_{\pi(y)}$
6:     **end if**
7: **end for**

8: **for all** $y \in [x+1, n]$ **do**
9:      Merke $useWP_{B_{\pi(y)}}(\mathcal{K}_x)$ - - *nur für diesen Kompositionsschritt*
10: **end for**
11: Komponiere $\mathcal{K}_{x+1} = \mathcal{K}_x \oplus B_{\pi(x)}$
12: Merke $useA_{B_{\pi(x)}}(\mathcal{K}_x)$ - - *über alle Kompositionsschritte hinweg*
        - - *Prüfe nach dem Hinzufügen des Belangs $B_{\pi(x)}$, ob dieser mit einem anderen,*
        - - *noch nicht komponierten Belang in einer Kompositionsabhängigkeit steht.*
13: Bestimme $genWP_{B_{\pi(x)}}(\mathcal{K}_x)$ und $killWP_{B_{\pi(x)}}(\mathcal{K}_x)$
14: **for all** $y \in [x+1, n]$ **do**
15:     Bestimme $useWP_{B_{\pi(y)}}(\mathcal{K}_{x+1})$
16:     **if** $genWP_{B_{\pi(x)}}(\mathcal{K}_x) \cap useWP_{B_{\pi(y)}}(\mathcal{K}_{x+1}) \neq \emptyset$ **then**
17:         Erzeugungsabhängigkeit zwischen $B_{\pi(x)}$ und $B_{\pi(y)}$
18:     **end if**
19:     **if** $killWP_{B_{\pi(x)}}(\mathcal{K}_x) \cap useWP_{B_{\pi(y)}}(\mathcal{K}_x) \neq \emptyset$ **then**
20:         Löschabhängigkeit zwischen $B_{\pi(x)}$ und $B_{\pi(y)}$
21:     **end if**
22: **end for**
        - - *Prüfe nach dem Hinzufügen des Belangs $B_{\pi(x)}$, ob dieser mit einem anderen,*
        - - *bereits komponierten Belang in einer Generierungsabhängigkeit steht.*
23: Bestimme $changeA_{B_{\pi(x)}}(\mathcal{K}_x)$, $genA_{B_{\pi(x)}}(\mathcal{K}_x)$ und $killA_{B_{\pi(x)}}(\mathcal{K}_x)$
24: **for all** $y \in [1, x-1]$ **do**
25:     Bestimme $useA_{B_{\pi(y)}}(\mathcal{K}_x)$ und $useA_{B_{\pi(y)}}(\mathcal{K}_{x+1})$
26:     **if** $changeA_{B_{\pi(x)}}(\mathcal{K}_x) \cap useA_{B_{\pi(y)}}(\mathcal{K}_y) \neq \emptyset$ **then**
27:         Änderungsabhängigkeit zwischen $B_{\pi(x)}$ und $B_{\pi(y)}$
28:     **end if**
29:     **if** $genA_{B_{\pi(x)}}(\mathcal{K}_x) \cap useA_{B_{\pi(y)}}(\mathcal{K}_{x+1}) \neq \emptyset$ **then**
30:         Erzeugungsabhängigkeit zwischen $B_{\pi(x)}$ und $B_{\pi(y)}$
31:     **end if**
32:     **if** $killA_{B_{\pi(x)}}(\mathcal{K}_x) \cap useA_{B_{\pi(y)}}(\mathcal{K}_x) \neq \emptyset$ **then**
33:         Löschabhängigkeit zwischen $B_{\pi(x)}$ und $B_{\pi(y)}$
34:     **end if**
35: **end for**

7.2.4.3 Betrachtungen zur technischen Umsetzung

Eine naive Umsetzung der in Abschnitt 7.2.4.1 beschriebenen Vorgehensweisen zur Bestimmung der benötigten Mengenkonstrukte führt potentiell zu schlechtem Laufzeit- und Speicherverbrauchsverhalten der darauf aufbauenden Algorithmen. Dies hat folgende Gründe:

- Naive Vorher-Nachher-Vergleiche zur Bestimmung von *genWP*, *genPF/genA*, *killWP* und *killPF/killA* erfordern eine explizite Aufzählung aller Webepunkte $w(\mathcal{K}_x)$ und Programmfragmente $PF(\mathcal{K}_x)$ für einen Kompositionszustand $\mathcal{K}_x$. Diese Aufzählungsmengen werden selbst für kleine Programme schnell sehr groß. Der Aufbau und die Untersuchung der beiden vorzuhaltenden Vorher/Nacher-Mengen dauert in diesem Fall lange und benötigt viel Speicherplatz.

- Eine weitere Verschärfung der Problematik ergibt sich daraus, dass die einzelnen Mengenkonstrukte im Rahmen des gesamten Kompositionsvorgangs in jedem Kompositionsschritt neu berechnet werden müssen. So erfordert zum Beispiel die Anwendung des Algorithmus 4 $O(n^2)$ Berechnungen der Menge $useWP$, wobei n die Anzahl der zu komponierenden Belange ist.

Die Mengen $genWP$, $genPF/genA$, $killWP$ und $killPF/killA$ beschreiben die *Differenz* der zu Grunde liegenden Vorher-/Nachher-Mengen. Eine effiziente Bestimmung der Differenzmengen kann durch eine direkte Identifikation der Elemente ohne Betrachtung der zu Grunde liegenden Mengen erfolgen. Dies kann durch eine Überwachung von Modelltransformationen während der Ausführung der einzelnen Baupläne realisiert werden:

- $genWP_B(\mathcal{K}_x)$
  Überwachung der Modelltransformationen, welche Programmfragmente hinzufügen. Die neuen Webepunkte sind alle Webepunkte, welche sich innerhalb dieses neuen Programmfragments befinden, d. h. es erfolgt nur eine lokale Aufzählung.

- $killWP_B(\mathcal{K}_x)$
  Überwachung der Modelltransformationen, welche Programmfragmente bzw. Webepunkte entfernen. Die entfernten Webepunkte sind alle Webepunkte, welche durch diese Programmfragmente definiert wurden, d. h. es erfolgt nur eine lokale Aufzählung

- $genPF_B(\mathcal{K}_x)$
  Überwachungen analog zu $genWP_B(\mathcal{K}_x)$, d. h. alle Modelltransformationen, welche Programmfragmente hinzufügen.

- $killPF_B(\mathcal{K}_x)$
  Überwachungen analog zu $killWP_B(\mathcal{K}_x)$, d. h. alle Modelltransformationen, welche Programmfragmente entfernen.

Auf eine explizite Berechnung der Mengen $genA_B(\mathcal{K}_x)$ und $killA_B(\mathcal{K}_x)$ kann zugunsten der kleineren Mengen $genPF_B(\mathcal{K}_x)$ und $killPF_B(\mathcal{K}_x)$ verzichtet werden, da folgende Äquivalenzen gelten, welche sich direkt aus den Definitionen von $genA_B(\mathcal{K}_x)$ und $killA_B(\mathcal{K}_x)$ ergeben:

- Äquivalent zur Bedingung 7.12 (Erzeugungsabhängigkeit) ist:

$$genPF_{B_i}(\mathcal{K}_{\pi^{-1}(i)}) \cap usePF_{B_j}(\mathcal{K}_{\pi^{-1}(j)}) \neq \emptyset \tag{7.31}$$

- Äquivalent zur Bedingung 7.14 (Löschabhängigkeit) ist:

$$killPF_{B_i}(\mathcal{K}_{\pi^{-1}(i)}) \cap usePF_{B_j}(\mathcal{K}_{\pi^{-1}(i)}) \neq \emptyset \tag{7.32}$$

Die Menge der Modellanfragen $changeA_B(\mathcal{K}_x)$ kann durch einen naiven Vorher-Nachher-Vergleich der Ergebnisse der Modellanfragen nur sehr schwer bestimmt werden. Hierzu müssten die Ergebnisse *aller* Modellanfragen $\mathcal{A}_{pf}$ für *alle* Programmfragmente $pf \in PF(\mathcal{K}_x)$ berechnet, zwischengespeichert und mit den Ergebnissen nach der Komposition verglichen werden. Aus Performanz- und Speicherverbrauchsgründen sollten die Analyseergebnisse allerdings nur faul berechnet werden.

Aus Bedingung 7.10 (Änderungsabhängigkeit, Seite 189) folgt, dass nur Modellanfragen bzgl. Änderung der Ergebnisse betrachtet werden müssen, die während der Generierung auch tatsächlich benutzt werden. Bei einer Rückwärtsanalyse von Generierungsabhängigkeiten sind diese bekannt (vgl. Zeile 26 in Algorithmus 4). Nicht alle pro Programmfragment unterscheidbaren Modellanfragen sind somit gleichermaßen relevant. Eine Möglichkeit zur effizienten Bestimmung der Elemente von *changeA* liegt in der Überwachung der in den Nachbedingungen einzelner Modelltransformationen angegebenen Aktualisierungsoperationen $a[x/y]$ für die relevanten Anfragen a.

7.3 Behandlung von Konflikten

Konflikte treten auf, falls die Kompositionsreihenfolge zweier nicht kommutativer Belange nicht durch Reihenfolgebedingungen geregelt ist. Das zu erstellende Programm ist in diesem Falle nicht eindeutig spezifiziert, was im Widerspruch zu unserem Korrektheitskriterium **K2.1** (Eindeutigkeit) steht. Wir fordern daher, dass während der Komposition der Belange *kein Konflikt* vorliegen darf. Diese Eigenschaft kann mit dem bereits beschriebenen Verfahren geprüft werden.

Definition 7.3 (Konfliktfreie Varianten $\mathcal{V}_{konfliktfrei}$)
Die Menge der konfliktfreien Varianten $\mathcal{V}_{konfliktfrei} \subseteq \mathcal{V}$ ist die Menge aller Varianten v, deren Komposition nicht zu Konflikten zwischen Belangen führt:

$$\mathcal{V}_{konfliktfrei} = \{v \in \mathcal{V} \mid |\Pi^v| > 0 \wedge$$
$$\forall B_i, B_j \in v, B_i \neq B_j : B_i \text{ und } B_j \text{ stehen nicht in Konflikt}\}$$

Eine hinreichende Bedingung zur Einhaltung des Korrektheitskriteriums **K2.1** ist die Implikation:

$$\pi \in \Pi^v_{g\ddot{u}ltig} \rightarrow v \in \mathcal{V}_{konfliktfrei} \tag{7.33}$$

Treten während der Komposition der Belangimplementierungen keine Kompositions- und Generierungskonflikte auf, so sind nach Definition 7.1 alle aus unterschiedlichen Kompositionsreihenfolgen entstehenden Programme semantisch äquivalent.

Ein existierender Konflikt zwischen zwei oder mehr Belangen B_i und B_j kann vermieden werden, indem an Stelle der einzelnen Belange die Komposition der Belange $B_{(i,j)} = B_i \oplus B_j$ betrachtet wird. Diese Vorgehensweise wurde bereits in Abschnitt 6.3.3.1 während der Betrachtung und Behandlung zyklischer Abhängigkeiten vorgestellt. In Abbildung 7.4 ist die Vorgehensweise für die beiden in Konflikt stehenden Belange B_2 und B_3 angedeutet. Ein Bauplan $C_{B_{(i,j)}}$ setzt die durch C_{B_i} und C_{B_j} erfassten sowie die zur Komposition von B_i und B_j erforderlichen Kompositionsoperatoren um. Im Beispiel aus Abbildung 7.4 implementiert der Bauplan $C_{B_{(2,3)}}$ die Kompositionsoperatoren $\oplus^v_{B_2 \hookleftarrow \mathcal{K}_x}$, $\oplus^v_{B_3 \hookleftarrow \mathcal{K}_x}$ und $\oplus^v_{B_2 \hookleftarrow B_3}$.

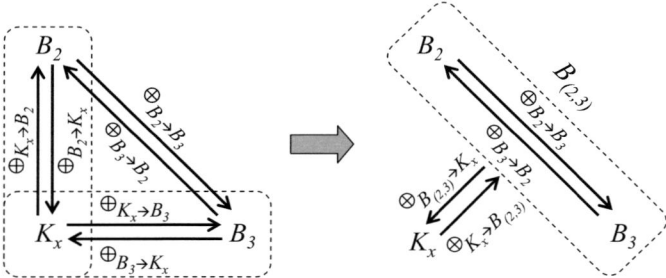

Abbildung 7.4: Vermeidung eines Konflikts bei der Komposition nichtorthogonaler Belange

Technisch stellen wir zwei Möglichkeiten zur Verfügung, um einen existierenden Konflikt zwischen Belangen B_i und B_j für eine Variante v aufzulösen:

1. Zusätzliche Reihenfolgebedingungen sorgen dafür, dass in allen ableitbaren Kompositionsreihenfolgen $\pi(B_i) < \pi(B_j)$ oder $\pi(B_i) > \pi(B_j)$ gilt. Dies ist immer dann möglich, falls der Kompositionsoperator $\oplus^v_{B_i \leftrightarrows B_j}$ durch die Reihenfolgebedingung bereits vollständig beschrieben ist.

2. Die beiden Belange sind nicht gleichzeitig Teil einer Variante v, sondern sie werden bei der Angabe der Variante durch einen Belang $B_{(i,j)} = B_i \oplus B_j$ ersetzt.

Die erste Möglichkeit stellt einen Spezialfall der allgemeinen zweiten Möglichkeit dar. Da in vielen Fällen bereits durch die Angabe einer Reihenfolgebedingung der Konflikt aufgelöst werden kann, betrachten wir diesen Spezialfall gesondert. Das Ersetzen von in Konflikt stehenden Belangen $B_i \ldots B_j$ durch einen übergeordneten Belang $B_{(i,\ldots,j)}$ entspricht der Änderung der Angabe einer ursprünglich geplanten Variante v hin zu einer Variante $v' \in \mathcal{V}_{konfliktfrei}$ ohne diese Konflikte:

$$v' \leftarrow v \setminus \{B_i \ldots B_j\} \cup B_{(i,\ldots,j)}$$

Für eine zu komponierende Variante muss immer $v \in \mathcal{V}_{konfliktfrei}$ gelten.

Der Belang $B_{(i,\ldots,j)}$ besitzt die in Abschnitt 6.3.3.1 vorgestellte Eigenschaft $\{B_i, \ldots, B_j\} \subseteq O_{B_{(i,\ldots,j)}}$, wodurch $C_{B_{(i,\ldots,j)}}$ bei Bedarf Zugriff auf die einzelnen Baupläne $C_{B_i} \ldots C_{B_j}$ und deren Teilfunktionen sowie die geschachtelten Belange $U_{B_i} \ldots U_{B_j}$ hat. Der Belang $B_{(i,\ldots,j)}$ kann entweder vollständig auf die Implementierung der einzelnen Belange $B_i \ldots B_j$ zurückgreifen, oder aber Teile von $B_i \oplus \ldots \oplus B_j$ neu spezifizieren. Es ist also insbesondere auch möglich, eine sich aus der Komposition ergebende angepasste Implementierung anzugeben, auch wenn das Ziel eine möglichst große Wiederverwendung der Programmfragmente und Kompositionsoperatoren aus $B_i \ldots B_j$ ist.

7.3.1 Automatische Anpassung der zu erstellenden Variante

Vor der Komposition der Belange einer Variante v muss sichergestellt sein, dass keine bekannten Konflikte in der zu erstellenden Variante mehr existieren, d. h. es muss $v \in \mathcal{V}_{konfliktfrei}$

gelten. Die Ersetzung von in Konflikt stehenden Belangen muss somit vor der Komposition der einzelnen Belange erfolgt sein. Bei den durchzuführenden Ersetzungen können folgende Extrema auftreten:

1. Es existieren keine Konflikte zwischen den in v angegebenen Belangen, wobei für alle $B_i \in v$ gilt, dass B_i keine Ersetzung zwecks Auflösung von Konflikten ist.

2. Alle Belange $B_i \ldots B_j \in v$ in der ursprünglich geplanten Variante v stehen in Konflikt und müssen durch einen die Komposition beschreibenden Belang ersetzt werden: $v = \{B_{(i,\ldots,j)}\}$

Die Angabe der gewünschten Variante erfolgt durch den Anwendungsentwickler. Dieser ist im Rahmen der Konfiguration einer Produktlinie an Extremum eins interessiert, d. h. die zu erstellende Variante in Termen „einfacher" Belange $B_i \ldots B_j$ anzugeben, und nicht in Termen von Ersetzungen $B_{(i,\ldots,j)}$. Der Anwendungsentwickler möchte die Variante v deklarativ angeben, d. h. welche einzelnen Belange die Variante unterstützen soll. Er ist nicht daran interessiert, die notwendigen Ersetzungen zu berücksichtigen, da die Auswahl der passenden Ersetzungen genaue Kenntnis der Domänenimplementierung voraussetzt. Welche Belange in welcher Zusammensetzung zu Konflikten führen, erfordert ein Wissen über die Domänenimplementierung bis hinab zur Programmfragmentkomposition.

Die Lösung dieses Problems liegt darin, die notwendigen durchzuführenden Ersetzungen mit Hilfe einer Abbildung $\mathcal{V} \backslash \mathcal{V}_{konfliktfrei} \rightarrow \mathcal{V}_{konfliktfrei}$ zu beschreiben. Diese bildet eine vom Anwendungsentwickler auf Basis einfacher Belange spezifizierte Variante $v \in \mathcal{V} \backslash \mathcal{V}_{konfliktfrei}$ auf eine äquivalente Variante $\bar{v} \in \mathcal{V}_{konfliktfrei}$ ab. Diese Abbildung kapselt das zur Ersetzung notwendige Domänenwissen und verbirgt es vor dem Anwendungsentwickler. Sie wird vom Domänenentwickler angegeben, welcher über dieses Wissen verfügt.

Technisch setzen wir die Abbildung mit Hilfe eines Regelwerks $\mathcal{R}$ um. Eine Regel r beschreibt, wie eine Menge von in Konflikt stehender Belange $B_i \ldots B_j$ durch einen einzigen, die Komposition dieser Belange beschreibenden Belang B_x ersetzt wird:

$$r : \{B_i, \ldots, B_j\} \rightarrow \{B_x\} \text{ mit } |\{B_i, \ldots, B_j\}| \geq 2$$

Auf die Menge der Belange auf der linken Seite einer Regel r greifen wir mit $r.L$ zu, die der rechten Seite mit $r.R$. Neben der Ersetzung beschreibt eine Regel, wie die angegebenen Parametrisierungen der Parameter $P_{B_i} \ldots P_{B_j}$ auf die Parameter P_{B_x} abgebildet werden müssen. Das Regelwerk $\mathcal{R}$ ist eine geordnete Liste mit Elementen $(index, r)$, wobei durch die Indizes $index \in \mathbb{N}$ eine Ordnung vorgegeben wird und r jeweils eine Regel ist.

Mit Hilfe des folgenden Algorithmus 5 kann die zu komponierende Variante $\bar{v} \in \mathcal{V}_{konfliktfrei}$ ausgehend von einer vom Anwendungsentwickler spezifizierten Variante $v \in v \backslash \mathcal{V}_{konfliktfrei}$ berechnet werden. Es werden immer möglichst große Teilmengen ersetzt. Existieren mehrere gleich große passende Teilmengen, so erfolgt die Auswahl anhand des kleineren Index in der geordneten Liste des Regelwerks $\mathcal{R}$.

Algorithmus 5 Bestimmung der zu erstellenden Variante

Eingabe: Spezifizierte Produktvariante $v \in \mathcal{V} \backslash \mathcal{V}_{konfliktfrei}$
Regelwerk $\mathcal{R}$

Ausgabe: Zu komponierende Produktvariante $\bar{v} \in \mathcal{V}_{konfliktfrei}$

```
 1: repeat
 2:    ersetzt ← false
 3:    (i, r) ← (0, ∅)
 4:    for all (ī, r̄) ∈ R do
 5:       if r̄.L ⊆ v then
 6:          if |r.L| < |r̄.L| then
 7:             (i, r) ← (ī, r̄)
 8:          else if |r.L| = |r̄.L| ∧ i > ī then
 9:             (i, r) ← (ī, r̄)
10:          end if
11:       end if
12:    end for
13:    if r ≠ ∅ then
14:       v ← (v\r.L) ∪ r.R
15:       ersetzt ← true
16:    end if
17: until ersetzt = false
18: return v̄ ← v
```

Der Algorithmus terminiert, da bei jedem durchgeführten Ersetzungsschritt Elemente aus v entfernt werden.

7.4 Verwandte Arbeiten

Für einen dynamischen Weber, wie er zum Beispiel im Rahmen von EAOP genutzt wird (DOUENCE et al., 2001; DOUENCE und SÜDHOLT, 2002), sind Konkurrenzabhängigkeiten einfach zu identifizieren, da dieser für jeden beobachtbaren Programmzustand z_i ohnehin das nächste auszuführende Programmfragment bestimmen muss.[5] Steht mehr als ein Programmfragment im Zustand z_i zur Ausführung bereit, so handelt es sich um eine Konkurrenzabhängigkeit. Erzeugungs- und Löschabhängigkeiten existieren im dynamischen Fall nicht, da sich das Programm als solches nicht mehr ändert[6] und somit alle Webepunkte bekannt sind.

Die Implementierung der ASPECTJ-Entwicklungsumgebung AJDT kann statische sowie potentielle dynamische Webepunkte vor der Komposition berechnen, was zur Bestimmung von Konkurrenzabhängigkeiten genutzt werden kann. Hier erweist sich die deklarative Spezifikation der so genannten Schnitte (engl. *pointcuts*) gegenüber der algorithmischen Angabe unserer Baupläne als vorteilhaft, da diese statisch einfacher analysiert werden können. Da in ASPECTJ kein Modell für Kompositionszwischenstände existiert (vgl. LOPEZ-HERREJON et al., 2006), können Erzeugungs- und Löschabhängigkeiten nicht identifiziert werden. Aspekte werden stets auf einmal mit dem Basiscode verschränkt. Löschabhängigkeiten können

---

[5]Vgl. hierzu die dynamische Sicht der invasiven Softwarekomposition aus Abschnitt 2.4.3.1
[6]Techniken des dynamischen Nachladens von Programmteilen ausgenommen

in AspectJ nicht auftreten, da einerseits keine expliziten Webepunkte unterstützt werden, andererseits durch Aspekte keine Programmfragmente entfernt werden können. Die Bestimmung der Webepunkte erfolgt stets auf Basis aller Programmfragmente des zu erstellenden Programms. Nicht bedachte Abhängigkeiten bezüglich der Bereitstellung von Webepunkten zwischen Aspekten, welche zur Selektion nicht erwünschter Webepunkte führen können, werden somit nicht erkannt. Hierzu sind zusätzliche Techniken und Werkzeuge notwendig, wie zum Beispiel AJDiff (STÖRZER und KOPPEN, 2004; STÖRZER, 2007), welches auf einer Analyse von durchgeführten Änderungen während der Weiterentwicklung eines Programms basiert und somit die Evolution eines aspektorientiert entwickelten Programms unterstützt. Erzeugungs- und Löschabhängigkeiten können in diesem Fall durch den Trick erkannt werden, dass jeweils ein Programm aus einer vorhergehenden Programmversion zuzüglich eines neuen Aspekts erzeugt und mit der vorhergehenden Programmversion verglichen wird.

In LOPEZ-HERREJON und BATORY (2005) sowie LOPEZ-HERREJON et al. (2006) wird die Eignung von AspectJ für die schrittweise Verfeinerung eines Softwaresystems untersucht. LOPEZ-HERREJON et al. identifizieren das Kompositionsmodell von AspectJ, in welchem die Ermittlung der Menge der Webepunkte *ungebunden* erfolgt[7], als eine Ursache dafür, das AspectJ für den Ansatz der schrittweisen Verfeinerung nur eingeschränkt geeignet ist, da das Ergebnis der Komposition teilweise nur schwer vorherzusagen ist. Die Nutzung von Platzhaltern kann zur Selektion nicht erwünschter Webepunkte führen, was unseren in KUTT-RUFF (2005) beschriebenen Kompositionskonflikten ausgehend von Erzeugungsabhängigkeiten entspricht. LOPEZ-HERREJON et al. schlagen als Lösung eine *gebundene* Bestimmung der Webepunkte vor, welche nur die Webepunkte berücksichtigt, welche bis zu einem bestimmten Verfeinerungsschritt (d. h. einer Komposition von Basiscode und Aspekten) sichtbar sind. Die nun notwendige Angabe einer Kompositionsreihenfolge der Aspekte muss vollständig durch den Entwickler erfolgen, wodurch Kompositionskonflikte von vornherein vermieden werden. Eine Unterstützung zur Erkennung potentieller Konflikte existiert nicht. APEL et al. (2005b) zeigt die Umsetzung einer gebundenen Bestimmung von Webepunkten auf das Konzept der *Aspectual Mixin Layers*.

In DOUENCE et al. (2002) und DOUENCE et al. (2004) wird ein abstraktes Rahmenwerk zur Erkennung und Auflösung von Belanginteraktionen vorgestellt. Die Komposition erfolgt mit Hilfe eines dynamischen Webers. Dynamische Webepunkte werden mit Hilfe so genannter quantorenfreier Formeln mit Gleichheit (engl. *quantifier free equational formulas*, siehe CO-MON, 1991, Abschnitt 1.2) spezifiziert. Diese Formeln sind entscheidbar, wodurch gemeinsame Webepunkte und somit Konkurrenzabhängigkeiten bereits statisch abgeschätzt werden können.[8] Neben der Erkennung von Konkurrenzabhängigkeiten geben DOUENCE et al. Operationen wie Sequenzbildung, bedingte Auswahl oder Ersetzen von funktionalen Programmfragmenten zur Auflösung von Konflikten an. Erzeugungs- und Löschabhängigkeiten werden nicht zuletzt aufgrund des dynamischen Webers nicht weiter untersucht. Allerdings wird die Möglichkeit geboten, die Selektion von dynamischen Webepunkten auf Programmfragmente

---

[7]engl. *unbounded quantification*. Die Selektion von Webepunkten erfolgt innerhalb aller durch die Klassen und Aspekte definierten Programmfragmente.

[8]Statisch wird nur die Unabhängigkeit nachgewiesen, deren Negation ein hinreichendes Kriterium für einen Kompositionskonflikt ist. Das notwendige Kriterium, ob der Webepunkt auch zur Laufzeit erreicht wird, kann statisch nicht vollständig ermittelt werden.

einer Menge von Belangen einzugrenzen, womit potentielle negative Auswirkungen von Erzeugungsabhängigkeiten vermieden werden können. Das in diesem Kapitel vorgestellte Verfahren kann bezüglich Konkurrenzabhängigkeiten als Übertragung des in DOUENCE et al. (2002) vorgestellten abstrakten Rahmenwerks auf die statische Komposition aufgefasst werden.

BERGMANS (2003) und DURR et al. (2005) geben ein Verfahren an, mit welchem teilweise semantische Kompositionskonflikte[9] erkannt werden können. Sie gehen hierbei von bereits erkannten Konkurrenzabhängigkeiten aus. Grundlage des Verfahrens ist ein durch alle Belange geteiltes Modell, welches gemeinsam genutzte Ressourcen sowie Operationen auf diesen Ressourcen modelliert. Die Semantik sämtlicher (funktionaler) Programmfragmente wird abstrakt in diesem Ressourcen-Operationen-Modell beschrieben. Hierzu müssen die Programmfragmente durch den Entwickler mit entsprechenden Verhaltensspezifikationen annotiert werden. Eine Komposition der Programmfragmente an einem gemeinsamen Webepunkt in einer bestimmten Reihenfolge führt zu konkreten Sequenzen von Operationen innerhalb des Ressourcenmodells. Ausgehend von ebenfalls explizit anzugebenden Regeln bezüglich erlaubter Anwendungen der Operationen innerhalb des Ressourcenmodells, wie zum Beispiel zulässige Ausführungssequenzen, können nun sich aus der Komposition ergebende semantische Konflikte durch Prüfung der Regeln erkannt werden. Das Verfahren wurde prototypisch für den Composition-Filter-Ansatz (siehe Abschnitt 3.3.2) umgesetzt.

Ein weiteres Verfahren, welches ausgehend von bereits erkannten Konkurrenzabhängigkeiten mögliche Belanginteraktionen genauer untersucht, wird in STÖRZER et al. (2006a), STÖRZER et al. (2006b) und STÖRZER (2007) vorgestellt. Grundlage des Verfahrens bildet eine interprozedurale Bestimmung der Daten- und Kontrollflussabhängigkeiten zwischen Basiscode und allen einzufügenden funktionalen Programmfragmenten an einem gemeinsamen Webepunkt. Durch Identifikation von Kontroll- und Datenflussabhängigkeiten zwischen einzufügenden funktionalen Programmfragmenten kann auf aus Konkurrenzabhängigkeiten entstehende Kompositionskonflikte geschlossen werden. Das Verfahren erkennt somit die durch die Bedingungen *BK2/BG2* erfassten Konflikte. Eine prototypische Implementierung des Verfahrens existiert für ASPECTJ, welche allerdings aufgrund der auf Seite 191 beschriebenen Schwierigkeiten nicht ohne weiteres in unser Rahmenwerk integriert werden kann.

7.5 Zusammenfassung

Durch unterschiedliche Kompositionsreihenfolgen entstehen typischerweise semantisch voneinander abweichende Programme. Dies hat mehrere Gründe. Einerseits definiert die Kompositionsreihenfolge die Anordnung von Programmfragmenten an von mehreren Belangen gemeinsam genutzten impliziten Webepunkten, andererseits verändert die Komposition eines Belangs mit einem Kompositionszustand $\mathcal{K}_x$ die Menge der durch Baupläne anderer Belange selektierbaren Webepunkte. Ferner sind die für die Generierung von Programmfragmenten genutzten Ergebnisse von Modellanfragen vom jeweiligen Kompositionszustand $\mathcal{K}_x$ und somit von der Kompositionsreihenfolge abhängig.

---

[9]In Termini unseres Verfahrens handelt es sich hierbei um die durch *BK3* ausgedrückten Konflikte.

Wir haben in diesem Kapitel mögliche Abhängigkeiten zwischen Belangen, welche aus unterschiedlichen Kompositionsreihenfolgen resultieren, nach Kompositions- und Generierungsabhängigkeiten klassifiziert. Für jeden Abhängigkeitstyp wurden Bedingungen angegeben, deren Erfüllung jeweils eine Abhängigkeit zwischen zwei Belangen anzeigt. Wir haben gezeigt, wie durch die Nutzung von Vorwärts- und Rückwärtsanalysen hinsichtlich der Kompositionsreihenfolge die Bedingungen während der Komposition geprüft werden können. Die Grundidee hierbei ist, die Auswirkungen der Komposition eines Belangs auf die Selektion der Webepunkte sowie auf die Generierung von Programmfragmenten der übrigen Belange zu untersuchen.

Kompositions- und Generierungsabhängigkeiten sind in der Regel unvermeidbar. Kritisch sind die Abhängigkeiten allerdings dann, falls zwischen den beteiligten Belangen keine Reihenfolgebedingungen existieren. In diesem Fall wird aufgrund der zur Bestimmung einer Kompositionsreihenfolge eingesetzten topologischen Sortierung eine Reihenfolge indeterministisch festgelegt. Wir fordern daher, dass alle Abhängigkeiten bedacht wurden, was entweder durch die Angabe zusätzlicher Reihenfolgebedingungen oder durch die explizite Angabe der Kommutativität von Belangen erfolgt. Das in diesem Kapitel vorgestellte Verfahren stellt somit ein Möglichkeit zur Erkennung einer Unterspezifikation der Reihenfolgebedingungen dar.

Nicht alle Abhängigkeiten können durch die Angabe zusätzlicher Reihenfolgebedingungen behandelt werden, da dies zu Zyklen im Bedingungssystem der Reihenfolgen führen kann. Wir lösen dieses Problem, indem wir die in Konflikt stehenden Belange durch einen übergeordneten Belang ersetzen, der bereits die Komposition dieser Belange darstellt. Wir haben gezeigt, wie sich diese Ersetzungen auf Basis eines Regelwerks automatisieren und dadurch vor dem Anwendungsentwickler verbergen lassen.

Kapitel 8

Technische Realisierung von CoCoSy

Der vorgestellte Ansatz wurde prototypisch in Form des Werkzeugs COCOSY (Akronym für *Concern Composition System*) umgesetzt. Dieses Kapitel beleuchtet die zentralen Sprachkonstrukte zur Belang- und Konfigurationsspezifikation sowie die technische Umsetzung des Werkzeugs COCOSY.

8.1 Die CoCoSy-Spezifikationssprache

In diesem Abschnitt geben wir einen Überblick über die COCOSY-Spezifikationssprache, welche es erlaubt, Belange gemäß dem in Abschnitt 5.1 vorgestellten Belangmodell zu spezifizieren. Die Sprache greift für die Spezifikation der Baupläne zum Teil auf die INJECT/J-Transformationssprache (siehe Abschnitt 3.2.2) zurück. Eine detaillierte Beschreibung dieser Transformationssprache ist in der INJECT/J-Sprachspezifikation[1] zu finden. Die Grammatik der zusätzlichen COCOSY-Sprachelemente ist in Anhang B zu finden.

Zentrales Konstrukt der COCOSY-Sprache ist der Belang, welcher durch das Schlüsselwort **concern** eingeleitet wird. Die COCOSY-Spezifikationssprache unterstützt die aus Abschnitt 5.1 bekannten Belangelemente:

- eine Liste von Belangparametern, welche in der der Form

$$\texttt{Typ Name, }\textbf{required}/\textbf{optional}$$

  angegeben werden,

- eine Liste von Belang-Obertypen, welche durch das Schlüsselwort **extends** markiert wird,

- einen durch das Schlüsselwort **contract** eingeleiteten Vertrag, wobei die einzelnen Vor- und Nachbedingungen nach Ausführungskontexten gruppiert sind, in der sie geprüft werden müssen,

- einen durch **composition** gekennzeichneten Bauplan, welcher wiederum in die einzelnen Ausführungskontexte unterteilt ist,

- eine Programmfragmentschablone innerhalb eines durch **implementation** gekennzeichneten Blocks.

---

[1]http://injectj.fzi.de/InjectJ/CMS/Downloads/LanguageSpec

Der folgende Quellcode zeigt die typische Form einer Belangspezifikation bestehend aus diesen Teilen:

```
/* Beginn Schnittstelle des Belangs */
concern C1<
  /* Belangparameter P_C1 */
  C2 p1, required;
  C3 p2, optional
> extends MethodFragment /* Obertypen O_C1 */

contract {
  /* Vertrag V_C1 */
  none:
     implies ( (p2!=null), (p1 instanceof C2Subtype) )
}
/* Ende Schnittstelle des Belangs */

/* Beginn Implementierung des Belangs */
{
  /* Geschachtelte Belange U_C1 */
  concern Nested<> { ... }

  /* Bauplan C_C1 */
  composition {
    provided { ... }
    none: { ... }
    SystemFragment: { ... }
  }

  /* Programmfragmentschablone PFS_C1 */
  implementation ${
    public void m() {
        ...
        @(C2 stmt2)
        @(p2)
        ...
    }
  }$
}
/* Ende Implementierung des Belangs */
```

Die Programmfragmentschablone wird als Quelltext angegeben. Explizite Webepunkte werden darin durch das Zeichen @ gefolgt vom Typ und dem Namen des Webepunkts in Klammern markiert. Aus Gründen der Praktikabilität darf der Typ eines expliziten Webepunkts weggelassen werden, falls das einzufügende Programmfragment durch den Typ eines Belangparameters bereits definiert wurde, wobei die Bindung zwischen explizitem Webepunkt und Belangparameter implizit durch den Namen erfolgt.

8.1.1 Typsystem

Um neue Belangtypen definieren zu können, besitzt CoCoSy ein dynamisches Typsystem. Eine Typbeziehung zwischen Belangen wird mit Hilfe des Schlüsselworts **extends** etabliert.

Obertypen können Belangtypen einschließlich des allgemeinsten Belangtyps `Concern` sowie die in Abschnitt 5.2 angegebenen Programmfragmenttypen sein.

Neben den dynamischen, d. h. durch den Nutzer definierbaren Belangtypen, unterstützt CO-CoSy zusätzlich die aus dem statischen INJECT/J-Typsystem bekannten, fest vorgegebenen Typen. Die wichtigsten dieser Typen sind:

- die primitiven Datentypen `Boolean`, `Integer` und `Float`,
- der Zeichenkettentyp `String`,
- der Behälterdatentyp `List`,
- die Knotentypen des INJECT/J-Adaptionsmodells bzw. des in Abschnitt 5.2 beschriebenen Kompositionsmodells.

Konfigurierte Belange werden innerhalb des Ausführungsmodells der Sprache als einzelne Objekte mit dem jeweiligen Belangtyp umgesetzt. Diese Belangobjekte implementieren konzeptionell das Entwurfsmuster „Befehl" (engl. *command*), wobei der Bauplan des Belangs den ausführbaren Teil darstellt. Die Ausführung des Bauplans wird entsprechend der berechneten Kompositionsreihenfolge entweder implizit durch den Weber oder explizit mit Hilfe der Funktion `execute` gestartet. Auch kapselbare Belange mit $\left| O^{fragmenttyp} \right| = 1$ werden als Belangobjekt mitsamt Bauplan etc. umgesetzt, können im Gegensatz zu allgemeinen Belangen allerdings direkt ein Programmfragment innerhalb des Kompositionsmodells sein.

Um sowohl in Verträgen eines Belangs als auch in Bauplänen einzelne Prüfungen bzw. Operationen abhängig vom Typ eines Belangobjekts durchzuführen, kann der Infix-Operator **instanceof** genutzt werden. Dieser prüft analog zu seinem JAVA-Pendant, ob der Typ des Objekts der linken Seite ein Untertyp des auf der rechten Seite angegebenen Typs ist.

8.1.2 Spezifikation des Vertrags

Belangverträge werden innerhalb eines mit dem Schlüsselwort **contract** markierten Blocks angegeben. Wie in Abschnitt 5.1.3.3 beschrieben, wird der Vertrag für folgende Angaben verwendet:

- Aus der Domänenanalyse abgeleitete Kompositionsregeln
- Vor- und Nachbedingungen der durch den Bauplan ausgedrückten Transformationssequenzen
- Zusicherung von mit Hilfe von Anfragen an das Kompositionsmodell ausdrückbarer (globaler) Programmeigenschaften

Für einen Belang „Ablaufverfolgung" kann die Angabe einer Kompositionsregel sowie die Zusicherung einer globalen Programmeigenschaft beispielsweise wie folgt aussehen:

```
contract {
  /* Vorbedingung im minimalen Ausführungskontext ⊥ */
  none:
    (config.encryption == null);
  ...
  /* Nachbedingung im maximalen Ausführungskontext ⊤ */
```

```
SystemFragment:
  (true) -> (foreach s in getTracingStmts():
               isFirstExecutedStmt(s) || isLastExecutedStmt(s));
}
```

Vorbedingungen werden vor der Ausführung des (ggf. leeren) Bauplans für einen bestimmten Ausführungskontext geprüft, Nachbedingungen nach der Ausführung. Ist eine Vor- oder Nachbedingung nicht erfüllt, so wird der Kompositionsvorgang mit einer entsprechenden Fehlermeldung abgebrochen. Während der Ausführung des Bauplans werden die einzelnen Vor- und Nachbedingungen der durchgeführten Modelloperationen zusätzlich inkrementell geprüft. Diese inkrementelle Prüfung kann durch Einbettung von Anweisungen in einen sog. **unchecked**-Block vorübergehend ausgesetzt werden. Eine Prüfung auf syntaktische und semantische Korrektheit wird nach Verlassen des **unchecked**-Blocks durchgeführt.

Syntaktisch werden Vor- und Nachbedingungen in Form eines Paares (pre)->(post) angegeben. Hierdurch wird ein existierender kausaler Zusammenhang zwischen einer Vorbedingung und einer Nachbedingung explizit ausgedrückt. Existiert zu einer Vorbedingung keine Nachbedingung, wie es zum Beispiel bei Kompositionsregeln meist der Fall ist, so kann die Angabe der allgemeinen Nachbedingung (true) entfallen.

8.1.3 Spezifikation des Bauplans

Durch das Schlüsselwort **composition** wird der Bauplan eines Belangs eingeleitet. Die einzelnen Teilbaupläne für die unterschiedlichen Ausführungskontexte werden durch durch einen Kontextbezeichner markiert. Folgende fünf Kontextbezeichner werden unterstützt: none für den minimalen Ausführungskontext ⊥, MethodFragment, ClassFragment, PackageFragment und SystemFragment. Das in Abschnitt 5.3.1 beschriebene Binden bereitgestellter Unterbelange wird innerhalb eines mit **provided** gekennzeichneten Anweisungsblocks umgesetzt.

Die einzelnen Teilbaupläne werden in Form eines INJECT/J-Transformationsskripts angegeben. Jeder Teilbauplan ist zweigeteilt. Ein zu Beginn durch das Schlüsselwort **collect** eingeleiteter Anweisungsblock setzt die erste Phase des Teilbauplans um, d. h. durch diesen Anweisungsblocks werden alle Webepunkte mit Hilfe der in Abschnitt 6.2.2 vorgestellten Selektionsarten bestimmt. Innerhalb des **collect**-Blocks dürfen nur seiteneffektfreie Anfragen an das Kompositionsmodell genutzt werden. Die anschließenden Anweisungen setzen integriert die Phasen zwei bis vier des Bauplans um.[2]

Durch die Funktion execute wird nur an den zum momentanen Ausführungskontext passenden Teilbauplan eines Belangs delegiert. Zusätzlich werden die Teilbaupläne weiterer Ausführungskontexte für eine spätere Ausführung vorgemerkt. Diese Teilbaupläne werden bei Eintritt in den jeweiligen Ausführungskontext automatisch unter Einhaltung der Reihenfolgebedingungen ausgeführt (siehe Abschnitt 8.2.3.4).

---

[2]Eine Integration der Bauplanphasen zwei bis vier ist möglich, da die Ausführungsreihenfolge nicht vorab, sondern dynamisch während der Komposition berechnet wird. Die durch die Delegationsphase ausgedrückten Reihenfolgebedingungen werden durch die tatsächliche Durchführung einer Delegation eingehalten.

Die Bindung eines Programmfragments bzw. eines Belangobjekts an einen expliziten Webepunkt oder an einen Parameter eines geschachtelten Belangs erfolgt durch die Funktion
`bind`. Die Überführung einer Programmfragmentschablone in ein Programmfragment wird
durch die Funktion `instantiate` bewerkstelligt. Erst nach diesem Aufruf kann das Programmfragment bzw. das Belangobjekt dem Kompositionsmodell hinzugefügt werden. Auch
sind erst ab diesem Zeitpunkt Anfragen an das Programmfragment möglich.

Aus Praktikabilitätsgründen werden einige Operationen implizit durchgeführt, sofern sie nicht
bereits durch entsprechende explizit angegebene, ggf. von der impliziten Umsetzung abweichende Operationen vorweggenommen wurden:

- Nach der Ausführung des (potentiell leeren) **provided**-Blocks noch nicht gebundene
  Belangparameter parametrisierender Belange werden soweit möglich auf Basis einer
  Namensgleichheit gebunden.

- Noch nicht gebundene explizite Webepunkte innerhalb der Programmfragmentschablone werden vor dem Aufruf der Funktion `instantiate` soweit möglich durch gleichnamige Belangparameter gebunden.

- Wurde für einen Belang mit $\left|O^{fragmenttyp}\right| = 1$ die Funktion `instantiate` im Ausfüh-
  rungskontext `none` des Bauplans noch nicht aufgerufen, so erfolgt dies im Anschluss
  automatisch.

Mit Hilfe dieser einfachen impliziten Operationen kann für einfache parametrisierbare Belange auf die Angabe eines Bauplans verzichtet werden:

Belangspezifikation	*Impliziter Bauplan*
| ```
concern Calculate<
  TypeAccessFragment T, required;
  CalculationStatement<T> calc, required
> extends MethodFragment
{
  implementation ${
    public void calculate(@(T) p) {
      ...
        @(calc)
      ...
    }
  }$
}
``` | ```
composition {
  provided {
    bind(T,'T');
  }
  none: {
    bind(T,'T');
    bind(calc, 'calc');
    instantiate;
  }
}
``` |

8.1.4 Spezifikation einer konkreten Konfiguration

Die CoCoSy-Sprache unterstützt direkt die in Abschnitt 6.1 beschriebene hierarchische Kon-
figuration von Belangen. Durch die Belange bzw. die Belangnamen sowie durch die Belang-
parameter wird eine einfache domänenspezifische Sprache beschrieben. Die Typen sowie die
Anordnung der Belangparameter legen eine einfache Syntax fest, während die Belangnamen
die gültigen Bezeichner der DSL definieren.

Ein Belang wird entweder direkt durch den Nutzer konfiguriert oder aber automatisch innerhalb eines Bauplans. Eine außerhalb eines Belangs vom Nutzer angegebene Konfigurationsspezifikation wird durch das Schlüsselwort **configuration** gekennzeichnet. Innerhalb eines Bauplans resultiert eine Konfigurationsspezifikation in der Erzeugung eines Belangobjekts, welches im weiteren Verlauf des Bauplans genutzt werden kann.

Da eine geschlossene Angabe einer hierarchischen Konfigurationsspezifikation für eine große Menge von Belangen unübersichtlich werden kann, können einzelne Teile ausgelagert werden. Diese Teilspezifikationen werden durch **refBy** mit einem symbolischen Namen versehen, womit sie innerhalb einer anderen Konfigurationsspezifikation referenziert werden können.

Einfache Belangparameter, welche nur einzelne Programmfragmente wie zum Beispiel Typreferenzfragmente oder Ausdrücke repräsentieren, können in einer Konfigurationsspezifikation direkt als Quelltext angegeben werden. In diesem Fall wird automatisch ein anonymer Untertyp des erwarteten Belangtyps mit dem angegebenen Quelltext als Programmfragmentschablone erzeugt.

Typischerweise werden einige geforderte Belangparameter $P_{B_x}^{in}$ eines als Parameter $p \in P_{B_y}^{in}$ genutzten Belangs B_x durch den Bauplan des umgebenden Belangs B_y auf Basis von durch B_y bereitgestellten Belangen gebunden. Diese müssen somit nicht vom Nutzer angegeben werden. Diese Information ist allerdings nicht aus der Schnittstelle des Belangs B_x ersichtlich, da sie erst im Kontext des umgebenden Belangs B_y zur Verfügung steht. Bei der Angabe eines Parametertyps werden vom Nutzer anzugebende Parametrisierungen von B_x durch ? gekennzeichnet, wohingegen die durch B_y bereitgestellten Parametrisierungen einen symbolischen Namen zur späteren Referenzierung durch den Bauplan erhalten. Da eine durch den Bauplan von B_y bereitgestellte Parametrisierung durch den Nutzer nicht angegeben werden muss, kann diese innerhalb einer Konfigurationsspezifikation durch . . . ausgelassen werden:

```
concern C1<
  TypeAccessFragment T, required;
  StatementFragment stmt, required
> {...}

concern C4<
  C1<t,?> c1, required          /* Zweiter Parameter muss durch den */
>                               /* Nutzer spezifiziert werden        */
{ ...
  provided {
    bind(${java.lang.Object}$, 't');
  }
  ...
}

configuration C4<
  C1<..., ${System.exit(0);}$>  /* Angabe des ersten Parameters kann */
>                               /* ausgelassen werden                */
```

Die durch einen Bauplan durchzuführenden Operationen sind von der konkreten, durch den Nutzer angegebenen Konfiguration der SPL abhängig. Durch die Umgebungsvariable config kann innerhalb des Bauplans auf die Wurzel der hierarchischen Konfigurationsspezifikation zugegriffen werden, durch `currentConfig` auf den Teil, welcher durch den gerade bearbeiteten Belang aufgespannt wird. Die Objekte `config` bzw. `currentConfig` besitzen jeweils Attribute mit den deklarierten Namen der Belangparameter und den konkret in der Konfigurationsspezifikation angegebenen Belangtypen. Die Attribute sind jeweils wieder navigierbar. Auf die einzelnen Elemente der Konfigurationsspezifikation kann in obigem Beispiel durch `config`, `config.c1`, `config.c1.T` und `config.c1.stmt` zugegriffen werden.

8.1.5 Spezifikation von Reihenfolgebedingungen und Variantenanpassungen

Durch das Schlüsselwort **resolution** wird ein Block eingeleitet, in welchem die in Abschnitt 6.3.2.3 beschriebenen zusätzlichen Reihenfolgebedingungen sowie die in Abschnitt 7.3.1 vorgestellten Regeln zur automatischen Anpassung der zu erstellenden Variante angegeben werden können. Diese Regeln gelten jeweils für einen Ausführungskontext. Folgender Quelltext zeigt ein Beispiel für ein solches Regelwerk:

```
resolution {

    /* Angabe allgemeiner Reihenfolgebedingungen */
    SystemFragment: C11, C12, C13       -> C13 << C11 << C12;
    SystemFragment: C11, C12            -> C12 << C13;
    SystemFragment: C11, C = (C14,C15)  -> C11 << C;

    /* Angabe kommutativer Belange */
    SystemFragment: commute(C21, C22, C23);

    /* Angabe von einzuhaltenden Teilsequenzen */
    SystemFragment: C31, C32, C33       -> C31 + C32 unchecked + C33;

    /* Ersetzung von in Konflikt stehenden Belangen */
    SystemFragment: C41<p1>, C42<p2>    -> C43<p1, p2>;
}
```

Die linke Seite einer Regel gibt die Menge der Belange an, auf welche sich eine Reihenfolgebedingung bzw. eine Ersetzung bezieht. Hierbei wird stets die Regel mit der größtmöglichen Passung der linken Seite angewendet (vgl. Algorithmus 5 auf Seite 201). Reihenfolgebedingungen werden mit Hilfe des Operators << angegeben, einzuhaltende Teilsequenzen werden mit Hilfe des Operators + spezifiziert. Regeln lassen sich zusammenfassen. So wird in obigem Quelltext die Reihenfolgebedingung `C11,C=(C14,C15)->C11<<C` zu `C11,C14->C11<<C14` und `C11,C15->C11<<C15` ausgerollt. Eine Gruppe von Belangen kann durch das Schlüsselwort **commute** als kommutativ bezüglich der Kompositionsreihenfolge markiert werden. Belange auf der rechten Seite einer Regel können mit **unchecked** markiert werden, woraufhin die Prüfungen bezüglich syntaktischer und semantischer Korrektheit des Kompositionsmodells während der Ausführung des entsprechenden Bauplans zunächst unterdrückt werden. Werden mehrere Belange durch einen Belang ersetzt, so können die ursprünglichen Parameter der ersetzten Belange an den ersetzenden Belang übergeben werden.

Reihenfolgebedingungen beziehen sich stets auf implizit durch den Weber ausgeführte Belange bzw. Baupläne. Die Grundmenge der Belange, innerhalb der eine Passung in Form der linken Seite einer Regel gesucht wird, ist durch die Menge der zur Ausführung bereiten Belange gegeben. Diese Grundmenge ergibt sich aus nicht explizit ausgeführten Belangen sowie zur späteren Ausführung vorgemerkten Belangen.

8.2 Das Werkzeug CoCoSy

Der in dieser Arbeit vorgestellte Ansatz wurde prototypisch in Form des Werkzeugs COCOSY implementiert. Im Folgenden gehen wir auf einzelne technische Aspekte des Werkzeugs ein.

8.2.1 Architektur und Ausführungsmodell

Wie in Abbildung 8.1 gezeigt, besteht COCOSY aus fünf Teilsystemen. Die *Projektverwaltung* verarbeitet die zu einem COCOSY-Projekt gehörenden Einstellungen. Dies umfasst das Lokalisieren und Laden von Belang- und Konfigurationsspezifikationen, Transformationsbibliotheken sowie von externen, vom zu erstellenden Programm referenzierte JAVA-Quellen und -Bibliotheken. COCOSY-Quelldateien werden von einem Zerteiler innerhalb der *Ausführungseinheit* vorverarbeitet. Die Ausführungseinheit ist anschließend auch für die Interpretation der Anweisungen der einzelnen Baupläne zuständig. Die *Transformationseinheit* dient der Konstruktion und Manipulation des Kompositionsmodells. Das Zusammenspiel der einzelnen Teilsysteme wird durch die *Steuereinheit* geregelt. Eine zentrale Aufgabe ist die dynamische Bestimmung und Verwaltung einer Kompositionsreihenfolge für die einzelnen Belange. Die Steuereinheit arbeitet eng mit dem Teilsystem *Konflikterkennung* zusammen, mit dessen Hilfe potentielle Kompositions- und Generierungskonflikte erkannt und an die Steuereinheit zur weiteren Verarbeitung gemeldet werden.

COCOSY nutzt die durch INJECT/J bereitgestellte Infrastruktur zur Skriptausführung sowie zur Programmfragmentkomposition für die Ausführung der einzelnen Baupläne. RECODER dient der Anbindung an den Quelltext des zu erstellenden Programms. Es wird zur Implementierung der Analysefunktionen sowie lokaler Transformationen des Kompositionsmodells genutzt. RECODER ist darüber hinaus zuständig für die Generierung des Quelltexts aus dem Kompositionsmodell bzw. aus der gekapselten AST-Darstellung.

Die Ausführung des Werkzeugs erfolgt nach folgendem Schema:

1. Ermittlung der zur Durchführung der Komposition notwendigen Informationen: In diesem Schritt werden die projektspezifischen Dateien lokalisiert und geladen:

   - globale und projektspezifische COCOSY-Einstellungen
   - Quellen der Belange und Konfigurationsspezifikationen
   - zusätzlich benötigte JAVA-Quellen und -Bibliotheken

2. Analyse der Belang- und Konfigurationsspezifikationen: Die Quellen werden auf syntaktische Korrektheit hin überprüft.

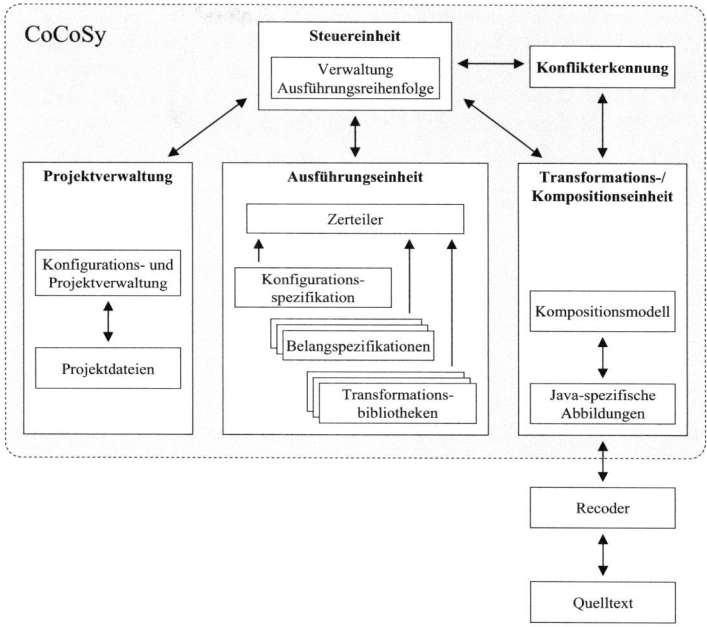

Abbildung 8.1: Architektur von CoCoSy

3. Analyse zusätzlicher JAVA-Quellen: Statische, in Form von JAVA-Quellen vorliegende Teile der Domänenimplementierung werden auf syntaktische uns semantische Korrektheit geprüft und dem Kompositionsmodell initial hinzugefügt.

4. Ausführen der Baupläne: Die Baupläne werden gemäß der durch die Steuereinheit dynamisch berechneten Reihenfolge durch die Ausführungseinheit ausgeführt. Hierdurch werden die Programmfragmente der einzelnen Belange durch die Kompositionseinheit nach und nach innerhalb des Kompositionsmodells zum gewünschten Programm zusammengefügt.

5. Generierung des Quelltexts: Konnte die Komposition erfolgreich abgeschlossen werden, d. h. es traten keine syntaktischen und semantischen Fehler auf, alle angegebenen Verträge wurden eingehalten und es wurden keine unaufgelösten Konflikte erkannt, dann wird der Quelltext des gewünschten Programm aus dem Kompositionsmodell generiert. Im Ausgabeverzeichnis existierende ältere Versionen der generierten Dateien werden überschrieben. Es ist möglich, vorab Sicherungsdateien der überschriebenen Dateien anzulegen, was ein einfaches Rücksetzen ermöglicht.

Die Programmfragmente des Kompositionsmodells basieren auf der feingranularen AST-Darstellung von RECODER. Elemente des RECODER-AST werden durch Selektion und Aggregation zu Elementen des Kompositionsmodells zusammengefügt. Attribute der AST-Elemente werden auf Attribute bzw. Anfragen des Kompositionsmodells abgebildet oder durch entsprechende Modellanfragen zu berechneten Attributen aggregiert. Modellanfragen werden *faul* ausgewertet, d. h. der Zugriff auf Attribute des RECODER-AST sowie die Bestimmung berechneter Attribute erfolgt erst zum Ausführungszeitpunkt der Modellanfrage.

8.2.2 Integration in die Eclipse-Entwicklungsumgebung

Um einen Domänenentwickler bei der Spezifikation und einen Anwendungsentwickler bei der Konfiguration einer Domänenimplementierung zu unterstützen, wurde ein Plugin für die Entwicklungsumgebung ECLIPSE erstellt. Zentrale Bestandteile dieses Plugins sind ein an die COCOSY-Spezifikationssprache angepasster Quellcodeeditor sowie eine Sammlung von Assistenten, welche den Nutzer bei der Erledigung wiederkehrender Aufgaben unterstützen. Das COCOSY-Plugin greift auf Funktionalitäten von COCOSY zurück, wobei die Kopplung nur lose ist, so dass COCOSY weiterhin als Kommandozeilenwerkzeug nutzbar ist. Letzteres erlaubt die Integration von COCOSY in Buildprozesse auf Basis entsprechender Werkzeuge wie MAKE[3], ANT[4] oder MAVEN[5]. Abbildung 8.2 zeigt die Grobarchitektur des Plugins.

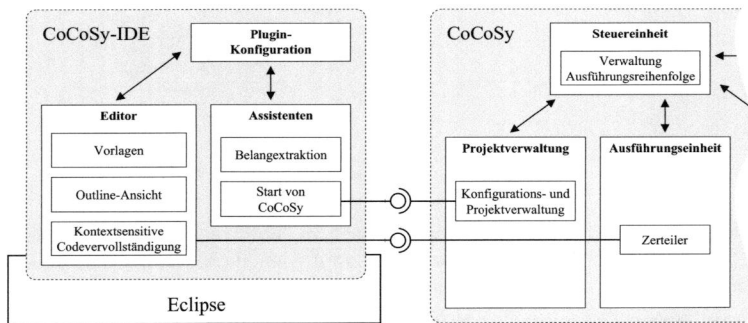

Abbildung 8.2: Grobarchitektur der COCOSY-Entwicklungsumgebung

Der Quellcodeeditor stellt bekannte Eigenschaften moderner Entwicklungsumgebungen für die COCOSY-Sprache bereit (vgl. Abbildung 8.3):

- Anpassbare Syntaxhervorhebung sowie unmittelbare Anzeige von Syntaxfehlern
- Kontextsensitive Codevervollständigung: Codevorschläge sowie passende Codevervollständigungen werden zur Auswahl bereitgestellt. Hierbei werden nur Elemente vorgeschlagen, welche syntaktisch und semantisch an der jeweiligen Position eingefügt werden können. Insbesondere die Angabe einer hierarchischen Konfigurationsspezifikation

---

[3]http://www.gnu.org/software/make
[4]http://ant.apache.org
[5]http://maven.apache.org

wird hierdurch stark vereinfacht, da an einer Position nur Belange zur Auswahl angezeigt werden, welche jeweils die geforderten Typrestriktionen einhalten.

• Anzeige von kontextsensitiver Dokumentation: Für ein markiertes Element wird auf
  Wunsch die zugehörige Dokumentation angezeigt. Diese wird soweit möglich aus dem
  Quelltext der einzelnen Belange eines Projekts sowie der Bibliotheken extrahiert.

• Anpassbare Codevorlagen

• Navigationsunterstützung: Dies umfasst die Navigation von Benutzungsstellen zu Definitionen von Belangen bzw. Belangelementen sowie die direkte Navigation zu Elementen eines Belangs anhand einer sog. Outline-Ansicht.

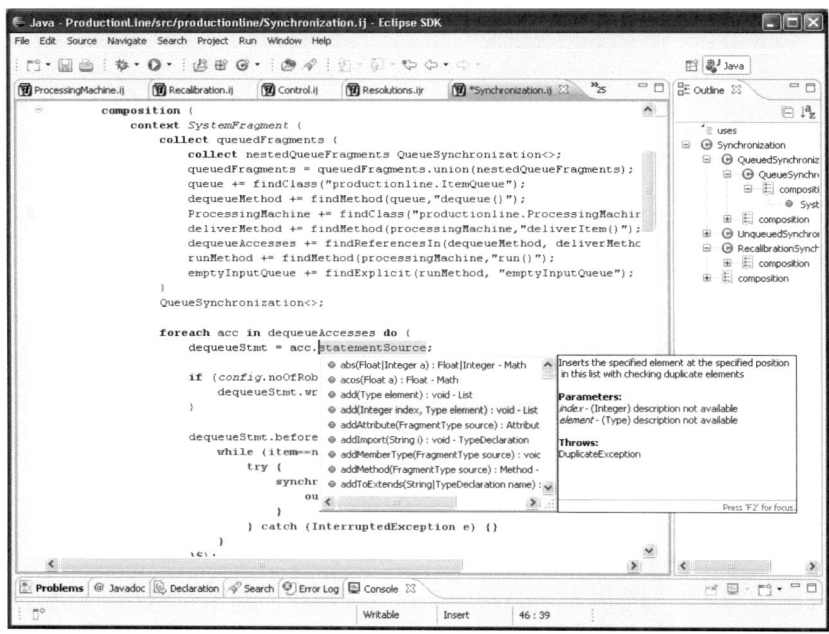

Abbildung 8.3: CoCoSy-Entwicklungsumgebung auf Basis von Eclipse

Die Verwaltung der Dateien eines Projekts sowie weiterer Projekteinstellungen erfolgt inner-
halb von Eclipse. CoCoSy kann direkt aus Eclipse heraus gestartet werden, wozu ein in
Abbildung 8.4 gezeigter Assistent für das Startrahmenwerk von Eclipse entwickelt wurde.
Dieser übernimmt existierende Eclipse-Projekteinstellungen und reichert sie um CoCo-
Sy-spezifische Einstellungen an, welche beim anschließenden Start transparent an CoCoSy
übergeben werden.

In der praktischen Entwicklung einer Domänenimplementierung ist ein häufiger Anwendungs-
fall die Extraktion von Programmfragmenten in eine neue Belangspezifikation aus bereits

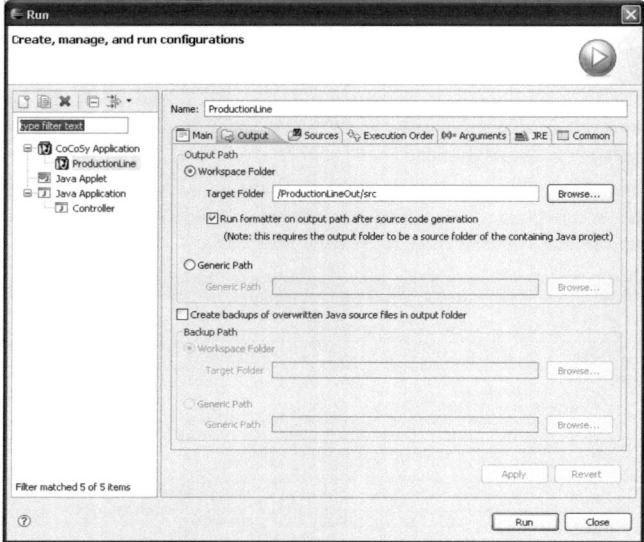

Abbildung 8.4: Assistent zur Erstellung einer CoCoSy-Projektbeschreibung

existierendem JAVA-Quelltext oder aus Programmfragmentschablonen. Eine manuelle Extraktion wird innerhalb des CoCoSy-Plugins durch Assistenten unterstützt. Abbildung 8.5 zeigt die Oberfläche eines solchen Assistenten. Die einzelnen Eingabefelder werden soweit möglich mit sinnvollen, aus dem Extraktionskontext gewonnenen Werten vorbelegt. Wahlweise kann an der Extraktionsstelle ein expliziter Webepunkt erzeugt werden.

8.2.3 Implementierungsaspekte

Im Folgenden zeigen wir einzelne Implementierungsaspekte auf, die neben der notwendigen Implementierung der in Abschnitt 8.1 vorgestellten Spracherweiterung betrachtet werden mussten. Eine detaillierte Beschreibung von Implementierungsaspekten der von CoCoSy genutzten Werkzeuge INJECT/J bzw. RECODER ist in GENSSLER (2004) bzw. LUDWIG (2002) zu finden.

8.2.3.1 Anpassung des Typsystems

Wie in Abschnitt 8.1.1 beschrieben, besitzt INJECT/J ein statisches Typsystem. Für die unterschiedlichen INJECT/J-Skripttypen existiert eine 1:1-Abbildung auf JAVA-Typen bzw. Klassen, d. h. das INJECT/J-Typsystem einschließlich der Typprüfungen wird durch das JAVA-Typsystem umgesetzt. Steuer-, Ausführungs- und Transformationseinheit von INJECT/J sind

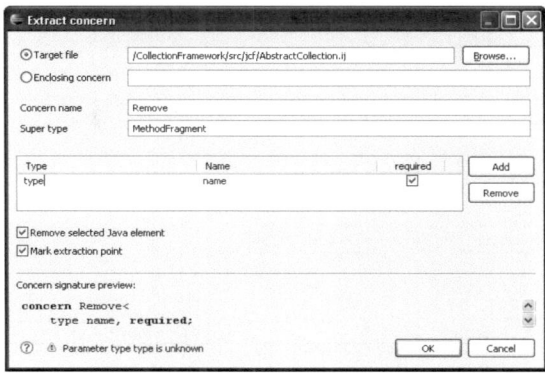

Abbildung 8.5: Assistent zur Extraktion und Erzeugung einer Belangspezifikation

eng mit dem umgesetzten Typsystem verknüpft, d. h. aus technischen Gründen kann dieses mit vertretbarem Aufwand nicht ersetzt, sondern nur erweitert werden. Daher ergeben sich folgende Möglichkeiten zur Umsetzung eines dynamischen Typsystems:

• Neue CoCoSy-Belangtypen werden ebenfalls 1:1 auf entsprechende Java-Typen abgebildet. Dies erfordert eine dynamische Erzeugung der entsprechenden Java-Typen zur Laufzeit. Hierzu stehen in Java Techniken der dynamischen Übersetzung sowie sog. *dynamische Proxy-Klassen*[6] zur Verfügung. Ersteres erfordert die Generierung von Quellcode als Zwischendarstellung samt Durchführung eines Übersetzerlauf, was zu nicht unerheblichen Laufzeitkosten führt. Dynamische Proxy-Klassen können nur für Java-Schnittstellen erzeugt werden, d. h. konkrete Klassen können keine Obertypen sein. Da die Basistypen des Inject/J-Typsystems durch Klassen umgesetzt werden, ist der Einsatz dynamischer Proxy-Klassen aus technischen Gründen nicht oder nur sehr schwer möglich.

• Alle Typen von Belangobjekten werden durch einen generischen Typ repräsentiert, d. h. alle Belangtypen werden auf einen einzigen Java-Typ abgebildet. Ausprägungen dieses generischen Typs enthalten einen Typkennzeichner, welcher den konkreten Typ eines Belangobjekts beschreibt. Da in diesem Fall keine 1:1-Abbildung der CoCoSy-Typen auf das Java-Typsystem mehr existiert, müssen die auf das Java-Typsystem abgewälzten Aufgaben wie Typprüfungen oder die Auflösung von Aufrufzielen der einzelnen Modelloperationen zusätzlich unterstützt werden.

Für die Implementierung des CoCoSy-Typsystems wurde der zweite Ansatz gewählt. Belange werden als Ausprägung der Java-Schnittstelle IConcern erfasst, welche wiederum ein Untertyp von IFunction ist. Dies ist notwendig, damit die Anweisungen des Bauplans von der Ausführungseinheit interpretiert werden können. Belangobjekte, d. h. konfigurierte Belange, werden alle durch Ausprägungen der Java-Klasse ConfigurationSpecifi-

---

[6]http://java.sun.com/javase/6/docs/technotes/guides/reflection/proxy.html

`cation` umgesetzt. Letztere enthält einen Typkennzeichner in Form einer Referenz auf den durch ein `IConcern`-Objekt beschriebenen Belang. Im Fall $\left|O^{fragmenttyp}\right| = 1$ enthält ein `ConfigurationSpecification`-Objekt zusätzlich eine Referenz auf das aus der Ausführung des Bauplans entstandene Programmfragment des Belangs (siehe Abbildung 8.6).

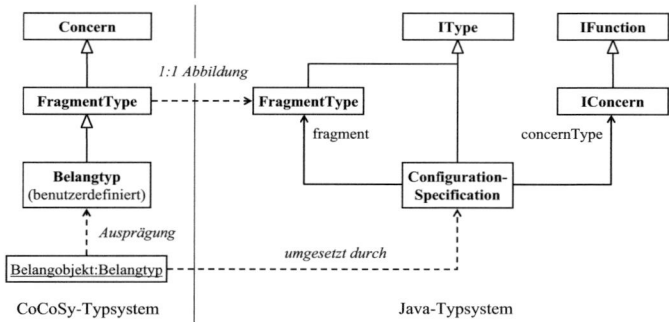

Abbildung 8.6: Abbildung von COCOSY-Belangtypen auf das JAVA-Typsystem

Da die `ConfigurationSpecification`-Objekte die Schnittstelle `IType` unterstützen, können sie durch die Ausführungseinheit prinzipiell verarbeitet werden, d. h. Referenzen auf diese Objekte können in Variablen gespeichert und an Funktionen übergeben werden. Da keine 1:1-Abbildung existiert, werden Typanfragen sowie die damit verbundene Auflösung von Aufrufzielen durch die INJECT/J-Ausführungseinheit hinsichtlich der Semantik des COCO-SY-Typsystems falsch umgesetzt. Typanfragen werden für `ConfigurationSpecification`-Objekte daher in COCOSY speziell behandelt. Der dynamische Teil des COCOSY-Typsystems wird durch einen expliziten Algorithmus umgesetzt, welcher hierzu ausgehend von den `ConfigurationSpecification`-Objekten auf die assoziierten, durch `IConcern` erfassten Belange einschließlich der angegebenen Obertypbeziehungen zurückgreift. Die Grenzen des dynamischen Typsystems markieren der stets implizite Obertyp `Concern` oder die Typen des statischen Typsystems. Dieser statische Teil des COCOSY-Typsystems wird weiterhin durch das JAVA-Typsystem implementiert.

Während aus Sicht des COCOSY-Typsystems ein Belangobjekt Teil des Kompositionsmodells sein kann, ist dies technisch für das entsprechende `ConfigurationSpecification`-Objekt nicht der Fall. Teil der internen Repräsentation des Kompositionsmodells können nur existierende INJECT/J-Programmfragmenttypen sein, welche Untertypen von `FragmentType` sind. Ausprägungen davon stehen nach der Ausführung der Funktion `instantiate` innerhalb der `ConfigurationSpecification`-Objekte zur Verfügung (vgl. die `fragment`-Referenz in Abbildung 8.6). Dem Kompositionsmodell hinzugefügt werden diese Ausprägungen. Modelloperationen, welche an das Belangobjekt gerichtet sind, werden an die gekapselte `FragmentType`-Ausprägung weitergeleitet. Typanfragen an letztere werden dagegen zuerst durch das dynamische und, falls notwendig, durch das statische Typsystem beantwortet. Hierzu hält ein Programmfragment eine Rückreferenz auf den Belangtyp.

Die notwendigen Typkonversionen bzw. Weiterleitungen von Operationen für bestimmte Typen erfolgen durch CoCoSy für den Nutzer automatisch und transparent. Die Implementierung dieser Anpassungen wird dadurch begünstigt, dass die Auflösung von Aufrufzielen sowie die Verarbeitung von Parameter- und Rückgabewerten zwischen der Ausführungseinheit und der Transformationseinheit auf Basis eines Reflektionsmechanismus implementiert sind. Automatische Typkonversionen sowie das Abfangen und Verändern von Nachrichten konnten durch Anpassen dieses Mechanismus umgesetzt werden.

8.2.3.2 Umgang mit syntaktisch unvollständigen Programmfragmenten

Die im **implementation**-Block angegebene Programmfragmentschablone wird mit Hilfe von durch RECODER bereitgestellten partiellen Zerteilern in eine AST-Darstellung überführt. Diese partiellen Zerteiler werden innerhalb von RECODER durch statische Methoden mit Namen der Bauart $parseFragmenttyp$ implementiert. Welche dieser partiellen Zerteiler für eine gegebene Programmfragmentschablone zum Einsatz kommt, wird durch den Programmfragment-Obertyp $O^{fragmenttyp}$ festgelegt. Der diesen partiellen Zerteilern übergebene Quelltext muss syntaktisch vollständig sein, d. h. er darf keine durch explizite Webepunkte markierte syntaktische „Löcher" enthalten.[7]

Die an den syntaktischen „Löchern" einzufügenden Programmfragmente sind im Allgemeinen vor dem Aufruf von instantiate bekannt und mit Hilfe der Funktion bind bereits an die entsprechenden expliziten Webepunkte gebunden. Die einzufügenden Programmfragmente werden durch geschachtelte (und somit insbesondere auch durch parametrisierende) Belange zur Verfügung gestellt, welche gemäß der Reihenfolgebedingungen aus Abschnitt 6.3.2.2 bereits instantiiert sein müssen. Durch temporären, für den Nutzer transparenten Wechsel auf die lexikalische Ebene wird innerhalb der prototypischen Implementierung von CoCoSy der Forderung nach syntaktisch vollständigem Quelltext nachgekommen. Die durch Bindungen ausgedrückten Kompositionen der einzufügenden Programmfragmente mit dem umgebenden Programmfragment erfolgen vor dem Aufruf von instantiate durch lexikalische Ersetzung. Der so entstandene Quelltext wird an die partiellen Zerteiler von RECODER übergeben. Die durch das Kriterium **K1.1** geforderte syntaktische Korrektheit wird durch die partielle Zerteilung geprüft. Prüfungen hinsichtlich lokaler Kompositionen, deren Zulässigkeit auf Basis von Webepunkt- und Programmfragmenttypen spezifiziert werden, erfolgten bereits während des Bindens durch die bind-Funktion.

Dieser pragmatische Ansatz zur Umgehung von Problemen mit syntaktisch unvollständigem Code kann dazu führen, dass einzelne Programmfragmente mehrfach durch Zerteilung ihrer Quellcoderepräsentation erstellt werden. Kritisch ist dies genau dann, wenn einzelne Programmfragmente bzw. die zugehörigen Belangobjekte innerhalb der Baupläne mit Hilfe von Variablen referenziert werden. Nach einer Zerteilung zeigt eine solche Referenz noch auf das nicht mit dem umgebenden Programmfragment komponierte Programmfragment (vgl. Abbildung 8.7). Eine solche Referenz muss daher nach erfolgreicher Zerteilung angepasst werden,

---

[7]Das ebenfalls auf RECODER basierende COMPOST löst dieses Problem, indem explizite Webepunkte (in COMPOST-Terminologie: deklarierte Haken) wie in Abschnitt 3.2.2 beschrieben als syntaktisch an der jeweiligen Stelle gültige Elemente mit Hilfe von Namenskonventionen dargestellt werden. Allerdings sind keine weiteren Angaben wie z. B. Webepunkttypen möglich.

indem sie auf das entsprechende Teilfragment des soeben erstellten Programmfragments verweist. Um dieses Teilfragment identifizieren zu können, wird es im Verlauf der lexikalischen Komposition eindeutig markiert. Eine anschließende Suche nach diesem markierten Teilfragment innerhalb des erstellten Programmfragments liefert das neue Ziel der Referenz.

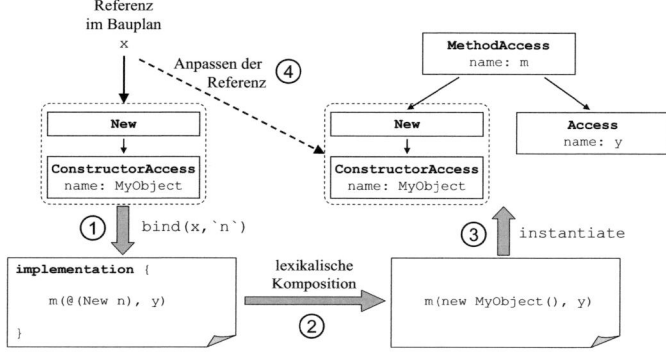

Abbildung 8.7: Anpassung von Referenzen innerhalb des Bauplans

Auf eine Anpassung der Referenzen kann verzichtet werden, falls der Umweg über eine lexikalische Komposition vermieden werden kann. Hierzu müsste INJECT/J und insbesondere RECODER für die Verarbeitung von syntaktisch unvollständigen Programmfragmenten angepasst werden. Dies ist allerdings für den bestehenden Entwurf von RECODER nur mit erheblichem Aufwand möglich und liegt um Größenordnungen höher als die Umsetzung der Neureferenzierung.

8.2.3.3 Umgang mit teilverbundenen Programmfragmenten

Sowohl RECODER als auch INJECT/J wurden auf Grundlage des Prinzips einer *geschlossenen Welt* entwickelt. Das Prinzip impliziert insbesondere, dass innerhalb eines Programms alle Referenzen aufgelöst werden können. Dies gilt für CoCoSy nur bedingt. Die Auflösbarkeit aller Referenzen innerhalb eines Programms wird erst am Ende der Komposition im Ausführungskontext SystemFragment gefordert. In zahlreichen Kompositionszuständen $\mathcal{K}_x$ sind die einzelnen Programmfragmente nicht oder nur zum Teil verbunden.

In Abschnitt 5.2.3.1 haben wir gesehen, dass zur Berechnung einzelner Attribute nicht notwendigerweise eine globale Sicht auf ein Programm notwendig ist. Die Implementierung der semantischen Analyse in RECODER macht hiervon keinen Gebrauch, da stets der Ausführungskontext SystemFragment angenommen wird. Es wird stets versucht, alle nicht faul ausgewerteten Attribute zu berechnen. RECODER unterstützt zwar zum Teil inkrementelle Analysen, durch welche nur die Attribute einzelner Teilbäume neu berechnet werden. Allerdings setzt dies eine vorherige initiale globale Auswertung aller nicht faul berechneter Attribute voraus.

Eine Anpassung der semantischen Analyse in RECODER gemäß der in Anhang A angegebenen minimalen Ausführungskontexte von Modelloperationen erfordert eine weitgehende Neuimplementierung, was den Rahmen dieser Arbeit gesprengt hätte. Ein pragmatischer, in der prototypischen Implementierung umgesetzter Ansatz ist die Unterstützung des minimalen Ausführungskontexts nur für eine ausgewählte Menge von Modelloperationen. Die Ergebnisse dieser Modelloperationen werden für einen gegebenen Ausführungskontext durch CoCoSy ausgehend von durch die partielle Zerteilung ermittelten atomaren Attributen selbst berechnet. Für die übrigen Modelloperationen wird auf die Services von RECODER zurückgegriffen, was konkret bedeutet, dass sie erst im Kontext `SystemFragment` ausgeführt werden können. In der praktischen Anwendung der prototypischen Implementierung von CoCoSy müssen somit Teilbaupläne vermehrt in diesem Ausführungskontext ausgeführt werden. Dies ist keine funktionale Einschränkung, kann allerdings zu einer umfangreicheren Spezifikation einzuhaltender Kompositionsreihenfolgen führen, da typischerweise mehr Belange als notwendig in diesem Ausführungskontext betrachtet werden müssen.

8.2.3.4 Dynamische Bestimmung der Kompositionsreihenfolge

CoCoSy hält die in Abschnitt 6.3.2.2 vorgestellten, automatisch ableitbaren Reihenfolgebedingungen sowie explizit angegebene Reihenfolgebedingungen ein. Eine Kompositionsreihenfolge wird allerdings nicht vollständig vorab, sondern dynamisch während des Kompositionsvorgangs berechnet. Ein technischer Grund hierfür ist, dass die in den einzelnen Bauplänen zusätzlich erzeugten Belangobjekte erst zur Kompositionszeit bekannt sind. Dies bedeutet, dass die eine Variante kennzeichnende Menge v erst zur Laufzeit vollständig ermittelt wird. Die dynamische Bestimmung der Kompositionsreihenfolge erfolgt in CoCoSy nach folgenden Prinzipien:

- Jedes Belangobjekt speichert für jeden Ausführungskontext eine Liste von Belangobjekten. Die initialen Einträge dieser Listen ergeben sich aus der Aufspaltung eines Belangs in Belangobjekte, welche die einzelnen Ausführungskontexte beschreiben.

- Die Kompositionsreihenfolge für den Kontext `none` wird gemäß der Reihenfolgebedingungen 6.1 und 6.2 (siehe Seite 167) für die als Parameter gegebenen Belangobjekte und das umgebende Belangobjekt berechnet und in die Liste `none` übernommen.

- Für jedes Belangobjekt werden die Baupläne ausgehend vom Ausführungskontext `none` gemäß der berechneten Reihenfolge ausgeführt. Nach Ausführung in einem Ausführungskontext wird ein Belangobjekt aus der jeweiligen Liste entfernt.

- Wird durch Aufruf von `instantiate` ein bestimmter Ausführungskontext κ erreicht, so werden im Anschluss an den momentan ausgeführten Bauplan alle Baupläne der Listen mit Ausführungskontext $\kappa' <_\kappa \kappa$ in der durch die Listen beschriebenen Reihenfolge ausgeführt.

- Nach Ausführung aller ausführbaren Baupläne werden die Listen eines Belangobjekts mit den jeweiligen Listen des umgebenden Belangobjekts vereinigt. Hierdurch werden Einträge in Listen, deren Ausführungskontext nicht erreicht wurde, an das umgebende Belangobjekt übergeben. Während der Vereinigung der Listen erfolgt eine Neuberechnung der Reihenfolge sowie etwaige Ersetzungen von in Konflikt stehenden Belangen.

- Die explizite Erzeugung eines Belangobjekts für einen geschachtelten, nicht als Parameter angegebenen Belang innerhalb des Bauplans führt zur sofortigen Ausführung des Bauplans dieses Belangobjekts im Ausführungskontext `none` und ggf. weiterer Ausführungskontexte. Hierdurch dürfen keine Reihenfolgebedingungen verletzt werden oder Konflikte auftreten. Andernfalls wird eine Ausnahme geworfen. Eine ggf. notwendige Verschmelzung der einzelnen Listen erfolgt nach dem im vorherigen Punkt beschriebenen Schema. Für die explizite Delegation an den Bauplan eines Belangs mit Hilfe der Funktion `execute` gilt das Gleiche, wobei in diesem Fall der momentane Ausführungskontext berücksichtigt wird, d. h. es wird nur der Bauplan des momentanen Ausführungskontexts ausgeführt.

Die Komposition von Belangen führt anschaulich zu einer Kombination aus *bottom-up*-Komposition einzelner Programmfragmente unterschiedlicher Abstraktionsstufen und einer *verschmelzenden* Komposition von Programmfragmentmengen.

8.3 Zusammenfassung

Durch das in diesem Kapitel vorgestellte Werkzeug CoCoSy wird das in den vorangegangenen Kapiteln vorgestellte Verfahren praktisch einsetzbar. CoCoSy stellt eine Sprache zur Verfügung, durch die Belange gemäß dem in dieser Arbeit vorgestellten hierarchischen Belangmodell spezifiziert werden können. Weitere Sprachkonstrukte dienen der Angabe einer Konfiguration sowie zusätzlicher Reihenfolgebedingungen. Das Werkzeug stellt Funktionalitäten zur Prüfung einer Konfiguration, zur Berechnung von Kompositionsreihenfolgen gemäß dem in Abschnitt 6.3 vorgestellten Verfahren, sowie zur Erkennung von Konflikten zur Verfügung. Eine Implementierung des Metamodells des Kompositionsmodells samt Modellanfragen und Modelltransformationen sowie eine Infrastruktur zur Verarbeitung der Belangbaupläne stellt die technische Basis für eine automatische Belangkomposition dar. Eine Integration in die Entwicklungsumgebung ECLIPSE unterstützt den Entwickler bei der praktischen Arbeit mit CoCoSy.

Im folgenden Kapitel zeigen wir anhand mehrerer Beispiele, wie unser Verfahren und das in diesem Kapitel vorgestellte Werkzeug praktisch angewendet werden kann.

Kapitel 9

Evaluation

Im vorangegangenen Kapitel haben wir die prototypische Implementierung unseres Verfahrens in Form der COCOSY-Spezifikationssprache und des gleichnamigen Werkzeugs vorgestellt. In diesem Kapitel untersuchen wir die praktische Anwendbarkeit unseres Verfahrens anhand mehrerer Anwendungsbeispiele. Für diese sollen folgende, aus den Erfolgskriterien aus Abschnitt 2.6 abgeleitete Fragestellungen beantwortet werden:

F1: Können alle optionalen und alternativen Belange der Domänenimplementierung als lexikalisch lokale, voneinander abgegrenzte Einheiten spezifiziert werden?

F2: Kann durch eine Parametrisierung von Belangimplementierungen und eine Generierung von Programmfragmenten die Wiederverwendbarkeit erhöht und die redundante Angabe ähnlicher Belangimplementierungen verringert werden?

F3: Wie viele Varianten lassen sich aus der Domänenimplementierung ableiten und können dabei ungültige Varianten erkannt werden?

F4: Sind die erstellten Varianten an die in Form einer Aufzählung der benötigten Belange formulierten Kundenwünsche angepasst? Neben der Vermeidung einer erhöhten Programmlaufzeit und eines erhöhten Speicherverbrauchs aufgrund nicht benötigter Belange, bezieht sich diese Frage insbesondere auch auf angepasste Schnittstellen. Letztere erfassen wir quantitativ durch die Anzahl von Klassen, Methoden und Attributen in Relation zur Anzahl unterstützter Belange.

F5: Werden während der Komposition der Belangimplementierungen auftretende Kompositions- und Generierungsabhängigkeiten für die untersuchten Varianten erkannt?

Zur Beantwortung dieser Fragen wurden drei Produktlinien umgesetzt: die aus Beispiel 2.1 auf Seite 16 bekannte Steuerung einer Fertigungslinie, eine in LOPEZ-HERREJON und BATORY (2001) vorgestellte Graph-Produktlinie, welche als Referenz zum Vergleich verschiedener Produktlinien-Implementierungsansätze vorgeschlagen wird, sowie eine Produktlinie, welche eine konfigurierbare Kontokomponente realisiert. Die vorgestellten Messwerte wurden auf einem handelsüblichen Rechner mit Pentium M Prozessor, 2GHz und 2GB RAM ermittelt. Es kam hierbei die JAVA-Laufzeitumgebung in der Version 1.5.0_11 zum Einsatz.

9.1 Beispielproduktlinie *Fertigungslinie*

Die Domänenimplementierung der in Beispiel 2.1 auf Seite 16 vorgestellten Produktlinie setzt auf oberster Ebene die bereits aus Abbildung 2.6 auf Seite 18 bekannten Belange `Produc-`

tionLine, ProcessingMachine, RobotArm, Control mit den beiden konkreten
Ausprägungen CentralizedControl und AutonomousControl, Queuing, Recalibration und Synchronization um. Neben diesen Belangen existiert noch der Belang Controller, welcher den Einstiegspunkt in die Steuerung definiert. Zu verarbeitende
Werkstücke werden durch die in allen Varianten identische Klasse Item modelliert. Abbildung 9.1 zeigt nochmals die Architektur der Fertigungslinie.

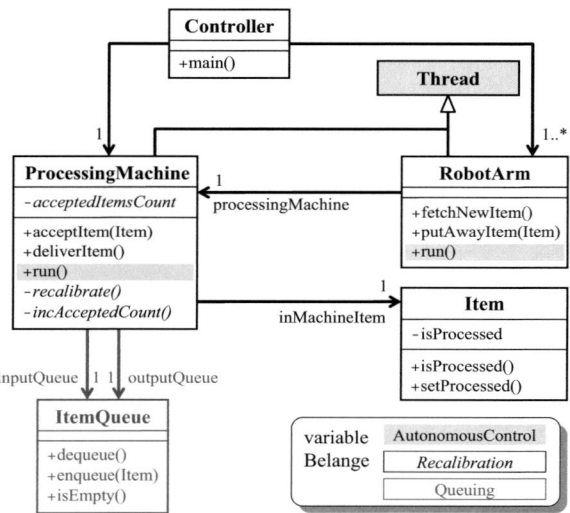

Abbildung 9.1: Softwarearchitektur der Fertigungslinie

9.1.1 Überblick über die Domänenimplementierung

Die einzelnen Belange der Domänenimplementierung sowie deren Baupläne wurden informell wie folgt umgesetzt:

Belang ProductionLine:

- Der Bauplan sorgt für die automatische Auswahl notwendiger Belange wie ProcessingMachine und RobotArm, welche somit nicht durch den Nutzer angegeben werden müssen. Ist der Belang AutonomousControl ausgewählt, so wird durch den
  Bauplan automatisch der Belang Synchronization zur Ausführung vorgesehen.

- Die Komposition der Belange ProcessingMachine und RobotArm wird im Ausführungskontext none spezifiziert. Die Ausführungsreihenfolge der querliegenden Belange Control, Queuing, Recalibration und ggf. Synchronization wird
  für den Ausführungskontext SystemFragment festgelegt.

Belange `ProcessingMachine, RobotArm`:

- Diese beiden Belange bestehen jeweils aus einer Klassen-Programmfragmentschablone, welche die Grundfunktionalität der gleichnamigen Klassen spezifizieren.

Belang `CentralizedControl`:

- Durch die geschachtelten Belange `UnqueuedRobotArmSchedule` bzw. `QueuedRobotArmSchedule` werden Schedules für die Aktivierung der Roboterarme in Form von Anweisungslisten generiert. Die Auswahl des passenden geschachtelten Belangs für eine zu erstellende Variante erfolgt durch den Bauplan von `Centralized-Control`.

- Der Belang `Controller` wird mit den Schedule-Anweisungen parametrisiert.

Belang `AutonomousControl`:

- Zentrale Aufgabe dieses Belangs ist die Bereitstellung und Komposition von Programmfragmenten zur Unterstützung von JAVA-Ausführungsfäden. Dies wird durch die beiden geschachtelten Belange `ProcessingMachineThreading` und `RobotArm-Threading` realisiert. Neben der Anpassung der Oberklassenbeziehung hin zu `java.lang.Thread` werden passende `run()`-Methodenfragmente dem Kompositionsmodell hinzugefügt.

- Der Belang `Controller` wird mit Anweisungen parametrisiert, welche die verschiedenen Ausführungsfäden erzeugen und starten.

Belang `Recalibration`:

- Zur Umsetzung dieses Belangs müssen zwei Teilaufgaben erledigt werden: die Bereitstellung der Rekalibrierungsfunktionalität sowie die Bestimmung geeigneter Rekalibrierungszeitpunkte. Dies wird durch die beiden geschachtelten Belange `Recalibra-tionExecution` und `RecalibrationTimeDetermination` bewerkstelligt.

- Der Bauplan des Belangs `RecalibrationExecution` fügt der Klasse `Process-singMachine` die Methode `recalibrate()` hinzu.

- Durch den Bauplan von `RecalibrationTimeDetermination` werden in die Klasse `ProcessingMachine` Merkmale eingefügt, welche das Zählen verarbeiteter Werkstücke erlauben. Darüber hinaus wird invasiv die Methode `acceptItem()` angepasst, indem Anweisungen zur Bestimmung eines geeigneten Rekalibrierungszeitpunkts ausgehend von der Anzahl verarbeiteter Werkzeuge sowie Anweisungen zum Anstoßen eines Rekalibrierungsvorgangs eingefügt werden.

Belang `Queuing`:

- Der Bauplan dieses Belangs sorgt dafür, dass die Klasse `ItemQueue` dem Kompositionsmodell hinzugefügt wird.

- `ItemQueue`-Instanzvariablen werden für Ein- und Ausgabepuffer in der Klasse `ProcessingMachine` angelegt.

- Der standardmäßige, durch Zuweisungen modellierte Datenfluss von `Item`-Objekten wird durch eine gepufferte Variante ersetzt, wobei sowohl implizite als auch explizite

Webepunkte genutzt werden. Weiterhin wird im Bauplan von `Queuing` unterschieden, ob eine zentrale oder autonome Steuerung zum Einsatz kommt. Da eine autonome Steuerung dazu führen kann, dass der Eingabepuffer leer läuft, müssen noch entsprechende Prüf- und Warteanweisungen eingefügt werden.

Belang `Synchronization`:

- Im Fall einer autonomen Steuerung werden durch diesen Belang notwendige Synchronisierungsanweisungen eingefügt. Der Belang enthält hierzu die drei geschachtelten Belange `RecalibrationSynchronization`, `QueuedSynchronization` und `UnqueuedSynchronization`. Die Auswahl der für eine Variante benötigten Synchronisationsbelange erfolgt durch den Bauplan von `Synchronization`.

- Technisch werden durch `RecalibrationSynchronization` Zugriffe auf die Methode `incAcceptedCount()` synchronisiert. Der Belang wird nur dann ausgewählt, falls auch `Recalibration` durch den Nutzer ausgewählt wurde. Darüber hinaus kann auf diese Synchronisierung verzichtet werden, falls nur ein Roboterarm zum Einsatz kommt, da in diesem Spezialfall nur genau ein Ausführungsfaden existiert, der auf die Methode `incAcceptedCount()` zugreift.

- Je nachdem, ob der Belang `Queuing` durch den Nutzer ausgewählt wurde oder nicht, kommt einer der beiden Belange `QueuedSynchronization` oder `Unqueued-Synchronization` zum Einsatz. Die Implementierungen der Synchronisierung unterscheiden sich hierbei wesentlich voneinander. Während im Fall von `Unqueued-Synchronization` das passive Warten an einem Mutex vom Verarbeitungszustand eines Werkstücks (`isProcessed()` in Klasse `Item`) abhängig ist, so ist ein passives Warten an einem Mutex im Fall von `QueuedSynchronization` abhängig vom Füllstand der Ein- und Ausgabepuffer.

Einzelne Varianten lassen sich mit Hilfe der in Abschnitt 8.1.4 vorgestellten COCOSY-Sprachelemente spezifizieren. Die in Programm 9.1 dargestellten Spezifikationen sind ausreichend zur Erstellung einer autonomen bzw. zentralen Steuerung inklusive Unterstützung der angegebenen Belange.

```
configuration ProductionLine<
   1,                          /* Anzahl Roboterarme */
   AutonomousControl<...>,     /* Steuerung          */
   null,                       /* Rekalibrierung     */
   null                        /* Fließband          */
>;

configuration ProductionLine<
   10,                         /* Anzahl Roboterarme */
   CentralizedControl<...>,    /* Steuerung          */
   Recalibration<>,            /* Rekalibrierung     */
   Queuing<>                   /* Fließband          */
>;
```

Programm 9.1: Beispielkonfigurationen der Fertigungslinie

9.1.2 Diskussion

F1: Können alle Belange als lexikalisch lokale, voneinander abgegrenzte Einheiten spezifiziert werden?

Alle Belange der Fertigungslinie lassen sich als Einheiten umsetzen. Die Belange `ProcessingMachine`, `RobotArm`, `CentralizedControl` sowie `Controller` werden durch einzelne Klassenfragmente implementiert. Eine solche Kapselung ist für die querliegenden Belange `AutonomousControl`, `Queuing`, `Recalibration` und `Synchronization` nicht möglich. Diese bestehen aus mehreren geschachtelten Belangen, welche letztlich wieder kapselbare Belange verschiedener Granularitätsstufen wie Klassen (z. B. `ItemQueue` des Belangs `Queuing`) über Attribute (z. B. `inputQueue` für die Klasse `ProcessingMachine`) bis hin zu einzelnen Anweisungen (z. B. `dequeue()`-Aufrufe) realisieren. Durch die Baupläne der querliegenden Belange werden die geschachtelten Belange konsistent dem Kompositionsmodell hinzugefügt.

Zur Komposition der Programmfragmente kamen sowohl implizite als auch explizite Webepunkte zum Einsatz. Letztere waren an mehreren Stellen zur einfachen Markierung bestimmter Kontrollflusspunkte notwendig. Ebenfalls zum Einsatz kamen Annotationen von Anweisungslisten innerhalb von Methoden. Hierdurch konnte z. B. für den Belang `UnqueuedSynchronization`, wie in Beispiel 5.6 auf Seite 137 dargestellt, ein kritischer Block innerhalb der `run`-Methode der Klasse `RobotArm` identifiziert und synchronisiert werden. Ohne die Möglichkeit zur Identifikation solcher kritischer Blöcke hätten die Anweisungen in zusätzliche Methoden extrahiert werden müssen, um anschließend den Aufruf zu synchronisieren. Neben dem vermeidbaren Aufwand für einen Methodenaufruf führt dies allerdings auch zu einer Verwässerung der Klassenschnittstelle (vgl. Fragestellung F4).

F2: Kann durch Parametrisierung und Generierung die Wiederverwendbarkeit erhöht und Redundanz verringert werden?

Parametrisierung und Generierung kommt für den Belang `Controller` zum Einsatz. Hierdurch kann dieser sowohl für eine autonome als auch für eine zentrale Steuerung wiederverwendet werden. Im Fall einer zentralen Steuerung wird der Belang mit einer Anweisungsliste parametrisiert, welche einen Ausführungsschedule der Roboterarme umsetzt. Die Anweisungsliste wird statisch für die angegebene Anzahl von Roboterarmen durch einen Algorithmus generiert. Für eine autonome Steuerung sorgen die als Parameter angegebenen Anweisungen für die Erzeugung der einzelnen Ausführungsfäden. Ebenfalls generiert werden Anweisungen zur Initialisierung der angegebenen Anzahl von Roboterarmen.

F3: Wie viele Varianten lassen sich ableiten? Werden ungültige Varianten erkannt?

Aus der Domänenimplementierung lassen sich 16 Varianten ableiten:

      1 `(ProductionLine, ProcessingMachine, RobotArm)`
  * 2 `(CentralizedControl, AutonomousControl)`
  * 2 `(null, Queuing)`
  * 2 `(null, Recalibration)`
  * 2 (Anzahl Roboterarme =1, >1)

    = 16 Varianten

Für die statisch bereits konfigurierte Anzahl der Roboterarme werden nur die beiden Fälle

- ein Roboterarm
- mehrere Roboterarme

unterschieden. Dies erfolgt vor dem Hintergrund, dass die erstellten Programme für letzteren Fall nur in den generierten Teilen voneinander abweichen, wohingegen sich die Varianten mit nur einem Roboterarm und mehreren Roboterarmen aufgrund nicht anzuwendender Synchronisierungsbelange signifikant unterscheiden können.

Ungültige Konfigurationsspezifikationen können vollständig mit Hilfe des Belang-Typsystems erkannt werden.

F4: Sind die resultierenden Programme an die Kundenwünsche angepasst?

Unterschiedliche Konfigurationen führen in den daraus erzeugten Programmen zu unterschiedlich komplexen Schnittstellen. Abbildung 9.2 zeigt die Anzahl der Klassen (*number of classes*, NOC), die Summe aller Klassen- und Instanzmethoden (*total number of methods*, TNOM), die Summe aller Klassen- und Instanzattribute (*total number of attributes*, TNOA) sowie die Anzahl der Quellcodezeilen (*lines of code*, LOC) ohne Leerzeilen für verschiedene Varianten. Höhere Werte dieser Metriken deuten auf eine höhere Gesamtkomplexität des Programms und der damit verbundenen Klassenschnittstellen hin. Insbesondere durch Hinzunahme der optionalen Belange `Recalibration` und `Queuing` erhöhen sich diese Werte, d. h. durch Verzicht auf diese Belange ergeben sich auch einfachere Schnittstellen.

Durch den Einsatz invasiver Komposition ändert sich nicht nur die Komplexität der Außenschnittstellen je nach gewünschter Variante, sondern auch die Komplexität der Implementierung der einzelnen Schnittstellenelemente. Dies kann durch Vergleich der Schnittstellenmetriken NOC, TNOM und TNOA mit der Gesamtzahl der Quellcodezeilen LOC verdeutlicht werden. Während die Schnittstellenmetriken der Variantenpaare 2 & 3, 4 & 5 sowie 6 & 7 identisch sind, unterscheidet sich die Anzahl der Quellcodezeilen für diese Paare deutlich. Im vorliegenden Fall ist dies zu großen Teilen auf die generierten Anweisungen zur Initialisierung der Verarbeitungsmaschine und der Roboterarme sowie den generierten Anweisungen zur Umsetzung eines Schedules zurückzuführen. Unterschiedlich große Programme führen logischerweise auch zu unterschiedlichen Binärcodegrößen. Da durch Nutzung unseres Ansatzes eine Variante nur die Programmfragmente umfasst, welche zur Umsetzung der gewünschten Belange benötigt werden, kann durch den Verzicht auf nicht benötigte Belange die Größe des Binärcodes reduziert werden. Dies kann insbesondere bei speicherkritischen Anwendungsdomänen wie z. B. eingebetteten Systemen dazu führen, dass gegebenenfalls eine leistungsschwächere Hardwarekomponente ausgewählt werden kann, was wiederum in der Massenproduktion Kosten reduzieren kann.

9.1 Beispielproduktlinie *Fertigungslinie*

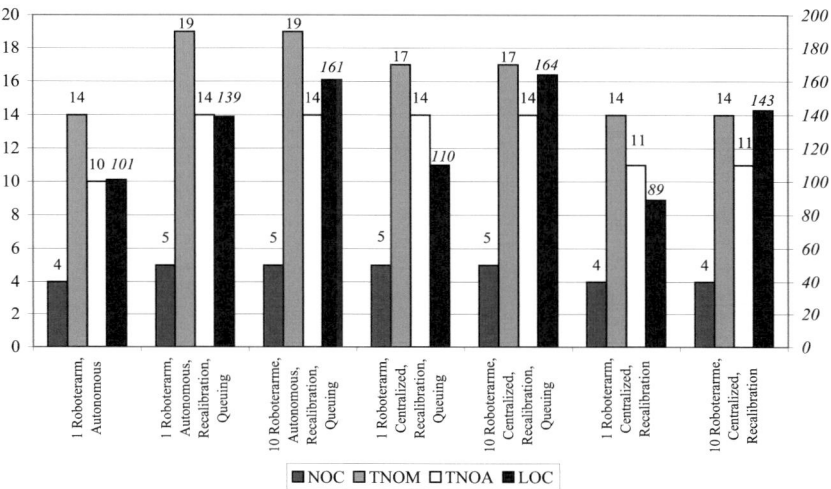

Abbildung 9.2: Metriken zur Einschätzung der Schnittstellenkomplexitäten sowie des Gesamtumfangs einzelner Varianten der Fertigungslinie

An die Kundenanforderungen angepasste Implementierungen führen nicht nur zu kleineren Programmen, sondern sie haben unter Umständen auch Auswirkungen auf die Laufzeiteffizienz. Abbildung 9.3 zeigt die Ausführungszeiten verschiedener Varianten für die Verarbeitung einer Million `Item`-Objekte. Das Schaubild zeigt, dass Laufzeiteinbußen, welche durch die Umsetzung nicht benötigter Belange entstehen, vermieden werden können. Da in dieser Beispiel-Produktlinie sowohl in Klasse `ProcessingMachine` als auch in Klasse `Robot-Arm` keine weiteren domänenspezifischen Funktionalitäten umgesetzt wurden, kommt durch die Messwerte insbesondere der aus der Ausführung der zusätzlichen Belange entstandene Aufwand zum Ausdruck. So ist in Abbildung 9.3 der zusätzliche Aufwand für die Belange `Recalibration` und `Queuing` und den automatisch komponierten Belang `QueuedSynchronization` durch Vergleich der ersten und der zweiten Variante ersichtlich. Der aus der Synchronisierung herrührende Mehraufwand wird durch Vergleich der zweiten und der vierten Variante deutlich.

F5: Werden Kompositions- und Generierungsabhängigkeiten erkannt?

Es treten in diesem Beispiel keine Abhängigkeiten auf, da durch den Bauplan von `ProductionLine` die Kompositionsreihenfolge bereits vollständig vorgegeben ist.

231

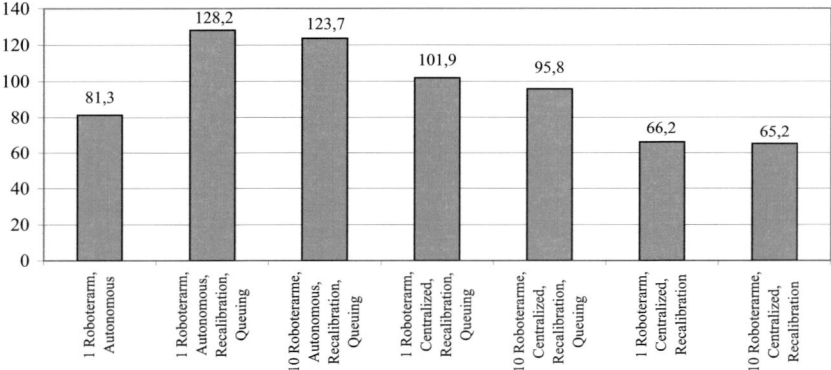

Abbildung 9.3: Laufzeit einzelner Varianten der Fertigungslinie für die Verarbeitung von einer Million Objekten

9.2 Referenzproduktlinie *Graph Product Line (GPL)*

In LOPEZ-HERREJON und BATORY (2001) schlagen die Autoren eine Produktlinie aus der gut verstandenen Domäne der Graphen vor, welche als Referenz zur Untersuchung von Vor- und Nachteilen verschiedener Produktlinien-Implementierungsansätze dienen soll.[1] Ziel der Produktlinie ist die Bereitstellung von Graphimplementierungen, wobei die Graphen hinsichtlich der Repräsentation sowie der unterstützten Algorithmen an die Nutzeranforderungen angepasst sind.

Abbildung 9.4 zeigt die in der Domänenanalyse ermittelten Belange des Lösungsraums, welche bis auf den Lösungsbelang `Representation` den Merkmalen des Problemraums entsprechen. Diese betrachteten Belange sind:

- **Repräsentation des Graphen** (`Representation`): Die Verbindung zwischen Knoten eines Graphen kann entweder mit Hilfe von Adjazenzlisten (Belang `Adjacency-List`) oder durch eine zusätzliche explizite Modellierung der Kanten erfolgen (Belang `EdgeNeighbor`).

- **Richtung** (`Direction`): Graphen können entweder gerichtet (Belang `Directed`) oder ungerichtet (Belang `Undirected`) sein.

- **Gewichtung** (`Weight`): Kanten eines Graphen können optional mit positiven, ganzzahligen Gewichten versehen werden.

- **Suche** (`Search`): Optional kann eine Graphsuche entweder als Tiefensuche (engl. *depth-first search*, Belang `DFS`) oder Breitensuche (engl. *breadth-first search*, Belang `BFS`) unterstützt werden.

---

[1] Einen Überblick über verschiedene Graphrepräsentationen sowie Graphalgorithmen ist z. B. in CORMEN et al. (2001) zu finden.

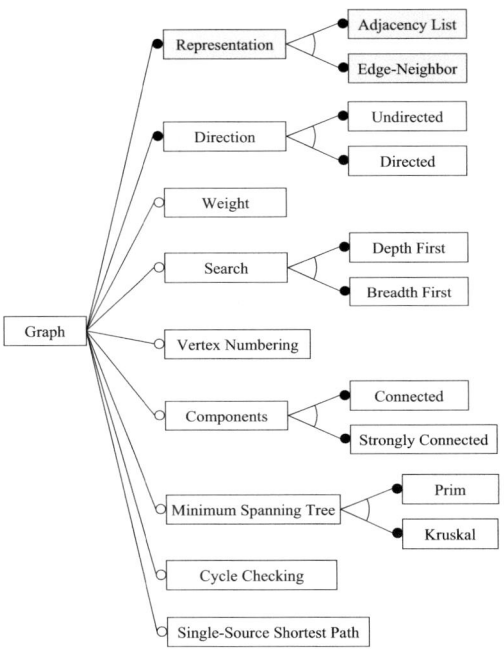

Abbildung 9.4: Unterstützte Merkmale bzw. Lösungsbelange der GPL

- **Knotennummerierung** (VertexNumbering): Weist jedem Knoten eines Graphen eine eindeutige Nummer zu.

- **Induzierte Teilgraphen** (Components): Berechnet für einen ungerichteten Graphen die Menge aller Zusammenhangskomponenten (Belang Connected) bzw. für einen gerichteten Graphen die Menge aller starken Zusammenhangskomponenten (Belang StronglyConnected).

- **Minimaler Spannbaum** (MinimumSpanningTree): Stellt einen Algorithmus zur Berechnung des minimalen Spannbaums für einen gewichteten Graphen zur Verfügung. Die Berechnung kann entweder mit Hilfe des Algorithmus von Kruskal (Belang MST-Kruskal) oder des Algorithmus von Prim (Belang MSTPrim) erfolgen.

- **Zyklenprüfung** (CycleChecking): Prüft, ob ein Graph Zyklen enthält. Ein Zyklus in einem gerichteten Graph muss mindestens zwei Kanten umfassen, in einem ungerichteten Graph mindestens drei.

- **Kürzester Pfad** (ShortestPath): Berechnet für einen gerichteten und gewichteten Graph den kürzesten Pfad zwischen einem Startknoten und allen anderen Knoten.

Neben der Implementierung dieser Belange als voneinander abgegrenzte Einheiten wird durch
die GPL insbesondere das durch Implementierungsansätze zu lösende Problem adressiert, ungültige Varianten zu erkennen. Für die Problembelange gelten die folgenden Kompositionsregeln (LOPEZ-HERREJON und BATORY, 2001):

Algorithmus	Benötigte Richtung	Benötigte Gewichtung	Benötigte Suche
VertexNumbering	Directed, Undirected	Weight, null	BFS, DFS
Connected	Undirected	Weight, null	BFS, DFS
StronglyConnected	Directed	Weight, null	DFS
MinimumSpanningTree	Undirected	Weight	DFS, BFS, null
CycleChecking	Directed, Undirected	Weight, null	DFS
ShortestPath	Directed	Weight	DFS, BFS, null

Da der Belang Weight die Kanten eines Graphs mit einem Gewicht attributiert, müssen
Kanten in unserer Umsetzung als explizite Elemente existieren. Aus der Domänenimplementierung folgt daher die Kompositionsregel, dass der Belang Weight nur in Verbindung mit
dem Belang EdgeNeighbor verwendet werden darf.[2]

9.2.1 Überblick über die Domänenimplementierung

Die Domänenimplementierung orientiert sich bezüglich der in den einzelnen Varianten umgesetzten Klassenstruktur sowie der Implementierungen der Algorithmen an der mit Hilfe
merkmalsorientierter Programmierung (FOP, siehe Abschnitt 3.4.1) realisierten Referenzimplementierung aus LOPEZ-HERREJON und BATORY (2001). Die resultierende Klassenstruktur ist in Abbildung 9.5 dargestellt, wobei ausgegraute Elemente nicht in allen Varianten an-
zutreffen sind.

Insgesamt besteht die Domänenimplementierung aus 30 nicht geschachtelten Belangen, welche sich auf sieben abstrakte Belange sowie 23 konkrete Belange verteilen. Für den Nutzer
der Produktlinie sind 20 dieser Belange für die Konfiguration von Interesse:

- die abstrakten Belange Representation, Direction, Search, Components
  und MinimumSpanningTree sowie

---

[2]In LOPEZ-HERREJON und BATORY (2001) gilt diese Einschränkung nicht, da die Autoren Gewichte als parallele Datenstruktur zu den Adjazenzlisten implementieren. Da diese Darstellung allerdings sehr ungeeignet
ist für Algorithmen, die direkt auf Kanten eines Graphen arbeiten (z. B. die Berechnung des transponierten
Graphs oder die Berechnung des minimalen Spannbaums nach Kruskal), wurde von den Autoren die ursprüngliche Implementierung hin zur Kanten-Nachbar-Repräsentation weiterentwickelt.

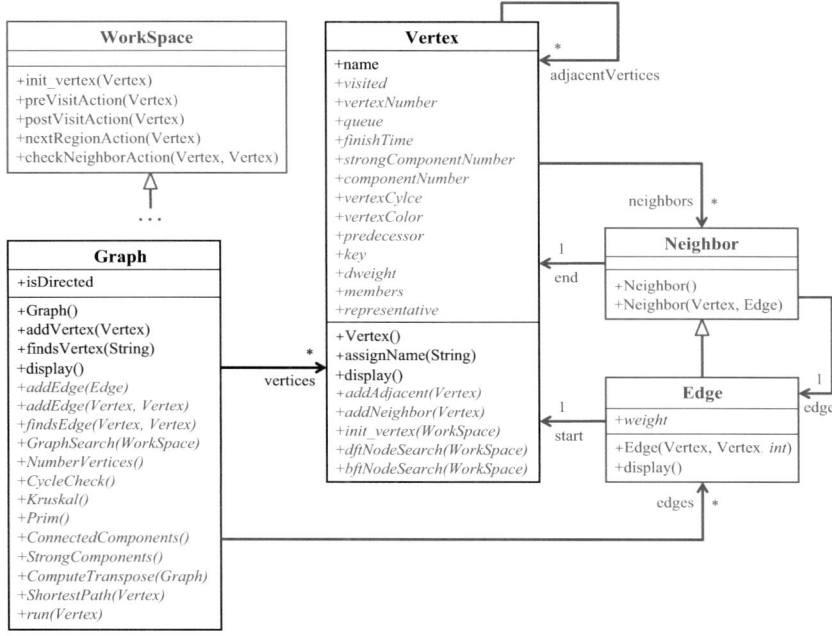

Abbildung 9.5: Klassenstruktur der Graphvarianten

- die konkreten Belange `Graph`, `AdjacencyList`, `EdgeNeighbor`, `Directed`, `Undirected`, `Weight`, `DFS`, `BFS`, `VertexNumbering`, `Connected`, `StronglyConnected`, `MSTKruskal`, `MSTPrim`, `CycleChecking` und `ShortestPath`.

Die übrigen, für die Konfiguration nicht relevanten Belange werden automatisch durch Baupläne ausgewählt. Beispiele für solche Belange sind `VertexClass`, `Workspace` oder aber zusätzliche, zur Durchführung von Messungen relevante Belange wie `Benchmark`.

Die zentralen Klassen `Graph`, `Vertex` und ggf. `Neighbor` und `Edge` werden durch die Belange `Graph`, `AdjacencyList` und `EdgeNeighbor` dem Kompositionsmodell hinzugefügt. Ungerichtete Graphen werden durch den Belang `Undirected` technisch durch das automatische Erzeugen von Rückwärtskanten in den Adjazenzlisten bzw. in der Menge der Kantenobjekte umgesetzt.

Bis auf wenige Ausnahmen handelt es sich bei den Belangen der Domänenimplementierung um querliegende Belange. Durch die Belange, welche optional unterstützte Graphalgorithmen umsetzen, werden typischerweise mehrere der zentralen Graphklassen um Berechnungsmethoden sowie Attribute zur Aufnahme von Zwischen- und Endergebnissen erweitert. Darüber hinaus werden zur Berechnung benötigte Hilfsklassen in Form von Spezialisierungen der Klasse `WorkSpace` dem Kompositionsmodell hinzugefügt. Zahlreiche Belange passen während der Komposition noch die verschiedenen `display`-Methoden sowie die Methode `run` mit Hilfe zusätzlicher Anweisungen an, so dass je nach erstellter Variante die relevanten Attributwerte angezeigt bzw. die Graphalgorithmen zu Benchmarkzwecken ausgeführt werden.

9.2.2 Diskussion

F1: Können alle Belange als lexikalisch lokale, voneinander abgegrenzte Einheiten spezifiziert werden?

Die unterstützten Belange lassen sich mit Hilfe unseres Ansatzes als Einheiten spezifizieren. Dies wird durch die Tatsache unterstützt, dass sich im Gegensatz zur Fertigungslinien-Produktlinie die Implementierungen der Belange nahezu ausnahmslos durch einzelne Methoden und Attribute darstellen lassen, welche sich insbesondere für Graphalgorithmen-Belange im resultierenden Programm nicht gegenseitig referenzieren. Nicht zuletzt deshalb war eine voneinander abgegrenzte Implementierung bereits in der auf Mixins basierenden Referenzimplementierung möglich. Letztere konnte einfach in unser Verfahren übertragen werden, da durch die Basisoperationen `addType`, `addMethod` und `addAttribute` die verwendete Mixin-Funktionalität bereits zu großen Teilen abgedeckt wird. Die Referenzimplementierung nutzt, wenn auch nur sehr spärlich, das Konzept der Methodenverfeinerung, bei der durch einen `super`-Aufruf der ursprüngliche Code einer verfeinerten Methode aufgerufen wird. Die hiermit ausgedrückten Belangkompositionen konnten in unseren Ansatz durch Komposition von Anweisungsfragmenten an expliziten und impliziten Webepunkten problemlos umgesetzt werden.

Im Gegensatz zur Referenzimplementierung wird in unserer Domänenimplementierung der Belang `Representation` explizit als konfigurierbarer Belang umgesetzt. Die Referenzimplementierung stellt hierzu parallele Domänenimplementierungen bereit, nicht zuletzt deshalb, weil die Implementierungen der anderen Belange zum Teil von der Art der Repräsentation abhängen und der Mixin-basierte Kompositionsprozess keine Auswahl einer Implementierung anhand der zu erstellenden Variante erlaubt. Die Auswahl einer Repräsentation erfolgt in der Referenzimplementierung somit durch Auswahl einer entsprechenden Domänenimplementierung. Problematisch ist hierbei allerdings, dass diese parallelen Domänenimplementierungen in hohem Maße redundanten Code enthalten.

F2: Kann durch Parametrisierung und Generierung die Wiederverwendbarkeit erhöht und Redundanz verringert werden?

Durch die Umsetzung der Graphrepräsentation als expliziten Belang kann gegenüber den parallelen Domänenimplementierungen der Referenzimplementierung bereits ein großer Teil redundanter Artefakte vermieden werden. Die Parametrisierung von Belangen erlaubt allerdings noch eine weitere Vermeidung von Redundanzen. Ein einfaches Beispiel hierfür ist der Methodenbelang `GraphSearch`, welcher mit einer Methodenreferenz parametrisiert werden kann, welche auf die konkret zum Einsatz kommende Suchmethode der Klasse `Vertex` verweist. Die Referenzimplementierung hält hierfür zwei nahezu identische Implementierungen der Methode `GraphSearch` in den Belangen `BFS` und `DFS` vor.

Die Umsetzung der Belange `AdjacencyList` und `EdgeNeighbor` nutzen beide den parametrisierbaren Belang `VertexClass`. Dieser wird durch die Baupläne der beiden konkreten `Representation`-Belange entsprechend parametrisiert und muss daher nicht wie in der Referenzimplementierung in sehr ähnlicher Form doppelt zur Verfügung stehen.

F3: Wie viele Varianten lassen sich ableiten? Werden ungültige Varianten erkannt?

Eine besondere Herausforderung der GPL stellt die Erkennung ungültiger Varianten dar, d. h. es muss geprüft werden, ob die in Abschnitt 9.2 auf Seite 234 angegebenen Kompositionsregeln eingehalten werden. Durch das Belang-Typsystem ergibt sich die folgende Anzahl gültiger Varianten:

2	(AdjacencyList, EdgeNeighbor)
* 2	(Directed, Undirected)
* 2	(null, Weight)
* 3	(null, DFS, BFS)
* 2	(null, VertexNumbering)
* 3	(null, Connected, StronglyConnected)
* 3	(null, MSTPrim, MSTKruskal)
* 2	(null, ShortestPath)
* 2	(null, CycleChecking)

= 1728 Varianten

Werden die zusätzlichen Kompositionsregeln beachtet, welche semantische Abhängigkeiten zwischen Belangen formulieren, die sich nur schwer durch das Typsystem ausdrücken lassen, so ergibt sich eine Anzahl von lediglich 109 tatsächlich gültigen Varianten. Da alle Kompositionsregeln innerhalb der Belangverträge formuliert und durch COCOSY geprüft werden können, werden ungültige Varianten erkannt. Der folgende Code zeigt, wie die Kompositionsregeln für den Belang `ShortestPath` inklusive Hinweise für den Nutzer im Fehlerfall formuliert wurden:

```
concern ShortestPath<>

contract {
  (config.direction instanceof Directed)
      ["Concern ShortestPath requires concern Directed"];
  (config.weight != null)
      ["Concern ShortestPath requires concern Weight"]
} { ... }
```

Die Erkennung ungültiger Varianten stellt ein großes Problem beim Einsatz existierender Verfahren zur mehrdimensionalen Belangtrennung im Rahmen der Produktlinienentwicklung dar. In LOPEZ-HERREJON und BATORY (2002a) wurde die Umsetzung der GPL mit Hilfe von ASPECTJ, in LOPEZ-HERREJON und BATORY (2002b) mit Hilfe von HYPERJ untersucht.

Es war dabei nicht möglich, mit Hilfe dieser Ansätze ungültige Konfigurationen zu erkennen. Ein weiterer Kritikpunkt war die Angabe der zu erstellenden Variante, da diese in beiden Fällen dateibasiert erfolgen muss, d. h. eine deklarative Angabe der Konfigurationsspezifikation samt Prüfung ist hier nicht möglich.

F4: Sind die resultierenden Programme an die Kundenwünsche angepasst?

Abbildung 9.6 zeigt die Werte der zur Abschätzung der Schnittstellenkomplexität genutzten Metriken NOC, TNOM und TNOA sowie LOC (ohne Leerzeilen) für verschiedene Varianten der GPL. Der Umfang der für den Nutzer sichtbaren Schnittstellenelemente sowie die Gesamtgröße steigen mit der Anzahl der unterstützten optionalen Belange im erzeugten Programm.

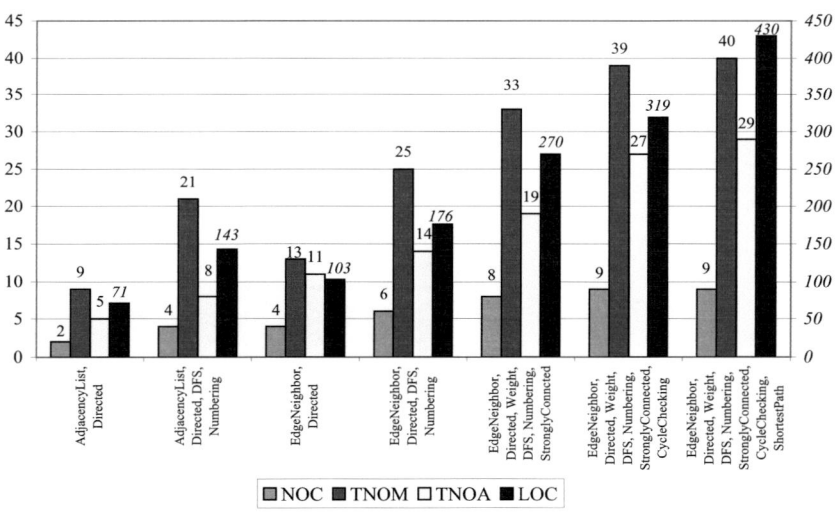

Abbildung 9.6: Metriken zur Einschätzung der Schnittstellenkomplexitäten sowie des Gesamtumfangs einzelner Varianten der GPL

Angepasste Schnittstellen beschränken sich nicht nur auf die Anzahl der Schnittstellenelemente, sondern sie umfassen auch angepasste Signaturen der einzelnen Schnittstellenelemente. Eine statische Anpassung einer durch einen Belang definierten Signatur durch einen anderen Belang ist mit herkömmlichen objektorientierten Techniken, aber auch mit Hilfe aspektorientierter Techniken wie ASPECTJ und HYPERJ nicht möglich. Die Notwendigkeit der Signaturanpassung tritt aber bei der Unterstützung des Belangs Weight auf. Dieser Belang fügt ein zusätzliches weight-Attribut in die Klasse Edge ein, welches während oder im Anschluss an Kantenerzeugungen entsprechend initialisiert sein muss. Praktisch kann dies anhand folgender drei Möglichkeiten umgesetzt werden:

1. Nach jedem Aufruf des einzigen Konstruktors `Edge(Vertex start, Vertex end)` muss das Attribut `weight` zusätzlich von außerhalb gesetzt werden. Dies bedeutet, dass ein Aufrufprotokoll eingehalten werden muss, welches aus der Signatur der Klasse `Edge` nicht hervorgeht. Einzuhaltende Aufrufprotokolle stellen bei unsachgemäßer Nutzung immer eine schwer zu identifizierende Fehlerquelle dar. Darüber hinaus existiert bei dieser Vorgehensweise die Einschränkung, dass ein nur lesender Zugriff auf ein Kantengewicht nicht oder nur unter Zuhilfenahme von Laufzeitausnahmen sichergestellt werden kann.

2. Es wird ein zusätzlicher Konstruktor `Edge(Vertex start, Vertex end, int weight)` zur Verfügung gestellt, in welchem das Gewicht der Kante initialisiert wird. Problematisch ist an dieser Stelle, dass der ursprüngliche Konstruktor weiterhin zur Verfügung steht und somit nicht initialisierte Kanten erzeugt werden können, was insbesondere im Zusammenhang mit nur lesendem Zugriff zu Inkonsistenzen führen kann. Diese Lösung wurde in der Referenzimplementierung der GPL umgesetzt.

3. Der durch `EdgeNeighbor` definierte Konstruktor `Edge(Vertex start, Vertex end)` wird um den zusätzlichen Parameter `int weight` sowie Anweisungen zur Initialisierung des Attributs ergänzt. In diesem Fall treten keine der Probleme der beiden anderen Umsetzungsmöglichkeiten auf. Diese Vorgehensweise stellt somit die ideale Lösung im Sinne einer „natürlichen" Schnittstelle dar. Da COCOSY die benötigten invasiven Kompositionsoperationen unterstützt, wurde diese Umsetzung in unserer Domänenimplementierung gewählt.

Abbildung 9.7 zeigt die benötigte Zeit für den Aufbau eines Graphs mit 3000 Knoten und einer Million Kanten sowie den Speicherbedarf des resultierenden Graphs. Die Repräsentation eines Graphen mit expliziten Kantenobjekten, welche in unserem Fall erst die Annotation mit Kantenattributen wie einem Kantengewicht und die darauf aufbauenden Algorithmen erlauben, führt zu einem deutlich erhöhten Ressourcenverbrauch. Die höhere Flexibilität dieser Repräsentation gegenüber Adjazenzlisten wird somit durch erhöhte Ressourcenanforderungen erkauft. Ähnliches gilt für ungerichtete Graphen, da die automatisch erzeugten Rückwärtskanten zusätzlichen Speicher und Ausführungszeit benötigen.

Durch die Möglichkeit zur Erzeugung unterschiedlicher Varianten mit voneinander abweichenden Graphrepräsentationen können Varianten mit bezüglich der Kundenanforderungen minimalem Ressourcenverbrauch erstellt werden. Da die Auswahl einer geeigneten Graphrepräsentation letztlich wieder Domänen- sowie Implementierungswissen erfordert, ermöglicht COCOSY die *automatische* Auswahl einer geeigneten Graphrepräsentation ausgehend von der Angabe der gewünschten weiteren Belange. Hierbei wird soweit möglich der Belang `AdjacencyList` aufgrund des geringeren Ressourcenverbrauchs ausgewählt. Eine automatische Auswahl erfolgt allerdings nur, falls durch den Nutzer nicht explizit eine bestimmte Graphrepräsentation gewünscht wurde.

F5: Werden Kompositions- und Generierungsabhängigkeiten erkannt?

Wie bereits in der Diskussion der Fragestellung F1 beschrieben, können Belange weitestgehend durch Methoden und Attribute realisiert werden, wodurch keine der betrachteten Kompositionskonflikte auftreten. Da allerdings zahlreiche Belange die verschiedenen `display`-Methoden sowie die `run`-Methode anpassen, können Konkurrenzabhängigkeiten auftreten.

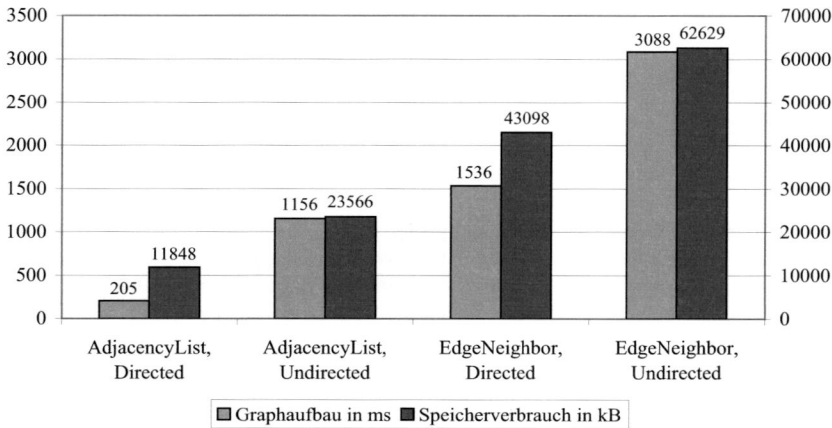

Abbildung 9.7: Laufzeit für den Aufbau sowie der Speicherverbrauch eines Graphen mit 3000 Knoten und einer Million Kanten

Durch unser Verfahren konnten diese Abhängigkeiten erkannt und mit Hilfe zusätzlicher Reihenfolgebedingungen die gewünschte Anordnung der Anweisungen erreicht werden.

Generierungsabhängigkeiten treten nicht auf, da in diesem Beispiel keine Programmfragmente generiert werden.

9.3 Produktlinie *Konto*

Ziel dieser Produktlinie ist die Bereitstellung einer generischen Kontokomponente, die in verschiedenen Bankanwendungen zum Einsatz kommen kann. Um eine möglichst hohe Wiederverwendbarkeit der Komponente zu erreichen, kann diese statisch an den Einsatzkontext angepasst werden. Die in der Domänenanalyse ermittelten Merkmale sind in Abbildung 9.8 dargestellt. Zusätzlich zu den aus CZARNECKI und EISENECKER (2000), Kapitel 13, entnommenen, für die Umsetzung der Geschäftslogik relevanten Merkmale, werden noch unterschiedliche technische Zielplattformen der Kontokomponente betrachtet.[3]

Neben den einfachen Merkmalen Kontonummer (`AccountNumber`), Guthaben (`Balance`) und Währung (`Currency`) werden durch die Konto-Produktlinie folgende Anforderungen adressiert:

---

[3]Da der Nutzer der Kontokomponente ein Entwickler einer Bankanwendung ist, handelt es sich bei der Zielplattform aus seiner Sicht nicht um einen Lösungsbelang, sondern um ein Merkmal des Problemraums.

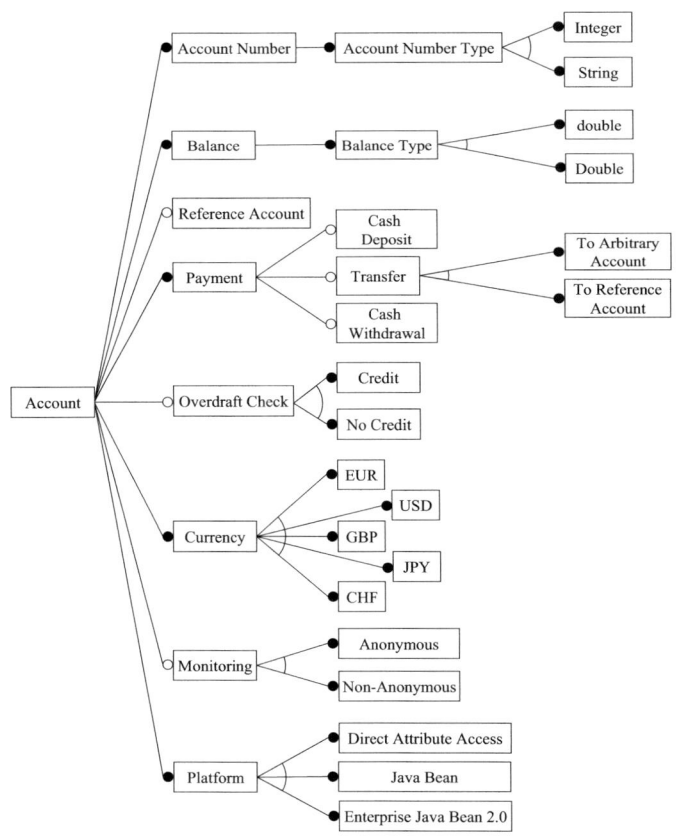

Abbildung 9.8: Unterstützte konfigurierbare Merkmale der Kontokomponente

- **Referenzkonto** (`ReferenceAccount`): Stellt eine Verbindung zu einem Referenzkonto her, wie es bestimmte Kontoformen (z. B. Tagesgeldkonten) erfordern.

- **Zahlungsarten** (`Payment`): Ein Konto kann neben der Aus- und Einzahlung von Bargeld (`CashWithdraw` und `CashDeposit`) auch die Überweisung auf ein beliebiges Konto (`TransferToArbitrary`) bzw. auf ein mit dem Konto verbundenes Referenzkonto (`TransferToReference`) unterstützen.

- **Überziehungsprüfung** (`OverdraftCheck`): Einem Konto kann ein Überziehungskreditrahmen gewährt werden. Durch eine optionale Prüfung kann sichergestellt werden, dass der Kreditrahmen bei einer Transaktion nicht überzogen wird. Der Kreditrahmen kann von der Bank individuell festgelegt werden (`CreditCheck`) oder es wird für ein Konto generell kein Überziehungskredit gewährt (`NoCreditCheck`).

- **Überwachung** (`Monitoring`): Ein Konto kann optional darauf vorbereitet werden, externe Funktionalitäten zur Überwachung von Zahlungsvorgängen zu ermöglichen. Hierdurch lassen sich Komponenten zur Betrugsbekämpfung oder zu statistischen Erhebungen anknüpfen. Um gegebenenfalls rechtlichen Rahmenbedingungen zu erfüllen, werden die Beträge entweder anonymisiert oder unter Angabe der Kontonummer an diese zusätzlichen Komponenten übertragen.

- **Zielplattform** (`Platform`): Die Konto-Produktlinie unterstützt mehrere Zielplattformen, d. h. eine konkrete Kontokomponente muss je nach Zielplattform bestimmte vorgegebene strukturelle Eigenschaften aufweisen.

Nicht alle Kombinationen der Merkmale sind möglich bzw. semantisch sinnvoll. So ist eine Überweisung auf ein Referenzkonto nur möglich, falls ein Konto auch über ein solches verfügt. Ein Konto, auf das nur Beträge eingezahlt werden können, eine Auszahlung bzw. Überweisung allerdings nicht unterstützt, ist aus Sicht der Anwendungsdomäne nicht sinnvoll.

9.3.1 Überblick über die Domänenimplementierung

Abbildung 9.9 zeigt das Klassendiagramm resultierender konkreter Kontokomponenten ohne Berücksichtigung unterschiedlicher Zielplattformen. Ausgegraute Elemente sind hierbei nicht in allen Varianten enthalten. Die Umsetzung der einzelnen `Platform`-Belange erfolgt ausgehend von dieser Klassenstruktur durch deren Analyse und einer anschließenden Generierung und Komposition der benötigten Programmfragmente.

Die konkreten `AccountNumber`-Belange `IntegerAccountNumber` und `StringAccountNumber` werden ebenso wie die verschiedenen Ausprägungen des Belangs `Currency` als typisierte Typreferenz- bzw. Ausdrucksfragmente umgesetzt. Die kapselbaren Belange `CashDeposit`, `CashWithdraw`, `TransferToArbitrary` und `TransferToReference` werden als typisierte Methodenfragmente umgesetzt, der Belang `ReferenceAccount` als typisiertes Attributfragment. Die übrigen komplexeren Belange sowie deren Baupläne wurden informell wie folgt umgesetzt:

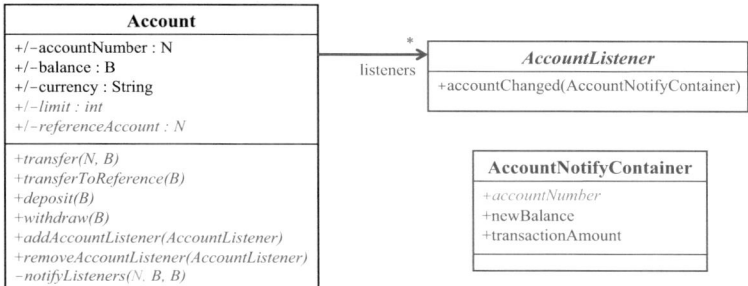

Abbildung 9.9: Klassendiagramm eines Kontos mit Kontonummertyp *N* und Guthabentyp *B*

Belang `Balance`:

- Während die Implementierung des konkreten Belangs `doubleBalance` aus der einfachen Typreferenz `double` besteht, erfordert die Umsetzung des Guthabens als JAVA-`Double`-Objekt eine explizite Typkonvertierung an allen Stellen, an denen Berechnungen durchgeführt werden. Neben der Bereitstellung der Typreferenz setzt der Bauplan des Belangs `DoubleBalance` diese Typkonvertierungen an allen Nutzungsstellen des Attributs `balance` um.[4]

Belang `OverdraftCheck`:

- Der Belang `NoCreditCheck` stellt Prüfanweisungen zur Verfügung, welche der Parametrisierung der Methodenbelange `CashWithdraw`, `TransferToArbitrary` und `TransferToReference` dienen. Der Bauplan dieser Methodenbelange sorgt für die Komposition der Prüfanweisungen mit den anderen Anweisungen der Methoden.

- Wie der Belang `NoCreditCheck` stellt auch der Belang `CreditCheck` zur Parametrisierung genutzte Prüfanweisungen zur Verfügung. Darüber hinaus wird durch den Bauplan von `CreditCheck` das Attribut `limit` der Klasse `Account` im Kompositionsmodell hinzugefügt.

Belang `Monitoring`:

- Die Schnittstelle `AccountListener` sowie die Klasse `AccountNotifyContainer` werden dem Kompositionsmodell hinzugefügt. Im Falle einer nicht anonymen Überwachung enthält die Klasse `AccountNotifyContainer` das Attribut `accountNumber`.

- Das Attribut `listeners` sowie die (De-)Registrierungsfunktionen `addAccountListener` bzw. `removeAccountListener` werden ebenso wie eine passende

---

[4]Seit JAVA 1.5 ist dieses als *Boxing* und *Unboxing* bezeichnete Vorgehen nicht mehr notwendig, da dies nun automatisch durch den Übersetzer erfolgt. Zu Anschauungszwecken und um eine Rückwärtskompatibilität zu älteren JAVA-Versionen sicherzustellen, wurde die Typkonvertierung in der Domänenimplementierung trotzdem umgesetzt.

```
concern NotifyListenersCalls<
  ClassFragment accountClass, required;
>
{
  composition {
    SystemFragment: {
      collect fragments {
        amountAttribute = findAttribute(accountClass, "balance");
        writeAccesses += amountAttribute.referencingAccesses
                          .filter([x|return x.isWriteAccess;]);
      }
      foreach acc in writeAccesses do {
        prefix = acc.prefix; expr = "";
        if (prefix!=null) expr = prefix.source.sourceString + ".";
        acc.parentAssignment.after(${
          notifyListeners(<expr>accountNumber, <expr>balance, amount);
        }$);
      } // foreach
    } // SystemFragment
  } // composition
} // concern
```

Programm 9.2: Einfügen von Aufrufen der notify-Methode

notify-Methode der Klasse Account im Kompositionsmodell hinzugefügt. Welche notify-Methode eingefügt wird, bestimmt der Nutzer durch Parametrisierung des Belangs Monitoring mit einem der Methodenbelange AnonymousNotifyMethod oder NonAnonymousNotifyMethod.

- An allen Stellen, an denen das Attribut balance verändert wird, werden Aufrufe an die notify-Methode eingefügt. Die technische Umsetzung ist in Programm 9.2 dargestellt.

Belang DirectAttributeAccess:

- Die Sichtbarkeit der zur Umsetzung der Geschäftslogik relevanten Attribute account-Number, currency, balance, referenceAccount sowie limit wird von **private** auf **public** gesetzt. Hierzu wird zunächst analysiert, welche Attribute in einer konkreten Variante vorhanden sind.

Belang JavaBean:

- Für alle Attribute der Klasse Account, welche mit einer Annotation read markiert wurden, werden passende Get-Methoden generiert, für alle mit write markierten Attribute wird eine Set-Methode generiert.

Belang EnterpriseJavaBean:

- Für die Kontokomponente werden zwei Arten von EJB-Komponenten generiert: eine Entity Bean, welche die relevanten Werte aufnimmt, und eine Session Bean, welche die Geschäftslogik umsetzt. Diese EJB-Komponenten werden generiert, wobei die bis zu diesem Zeitpunkt erstellte Account-Klasse innerhalb des Kompositionsmodells analysiert wird.

- Für alle persistent zu speichernden Attribute werden Zugriffsmethoden innerhalb der generierten `AccountBean`-Klasse erzeugt. Ob ein bisher in der Klasse `Account` zu findendes Attribut persistent gespeichert werden soll, wird anhand einer durch den Entwickler angegebenen Annotation entschieden. Neben der `AccountBean`-Klasse werden noch die weiteren durch den EJB2.0-Standard vorgeschriebenen Klassen und Schnittstellen `AccountHome`, `AccountLocal`, `AccountLocalHome` sowie `AccountRemote` samt der notwendigen Infrastrukturmethoden generiert.

- Die bisher in der Klasse `Account` zu findenden Methoden werden innerhalb der generierten Klasse `AccountFacadeBean` umgesetzt. Hierbei wird zwischen Methoden, welche die Geschäftslogik umsetzen, wie z. B. die verschiedenen Zahlungsmethoden, und Hilfsmethoden, wie z. B. die `notify`-Methode, unterschieden. Für erstere wird die bisherige Implementierung angepasst, indem Zugriffe auf Attribute der `Account`-Klasse durch Zugriffe auf entsprechende Methoden der `AccountBean`-Schnittstelle ersetzt werden. Für Hilfsmethoden ist keine solche Anpassung notwendig. Die Unterscheidung, ob es sich bei einer Methode um eine Hilfs- oder um eine Geschäftsmethode handelt, wird wiederum durch vom Entwickler angegebenen Annotationen bestimmt. Neben der `AccountFacadeBean`-Klasse werden noch weitere notwendige Infrastrukturklassen wie `AccountFacade` und `AccountFacadeHome` generiert.

```
1   concern Account<
2     AccountNumber accountNumberT, required;
3     Balance balanceT, required;
4     Currency currency, required;
5     ReferenceAccount<accountNumberT> referenceAccount, optional;
6     Transfer<accountNumberT, balanceT, overdraftCheck, referenceAccount>
7        transferMethod, optional;
8     CashWithdraw<balanceT, overdraftCheck> withdrawMethod, optional;
9     CashDeposit<balanceT> depositMethod, optional;
10    Platform<accountNumberT> platform, required;
11    OverdraftCheck<balanceT> overdraftCheck, optional;
12    Monitoring<accountNumberT, balanceT, ?> monitoring, optional;
13  > extends ClassFragment
14
15  contract {
16    (implies( (transferMethod instanceof TransferToReference),
17             (referenceAccount!=null)))
18       ["Concern TransferToReference needs concern ReferenceAccount"];
19
20    (implies( (transferMethod==null),
21             (withdrawMethod!=null && depositMethod!=null)))
22       ["Invalid combination of Transfer, CashWithdraw and CashDeposit"]
23  }
24  { ... }
```

Programm 9.3: Kompositionsschnittstelle des Belangs `Account`

Das Programm 9.3 zeigt die Kompositionsschnittstelle des die Kontokomponente repräsentierenden Belangs `Account`. Das Beispiel zeigt, wie parametrisierende Belange wiederum

Teil der bereitgestellten Schnittstelle werden. So werden die konkreten Belegungen der Parameter `accountNumberT`, `balanceT`, `overdraftCheck` und `referenceAccount` genutzt, um die anderen als Parameter übergebenen Belange zu parametrisieren. Diese Parametrisierung muss daher nicht mehr durch den Nutzer während der Erstellung einer Konfigurationsspezifikation erfolgen. Darüber hinaus wird sichergestellt, dass konsistent parametrisiert wird, d. h. durch das Typsystem erlaubte unterschiedliche Typen der Parameter (z. B. die gleichzeitige Nutzung von `doubleBalance` und `DoubleBalance`) werden vermieden. Bis auf den Belang `Monitoring` (Zeile 12) werden alle erwarteten Parameter geschachtelter Belange automatisch durch bereitgestellte Belange parametrisiert. Der optional als Parameter angegebene Belang `Monitoring` muss durch den Nutzer noch mit einem der Methodenbelange `AnonymousNotifyMethod` oder `NonAnonymousNotifyMethod` parametrisiert werden.

Der Vertrag (Zeilen 15-23) des Belangs `Account` spezifiziert neben den Typschranken der Belangparameter zusätzliche Kompositionsregeln, durch welche nicht erzeugbare bzw. semantisch nicht sinnvolle Konfigurationsspezifikationen erkannt werden können.

Ein Beispiel für eine deklarative Konfiguration einer überwachten, an die EJB-Plattform angepassten Komponente für ein Tagesgeldkonto, welches nur die Überweisung auf ein Referenz-Girokonto erlaubt, zeigt Programm 9.4.

```
configuration AccountPackage<
  Account<
    StringAccountNumber<>,                          /* AccountNumber   */
    DoubleBalance<>,                                /* Balance         */
    CurrencyEuropeanUnion<>,                        /* Currency        */
    ReferenceAccount<>,                             /* ReferenceAccount */
    TransferToReference<>,                          /* Transfer        */
    null,                                           /* CashWithdraw    */
    null,                                           /* CashDeposit     */
    EnterpriseJavaBean<>,                           /* Platform        */
    NoCreditCheck<>,                                /* OverdraftCheck  */
    Monitoring<...,...,AnonymousNotifyMethod<>>     /* Monitoring      */
  >
>;
```

Programm 9.4: Beispielkonfiguration einer Kontokomponente

9.3.2 Diskussion

F1: Können alle Belange als lexikalisch lokale, voneinander abgegrenzte Einheiten spezifiziert werden?

Die Domänenimplementierung der Konto-Produktlinie besteht aus insgesamt neun abstrakten Belangen, 20 kapselbaren Belangen sowie acht querliegenden Belangen, welche alle als Einheiten umgesetzt werden konnten. So werden durch den Belang `EnterpriseJavaBean` die zahlreichen zur Umsetzung von Session- und Entity-Beans notwendigen Schnittstellen und Klassen als entsprechende Belange gekapselt. Der querliegende Belang `Monitoring` umfasst die als geschachtelte Belange umgesetzten Klassen, Methoden und Anweisungen, welche zur Erbringung der Überwachungsfunktionalität benötigt werden. Der Bauplan von `Monitoring` sorgt für eine konsistente Komposition der einzelnen geschachtelten Belange, wobei das Einfügen der Anweisungen an impliziten Webepunkten erfolgt. Letztere lassen sich einfach durch Analysen bestimmen, weshalb sie expliziten Webepunkten vorgezogen wurden. Durch die Unterstützung unterschiedlicher Kompositionskontexte konnte auch der Belang `DoubleBalance` als Einheit umgesetzt werden: neben der im Kontext ⊥ bereitgestellten Typreferenz `java.lang.Double` werden im Kontext `SystemFragment` die Nutzungen des Attributs `balance` angepasst, da erst zu diesem Zeitpunkt sämtliche Referenzen auf `balance` bekannt sind.

F2: Kann durch Parametrisierung und Generierung die Wiederverwendbarkeit erhöht und Redundanz verringert werden?

Nahezu alle Belange werden mit den konkreten Belegungen der Belange `AccountNumber` sowie `Balance` parametrisiert. Da es sich bei der Implementierung dieser Belange um Typreferenzfragmente handelt, entspricht dies der parametrischen Polymorphie, mit dem Unterschied, dass nicht nur Klassen bzw. Methoden parametrisiert werden können, sondern auch einzelne Anweisungen, die zunächst nicht in eine Methode eingebettet sein müssen. Unser Verfahren stellt somit eine Verallgemeinerung parametrischer Polymorphie mit heterogener Umsetzung dar. Beispielsweise werden die verschiedenen Ausprägungen des Anweisungsbelangs `OverdraftCheck` auf diese Art parametrisiert.

Die Parametrisierung von Belangen ist für die Konto-Produktlinie nicht auf Typreferenzfragmente beschränkt. So stellt der Belang `Monitoring` die in Abschnitt 9.3.1 beschriebenen, sowohl im Fall der anonymen als auch der nicht anonymen Überwachung benötigten Programmfragmente samt Bauplan bereit. Die Unterscheidung der Überwachungsart erfolgt durch Parametrisierung mit einem der `notify`-Methodenbelange, wobei einzelne Kompositionsoperationen des Bauplans von `Monitoring` abhängig vom Typ dieser Methode sind.

Die verschiedenen `Transfer`-Belange sowie der Belang `CashWithdraw` werden optional mit der konkreten Ausprägung des `OverdraftCheck`-Anweisungsbelangs parameterisiert. Die `Transfer`-Belange werden darüber hinaus noch mit Anweisungen parametrisiert, welche der Ermittlung des Laufzeitobjekts des Zielkontos dienen. Diese Anweisungen sind typischerweise abhängig von der verwendeten Zielplattform.

Ein Schwerpunkt dieses Anwendungsbeispiels liegt im Einsatz der Generierung von Programmfragmenten. Die zur Generierung benötigten Informationen werden durch Anfragen an das Kompositionsmodell ermittelt. Da dieses nur die Elemente der in einer Variante benötigten Belange enthält, werden auch stets nur die für die Umsetzung der Belange `JavaBean` und `EnterpriseJavaBean` benötigten Methoden und Attribute innerhalb der jeweiligen Klassen generiert. Es ist somit insbesondere keine manuelle Auflistung von Eingabewerten für den Generierungsprozess notwendig.

Für dieses Anwendungsbeispiel ist es möglich, die einzelnen unterstützten Belange in einfacher Ausfertigung innerhalb der Domänenimplementierung vorzuhalten, obwohl sich die implementierenden Programmfragmente in den einzelnen Varianten unterscheiden. Die Unterschiede konnten mit Hilfe von Parametrisierung herausfaktoriert bzw. mit Hilfe von Generierung berechnet werden, was eine Nutzung der Belange in nahezu beliebigen Kombinationen ermöglicht.

F3: Wie viele Varianten lassen sich ableiten? Werden ungültige Varianten erkannt?

Durch das Typsystem werden folgende Belangkombinationen als gültig betrachtet:[5]

```
    1    (Account)
*   1    (IntegerAccountNumber, StringAccountNumber)
*   2    (doubleBalance, DoubleBalance)
*   1    (Currency)
*   3    (DirectAttributeAccess, JavaBean, EnterpriseJavaBean)
*   3    (null, CreditCheck, NoCreditCheck)
*   3    (null, AnonymousMonitoring, NonAnonymousMonitoring)
*   2    (null, ReferenceAccount)
*   3    (null, TransferToReference, TransferToArbitrary)
*   2    (null, CashDeposit)
*   2    (null, CashWithdraw)
─────────────────────────────────────────────────────────
  = 1296 Varianten
```

Wie allerdings in Abschnitt 9.3 beschrieben, sind nicht alle Kombinationen erlaubt bzw. semantisch sinnvoll. Dies betrifft die Belange `ReferenceAccount`, `Transfer` mit seinen beiden konkreten Umsetzungen `TransferToReference` und `TransferToArbitrary`, `CashDeposit` und `CashWithdraw`. Von den laut Typsystem 2*3*2*2=24 verschiedenen Kombinationen sind nur 14 gültig, was die Zahl der gültigen Varianten auf 756 reduziert. Diese lassen sich auch praktisch aus der Domänenimplementierung ableiten. Die ungültigen, nicht durch das Typsystem erfassten Belangkombinationen können mit Hilfe des Vertrags des Belangs `Account` erkannt werden.

F4: Sind die resultierenden Programme an die Kundenwünsche angepasst?

In Abbildung 9.10 sind die bereits bekannten Metriken für verschiedene Varianten dargestellt. Die Metrikwerte zeigen, dass mit zunehmend mehr unterstützten Belangen die Komplexität der resultierenden Kontokomponente zunimmt. Es ist einerseits möglich, sehr leichtgewichtige Kontokomponenten zu erzeugen, welche zum Beispiel als einfache Datenobjekte genutzt werden können, aber auch eher schwergewichtige EJB-Komponenten bestehend aus Session- und Entity-Beans.

---

[5]Um die Zahl der potentiell gültigen Varianten nicht künstlich in die Höhe zu treiben, werden die verschiedenen Typreferenzen, welche den Belang `AccountNumber` implementieren, sowie die als Zeichenketten umgesetzten konkreten Implementierungen des Belangs `Currency` nur einfach gezählt. Da sich die Implementierung des Belangs `Double` aufgrund der notwendigen *Boxing-* und *Unboxing*-Operationen wesentlich von der Implementierung des Belangs `double` unterscheidet, werden diese als zwei Belange in der Berechnung berücksichtigt.

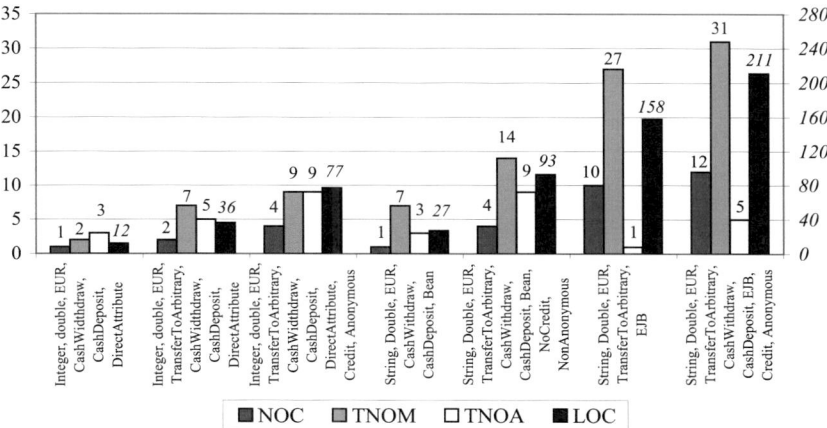

Abbildung 9.10: Metriken zur Einschätzung der Schnittstellenkomplexitäten sowie des Gesamtumfangs einzelner Varianten der Konto-Produktlinie

Durch den Einsatz statisch invasiver Komposition ist es möglich, auf nicht benötigte Anknüpfungspunkte in Form von dynamisch überwachten Delegationen zu verzichten. So kann, falls der Belang `Monitoring` nicht unterstützt werden soll, auf die einzelnen `notify`-Aufrufe verzichtet werden, ebenso wie auf die Bereitstellung der übrigen benötigten Elemente. Dies ist bei einer rein objektorientierten Umsetzung nicht ohne weiteres möglich. Aus Sicherheitsgründen kann es aber z. B. notwendig sein, für spezielle Varianten im Quelltext nachzuweisen, dass bestimmte Informationen eine Komponente nicht verlassen, wohingegen in anderen Varianten dies explizit gefordert ist.

F5: Werden Kompositions- und Generierungsabhängigkeiten erkannt?

Während der Komposition unterschiedlicher Varianten können sowohl Kompositions- als auch Generierungsabhängigkeiten auftreten. Bezüglich selektierter Webepunkte sind dies Erzeugungsabhängigkeiten (E_K) und Löschabhängigkeiten (L_K). Aufgrund der Nutzung von Modellanfragen während der Generierung treten zusätzlich noch Änderungsabhängigkeiten (A_G) auf. Tabelle 9.3 zeigt die zu beachtenden kritischen Paare.

Die aufgeführten Abhängigkeiten werden mit Hilfe unseres Verfahrens erkannt. Die Belange, zu denen die beiden Belange `DoubleBalance` und `Monitoring` in einer Erzeugungsabhängigkeit E_K stehen, nutzen das Attribut `balance` innerhalb der durch sie bereitgestellten Methoden. Diese Nutzungsstellen werden als implizite Webepunkte durch die beiden Belange selektiert. Die Löschabhängigkeit L_K ist eine Folge der Verteilung der Merkmale der ursprünglichen `Account`-Klasse auf die verschiedenen EJB-Klassen. Der Belang `JavaBean` steht in einer Änderungsabhängigkeit zu Belangen, welche durch `Get`- und `Set`-Methoden zu kapselnde Attribute bereitstellen, und in einer Erzeugungsabhängigkeit E_K zu Belangen, welche zu kapselnde Attribute nutzen. Der Belang `EnterpriseJavaBean` steht in einer

Abhängig von ↑	AnonymousNotifyMethod	NonAnonymousNotifyMethod	NoCreditCheck	CreditCheck	ReferenceAccount	CashWithdraw	CashDeposit	TransferToReference	TransferToArbitrary	EnterpriseJavaBean
DoubleBalance				E_K		E_K	E_K	E_K	E_K	L_K
Monitoring						E_K	E_K	E_K	E_K	L_K
JavaBean	E_K	E_K	E_K	E_K/A_G	A_G	E_G	E_G	E_G	E_G	
EnterpriseJavaBean	A_G	A_G	A_G	A_G	A_G	A_G	A_G	A_G	A_G	

Tabelle 9.3: Abhängigkeiten der Konto-Belange

Änderungsabhängigkeit A_G zu allen Belangen, welche während der Generierung betrachtete Elemente der Klasse Account bereitstellen.

9.4 Zusammenfassung

In den vorangegangenen Abschnitten haben wir die Eignung unseres Ansatzes für die technische Realisierung einer Produktlinie anhand mehrerer Anwendungsbeispiele demonstriert. Wir konnten zeigen, dass die von uns an ein Verfahren gestellten Anforderungen aus Abschnitt 2.6 durch unseren Ansatz erfüllt werden.

Wie in den Diskussionen der Fragestellung F1 gezeigt, konnten für alle Anwendungsbeispiele die einzelnen Belange der Domänenimplementierung als *lexikalisch lokale, voneinander abgegrenzte Einheiten* spezifiziert werden. Dies gilt nicht nur für Belange, welche sich ohnehin durch Elemente der Zielsprache kapseln lassen, sondern insbesondere auch für querliegende Belange. Aus Sicht der Konfiguration einer Variante existiert bei Nutzung unseres Belangmodells kein Unterschied, ob ein Belang kapselbar oder querliegend ist. Die Möglichkeit der Belangtrennung macht geeignete Architekturen im zu erstellenden Programm allerdings nicht obsolet. Gute Architekturen erlauben es oft, eine höhere Anzahl von Belangen durch Elemente der Programmiersprache zu kapseln, was letztlich die Komposition der Belange und somit die Baupläne vereinfacht. Mit Hilfe der Anwendungsbeispiele wurde außerdem gezeigt, wie durch Belangparametrisierung und Generierung von Programmfragmenten für verschiedene Varianten die *redundante* Angabe ähnlicher Implementierungen vermieden werden kann.

Die in der Domänenanalyse identifizierten Merkmale bzw. Problembelange konnten für die betrachteten Anwendungsbeispiele direkt durch Belange der Domänenimplementierung umgesetzt werden. Letztere definierten ein einfaches domänenspezifisches Vokabular, welches zur Angabe einer Konfigurationsspezifikation genutzt wurde. Eine *deklarative* Aufzählung der in einer Variante zu unterstützenden Belange war ausreichend, um mit Hilfe von COCO-SY *automatisch* die gewünschte Variante zu erzeugen.

Die *Erkennung ungültiger Varianten* wurde insbesondere im Rahmen der Anwendungsbeispiele *Graph Product Line* und *Konto* demonstriert. Neben den impliziten, durch das Belang-Typsystem formulierten Kompositionsregeln, konnten semantische Abhängigkeiten zwischen Belangen in Form zusätzlicher Kompositionsregeln angegeben werden. Das Werkzeug CO-COSY war daraufhin in der Lage, ungültige Konfigurationsspezifikationen in allen Fällen zu erkennen. Als zusätzliche Unterstützung des Domänenentwicklers und zur Sicherheit des Anwendungsentwicklers, dass alle Belangabhängigkeiten vom Domänenentwickler beachtet wurden, konnten potentiell kritische *Kompositions-* und *Generierungsabhängigkeiten* mit Hilfe des in Kapitel 7 vorgestellten und prototypisch in COCOSY umgesetzten Verfahrens erkannt werden.

Alle Anwendungsbeispiele haben gezeigt, dass eine nur bei tatsächlichem Bedarf vorzufindende Implementierung eines Belangs im resultierenden Programm zusammen mit einer invasiven Komposition von u. U. feingranularen Programmfragmenten eine an die *Kundenwünsche angepasste Implementierung* ermöglicht. Der Verzicht auf nicht benötigte Belange führt zu einfacheren und damit auch mit weniger Aufwand erlernbaren Schnittstellen. Darüber hinaus können zusätzliche, in Form von Speicherverbrauch und Laufzeit auftretende Kosten eingespart werden, wie die Messungen zu den Produktlinien *Fertigungslinie* und *Graph Product Line* zeigen.

Kapitel 10

Zusammenfassung und Ausblick

Das *Ziel dieser Arbeit* war ein Verfahren zur technischen Realisierung von Softwareprodukt-linien, welches ausgehend von existierenden, voneinander abgegrenzten Implementierungen von Belangen die Erstellung korrekter, effizienter Softwaresysteme ohne detaillierte Kennt-nisse dieser Implementierungen ermöglicht. Im weiteren Verlauf dieses Kapitels fassen wir die wesentlichen Ergebnisse unserer Arbeit zusammen und bewerten sie anhand unserer Er-folgskriterien. Den Abschluss bildet ein Ausblick auf weiterführende Arbeiten.

10.1 Ergebnisse

Die wesentlichen Ergebnisse dieser Arbeit sind auf zwei Ebenen zu sehen: Zum einen wurde in dieser Arbeit erstmals ein an die Produktlinienentwicklung angepasstes Modell zur Spe-zifikation von Belangen auf Implementierungsebene vorgestellt, welches erstmals ohne Para-digmenwechsel Konzepte der mehrdimensionalen Belangtrennung, des generischen Program-mierens und der Generierung verbindet. Zum anderen wurde ein Verfahren samt Werkzeugim-plementierung vorgestellt, das die automatische statische Komposition von Belangimplemen-tierungen zu spezialisierten Varianten ermöglicht.

Durch unser *Belangmodell* ist eine lexikalisch lokale und von anderen Belangen abgegrenzte Implementierung sowohl kapselbarer als auch querliegender Belange als Einheit möglich. Die Semantik eines Belangs wird abstrakt durch einen Belangtyp auf der Metaebene des zu erzeu-genden Programms beschrieben. Im Gegensatz zu vielen existierenden Ansätzen zur mehrdi-mensionalen Belangtrennung erlaubt unser Belangmodell eine hierarchische Dekomposition eines Belangs in mehrere geschachtelte Belange. Hiermit kann die natürliche Verfeinerungs-eigenschaft eines Belangs abgebildet werden, auch wenn dies in der zu erstellenden Variante aufgrund der genutzten Dekompositionstechnik und Softwarearchitektur nicht mehr möglich ist.

Belange, die in verschiedenen Varianten unterschiedliche Dekompositionen sowie Implemen-tierungen haben, werden durch unser Belangmodell explizit unterstützt. Variable geschach-telte Belange können als Parameter an einen Belang übergeben werden. Damit existiert erst-mals ein einheitliches Verfahren, mit dem die Implementierung sowohl kapselbarer als auch querliegender Belange statisch an den Anwendungskontext angepasst werden kann. Die Kon-figuration einer Produktlinie erfolgt durch Bindung der Parameter. Eine im Sinne der Domä-nenanalyse korrekte Parametrisierung eines Belangs wird durch Typschranken sowie einen zusätzlichen Vertrag geprüft. Sowohl die statische Parametrisierbarkeit mit unterschiedlichen Implementierungen als auch die Prüfung einer konkreten Parametrisierung stellen einen Fortschritt gegenüber existierenden Techniken zur mehrdimensionalen Belangtrennung dar, welche dies nicht oder nur sehr eingeschränkt ermöglichen.

Die variantenspezifische Komposition eines Belangs mit anderen Belangen erfolgt mit Hilfe von Kompositionsoperatoren. Diese spezifizieren, welche Programmfragmente eines Belangs wie mit den Programmfragmenten der anderen Belange verschränkt werden müssen. Wir haben gezeigt, dass dies technisch nur auf Basis invasiver Komposition effizient erfolgen kann. Wir führen daher die Komposition von Belangen auf die invasive Komposition von Programmfragmenten an impliziten und expliziten Webepunkten innerhalb des in dieser Arbeit definierten *Kompositionsmodells* zurück.

Wir haben gezeigt, wie Kompositionsoperatoren technisch durch mehrphasige Metaprogramme, die Baupläne, umgesetzt werden können. Für eine Variante spezifizieren Baupläne *algorithmisch*, wie Webepunkte innerhalb des Kompositionsmodells mit Hilfe von Modellanfragen selektiert werden müssen, welche geschachtelten Belange samt der durch sie gekapselten Programmfragmente aus Quelltextschablonen instantiiert bzw. unter Zuhilfenahme von Modellanfrageergebnissen *generiert* werden müssen, und wie die Programmfragmente anschließend mit Hilfe von Kompositionsoperationen an den Webepunkten verschränkt werden müssen. Die eingesetzte algorithmische Spezifikation hat hierbei den Vorteil, dass die Komposition durch Nutzung von Modellanfragen sowie der Belangparameter gesteuert werden kann. Statisch analysierbare Modellanfragen dienen darüber hinaus der Zusicherung semantischer Eigenschaften des zu erstellenden Programms. Hierzu wird die Ausführung eines Bauplans durch Vor- und Nachbedingungen bewacht, welche in Termini dieser Modellanfragen formuliert werden.

Die Ausführungsreihenfolge der Baupläne wird ausgehend von einer konkreten hierarchischen Belangschachtelung sowie explizit angegebener Reihenfolgebedingungen automatisch bestimmt. Um sicherzustellen, dass eine berechnete Reihenfolge nicht aufgrund einer Unterspezifikation der Reihenfolgebedingungen zu potentiell unerwünschten Programmen führt, haben wir kritische Belanginteraktionen klassifiziert und ein Verfahren vorgestellt, durch welches Abhängigkeiten zwischen Belangen hinsichtlich der Komposition und der Generierung von Programmfragmenten erkannt werden können.

Zum Nachweis der Durchführbarkeit unseres Verfahrens wurde dieses prototypisch in Form des Werkzeugs COCOSY umgesetzt. Mehrere Anwendungsbeispiele zeigen die Leistungsfähigkeit unseres Verfahrens, ausgehend von einfachen Konfigurationsspezifikationen eine große Anzahl spezialisierter Varianten bei gleichzeitig hoher Wiederverwendbarkeit einzelner Belangimplementierungen zu ermöglichen.

10.2 Bewertung

Zur Bewertung des in dieser Arbeit vorgestellten Verfahrens rekapitulieren wir die in Abschnitt 2.6 auf Seite 50 angegebenen Erfolgskriterien und weisen nach, dass sie durch unser Verfahren erfüllt werden:

Allgemeinheit: Unser Verfahren setzt weder eine bestimmte Anwendungsdomäne voraus, noch ist es auf spezielle Konstrukte einer Programmiersprache angewiesen. Beschränkt ist die Anwendungsdomäne unseres Ansatzes nur durch die zum Einsatz kommende Programmiersprache. Eine zentrale Voraussetzung ist allerdings die Existenz eines geeigneten Metamodells für das Kompositionsmodell. Wir haben in dieser Arbeit ein solches für eine abstrakte objektorientierte Sprache vorgestellt und in Form des Werkzeugs CoCoSy für die Sprache Java konkretisiert.

Lokale und redundanzarme Spezifikation: Durch Kapselung aller einen Belang implementierenden Programmfragmente ermöglicht unser Belangmodell eine lexikalisch lokale, von anderen Belangen abgegrenzte Implementierung sowohl kapselbarer als auch querliegender Belange. Codeduplikationen innerhalb der Domänenimplementierung können durch mehrfache Instantiierung und Komposition eines Programmfragments vermieden werden. Durch das Konzept der Belangparametrisierung können Belange sowohl innerhalb einer Variante als auch über mehrere Varianten hinweg statisch an den Kompositions- bzw. Anwendungskontext angepasst werden, wodurch die Angabe redundanter Implementierungen vermieden oder in sinnvollem Umfang reduziert werden kann.

Eine weitere Reduktion der Redundanz innerhalb der Domänenimplementierung wird durch die in unserem Verfahren unterstützte variantenspezifische Generierung von Programmfragmenten erreicht.

Deklarative Konfigurationsspezifikation: Baupläne werden durch unser Belangmodell innerhalb der Belange gekapselt. Dies erlaubt es unserem Verfahren, die Konfiguration einer Variante auf eine hierarchische Aufzählung der umzusetzenden Belange zu reduzieren, wobei die einzuhaltende Hierarchie durch die Belangparameter festgelegt wird. Da durch unsere Baupläne feste sowie abhängige Belange für eine Variante automatisch bestimmt werden können, kann der Umfang einer Konfigurationsspezifikation weiter reduziert werden.

Wir haben durch mehrere Anwendungsbeispiele gezeigt, dass die praktische Umsetzung in Form der CoCoSy-Konfigurationssprache eine deklarative Spezifikation einer Variante erlaubt, wobei die Belange der Domänenimplementierung das notwendige Vokabular definieren. Weiterhin konnten wir nachweisen, dass der Nutzer bei der Erstellung einer Variante nicht mit den durchzuführenden Programmfragmentkompositionen in Berührung kommt oder gar selbst für eine konsistente Komposition einzelner Programmfragmente an mehreren Stellen sorgen muss.

Erkennen ungültiger Konfigurationsspezifikationen: Wir haben gefordert, dass eine Konfigurationsspezifikation zu einem bezüglich Syntax und statischer Semantik korrekten Programm führt, und dass die während der Domänenanalyse ermittelten Kompositionsregeln, welche semantische Abhängigkeiten auf Anwendungsebene beschreiben, eingehalten werden.

Ein bezüglich Syntax und statischer Semantik korrektes Programm wird durch ein konsistentes Kompositionsmodell garantiert. Im Fall eines inkonsistenten Kompositionsmodells wird der Kompositionsvorgang abgebrochen und kein Quelltext erzeugt. Durch den Belangvertrag können darüber hinaus noch weitere, mit Hilfe von Modellanfragen formulierbare und somit statisch auswertbare Eigenschaften des Programms zugesichert werden.

Die in der Domänenanalyse ermittelten Kompositionsregeln lassen sich in unserem Belangmodell durch Nutzung des Belang-Typsystems sowie des Belangvertrags formulieren. Durch das Belang-Typsystem können korrekte Parametrisierungen optionaler bzw. alternativer Belange effizient ausgedrückt und geprüft werden. Abhängigkeiten zwischen Parametern, welche sich durch ein Typsystem nicht oder nur sehr ineffizient ausdrücken lassen, können innerhalb des Belangvertrags spezifiziert werden. Die praktische Erkennung ungültiger Konfigurationsspezifikationen haben wir anhand mehrerer Anwendungsbeispiele demonstriert.

Effizienz und Angepasstheit des resultierenden Codes: Durch den Einsatz invasiver Komposition können effiziente Programme erstellt werden, welche keine unnötigen Indirektionen sowie nicht benötigte Anknüpfungspunkte im resultierenden Programm enthalten. Die Schnittstellen der resultierenden Programme umfassen nur die Elemente, welche für die tatsächlich zu unterstützenden Belange notwendig sind. Insbesondere werden Schnittstellenelemente vermieden, die ausschließlich der potentiellen Komposition von Belangen dienen, obwohl bereits während der Konfiguration feststeht, das diese nicht unterstützt werden sollen.

Automatisierbarkeit: Mit COCOSY steht eine Implementierung unseres Ansatzes zur Verfügung. Eingabe in das Werkzeug ist die Domänenimplementierung in Form der verschiedenen Belangimplementierungen sowie eine deklarative Konfigurationsspezifikation. Dies ist ausreichend, um anschließend die konkret gewünschte Variante vollständig automatisiert zu erstellen.

Unser Verfahren erfüllt somit alle in Abschnitt 2.6 formulierten Anforderungen.

10.3 Ausblick

Wir haben in dieser Arbeit gezeigt, dass unser Verfahren gut für die technische Realisierung einer Softwareproduktlinie eingesetzt werden kann. Die technische Realisierung stellt allerdings nur einen Teilbereich der Softwareproduktlinienentwicklung dar, weshalb wir bei der Konstruktion unseres Verfahrens neben technischen Anknüpfungspunkten auch Erweiterungen hinsichtlich der Anwendung unseres Verfahrens vorgesehen haben.

Auf technischer Ebene haben wir gezeigt, wie mit Hilfe unseres Verfahrens objektorientierte Programme erstellt werden können. Da sowohl unser Belangmodell als auch invasive Komposition nicht von speziellen objektorientierten Konstrukten abhängt, kann unser Verfahren prinzipiell auch auf prozedurale Programmiersprachen übertragen werden. Voraussetzung hierfür ist die Bereitstellung eines Metamodells für das Kompositionsmodell, welches die zur Umsetzung der Programmfragmentgenerierung und -komposition benötigten Analysen und Transformationen zur Verfügung stellt.

In dieser Arbeit wurde eine Umsetzung des in Kapitel 7 vorgestellten Rahmenwerks zur Konflikterkennung auf Basis einer dynamischen Berechnung der benötigten Mengenkonstrukte während der Programmfragmentkomposition vorgestellt. Hierdurch können nicht behandelte Abhängigkeiten sicher erkannt und die Erzeugung ungültiger Varianten im Rahmen der Anwendungsentwicklung vermieden werden. Die dynamische Berechnung führt allerdings dazu, dass die Erstellung ungültiger Varianten erst während der Komposition abgebrochen wird. Im Falle einer statischen Berechnung der Mengenkonstrukte kann die Erstellung der Variante bereits vor Beginn der Programmfragmentkomposition abgebrochen werden. Weiterhin kann die Unabhängigkeit zweier Belange bereits vorab zugesichert werden. Eine statische Berechnung der Mengenkonstrukte erfordert allerdings eine abstrakte Interpretation der algorithmisch angegebenen Baupläne, weshalb typischerweise nur konservative Approximationen berechnet werden können.

Im Fall einer Unabhängigkeit zwischen Belangen können die Programmfragmente parallel durch mehrere Ausführungsfäden dem Kompositionsmodell hinzugefügt werden. Durch eine parallele Komposition der Belange lässt sich ggf. die für die Komposition benötigte Zeit verringern. Voraussetzung ist in diesem Fall eine statische Zusicherung der Unabhängigkeit. Hierzu sind ausreichend gute statische Analysen zur Konflikterkennung notwendig. Darüber hinaus dürfen keine weiteren Reihenfolgeabhängigkeiten zwischen den Belangen existieren.

Wir haben bereits diskutiert, dass Abhängigkeiten zwischen Belangen zwar notwendige, aber keine hinreichenden Voraussetzungen für einen tatsächlichen Konflikt sind. Aus diesem Grund kann unser Verfahren zur Konflikterkennung zu falsch positiv erkannten Konflikten führen, welche wiederum explizit durch den Entwickler aufgelöst werden müssen. Durch eine automatische Erkennung „harmloser" Belanginteraktionen könnte die Menge der falsch positiven Konflikte verringert werden. Es ist aber derzeit noch unklar, wie eine Einteilung in harmlose und kritische Konflikte erfolgen kann, und welche Analysen hierzu notwendig sind, da die Entscheidung letztlich nur mit Wissen über die Anwendungsbedingungen erfolgen kann. Zukünftig ist es allerdings denkbar, dass bestimmte Arten von harmlosen und kritischen Belanginteraktionen klassifiziert und typischen Kompositionsmustern zugeordnet werden können.

Unser Verfahren fokussiert auf die Erzeugung einer Implementierung eines Programms. Heutige Softwaresysteme umfassen meist aber noch zusätzliche Artefakte, wie zum Beispiel Dokumentation, Konfigurationsdateien oder Deploymentdeskriptoren. Um solche Artefakte ebenfalls an die zu unterstützenden Belange anzupassen, stehen konzeptionell zwei Möglichkeiten zur Verfügung: entweder wird die variantenabhängige Erzeugung dieser Artefakte in unser Verfahren integriert, oder aber unser Verfahren wird in einen Buildprozess, wie ihn z. B. AHEAD definiert, eingebunden, in dem mit Hilfe anderer Verfahren (z. B. zeichenbasierte Verfahren, siehe Abschnitt 3.1) die weiteren Artefakte erzeugt werden. Die erste Möglichkeit bietet sich insbesondere für stark strukturierte Artefakte wie z. B. XML-Dokumente an, deren Komposition im Prinzip mit Hilfe invasiver Techniken erfolgen kann. In diesem Fall muss das Metamodell des Kompositionsmodells um die Unterstützung entsprechender Artefakte erweitert werden. Analoges gilt für das Belangmodell, d. h. ein Belang umfasst dann zusätzlich Fragmente der neuen Artefakttypen samt Bauplänen zu deren Komposition.

Eine Konfigurationsspezifikation ist aufgrund der deklarativen Angabe durch einen durchschnittlichen Entwickler einfach zu erstellen. Der Konfigurationsprozess kann aber noch komfortabler gestaltet werden. Ein Ansatz hierzu ist die Möglichkeit zur Vorbelegung von Belangparametern mit typischen Standardwerten, so dass für viele Fälle keine weiteren Angaben gemacht werden müssen bzw. sich die Spezifikation auf die Angabe kleiner Deltas beschränkt. Durch den Einsatz von graphischen Konfigurationsoberflächen, welche eine menügesteuerte Auswahl der zu unterstützenden Belange erlauben, kann die Konfiguration weiter vereinfacht werden. Die für ein solches Werkzeug notwendigen Informationen lassen sich dabei leicht aus den Belangschnittstellen extrahieren. Für die Konto-Produktlinie aus Abschnitt 9.3 konnten wir eine graphische Konfiguration auf Basis des Variantenmanagementwerkzeugs PURE::VARIANTS[1] bereits erfolgreich prototypisch umsetzen.

Weitere interessante, derzeit noch nicht beantwortete Fragestellungen, ergeben sich aus der Anwendung unseres Verfahrens im Kontext der Evolution einer Softwareproduktlinie. Hierbei kann zwischen der Evolution einer existierenden Implementierung eines Systems hin zu einer Domänenimplementierung und der Evolution der Domänenimplementierung selbst unterschieden werden. Die Erstellung einer Domänenimplementierung ausgehend von einer existierenden Implementierung eines Einzelsystems stellt oftmals einen pragmatischen, allerdings auch nicht ganz problemfreien Ansatz zur Erstellung einer Produktlinie dar. Die Ergebnisse der Domänenanalyse sind hierbei bereits im Vorfeld stark eingeschränkt, da stets das bereits existierende System samt der umgesetzten Architektur beachtet werden muss. Technisch stellt sich die Frage, wie die einzelnen Belange und insbesondere die sie implementierenden Programmfragmente innerhalb des existierenden Systems identifiziert werden können. Eine vollständige automatische Identifikation der zu extrahierenden Belange erscheint utopisch, da dies ein vollständiges maschinelles Verständnis der Semantik eines Programms voraussetzt. Eine Extraktion identifizierter Programmfragmente eines Belangs wird durch unser Belangmodell begünstigt, da durch unser Kompositionsverfahren die extrahierten Programmfragmente wieder an ihrer ursprünglichen Position eingefügt werden können. Es müssen somit keine aufwändigen, zur Komposition notwendigen Architekturänderungen durchgeführt werden. Offen bleibt allerdings die Frage, wie automatisch oder semiautomatisch gut strukturierte Belangimplementierung im Sinne von Belangschachtelungen sowie effiziente Baupläne erstellt werden können.

Wir konnten in dieser Arbeit zeigen, dass eine voneinander abgegrenzte Implementierung von Belangen für die Erstellung spezialisierter Varianten große Vorteile bringt. Welche konkreten Auswirkungen Techniken zur mehrdimensionalen Belangtrennung, und damit auch unser Ansatz, auf die Wartbarkeit einer Domänenimplementierung haben, ist im derzeitigen Stand der Technik noch nicht ausreichend untersucht. Einerseits leuchtet es ein, dass die Implementierung eines Belangs einfacher konsistent verändert werden kann, da alle Programmfragmente eindeutig identifizierbar sind. Andererseits ist der konkret zu erwartende Kontrollfluss schwerer nachzuvollziehen, was das Programmverständnis potentiell erschwert. Dies gilt insbesondere beim Einsatz impliziter Webepunkte. Die in unserem Verfahren unterstützten expliziten Webepunkte erscheinen hier als ein pragmatischer Kompromiss zwischen der angestrebten Belangtrennung und einem einfachen Verständnis des Kontrollflusses.

---

[1] http://www.pure-systems.com

Anhang A

Anfragen und Transformationen des Kompositionsmodells

In der Beschreibung der einzelnen Modellanfragen und Modelloperationen werden die folgenden Bezeichner für den minimalen Ausführungskontexte genutzt:

- Der Typ eines strukturellen oder funktionalen Programmfragments (siehe Abbildung 5.6 auf Seite 125 und Abbildung 5.7 auf Seite 127).

- Typ(pf): Wird als Platzhalter für einen konkreten Programmfragmenttyp genutzt, falls eine Modelloperation auf mehreren Programmfragmenttypen definiert ist.

- Bindung(z): Der Kontext, in dem ein Zugriff z gebunden werden konnte.

- Sichtbarkeit(d): Der Kontext, in dem eine Deklaration d sichtbar ist. Dies kann aus einem vorbestimmten Attribut *sichtbarkeit* der Deklaration abgeleitet werden. Für JAVA gilt:

  - private ⇒ Sichtbarkeit(d) = Klasse
  - default ⇒ Sichtbarkeit(d) = Paket
  - protected, public ⇒ Sichtbarkeit(d) = System

Im Folgenden wird der minimale Ausführungskontext einer Modelloperation in der Form [Kontext] angegeben. Der angegebene Kontext bezieht sich auf die Programmiersprache JAVA. Die einzelnen Kontextangaben wurden mangels Zugriff auf eine Attributgrammatik für JAVA nicht formal mit Hilfe des Algorithmus 1 auf Seite 130 abgeschätzt, sondern auf Grundlage der Implementierung eines Auswerters innerhalb der Werkzeuge RECODER und INJECT/J sowie der Sprachspezifikation aus GOSLING et al. (2005) bestimmt.

A.1 Modellanfragen

A.1.1 Strukturelle Modellanfragen

- klassen(p):Liste<Klasse>   [Paket]
  Liefert alle direkt im Paket p enthaltenen Klassen aus *Cls**.

- `merkmale(c):Liste<Merkmal>`   `[Klasse]`
  Liefert alle lokal in Klasse c deklarierten Merkmale aus $Cls^* \cup Cons^* \cup Meth^* \cup Att^*$.

- `methoden(c):Liste<Methode>`   `[Klasse]`
  Liefert alle lokal in Klasse c deklarierten Methoden aus $Meth^*$.

- `konstruktoren(c):Liste<Konstruktor>`   `[Klasse]`
  Liefert alle lokal in Klasse c deklarierten Konstruktoren aus $Cons^*$.

- `attribute(c):Liste<Attribut>`   `[Klasse]`
  Liefert alle lokal in Klasse c deklarierten Attribute aus Att^*.

- `formaleParameter(pr):Liste<Formaler Parameter>`   `[Prozedur]`
  Liefert die Liste der formalen Parameter einer Prozedur pr.

- `deklarierteAusnahmen(pr):Liste<Typzugriff>`   `[Prozedur]`
  Liefert die Liste der durch Prozedur pr als geworfen deklarierte Ausnahmen.

- `lokaleVariablen(pr):Liste<Lokale Variable>`   `[Prozedur]`
  Liefert die Menge der lokalen Variablendeklarationen innerhalb der Prozedur pr.

- `vater(pf):Fragment`   `[Typ(pf)]`
  Liefert den Vaterknoten eines Programmfragments pf. Für ein *freies Programmfragment* pf gilt `vater(pf)` $=\bot$.

A.1.2 Daten- und Kontrollflussanfragen

- `rücksprünge(pr):Liste<Rücksprung>`   `[Prozedur]`
  Liefert die Menge aller Rücksprünge (d. h. `return`-Anweisungen) innerhalb der Prozedur pr.

- `ausnahmen(pr):Liste<Auslösung Ausnahme>`   `[Prozedur]`
  Liefert die Menge aller Auslösungen von Ausnahmen (d. h. `throws`-Anweisungen) innerhalb der Prozedur pr.

- `ausnahmeBehandlungen(pr):Liste<Behandlung Ausnahme>`
                                                  `[Prozedur]`
  Liefert die Menge aller Ausnahmebehandlungsblöcke (d. h. `catch`-Blöcke) innerhalb der Prozedur pr.

- `initialisierung(a|lv):Ausdrucksfragment`
                            `[Attribut|Lokale Variable]`
  Liefert den Initialisierungsausdruck einer lokalen Variable lv oder eines Attributs a.

- `erzeugungen(a|lv):Liste<Konstrukorzugriff>`
                                  `[Sichtbarkeit(a|lv)]`
  Liefert die Menge aller Objekterzeugungen (d. h. `new`-Ausdrücke), deren Ergebnis direkt an die lokale Variable lv bzw. das Attribut a zugewiesen wird.

- `zuweisungen(pr):Liste<Zuweisung>`   `[Prozedur]`
  Liefert die Menge aller Zuweisungen innerhalb des Rumpfes einer Prozedur pr.

- `lhs(zws):Ausdruck`   [Zuweisung]
  `rhs(zws):Ausdruck`   [Zuweisung]
  `ziel(zws):Variablenzugriff`   [Zuweisung]
  Liefert den Ausdruck auf der linken (`lhs`) oder der rechten (`rhs`) Seite einer Zuweisung `zws`. Die Operation `ziel` liefert das Variablenzugriffsfragment (Teil der linken Seite), an welches der durch die rechte Seite beschriebene Wert zugewiesen wird.

- `istRekursiv(m):Bool`   [Sichtbarkeit(m)]
  Prüft, ob die Methode `m` direkt oder indirekt rekursiv ist.

- `istAnweisung(z|zws):Bool`   [Anweisung]
  Liefert *wahr*, falls der Zugriff `z` oder die Zuweisung `zws` das einzige Kindelement der umgebenden Anweisung ist.

A.1.3 Modellanfragen für benannte Modellelemente

- `name(bf):String`   [Typ(bf)]
  Liefert den deklarierten Namen eines benannten Programmfragments `bf`.

- `qualifizierterName(bf):String`   [System]
  Liefert den voll qualifizierten Namen eines benannten Programmfragments `bf`.

- `gültigerName(n):Bool`   [⊥]
  Prüft, ob die angegebene Zeichenkette `n` ein gültiger Bezeichner für die verwendete Zielsprache ist.

- `namenskonflikt(bf, kontext):Bool`   [System]
  `namenskonflikt(name, kontext):Bool`   [System]
  Liefert *wahr*, falls das übergebene, noch nicht ins Kompositionsmodell eingefügte benannte Programmfragment `bf` bzw. ein potentiell neues benanntes Programmfragment mit Namen `name` bei Komposition in `kontext` einen Namenskonflikt verursachen würde.

A.1.4 Typinformationen

- `typ(e):Typ`   [System]
  Bestimmt den statisch auswertbaren Typ eines Modellelements `e`. Dieser ist für die verschiedenen Metamodelltypen im Einzelnen:

  - *Typ*, *Reihung*, *Klasse*: Identität
  - *Methode*: deklarierter Rückgabetyp (ggf. `void`-Typ)
  - *Rücksprung*: statisch erkennbarer Typ des Resultats (ggf. `void`-Typ)
  - *Konstruktor*: `vater(k)`, d. h. die Klasse, in der der Konstruktor deklariert wurde
  - *Attribut*, *formaler Parameter*, *lokale Variable*: statisch deklarierter Typ
  - *Zugriffe*: Typ des Elements, auf das zugegriffen wird: `typ(deref(z))`
  - *Zugriffspfad*: Typ des letzten Zugriffs des Pfads

- *Zuweisungen*: Statisch erkennbarer Typ der rechten Seite: `typ(rhs(zws))`

- *Objekterzeugung*: Typ des erzeugten Objekts: `typ(deref(k))` für Konstruktorzugriff `k` innerhalb der Objekterzeugung

- *Auslösung Ausnahme*: Typ der ausgelösten Ausnahme

- *Ausdruck*: Statisch erkennbarer Typ des Ausdrucks, oder ⊥, falls dieser nicht berechnet werden kann

- übrige *Anweisung*en, *Behandlung Ausnahme*: ⊥

- `kompatiblerTyp(t1, t2):Bool`   [System]
  Liefert *wahr*, falls Typ `t2` ein zu Typ `t2` kompatibler Typ ist, d. h. es existiert eine Typkonversion von `t2` nach `t2`. Andernfalls liefert die Anfrage *falsch*.

- `basistyp(r):Typ`   [System]
  `basistyp(rtz):Typzugriff`   [Typzugriff]
  Liefert den Basistyp eines Reihungstyps `r` oder einen Typzugriff auf den Basistyp für einen gegebenen Zugriff `rtz` auf einen Reihungstyp.

- `super(c):Liste<Typzugriff>`   [Klasse]
  Liefert die Menge der deklarierten direkten Oberklassen einer Klasse `c`.

A.1.5 Querverweismodellanfragen

- `nutzungen(sf):Liste<Zugriff auf Typ(sf)>`

  [Sichtbarkeit(sf)]
  Liefert alle bekannten Nutzungsstellen eines strukturellen Programmfragments `sf`. Voraussetzung ist, dass alle Zugriffe gebunden sind.

- `typZugriffe(c):Liste<Typzugriff>`   [System]
  `attributZugriffe(c):Liste<Attributzugriff>`   [System]
  `methodenZugriffe(c):Liste<Methodenzugriff>`   [Klasse]
  `konstruktorZugriffe(c):Liste<Konstruktorzugriff>`   [Klasse]
  Liefert alle Zugriffe auf strukturelle Elemente des entsprechenden Typs innerhalb einer Klasse `c`. Zugriffe auf Methoden und Konstruktoren können anhand ihrer syntaktischen Struktur als entsprechende Zugriffstypen erkannt werden, d. h. zur Bestimmung dieser Menge muss der Zugriff nicht notwendigerweise aufgelöst werden können. Die Unterscheidung, ob ein Attribut- oder Typzugriff vorliegt, kann typischerweise nur dann getroffen werden, falls die Zugriffe aufgelöst werden können, da sie syntaktisch nicht voneinander zu unterscheiden sind.

- `typZugriffe(pr|h|f):Liste<Typzugriff>`   [System]

```
attributZugriffe(pr|h|f):Liste<Attributzugriff>     [System]
methodenZugriffe(pr|h|f):Liste<Methodenzugriff>     [Klasse]
konstruktorZugriffe(pr|h|f):Liste<Konstruktorzugriff>
                                                    [Klasse]
parameterZugriffe(pr|h|f):Liste<Parameterzugriff>
                                                    [Prozedur]
lokaleVariablenZugriffe(pr|h|f):Liste<Zugriff lokale
Variable>                                           [Prozedur]
```
Liefert alle Zugriffe auf strukturelle Elemente des entsprechenden Typs innerhalb einer Prozedur `pr`, einer Ausnahmebehandlungsroutine `h` oder eines allgemeinen Programmfragments `f`.

- `pfad(z):Zugriffspfad`   [Anweisung]
  Liefert den kompletten Zugriffspfad, in welchen der Zugriff `z` eingebettet ist.

- `deref(tz):Typ`   [Bindung(tz)]
  `deref(mz):Methode`   [Bindung(mz)]
  `deref(kz):Konstruktor`   [Bindung(kz)]
  `deref(az):Attribut`   [Bindung(az)]
  `deref(fpz):Parameterzugriff`   [Prozedur]
  `deref(lvz):Zugriff lokale Variable`   [Prozedur]
  Liefert das strukturelle Programmfragment, auf welches zugegriffen wird.

- `istThisZugriff(z):Bool`   [Bindung(z)]
  Liefert *wahr*, falls es sich beim Zugriff `z` um einen Zugriff auf ein nicht statisches, nicht ererbtes Element der umgebenden Klasse handelt.

- `istSuperZugriff(z):Bool`   [Bindung(z)]
  Liefert *wahr*, falls es sich beim Zugriff `z` um einen Zugriff auf ein Merkmal einer Oberklasse handelt.

- `aufrufParameter(prz):Liste<Aufrufparameter>`
                                      [Prozedurzugriff]
  Liefert die Liste der Aufrufparameter, welche beim Prozedurzugriff `prz` an die aufgerufene Prozedur übergeben werden.

A.1.6 Sichtbarkeit und Überdeckung

- `bekannteLokaleVariablen(e):Liste<Lokale Variable>`
                                          [Prozedur]
  Liefert die Menge aller lokalen Variablen der umgebenden Prozedur, welche an der Stelle des Programmfragments `e` bekannt sind.

- `istSichtbar(mk, qualName):Bool`   [System]
  Liefert *wahr*, falls ein existierendes Merkmal `mk` von einer (potentiell neuen) Klasse mit qualifiziertem Namen `qualName` aus sichtbar ist.

- `istSichtbar(sichtbarkeit, qualName, kontext):Bool` [System]
  Liefert *wahr*, falls ein potentiell neues Merkmal mit Sichtbarkeit `sichtbarkeit` in

einer potentiell neuen Klasse mit qualifiziertem Namen `qualName` von einem existierenden Programmfragment `kontext` aus sichtbar ist.

- `istPolymorpheMethode(m, c):Bool` [System]
  `istPolymorpheMethode(sichtbarkeit, signatur, c):Bool`
  [System]
  Liefert *wahr*, falls eine existierende Methode m bzw. eine neue Methode mit Sichtbarkeit `sichtbarkeit` und Signatur `signatur` eine an Klasse c ererbte Methode überschreibt.

- `istVererbbar(mk, c):Bool` [System]
  Liefert *wahr*, falls ein existierendes Merkmal `mk` auf Grund seiner Sichtbarkeit an die Klasse c vererbt werden kann.

A.1.7 Modellanfragen für Annotationen

- `annotationen(pf):Liste<Annotation>` [Typ(pf)]
  Liefert die Annotationen des Programmfragments `pf` zurück, oder ⊥ falls `pf` nicht annotiert ist.

- `annotation(pf, name):Liste<Annotation>` [Typ(pf)]
  Liefert die Annotation des Programmfragments `pf` mit Namen `name` zurück, oder ⊥ falls `pf` keine Annotation mit diesem Namen besitzt oder nicht annotiert ist.

- `alleAnnotationen(name):Liste<Annotation>` [System]
  Liefert alle Annotationen mit Namen `name`, oder ⊥ falls keine Annotation mit diesem Namen existiert.

- `modellelement(a):Fragment` [⊥]
  Liefert das Programmfragment, welches mit der Annotation a markiert wurde. Bei diesem Programmfragment kann es sich auch um eine zusammenhängende Liste von Anweisungen oder Ausdrücken handeln.

- `name(a):String` [⊥]
  Liefert den Namen einer Annotation a, oder ⊥ falls die Annotation kein Wertepaar mit Schlüssel „name" besitzt.

- `parameter(a):Liste<String>` [⊥]
  Liefert eine Liste der Schlüssel aller Wertepaare der Annotation a.

- `wert(a, s):String|Integer|Bool` [⊥]
  Liefert den Wert des Schlüssels s einer Annotation a, oder *bot* falls die Annotation kein passendes Wertepaar besitzt.

- `erzeugeAnnotation(pf, name):Annotation` [Typ(pf)]
  Erzeugt eine neue Annotation des Programmfragments `pf` mit Namen `name` und gibt diese zurück. Falls bereits eine Annotation mit diesem Namen existiert, so wird keine neue Annotation erzeugt und stattdessen die existierende Annotation zurückgegeben.

- `setzeWert(a, s, w)` [⊥]
  Erzeugt eine neues Wertepaar der Annotation a mit Schlüssel s und Wert w oder ändert den Wert eines bereits existierenden Wertepaars.

A.2 Modelltransformationen

Für einige semantische Transformationen können verschiedene Ausführungskontexte unterschieden werden, je nachdem ob es sich beim zu transformierenden Programmfragment um ein freies Programmfragment handelt oder ob es bereits in weitere Programmfragmente eingebettet werden kann. So kann für ein freies Programmfragment garantiert werden, dass zu diesem Zeitpunkt keine Zugriffe darauf existieren, welche mit Hilfe von Sekundärtransformationen angepasst werden müssten. Falls sich die Ausführungskontexte einer Modelltransformation für ein freies und eine gebundenes Programmfragment unterscheiden, so drücken wir dies durch

```
[Kontext frei]/[Kontext gebunden]
```

aus.

A.2.1 Lokale Transformation von Programmfragmenten

- `fügeEin(iwp, f)`   `[⊥]`
  Diese Operation fügt ein freies Programmfragment `f` am impliziten Webepunkt `iwp` ein. Zur Sicherstellung der Korrektheitskriterien **K1.1** und **K1.2** notwendige Kontextanpassungen werden durch sekundäre Transformationen automatisch durchgeführt. In folgendem Beispiel soll eine Ausgabeanweisung vor dem Zugriff auf `m()` eingefügt werden:

  ```
  return o.n().m();   ⟹   T1 t1 = o.n();
                           System.out.println("m() called");
                           return t1.m();
  ```

  Die durchgeführten Sekundärtransformationen führen zu einer Aufspaltung der Zugriffskette zwischen `n()` und `m()` sowie der Einführung einer temporären Variable `t1`.

- `fügeEin(ewp, f)`   `[⊥]`
  Diese Operation fügt ein freies Programmfragment `f` am expliziten Webepunkt `ewp` ein. Es erfolgen keine weiteren Kontextanpassungen.

Beide Modelloperationen stellen die Korrektheitskriterien **K1.1** und **K1.2** sicher. Hierzu wird überprüft, ob `f` syntaktisch an `iwp` bzw. `ewp` eingefügt werden kann. Die lokale statische Semantik des Programmfragments `f` wird überprüft, d. h. alle Attribute und Bedingungen, welche nach dem Einfügen im Kontext $\kappa(f)$ berechenbar sind, werden überprüft. Ein Beispiel für eine Bedingung ist die potentielle Erreichbarkeit aller Anweisungen. Diese Eigenschaft kann durch das Einfügen einer Anweisung `f` innerhalb einer Anweisungsliste für nachfolgende Anweisungen verletzt werden.

A.2.2 Transformation funktionaler Programmfragmente

- `vorher(f1, f2)`   `[Prozedur]`
  Fügt das freie funktionale Programmfragment `f2` vor dem bereits gebundenen Pro-

grammfragment f1 ein. Dies entspricht der Selektion des impliziten Webepunkts iwp = $(\text{vater}(f1), \triangleleft(\text{index}(f1)))$ und anschließender Anwendung von fügeEin(iwp, f2).

- nachher(f1, f2)   [Prozedur]
  Fügt das freie funktionale Programmfragment f2 nach dem bereits gebundenen Programmfragment f1 ein. Dies entspricht der Selektion des impliziten Webepunkts iwp = $(\text{vater}(f1), \triangleright(\text{index}(f1)))$ und anschließender Anwendung von fügeEin(iwp, f2).

- vorEintritt(pr, awf)   [Sichtbarkeit(pr)]
  vorEintrittVon(pr, awf, liste)   [Sichtbarkeit(pr)]
  Fügt das Anweisungsfragment bzw. die Anweisungsliste awf vor dem Eintritt in eine Prozedur pr ein, d. h. vor allen Nutzungsstellen aus nutzungen(pr). Ist eine zusätzliche Liste von Programmfragmenten liste angegeben, so wird awf nur an Stellen innerhalb dieser Programmfragmente eingefügt.

- nachEintritt(pr, awf)   [Prozedur]
  Fügt das Anweisungsfragment awf als erste Anweisung der Prozedur pr ein.

- vorRücksprung(pr, awf)   [Prozedur]
  vorAusnahme(pr, awf)   [Prozedur]
  vorAustritt(pr, awf)   [Prozedur]
  Fügt das Anweisungsfragment awf vor den Austrittsstellen der Prozedur pr ein. Diese Austrittsstellen können entweder reguläre Rücksprünge (return-Anweisungen), die Auslösung einer Ausnahme (throws-Anweisung) oder aber beides sein.

- nach{Austritt|Rücksprung|Ausnahme}(pr, awf)
                                                    [Sichtbarkeit(pr)]
  nach{Austritt|Rücksprung|Ausnahme}Zu(pr, awf, liste)
                                                    [Sichtbarkeit(pr)]
  Fügt das Anweisungsfragment awf nach dem Verlassen einer Prozedur pr durch regulären Rücksprung, geworfene Ausnahme oder beides ein. Durch eine zusätzliche Liste liste kann die Menge der Einfügestellen analog zu vonEintrittVon eingeschränkt werden.

- ersetze(f1, f2)   [Prozedur]
  Ersetzt ein innerhalb einer Prozedur gebundenes funktionales Programmfragment f1 durch das freie Programmfragment f2.

- ersetzeRumpf(pr, awf)   [Prozedur]
  Ersetzt den Rumpf der Prozedur pr durch die Anweisung bzw. den Anweisungsblock awf.

- ersetzeInitialisierung(a|lv, af)
                                            [Attribut|Lokale Variable]
  Ersetzt die Initialisierung einer lokalen Variable lv bzw. eines Attributs a durch das neue Ausdrucksfragment af.

- verschiebeParameter(pr, parameter, neuePosition)

  [Prozedur]/[Sichtbarkeit(pr)]

  Verschiebt den formalen Parameter parameter einer Prozedur pr an die neue Position neuePosition. Sind alle Zugriffe innerhalb des Kompositionsmodells auf die Prozedur pr bekannt, werden diese automatisch angepasst. Handelt es sich bei pr um ein freies Programmfragment, so sind keine Sekundärtransformationen notwendig.

A.2.3 Transformation struktureller Programmfragmente

Durch **additive Transformationen** werden freie strukturelle Programmfragmente einem anderen strukturellen Programmfragment hinzugefügt:

- fügeEinPaket(p, p2)   [Paket]
  Fügt ein neues Paketfragment p2 als Unterpaket des Pakets p ein. Ist p nicht angegeben, so wird p2 als neues Paket oberster Ebene eingefügt.

- fügeEinKlasse(p, c)   [Paket]
  Fügt ein Klassenfragment c in die Liste der Klassen des Pakets p ein.

- fügeEinMethode(c, m)   [Klasse]/[System]
  Fügt ein Methodenfragment m in die Liste der Methoden der Klasse c ein. Zur Prüfung eventuell entstehender, nicht erlaubter Überdeckungen müssen systemweite Informationen vorliegen. Handelt es sich bei c um ein freies Programmfragment, so kann die Prüfung lokal auf die Klasse beschränkt werden.

- fügeEinKonstruktor(c, k)   [Klasse]
  Fügt ein Konstruktorfragment k in die Liste der Konstruktoren der Klasse c ein. Da Konstruktoren nicht vererbt werden, sind auf das Klassenfragment c beschränkte Analysen zur Vorbedingungsprüfung ausreichend.

- fügeEinAttribut(c, a)   [Klasse]/[System]
  Fügt ein Attributfragment a in die Liste der Attribute der Klasse c ein. Analog zum Einfügen von Methodenfragmenten sind die benutzten Informationen zur Vorbedingungsprüfung abhängig davon, ob es sich bei c um ein freies Programmfragment handelt oder nicht.

- fügeEinLokaleVariable(pr, t, name, init)   [Prozedur]
  Fügt am Anfang der Prozedur pr eine lokale Variable mit Typ t, Name name und Initialisierungsausdruck init ein.

- fügeEinParameter(pr, t, name, pos)

  [Prozedur]/[Sichtbarkeit(pr)]

  Fügt einen neuen formalen Parameter mit Typ t und Name name an Position pos in die Liste der formalen Parameter der Prozedur pr ein. Die notwendigen Änderungen können wie im Fall verschiebeParameter auf die Prozedur pr beschränkt sein oder aber alle bekannte Nutzungsstellen betreffen.

Subtraktive Transformationen entfernen im Kompositionsmodell existierende, nicht mehr referenzierte Programmfragmente:

267

- entferne(sf)   [Sichtbarkeit(sf)]
  Entfernt das strukturelle Programmfragment sf, wobei keine Referenzen mehr auf sf existieren dürfen.

- entferneParameter(pr, fp)   [Prozedur]/[Sichtbarkeit(pr)]
  Entfernt den nicht mehr referenzierten Parameter fp aus der Liste der formalen Parameter der Prozedur pr. Falls die Prozedur pr kein freies Programmfragment ist, werden alle Nutzungsstellen entsprechend angepasst.

Durch die Anwendung **kopierender Transformationen** können freie Programmfragmente aus anderen Programmfragmenten erzeugt werden:

- kopiere(pf):Fragment   [Typ(pf)]
  Erzeugt eine Kopie eines existierenden Programmfragments pf. Diese Kopie ist zunächst ein freies Programmfragment.

- kopiere(bf, name):Benamtes Fragment   [Typ(bf)]
  Erzeugt eine Kopie eines existierenden benannten Programmfragments, wobei der Name innerhalb der Kopie in name geändert wird. Die Kopie ist ein freies Programmfragment.

Mit Hilfe der einzigen **verschiebenden Transformation** lassen sich Merkmale in einen neuen Zielkontext verschieben:

- verschiebe(mk, ziel)   [System]
  Verschiebt ein Merkmal mk in einen neuen Kontext ziel.

Modifizierende Transformationen ändern die Werte einzelner Attribute der Programmfragmente und passen mit Hilfe von Sekundärtransformationen die von den Werten dieser Attribute abhängigen Attribute weiterer Programmfragmente an:

- setzeName(p, name)   [Paket]/[System]
  Ändert den Namen eines Pakets p in name. Es werden im Falle eines freien Programmfragments lokal alle Nutzungen angepasst, ansonsten systemweit.

- setzeName(c, name)   [Klasse]/[Sichtbarkeit(c)]
  Ändert den Namen einer Klasse c in name und passt Nutzungen von c an.

- setzeName(mk, name)   [Typ(mk)]/[Sichtbarkeit(mk)]
  Ändert den Namen eines Merkmals mk in name und passt Nutzungen von mk an.

- setzeName(fp|lv, name)   [Typ(fp|lv)]/[Prozedur]
  Ändert den Namen eines formalen Parameters fp oder einer lokalen Variable lv in name und passt alle Nutzungen innerhalb der umgebenden Prozedur an.

- setzeSichtbarkeit(mk, sichtbarkeit)   [Typ(mk)]/[System]
  Ändert die Sichtbarkeit eines Merkmals mk in sichtbarkeit. Die Prüfung von Vorbedingungen hinsichtlich der Zugreifbarkeit nach der Transformation kann im Falle eines freien Programmfragments entfallen.

- `setzeSuper(c, superKlasse)`   `[Klasse]/[System]`
  `entferneSuper(c, superKlasse)`   `[Klasse]/[System]`
  Ändert die Vererbungsbeziehung einer Klasse `c`, indem eine Klasse bzw. ein Klassenzugriff `superKlasse` der Liste der direkten Oberklassen von `c` hinzugefügt wird bzw. aus der Liste entfernt wird.

- `setzeTyp(m|a|fp|lv, t)`
                      `[Typ(m|a|fp|lv)]/[Sichtbarkeit(m|a|lv)]`
  Ändert den deklarierten Typ einer Methode `m`, eines Attributs `a`, eines formalen Parameters `fp` oder einer lokalen Variable `lv` in `t`. Handelt es sich bei den Programmfragmenten `m|a|fp|lv` jeweils um ein freies Programmfragment, so erfolgt die Änderung lokal innerhalb der Deklaration. Ansonsten muss in den Vorbedingungen geprüft werden, ob alle Nutzungen von `a`, `m` bzw. Bindungen von `fp` sowie von `lv` dem Typsystem der Programmiersprache genügen.

Anhang B

Grammatik der CoCoSy-Spracherweiterung

Im Folgenden sind die Produktionen der CoCoSy-Sprache in EBNF-Syntax angegeben. Unterstrichene Nichtterminale wie z. B. _Identifier_ sind Nichtterminale der INJECT/J-Sprache und werden nicht weiter ausgerollt. Eine detaillierte Betrachtung der INJECT/J-Sprache ist in der INJECT/J-Sprachspezifikation[1] zu finden.

```
ConcernDeclaration  := ['abstract'] 'concern' Identifier
                       ['<' (ConcernParameterDeclaration)* '>']
                       ['extends' ConcernTypeReference (',' ConcernTypeReference)*]
                       [ConcernContract]
                       ['{' ConcernBody '}'] [';']


ConcernParameterDeclaration := ConcernTypeReference Identifier ','
                               ( 'required' | 'optional' ) ';'


ConcernTypeReference := Identifier ['<' [ReferenceParameter (',' ReferenceParameter)*] '>']


ReferenceParameter := ConcernTypeReference | PrimitiveConstant | '?'


ConcernContract := 'contract' '{'
                        ConcernPrePostPair (',' ConcernPrePostPair)*
                   '}'


ConcernPrePostPair := [Identifier ':']
                       '(' BooleanExpression ')' ['[' MessageExpression ']']
                       '->' '(' BooleanExpression ')' ['[' MessageExpression ']'] ')'


ConcernBody := (ConcernDeclaration | ConcernComposition | FragmentImplementation |
                FunctionDeclaration | PatternDeclaration | VarsStatement)*


ConcernComposition := 'composition' '{'
                          ['provided' '{' StatementList '}' [';']]
                          ( Identifier ':' '{' [CollectStatement] ScriptBody '}' [';'] )*
                      '}'
```

[1] http://injectj.fzi.de/InjectJ/CMS/Downloads/LanguageSpec

FragmentImplementation := **'implementation'** **'\${'** *JavaSourceCode* **'}\$'**

CollectStatement := **'collect'** *Identifier* **'{'**
       (*ScriptStatement* | *NestedCollectStatement*)*
      '}' **[';']**

NestedCollectStatement := **'collect'** *Identifier* *ConfigurationSpecificationWithoutKeyword* **';'**

ConfigurationSpecification := **'configuration'** *ConfigurationSpecificationWithoutKeyword* **';'**

ConfigurationSpecificationWithoutKeyword := *Identifier* **'<'**
        [*ConfigurationParameterSpecification*
         (**','** *ConfigurationParameterSpecification*)*]
        '>'

ConfigurationParameterSpecification := **'...'** | *VariableExpression* | *PrimitiveConstant* |
        JavaSourceCode

ResolutionSpecification := **'resolution'** **'{'** (*ResolutionSpecificationItem*)* **'}'**

ResolutionSpecificationItem := [*Identifier* **':'**]
        (*ResolutionSpecificationCommute* | *ResolutionSpecificationOrder*)+

ResolutionSpecificationCommute := **'commute'** **'('**
        ResolutionMatchingIdentifier (**','** *ResolutionMatchingIdentifier*)*
        ')' **';'**

ResolutionSpecificationOrder := *ResolutionMatchingIdentifier* (**','** *ResolutionMatchingIdentifier*)*
        '->'
        ResolutionConcernIdentifier ((**'+'** *ResolutionConcernIdentifier*)+ |
                (**'<<'** *ResolutionConcernIdentifier*)+)
        ';'

ResolutionMatchingIdentifier := *ResolutionConcernIdentifier*
        [**'='** **'('**
         ResolutionConcernIdentifier (**','** *ResolutionConcernIdentifier*)*
        ')']

ResolutionConcernIdentifier := *Identifier* [**'<'** [*Identifier* (**','** *Identifier*)*] **'>'**]

UsedOperations := **'uses'** *Identifier* (**','** *Identifier*)*

Die folgenden beiden Produktionen der INJECT/J-Grammatik müssen zur Integration der CO-CoSy-Spezifikationssprache angepasst werden:

VariableExpression := *ConfigurationSpecificationWithoutKeyword* | ...

VariableStatement := (*VariableAssignment* | *VariableAssignment*) [*UsedOperations*] **';'**

Literaturverzeichnis

AKSIT, M., WAKITA, K., BOSCH, J. et al. (1994): Abstracting Object Interactions Using Composition Filters. In *Proceedings of the ECOOP'93 Workshop on Object-Based Distributed Programming*, S. 152–184. Springer. ISBN 3-540-57932-X.

ALDRICH, J. (2005): Open Modules: Modular Reasoning About Advice. In *Proceedings of the 19th European Conference on Object-Oriented Programming (ECOOP 2005)*, S. 144–168. Springer.

ALEXANDRESCU, A. (2001): *Modern C++ Design*. Addison-Wesley.

ASSMANN, U. (2003): *Invasive Software Composition*. Springer.

ASSMANN, U., GENSSLER, T. und BÄR, H. (2000): Meta-programming Greybox Connectors. In *Proceedings of the 33th TOOLS (Europe) Conference*, herausgegeben von Mitchell, R., Jézéquel, J.-M., Bosch, J. et al., S. 300–311.

APEL, S. (2007): *The Role of Features and Aspects in Software Development*. Dissertation, Otto-von-Guericke-Universität Magdeburg, Institut für Technische und Betriebliche Informationssysteme.

APEL, S., KUHLEMANN, M. und LEICH, T. (2006a): Generic Feature Modules: Two-Staged Program Customization. In *In Proceedings of the International Conference on Software and Data Technologies*, S. 127–132. INSTICC Press.

APEL, S., LEICH, T., ROSENMÜLLER, M. und SAAKE, G. (2005a): FeatureC++: Feature-Oriented and Aspect-Oriented Programming in C++. Techn. Ber., Fakultät für Informatik, Universität Magdeburg.

APEL, S., LEICH, T. und SAAKE, G. (2005b): Aspect Refinement and Bounding Quantification in Incremental Designs. In *APSEC '05: Proceedings of the 12th Asia-Pacific Software Engineering Conference*, S. 796–804, Washington, DC, USA. IEEE Computer Society. ISBN 0-7695-2465-6.

APEL, S., LEICH, T. und SAAKE, G. (2006b): Aspectual Mixin Layers: Aspects and Features in Concert. In *Proceedings of IEEE and ACM SIGSOFT 28th International Conference on Software Engineering (ICSE'06), Shanghai, China*.

APPEL, A. W. (2002): *Modern Compiler Implementation in Java, 2nd edition*. Cambridge University Press.

ARACIC, I., GASIUNAS, V., MEZINI, M. und OSTERMANN, K. (2006): Overview of CAE-SARJ. *Transactions on Aspect-Oriented Software Development I, LNCS*, 3880: 135 – 173.

ARCOVERDE, R., SOARES, S., LUSTOSA, P. und BORBA, P. (2007): AJaTS: AspectJ Transformation System. In *Proceedings of the 1st Workshop on Refactoring Tools (WRT'07), held in conjunction with the 21st European Conference on Object-Oriented Programming (ECOOP'07)*, Nr. ISSN 1436-9915, S. 35–36. TU Berlin.

BÄR, H. (2004): *Statische Verifikation von Softwareprotokollen*. Dissertation, Universität Karlsruhe (TH).

BASSETT, P. G. (1997): *Framing Software Reuse: Lessons from the Real World*. Prentice-Hall, Inc., Upper Saddle River, NJ, USA. ISBN 0-13-327859-X.

BATORY, D., LOFASO, B. und SMARAGDAKIS, Y. (1998): JTS: Tools for Implementing Domain-Specific Languages. In *Proceedings of the 5th International Conference on Software Reuse (ICSR '98)*. IEEE Computer Society.

BATORY, D., SARVELA, J. N. und RAUSCHMAYER, A. (2003): Scaling step-wise refinement. In *Proceedings of the 25th International Conference on Software Engineering (ICSE '03)*, S. 187–197, Washington, DC, USA. IEEE Computer Society. ISBN 0-7695-1877-X.

BATORY, D., SINGHAL, V., THOMAS, J. et al. (1994): The GenVoca Model of Software-System Generators. *IEEE Software*, 11(5): 89–94.

BATORY, D. S. und GERACI, B. J. (1995): Validating Component Compositions in Software System Generators. Techn. Ber., Austin, TX, USA.

BECK, K. (2004): *Extreme Programming Explained – Embrace Change*. Addison Wesley, zweite Aufl.

BERGMANS, L. (2003): Towards Detection of Semantic Conflicts between Crosscutting Concerns. In *Workshop on Analysis of Aspect-Oriented Software*, herausgegeben von Hannemann, J., Chitchyan, R. und Rashid, A., ECOOP 2003.

BERGMANS, L. und AKSIT, M. (2001): Composing Crosscutting Concerns Using Composition Filters. *Communications of the ACM*, 44(10): 51–57.

BOBROW, D. G., DEMICHIEL, L. G., GABRIEL, R. P. et al. (1988): Common Lisp Object System specification. *ACM SIGPLAN Notices*, 23(SI): 1–142.

BOHNER, S. A. und ARNOLD, R. S. (1996): *Software Change Impact Analysis*, Kap. An Introduction to Software Change Impact Analysis, S. 1–26. Wiley-IEEE Computer Society Press.

BONÉR, J. (2004): AspectWerkz – Dynamic AOP for Java. http://www.jonasboner.com/public/publications/aosd2004_aspectwerkz.pdf. Technical Paper at AOSD2004.

BOSCH, J. (1999): Superimposition: A Component Adaptation Technique. *Information and Software Technology*, 41(5): 257–273.

BRACHA, G. und COOK, W. R. (1990): Mixin-based Inheritance. In *Proceedings of the Conference on Object-Oriented Programming: Systems, Languages, and Applications (OOPSLA) / Proceedings of the European Conference on Object-Oriented Programming (ECOOP)*, S. 303–311.

CARDELLI, L. und WEGNER, P. (1985): On Understanding Types, Data Abstraction, and Polymorphism. *ACM Computing Surveys*, 17: 471–522.

CARO, P. S. (2001): *Adding Systemic Crosscutting and Super-Imposition to Composition Filters*. Diplomarbeit, Vrije Universiteit Brussel.

CLEMENTS, P. und NORTHROP, L. (2001): *Software Product Lines - Practices and Patterns*. Addison-Wesley.

CLIFTON, C. und LEAVENS, G. T. (2002): Observers and Assistants: A Proposal for Modular Aspect-Oriented Reasoning. In *Proceedings of Foundations of Aspect-Oriented Languages Workshop at AOSD 2002*, S. 33–44.

COMON, H. (1991): Disunification: a Survey. In *Computational Logic: Essays in Honor of Alan Robinson*, herausgegeben von Lassez, J.-L. und Plotkin, G. MIT Press.

CONRADI, O. (2006): *Fine-grained Join Point Model in Compose**. Diplomarbeit, Twente Research and Education on Software Engineering Department of Computer Science, Faculty of Electrical Engineering, Mathematics and Computer Science, University of Twente.

CORMEN, T. H., LEISERSON, C. E., RIVEST, R. L. und STEIN, C. (2001): *Introduction to Algorithms*. MIT Press, zweite Aufl.

CZARNECKI, K. und EISENECKER, U. W. (2000): *Generative Programming – Methods, Tools, and Applications*. Addison-Wesley. ISBN 0-201-30977-7.

CZARNECKI, K. und HELSEN, S. (2003): Classification of Model Transformation Approaches. In *Online Proceedings of the 2nd OOPSLA'03 Workshop on Generative Techniques in the Context of MDA*.

DIJKSTRA, E. W. (1982): *Selected Writings on Computing: A Personal Perspective*, Kap. On the role of scientific thought, S. 60–66. Springer. ISBN 0–387–90652–5.

DOUENCE, R., FRADET, P. und SÜDHOLT, M. (2002): A Framework for the Detection and Resolution of Aspect Interactions. In *GPCE '02: The ACM SIGPLAN/SIGSOFT Conference on Generative Programming and Component Engineering*. Springer LNCS.

DOUENCE, R., FRADET, P. und SÜDHOLT, M. (2004): Composition, reuse and interaction analysis of stateful aspects. In *Proceedings of the 3rd international conference on Aspect-oriented software development (AOSD '04)*, S. 141–150, New York, NY, USA. ACM.

DOUENCE, R., MOTELET, O. und SÜDHOLT, M. (2001): A Formal Definition of Crosscuts. In *REFLECTION '01: Proceedings of the Third International Conference on Metalevel Architectures and Separation of Crosscutting Concerns*, S. 170–186. Springer.

DOUENCE, R. und SÜDHOLT, M. (2002): A model and a tool for Event-based Aspect-Oriented Programming (EAOP). Techn. Ber., École des Mines de Nantes. TR 02/11/INFO.

DURR, P., STAIJEN, T., BERGMANS, L. und AKSIT, M. (2005): Reasoning About Semantic Conflicts Between Aspects. In *Proceedings of the 2nd European Interactive Workshop on Aspects in Software (EIWAS 2005)*.

EADDY, M. und AHO, A. V. (2006): Statement Annotations for Fine-Grained Advising. In *Proceedings of the RAM-SE'06-ECOOP'06 Workshop on Reflection, AOP, and Meta-Data for Software Evolution*.

EFFTINGE, S., FRIESE, P., HAASE, A. et al. (2008): openArchitectureWare User Guide. http://www.eclipse.org/gmt/oaw/doc/4.3/openArchitectureWare-4.3-Reference.pdf.

ERNST, M. D., KAPLAN, C. S. und CHAMBERS, C. (1998): Predicate Dispatching: A Unified Theory of Dispatch. In *ECOOP '98, the 12th European Conference on Object-Oriented Programming*, S. 186–211, Brussels, Belgium.

GAMMA, E., HELM, R., JOHNSON, R. und VLISSIDES, J. (2004): *Entwurfsmuster: Elemente wiederverwendbarer objektorientierter Software*. Addison-Wesley.

GARCÍA, C. F. N. (2003): *Compose*: A Runtime for the .Net Platform*. Diplomarbeit, Vrije Universiteit Brussel.

GARLAN, D., ALLEN, R. und OCKERBLOOM, J. (1994): Exploiting Style in Architectural Design Environments. In *Proceedings of the ACM SIGSOFT '94 Symposium on the Foundations of Software Engineering*, S. 175–188.

GENSSLER, T. (2004): *Werkzeuggestützte Adaption objektorientierter Programme*. Dissertation, Universität Karlsruhe (TH).

GENSSLER, T. und KUTTRUFF, V. (2003): Source-to-Source Transformation In The Large. In *Proceedings of the Joint Modular Language Conference*. LNCS 2789.

GEYER, L. (2003): *Variabilitätsmanagement in Produktfamilien*. Dissertation, Universität Kaiserslautern.

GOOS, G. (1997): *Vorlesungen über Informatik Band 3: Berechenbarkeit, formale Sprachen, Spezifikationen*. Springer, erste Aufl.

GOOS, G. (2001): *Vorlesungen über Informatik Band 2: Objektorientiertes Programmieren und Algorithmen*. Springer, dritte Aufl.

GOOS, G. und WAITE, W. (1984): *Compiler Construction*. Springer.

GOSLING, J., JOY, B., STEELE, G. und BRACHA, G. (2005): *The Java™ Language Specification Third Edition*. Addison-Wesley Professional.

GREENFIELD, J., SHORT, K., COOK, S. und KENT, S. (2004): *Software Factories: Assembling Applications with Patterns, Models, Frameworks, and Tools*. Wiley.

GRISS, M. L. (2000): Implementing Product-Line Features by Composing Aspects. In *Proceedings of the first Conference on Software Product Lines : Experience and Research Directions*. Kluwer Academic Publishers.

GYBELS, K. und BRICHAU, J. (2003): Arranging language features for more robust pattern-based crosscuts. In *AOSD '03: Proceedings of the 2nd international conference on Aspect-oriented software development*, S. 60–69. ACM.

HANENBERG, S., UNLAND, R. und SCHMIDMEIER, A. (2003): AspectJ Idioms for Aspect-Oriented Software Construction. In *Proceedings of the EuroPlop'03, Irsee*.

HEUZEROTH, D. (2004): *Aspektorientierte Konfiguration und Adaption von Komponenteninteraktionen*. Dissertation, Universität Karlsruhe (TH).

HOFFMAN, K. und EUGSTER, P. (2007): Bridging Java and AspectJ through explicit join points. In *PPPJ '07: Proceedings of the 5th international symposium on Principles and practice of programming in Java*, S. 63–72. ACM.

HOFFMAN, K. und EUGSTER, P. (2008): Towards Reusable Components with Aspects: An Empirical Study on Modularity and Obliviousness. In *ICSE '08: Proceedings of the 30th International Conference on Software Engineering*, S. 91–100, New York, NY, USA. ACM.

JARZABEK, S. (2007a): *Effective Software Maintenance and Evolution: A Reuse-Based Approach*. CRC Press Taylor & Francis.

JARZABEK, S. (2007b): Software Reuse Beyond Components with XVCL. In *Proceedings of the 2nd Summer School on Generative and Transformational Techniques in Software Engineering (GTTSE'07)*, LNCS (to appear). Springer.

JARZABEK, S. und LI, S. (2006): Unifying clones with a generative programming technique: a case study. *Journal of Software Maintenance and Evolution: Research and Practice*, 18(4): 267–292.

JOHNSON, R. und FOOTE, B. (1988): Designing Reusable Classes. *Journal of Object-Oriented Programming*, Volume 1(No. 2).

KANG, K., COHEN, S., HESS, J. et al. (1990): Feature–Oriented Domain Analysis (FODA) Feasibility Study. Techn. Ber. CMU/SEI-90-TR-21, Software Engineering Institute, Carnegie Mellon University.

KELLENS, A., GYBELS, K., BRICHAU, J. und MENS, K. (2006): A Model-driven Pointcut Language for More Robust Pointcuts. In *Proceedings of Software Engineering Properties of Languages for Aspect Technologies (SPLAT'06)*.

KICZALES, G., LAMPING, J., MENDHEKAR, A. et al. (1997): Aspect-Oriented Programming. In *European Conference on Object-Oriented Programming (ECOOP'97)*, Nr. 1241 in Lecture Notes in Computer Science. Springer.

KICZALES, G. und MEZINI, M. (2005a): Aspect-Oriented Programming and Modular Reasoning. In *Proceedings of the 27th International Conference on Software Engineering (ICSE '05)*, S. 49–58, New York, NY, USA. ACM.

KICZALES, G. und MEZINI, M. (2005b): Separation of Concerns with Procedures, Annotations, Advice and Pointcuts. In *Proceedings of the 19th European Conference on Object-Oriented Programming (ECOOP)*.

KNIESEL, G., RHO, T. und HANENBERG, S. (2004): Evolvable Pattern Implementations Need Generic Aspects. In *Proceedings of ECOOP'2004 Workshop on Reflection, AOP and Meta-Data for Software Evolution*.

KNUTH, D. E. (1968): Semantics of Context-Free Languages. *Mathematical Systems Theory*, 2(2): 127–145.

KNUTH, D. E. (1971): Semantics of Context-Free Languages: Correction. *Mathematical Systems Theory*, 5(1): 95–96.

KOPPEN, C. und STÖRZER, M. (2004): PCDiff: Attacking the Fragile Pointcut Problem. In *European Interactive Workshop on Aspects in Software (EIWAS)*, herausgegeben von Gybels, K., Hanenberg, S., Herrmann, S. und Wloka, J.

KRUCHTEN, P. (1999): *Der Rational Unified Process: Eine Einführung*. Addison-Wesley, zweite Aufl.

KÄSTNER, C., APEL, S. und BATORY, D. (2007): A Case Study Implementing Features Using AspectJ. In *SPLC '07: Proceedings of the 11th International Software Product Line Conference*, S. 223–232, Washington, DC, USA. IEEE Computer Society. ISBN 0-7695-2888-0.

KÄSTNER, C., APEL, S. und KUHLEMANN, M. (2008): Granularity in Software Product Lines. In *Proceedings of the 30th International Conference on Software Engineering (ICSE)*.

KÄSTNER, C., APEL, S. und SAAKE, G. (2006): Implementing Bounded Aspect Quantification in AspectJ. In *ECOOP Workshop on Reflection, AOP, and Meta-Data for Software Evolution (RAM-SE)*, S. 111–122.

KUTTRUFF, V. (2002): *Ein Modell für invasive Softwareadaption*. Diplomarbeit, Institut für Programmstrukturen und Datenorganisation, Universität Karlsruhe.

KUTTRUFF, V. (2005): Invasive Komponentenkonfiguration. In *Proceedings of the GI Workshop Object-Oriented Software Engineering (OOSE'05)*. Organisatoren Net.ObjectDays.

LAW, J. und ROTHERMEL, G. (2003): Whole program Path-Based dynamic impact analysis. In *Proceedings of the 25th International Conference on Software Engineering (ICSE '03)*, S. 308–318. IEEE Computer Society.

LISKOV, B. (1987): Keynote Address - Data Abstraction and Hierarchy. In *OOPSLA '87: Addendum to the Proceedings on Object-Oriented Programming Systems, Languages and Applications*, S. 17–34, New York, NY, USA. ACM.

LOPEZ-HERREJON, R. und BATORY, D. (2001): A Standard Problem for Evaluating Product-Line Methodologies. *Springer LNCS*, 2186.

LOPEZ-HERREJON, R. und BATORY, D. (2002a): Using AspectJ to Implement Product-Lines: A Case Study. Techn. Ber., Department of Computer Sciences. University of Texas at Austin.

LOPEZ-HERREJON, R. und BATORY, D. (2002b): Using Hyper/J to Implement Product-Lines: A Case Study. Techn. Ber., Department of Computer Sciences. University of Texas at Austin.

LOPEZ-HERREJON, R. und BATORY, D. (2005): Improving Incremental Development in AspectJ by Bounding Quantification. In *Software Engineering Properties of Languages and Aspect Technologies (SPLAT) Workshop at AOSD*, Chicago, USA.

LOPEZ-HERREJON, R., BATORY, D. und LENGAUER, C. (2006): A disciplined approach to aspect composition. In *Proceedings of the 2006 ACM SIGPLAN symposium on Partial evaluation and semantics-based program manipulation (PEPM '06)*, S. 68–77. ACM.

LOUGHRAN, N. und RASHID, A. (2004): Framed Aspects: Supporting Variability and Configurability for AOP. In *Proceedings ICSR*, LNCS 3107, S. 127–140. Springer-Verlag.

LUCKHAM, D. C. (1996): Rapide: A Language and Toolset for Simulation of Distributed Systems by Partial Ordering of Events. In *DIMACS Partial Order Methods Workshop IV*. Princeton University.

LUCKHAM, D. C., KENNEY, J. L., AUGUSTIN, L. M. et al. (1995): Specification and Analysis of System Architecture Using Rapide. *IEEE Transactions on Software Engineering*, 21(4): 336–355.

LUDWIG, A. (2002): *Automatische Transformation großer Softwaresysteme*. Dissertation, Universität Karlsruhe (TH).

MASUHARA, H., KICZALES, G. und DUTCHYN, C. (2003): A Compilation and Optimization Model for Aspect-Oriented Programs. In *Proceedings of Compiler Construction (CC2003), Volume 2622 of Springer Lecture Notes in Computer Science*, S. 46–60. Springer.

MEYER, B. (1992): Applying "Design by Contract". *Computer*, 25(10): 40–51.

MEZINI, M. und OSTERMANN, K. (2004): Variability Management with Feature-Oriented Programming and Aspects. In *SIGSOFT '04/FSE-12: Proceedings of the 12th ACM SIGSOFT International Symposium on Foundations of Software Engineering*, S. 127–136, New York, NY, USA. ACM. ISBN 1-58113-855-5.

MUCHNICK, S. S. (1997): *Advanced Compiler Design and Implementation*. Morgan Kaufmann.

MUSSER, D. R. und SAINI, A. (1996): *STL Tutorial and Reference Guide: C++ Programming with the Standard Template Library*. Addison-Wesley.

NAGY, I., BERGMANS, L. und AKSIT, M. (2005): Composing Aspects at Shared Join Points. In *Proceedings of International Conference NetObjectDays, NODe2005*, herausgegeben von Robert Hirschfeld, Ryszard Kowalczyk, A. P. und Weske, M., Bd. P-69 von *Lecture Notes in Informatics*. Gesellschaft für Informatik (GI).

OBJECT MANAGEMENT GROUP (2006): CORBA Component Model 4.0 Specification. http://www.omg.org/docs/formal/06-04-01.pdf.

OBJECT MANAGEMENT GROUP (OMG) (2002): Meta Object Facility (MOF) Specification. http://www.omg.org/docs/formal/02-04-03.pdf.

OBJECT MANAGEMENT GROUP (OMG) (2008): OMG Unified Modeling Language (OMG UML), Infrastructure, V2.1.2. http://www.omg.org/docs/formal/07-11-04.pdf.

ÓCINNÉIDE, M. (2000): *Automated Application of Design Patterns: A Refactoring Approach*. Dissertation, University of Dublin,Trinity College.

ORSO, A., APIWATTANAPONG, T. und HARROLD, M. J. (2003): Leveraging field data for impact analysis and regression testing. In *ESEC/FSE-11: Proceedings of the 9th European Software Engineering Conference held jointly with 11th ACM SIGSOFT International Symposium on Foundations of Software Engineering*, S. 128–137. ACM.

OSSHER, H., HARRISON, W., BUDINSKY, F. und SIMMONDS, I. (1994): Subject-Oriented Programming: Supporting Decentralized Development of Objects. In *Proceedings of the 7th IBM Conference on Object-Oriented Technology*. IBM.

OSSHER, H. und TARR, P. (2000): Multi-Dimensional Separation of Concerns and The Hyperspace Approach. In *Proceedings of the Symposium on Software Architectures and Component Technology: The State of the Art in Software Development*. Kluwer.

OSTERMANN, K. und KNIESEL, G. (2000): Independent Extensibility – an open challenge for AspectJ and Hyper/J. Position paper for the ECOOP'2000 Workshop on Aspects and Dimension of Concerns, C. V. Lopes (ed.), 2000.

PARNAS, D. L. (1972): On the Criteria to be Used in Decomposing Systems into Modules. *Communications of the ACM*, 15(12): 1053–1058.

PREE, W. (1997): *Komponentenbasierte Softwareentwicklung mit Frameworks*. dpunkt-Verlag, Heidelberg, erste Aufl.

PULVERMÜLLER, E., SPECK, A., D'HONDT, M. et al. (2001): Feature Interaction in Composed Systems, ECOOP 2001 - Proceedings, TR No. 2001-14. Techn. Ber. 2001-14.

REUSSNER, R. H. (2001): *Parametrisierte Verträge zur Protokolladaption bei Software-Komponenten.* Dissertation, Universität Karlsruhe (TH).

ROBERTS, D. B. (1999): *Practical Analysis for Refactoring.* Dissertation, University of Illinois at Urbana-Champaign.

ROSENMÜLLER, M., KUHLEMANN, M., SIEGMUND, N. und SCHIRMEIER, H. (2007): Avoiding Variability of Method Signatures in Software Product Lines: A Case Study. In *GPCE Workshop on Aspect-Oriented Product Line Engineering (AOPLE).*

RÜPING, A. (1997): *Software-Entwicklung mit objektorientierten Frameworks.* Dissertation, Universität Karlsruhe (TH).

SCHÄRLI, N., DUCASSE, S., NIERSTRASZ, O. und BLACK, A. (2003): Traits: Composable units of behaviour. In *European Conference on Object-Oriented Programming (ECOOP'03)*, S. 248–274. Springer.

SEDGEWICK, R. (2003): *Algorithms in Java, Part 5: Graph Algorithms.* Addison-Wesley, erste Aufl.

SHAW, M., DELINE, R., KLEIN, D. V. et al. (1995): Abstractions for Software Architecture and Tools to Support Them. *Software Engineering*, 21(4): 314–335.

SMARAGDAKIS, Y. und BATORY, D. (2002): Mixin Layers: An Object-Oriented Implementation Technique for Refinements and Collaboration-Based Designs. *ACM Transactions on Software Engineering and Methodology (TOSEM)*, 11(2): 215–255.

SNELTING, G. und TIP, F. (2002): Semantics-Based Composition of Class Hierarchies. In *ECOOP '02: Proceedings of the 16th European Conference on Object-Oriented Programming*, S. 562–584. Springer-Verlag.

SOMMERVILLE, I. (1995): *Software Engineering.* Addison-Wesley, fünfte Aufl.

SPENKELINK, R. D. (2007): *Porting Compose* to the Java Platform.* Diplomarbeit, Twente Research and Education on Software Engineering Department of Computer Science, Faculty of Electrical Engineering, Mathematics and Computer Science, University of Twente.

SPINCZYK, O. (2002): *Aspektorientierung und Programmfamilien im Betriebssystembau.* Dissertation, Otto-von-Guericke-Universität Magdeburg, Institut für Verteilte Systeme.

STAHL, T., VÖLTER, M., EFFTINGE, S. und HAASE, A. (2007): *Modellgetriebene Softwareentwicklung: Techniken, Engineering, Management.* dpunkt.verlag, zweite Aufl.

STÖRZER, M. (2007): *Impact Analysis for AspectJ - A Critical Analysis and Tool-Based Approach to AOP.* Dissertation, Universität Passau, Fakultät für Informatik und Mathematik.

STÖRZER, M., FORSTER, F. und STERR, R. (2006a): Detecting Precedence-Related Advice Interference. In *21st IEEE/ACM International Conference on Automated Software Engineering*, Tokyo, Japan.

STÖRZER, M. und HANENBERG, S. (2005): A Classification of Pointcut Language Constructs. In *Proceedings of the SPLAT05 Workshop, held in conjunction with AOSD.*

STÖRZER, M. und KOPPEN, C. (2004): PCDiff: Attacking the Fragile Pointcut Problem, Abstract. In *European Interactive Workshop on Aspects in Software.*

STÖRZER, M., STERR, R. und FORSTER, F. (2006b): Detecting Precedence-Related Advice Interference. Techn. Ber., Universität Passau, Lehrstuhl für Softwaresysteme.

SULLIVAN, K., GRISWOLD, W. G., SONG, Y. et al. (2005): Information Hiding Interfaces for Aspect-Oriented Design. In *Proceedings of the 10th European software engineering conference held jointly with 13th ACM SIGSOFT international symposium on Foundations of software engineering (ESEC/FSE-13)*, S. 166–175, New York, NY, USA. ACM.

SUN MICROSYSTEMS (2006): Enterprise JavaBeans 3.0 Specification. http://java.sun.com/products/ejb/docs.html.

SUN MICROSYSTEMS INC. (1999): Java Collections API Design FAQ. http://java.sun.com/javase/6/docs/technotes/guides/collections/designfaq.html.

SZYPERSKI, C. (2002): *Component Software – Beyond Object-Oriented Programming.* Addison-Wesley, zweite Aufl.

TARR, P., OSSHER, H., HARRISON, W. und SUTTON, S. (1999): N Degrees of Separation: Multi-Dimensional Separation of Concerns. In *Proceedings of the International Conference on Software Engineering (ICSE'99).*

TRIFU, M. und KUTTRUFF, V. (2005): Capturing Nontrivial Concerns in Object-Oriented Software. In *Proceedings of the 12-th Working Conference on Reverse Engineering.* IEEE.

VAN DER LINDEN, F. J., SCHMID, K. und ROMMES, E. (2007): *Software Product Lines in Action: The Best Industrial Practice in Product Line Engineering.* Springer-Verlag New York, Inc.

WICHMAN, J. C. (1999): *ComposeJ: The Development of a Preprocessor to Facilitate Composition Filters in the Java Language.* Diplomarbeit, Twente Research and Education on Software Engineering Department of Computer Science, Faculty of Electrical Engineering, Mathematics and Computer Science, University of Twente.

WILHELM, R. und MAURER, D. (1997): *Übersetzerbau - Theorie, Konstruktion, Generierung, 2. Auflage.* Springer.

WINDELN, T. (2003): *LogicAJ - Eine Erweiterung von AspectJ um logische Meta-Programmierung.* Diplomarbeit, CS Dept. III, University of Bonn, Germany.

ZOOK, D., HUANG, S. S. und SMARAGDAKIS, Y. (2004): Generating AspectJ programs with Meta-AspectJ. In *Proceedings of the Third International Conference on Generative Programming and Component Engineering (GPCE), Volume 3286 of LNCS*, S. 1–19. Springer.